U0067306

工作與身心障礙

促進身心障礙者就業成效的背景因素、議題與策略

Work and Disability: Contexts, Issues, and Strategies for Enhancing Employment Outcomes for People With Disabilities

主　編：Edna Mora Szymanski 與 Randall M. Parker

總校閱：林幸台

譯　者：王華沛、王敏行、邱滿艷、賴陳秀慧、鳳華
　　　　吳明宜、黃宜君、吳亭芳、陳靜江

Work and Disability:

Contexts, Issues, and Strategies
for Enhancing Employment Outcomes
for People With Disabilities

THIRD EDITION

Edited by
Edna Mora Szymanski
Randall M. Parker

目次

總校閱簡介

林幸台

學歷：國立臺灣師範大學教育學系學士、碩士

美國威斯康辛大學河瀑校區教育碩士

美國喬治亞大學教育博士

現職：國立臺灣師範大學特殊教育學系名譽教授

國立臺灣師範大學復健諮商研究所名譽教授

經歷：國立彰化師範大學輔導學系講師、副教授、輔導研究所教授

（1973-1990）

國立彰化師範大學輔導研究所所長（1987-1990）

國立臺灣師範大學特殊教育學系教授（1990-2013）

國立臺灣師範大學特殊教育學系系主任（1993-1996）

國立臺灣師範大學復健諮商研究所所長（2004-2007）

專長：生涯輔導與諮商、測驗與統計、資優教育

專著：學校輔導工作的理論與實施（與宋湘玲、鄭熙彥合著，復文，

（1985）

生計輔導的理論與實施（五南，1987）

創造力研究（與毛連塭、郭有遹、陳龍安合著，心理，2000）

身心障礙者生涯輔導與轉銜服務（心理，2007）

生涯輔導（與田秀蘭、張小鳳、張德聰合著，心理，2011）

譯者簡介

（按章節順序排列）

王華沛（第一章）

學歷：美國約翰霍普金斯大學教育博士

經歷：國立臺灣師範大學特殊教育學系與復健諮商研究所合聘副教授

　　　國小教師、組長、主任

　　　國立臺灣師範大學特殊教育學系助教、講師、副教授

　　　國立臺灣師範大學復健諮商研究所副教授兼所長

王敏行（第二章、第十二章）

學歷：美國威斯康辛大學麥迪遜校區哲學博士（復健心理）

現職：國立彰化師範大學復健諮商研究所教授兼所長

　　　中彰投區身心障礙者職業重建服務資源中心主任

經歷：國立高雄師範大學復健諮商研究所助理教授

　　　臺北市政府勞工局身心障礙者就業資源中心執行長

邱滿艷（第三章、第四章）

學歷：國立臺灣師範大學特殊教育學系博士

現職：國立臺灣師範大學復健諮商研究所退休副教授

經歷：國立臺灣師範大學復健諮商研究所副教授兼所長

　　　臺北縣政府勞工局副局長

　　　行政院勞工委員會職業訓練局科長

　　　財團法人高雄市私立樂仁啟智中心教師

賴陳秀慧（第五章、第十一章）

學歷：美國伊利諾理工學院心理學系博士

現職：國立高雄師範大學諮商心理與復健諮商研究所副教授

經歷：私立長榮大學健康心理學系助理教授

鳳　　華（第六章）

學歷：美國俄亥俄州立大學哲學博士（特殊教育）

現職：國立彰化師範大學復健諮商研究所教授

　　　國立彰化師範大學復健諮商研究所行為輔導研究發展中心主任

經歷：國立彰化師範大學復健諮商研究所所長

　　　國立彰化師範大學復健諮商研究所副教授

　　　國立彰化師範大學特殊教育系副教授

　　　省立臺東高級農工職業學校專任輔導教師

吳明宜（第七章）

學歷：美國威斯康辛大學麥迪遜校區復健心理學博士

現職：國立高雄師範大學諮商心理與復健諮商研究所副教授

　　　高屏澎東區身心障礙者職業重建服務資源中心計畫主持人

　　　高屏澎東區職務再設計專案單位計畫主持人

經歷：南區身心障礙者職業輔導評量資源中心副主任、主任

　　　國立成功大學職能治療學系助理教授

　　　國立成功大學附設醫院精神科兼任職能治療師

黃宜君（第八章、第十章）

學歷：英國里茲大學教育學院哲學博士（特殊教育）

現職：國立彰化師範大學復健諮商研究所副教授

　　　中彰投區身心障礙者職業重建服務資源中心副主任

經歷：國立彰化師範大學復健諮商研究所助理教授、副教授

吳亭芳（第九章）

學歷：國立臺灣師範大學特殊教育學系博士

現職：國立臺灣師範大學復健諮商研究所副教授

　　　北基宜花金馬區身心障礙者職業重建服務資源中心主任

經歷：長庚大學職能治療學系講師及助理教授

　　　國立成功大學職能治療學系講師

陳靜江（第十三章）

學歷：美國威斯康辛大學麥迪遜校區哲學博士（復健心理）

現職：臺灣智青之友協會理事長

經歷：國立高雄師範大學復健諮商研究所教授兼所長

　　　南區身心障礙者職業輔導評量資源中心主任、副主任

　　　國立高雄師範大學特殊教育學系副教授、教授

　　　師專輔導室助教四年、國中輔導教師一年

總校閱序

　　工作是生活的核心，然而工作的目的不僅在謀生餬口，它更是個人自我實踐的舞臺。自從生涯的概念普遍為國人所接受後，這個觀點已深深融入生涯輔導專業中，生涯輔導人員不再以職業媒合為其最終任務，生涯輔導的重心更強調協助個人自我接納、自我認定與自我發展。在此一過程中，個人不再被動接受命運的安排，而是更積極地在人生舞臺中扮演主導的角色，營造自己的一片天地。

　　或許仍有許多人懷疑這樣的論述是否適用於身心障礙者，因為身心障礙者無論何種障礙、何時形成障礙，其所伴隨的生理及心理功能限制，因著當前的社會氛圍與體制，自始即侷限了其可能發展的空間，乃至後續的努力倍加艱辛。身心障礙者的生涯路上，往往布滿著荊棘與挑戰，常常都走在崎嶇不平的道路上與命運搏鬥；然而我們仍可看到許多身心障礙者不向命運低頭，雖然一路走來顛沛困頓，卻能不屈不撓地克服重重難關，開展出個人璀璨的生命花朵！

　　一般人的生涯路亦非如想像中的順遂平坦，但是身心障礙者可能需要多一些的協助，復健諮商專業的發展即因應著身心障礙者的重建歷程。雖然早期亦如職業輔導般較著重於表層現象的困境，而以簡略的職業媒合為主，但隨著實務經驗的累積與從業人員自我的反思及倡導，以及相關法令的頒訂施行，乃逐漸形成具有實徵基礎的專業學門。本書即此一專業最具權威的著作，自 1996 年第一版起，即廣受復健諮商界人士重視，而繼2003 年第二版六年後，第三版於 2010 年修訂問世，為復健諮商專業人員持續提供重要的學術理念與實務基礎〔編按：本書為原文書第三版〕。

　　雖然書中所包含的內容係以美國復健諮商之立法為依歸，以美國復健教育委員會所倡議的核心課程架構為主軸，但各章所述內容仍足供各國復健專業人員參考並省思。我國自 1993 年試行支持性就業服務以來已歷 20年，從早期試辦、推廣，爾後又陸續投入職業評量、職務再設計、個案管理等服務措施，似已建置完整的職業重建系統，然或因發展過程邊做邊加邊修，在新舊之間卻未能即時予以統整，以致目前整個職重系統中，就

服、職評、職管、職再、穩就呈現明顯的分離現象，對服務使用者的生涯發展／職業重建而言，能否達成「持續而統整」的服務理念，值得深思。

在國內職業重建體系逐步擴充調整之際，本書所載內容與觀點值得國人深加思索參考。全書十三章，可發現各章持續強調服務使用者的增能、復原力與自我決定，此一理念實應貫穿整個職重服務。而其中第十二章的概念更值得注意。職業重建人員與企業雇主的夥伴關係已普遍獲得重視，但該章更進一步期待將行銷導向的管理模式引入職重系統，作者建議職重專業人員必須將服務方案外展到企業界，將行銷導向的管理模式應用到職重領域，職重人員所思所為必須更像企業界，進而與企業界合作發展具實徵基礎的模式，以研發更有效的介入方案，甚至為職業重建專業發展出獨特的企業認同。

這個理念或許無法於短時間內實現，但當下職業重建與企業雇主間的依存關係即特別值得注意；本書特別強調勞動力市場與工作環境變化的本質，相較於過去任何一個時期，現在的就業者必須具備更多面向的彈性適應力，因此職業重建人員必須持續探討就業市場變化及工作環境趨勢，才能為身心障礙者安排適切的支持力量與增能機會，這是職重人員必須慎重面對的課題。

譯書是項艱鉅的任務，欣見國內職業重建／復健諮商夥伴共同完成這本巨著的翻譯工作，雖尚未能稱已臻信、達、雅十全十美的境界，但譯者秉持著協助身心障礙者的職業／生涯重建的信念，提供了最佳的專業示範。期盼本書之出版，能為我國身心障礙者職業重建專業水準的提升，注入有力且有效的活水。

林幸台

國立臺灣師範大學特殊教育學系暨復健諮商研究所教授

工作與身心障礙：基本概念

Edna Mora Szymanski 與 Randall M. Parker　著

王華沛　譯

工作是人生的重要部分，不僅是因為工作使人們在社會中找到自己的定位，更是社會網絡中的重要一環。工作和人的關係是互動的、互惠的，更是複雜的。進而言之，工作不但影響個體、經濟、社會、文化及其他層面，且受到這些層面的影響（Blustein, 2008）。

身心障礙常導致人和工作的關係愈形複雜（Fassinger, 2008）。它可能影響工作的產能和與同事的關係。提供身心障礙者復健服務的專業人員必須了解工作複雜的本質，協助服務使用者獲得或維持工作，並且讓他們適當的保持與同事有意義且具有建設性的關係。本章簡介工作與身心障礙的複雜關係，首先從社會和心理層面探討工作；其次，描述工作的發展趨勢；最後對於本書各個章節作一簡單描述。

工作的社會和心理觀

工作是我們生活與福利的重心（Blustein, 2008; Moos, 1986），儘管在某些早期社會中工作受到鄙視，但有些宗教仍然賦予工作崇高的精神價值（例如，工作有益於心靈；Neff, 1985）。事實上，有些宗教還將工作視為來自上帝的召喚（Isaacson & Brown, 2000）。

工作隨著時代的演替和不同文化而有許多意義（Herr & Cramer, 1992; Neff, 1985）。其實，工作是複雜的文化傳遞（Neff, 1985），具有心理、社會和經濟的目的（Herr & Cramer, 1992）。Rothman（1998）把工作定義為：「任何可以創造產品或提供有價值的服務給予自己或是他人的活動」（p. 6）。接下來的章節會討論到其他有關工作、身心障礙和生涯更細部的內涵。

工作的社會觀

　　因為工作是社會的產物，有其固有的組織和文化。組織有兩種型態：一種是由完成工作的形式所決定（例如：工作角色），另一種則是由完成工作的情境與地點所決定（例如：組織文化）。

工作角色的社會組織

　　工作角色可以從不同的方式區分，在諮商的專業中可以從 (1) 領域和複雜等級與 (2) 興趣這兩個架構來探討（Herr & Cramer, 1992）。在非諮商專業領域中，人們習慣把工作區分為：專業、白領階層、藍領階層、銷售與個人服務、家庭農事服務、無所得工作，以及不法的工作（包括犯罪活動）（Rothman, 1998）。

　　專業是指由具備專精職能的人組合而成的組群，這些組群因其專業知識與特殊訓練而受到人們尊敬且有自我規範的特性。專業者在其所從事的領域具有某種程度的自主性，有些專業在某些任務或服務上具獨占性（Abbott, 1988; Rothman, 1998）。經由認證或是取得執照，專業者可以實行他們在教育培訓、進入該專業或是執業的自主性。專業人員在就業市場上大約占有 13%（McGaghie, 1993）。

　　白領階級包括企業經理人、各階層的管理職、文職工作人員和技術人員。這個類別的人員對其所從事的工作負有管理、指導、監督和支持其他工作人員之責（Rothman, 1987, 1998）。

　　藍領職業係指「參與技術操作、或從事與實體物品之生產和機器運作有關的工作者，他們的工作內容和人或是資訊比較沒有直接關係」（Rothman, 1998, p. 12）。這個類別包括手工藝、勞力者、操作工等。操作的工作內容和機器的操作有直接關係，包括駕駛、廚師、機器操作員和各式各樣的服務員（Rothman, 1998）。

　　家庭農場工作是很獨特的，因為需要一個家庭工作單位。這種工作單位的數量近年來逐漸減少到政府不再列入統計的資料中。無所得工作包括家庭主夫（婦）和志工。不法工作則涵蓋犯罪活動和逃漏稅的工作（Rothman, 1998）。

組織文化

人們在一起工作就會發展出不同的次文化，次文化的成員通常會對新成員進者進行社會化（Neff, 1985; Rothman, 1998）。在組織行為的研究領域中，這些概念被稱為組織文化和組織社會化。

組織文化指的是「特定組織的成員共同保有的信念、期待和價值，而新加入者必須去調整適應」（Baron & Greenberg, 1990, p. 296）。文化的形成是組織的創建者、外在環境、所從事的業務和工作人員共同影響產生。組織文化有一股強大的力量影響組織運作以及組織工作人員的行為（Baron & Greenberg, 1990）。組織文化會顯現在組織的用語或行話、器物（如工具、制服）、信念、價值、規則和儀式（如某些升級／晉升的儀式）當中（Rothman, 1998）。

組織的社會化也是文化塑造的過程，它對於身心障礙者和想幫助身心障礙就業者特別重要。那是「個人從一個外部人員轉變成一個有實力的組織成員的過程」（Baron & Greenberg, 1990, p. 302）。那也可能是弱勢群體，如身障者、女性、有色人種和性別上居少數者受到排斥的過程（Fassinger, 2008）。實務工作者必須觀察的組織社會化關鍵元素包括語言（口語和非口語）、器物（如工具、制服、打扮習慣）、信念（如知識、迷思、刻板印象）、價值、社交與技術規範，以及儀式（如晉升的儀式；Rothman, 1998）。

工作的心理層面

工作和人格具互動的交互作用，彼此互相影響對方（Kohn, 1990）。工作可能減輕、導致或加重心理與生理的問題（Neff, 1985; Quick, Murphy, & Hurrell, 1992）；相對的，個人的人格特質也會影響工作的環境（Kohn, 1990）。

就業趨勢的潛在影響近年來格外受到注意：組織的設計與工作如何影響個人。逐漸增加人數的服務業，有高於平均值的壓力，雖然其成因並不清楚（Landy, 1992）。有遠見的雇主日漸覺知，新科技可以發揮人們工作的潛能（Turnage, 1990）。心理人因工程學的原理形成新的研究領域，心理工作分析技術亦然（Greiner & Leitner, 1989; Singleton, 1989）。

4

有關工作心理層面的論文不勝枚舉（參見 Blustein, 2006; International Labor Office, 1992; Johnson & Johansson, 1991; Karasek & Theorell, 1990; Keita & Sauter 1992; Muchinsky, 1997; Warr, 1987），本節僅提供一個簡要的回顧，尤其著重在一些重要的議題，例如：(1) 工作動機；(2) 工作與人格；(3) 工作壓力；與 (4) 工作滿意。

工作動機

「人們思考、以及……如何想和想什麼會影響其行為」（Landy, 1985, p. 336）。把這個概念應用到工作，工作動機的研究就是持續地的尋求下列問題的答案：人們為何工作？如何能夠讓人更有生產力？工作動機係指「一個廣泛的構念：牽涉到一個人如何保持覺知、導向、強化和維持工作的條件與過程等」（Katzell & Thompson, 1990, p. 144）。對應本章前面所談到社會學導向的工作研究，工作動機的研究即為心理學的重點。

工作動機是一個多面向的構念，以十分複雜的方式影響個人的工作表現（Baron & Greenberg, 1990）。工作動機理論豐富且傾向聚焦於下列議題：行為的方向、行動的強度和行為的堅持性（Muchinsky, 1997）。動機研究對於組織而言仍具有重要性，從提升工作表現與滿意度以及如何降低工作壓力兩方面都有意義。

工作與人格

工作與人格的關係非常複雜（Kohn, 1990），第四章將談到的生涯發展理論就是植基於這個關連性（例如：Hershenson、Holland、Super 等人和明尼蘇達工作調適理論）。這些理論傾向聚焦於人格對職涯選擇和工作適應的影響；進而言之，也有人認為人格對於各種工作的壓力源具有調節的作用（Quick, Quick, Nelson, & Hurrell, 1997）。

另一個研究的焦點是工作影響人格的途徑。與工作條件有關而影響人格的因素是「工作者在組織結構中的地位，從事該項工作的自我導向機會，工作者必須面對調適的主要工作壓力、重要的外在危機和與工作有關的回饋獎勵」（Kohn, 1990, p. 41）。被動型態的工作者（亦即低要求與低控制的工作），同樣會在休閒生活與政治活動中採取較為被動的態度，

除非他們的工作變得更主動而積極，此時他們對於休閒和政治的參與也會變得積極（Karasek & Theorell, 1990）。因此，工作與人格，在生涯諮商的歷程中，應該被視為彼此互為重要的前事因素也是後事結果。

工作壓力

　　工作可以提供幸福感和歸屬感，但工作也可能導致心理和生理上的問題（Blustein, 2008）。國家職業安全衛生中心（The National Institute for Occupational Safety and Health, NIOSH）認為心理障礙是與職業相關的前十大疾病和傷害之一，並且提出防範的對策（Sauter, Murphy, & Hurrell, 1990）。根據美國全國補償保險委員會的研究，漸進式的精神壓力占全部索賠的 11%（Hatfield, 1990）。

　　工作壓力不論在心理學或是商業上都是一個相當受到關注的議題（參見 Baron & Greenberg, 1990; Kahn & Byosiere, 1990; Quick et al., 1992; Quick et al., 1997）。從廣義的定義來看，壓力是「在個體發現其對重要目標無法達成，產生威脅感時的一種情緒狀態與心理反應組型」（Baron & Greenberg, 1990, p. 226）。長期的壓力會導致緊張，將會引發心血管疾病、降低工作表現或是導致婚姻與家庭問題（Landy, 1992）。

　　醫學、社會學、社會流行病學、生物行為學、工業工程與人因、社會心理學、認知科學、應用生理學、組織與臨床心理學等跨專業的研究，讓我們進一步了解工作壓力。工作與心理健康關係的理論模式包含加入了個人與環境多元因子（參見 Blustein, 2008; Kahn & Byosiere, 1990; Karasek & Theorell, 1990; Quick et al., 1997; Sauter & Murphy, 1995; Warr, 1987）。

　　過去關注焦點在於個人而非環境，現在已經逐漸朝向平衡的觀點。愈來愈多的證據顯示某些環境中的心理社會因素凌駕個人的因應技巧之上（Johnson & Johansson, 1991; Landsbergis & Cahill, 1994）。整合這個研究和對於個人行為改變困難度的結果，似乎顯示與其改變個人不如改變環境。因此，下列五項關於工作環境心理社會因素的研究受到極大的注意：(1) 個人對其工作的可控制性（例如：時程、步調、使用的技巧）；(2) 工作指令的本質（如單調或多樣的），尤其是當指令與可控制的程度交互影響時；(3) 社會支持，職場內、外的支持常成為壓力的調節者；(4) 任務要求（特別指在時間壓力下無法達到最佳表現）、工作角色（例如，滿足顧

6

客的需求或個人的興趣為優先），以及工作與家庭責任的衝突；(5) 與工作相關的不確定程度（例如：工作安全、績效表現的評量標準；Fouad & Byner, 2008; Landy, 1992; Quick et al., 1997; Sauter & Murphy, 1995）。

　　個人、工作和壓力之間的關係非常複雜，需要後續更多研究探討。例如：雖然已知許多特定工作會造成工作者的壓力等級（Landy, 1992; Sauter & Murphy, 1995），但是工作的壓力源以及社會支持力量對人的影響，明顯地在不同的生涯階段有不同的影響力；初入職場者比起臨屆退休者更受到壓力（Murphy, Hurrell, & Quick, 1992）就是一個明顯的例子。此外，認知調適觀點（Quick et al., 1997）指出，某些經歷對一般人是挫折，對另一些人反而是激勵。雖然如此，我們知道工作壓力不僅對個人，也同樣對企業造成負擔（Quick et al., 1992）。身心障礙更會使得個體對壓力反應複雜化。因此，為身心障礙者提供職業重建服務必須考量工作壓力（Szymanski, 1999）。

　　對於支持性就業的服務提供者（諮商師或教師），有關工作壓力的議題特別重要。服務部門的工作最容易感受到工作壓力，卻是支持性就業最常安置的場所。不幸地，許多支持性就業的重度障礙者卻無法有效表達其壓力。此外，他們也常缺乏社會性支持以舒緩其壓力。對於支持性就業的工作壓力研究應該進一步深入探討。在此同時，服務提供者必須意識到此問題的嚴重性及其潛在問題（Szymanski, 1999）。

7　工作滿意

　　工作滿意是一種個人對於工作的態度傾向，其定義為「因個人對情境評估結果所引發的感覺或情緒」（Dawis, 1994, p. 35）。它可能是正面的，也可能是負面的（如，工作不滿意）。和其他與工作有關的議題相類似，工作滿意和產值之間的相關性很複雜（Baron & Greenberg, 1990）。例如，職務再設計似乎可以提高工作滿意度，但是對工作表現的影響力並不明顯（Kelly, 1992）。

　　Herzberg 提出影響工作滿意的內在與外在因素，內在因素如升遷與成長機會、被肯定、責任、成就等會提升工作滿意度，外在因素如督導、薪資、政策、工作條件、人際關係或是安全，則可預防工作不滿意（Baron & Greenberg, 1990）。再次強調：考量工作滿意度是生涯諮商的重要議題。

顯然地，個人與工作的交互作用是複雜且互惠的：工作影響個人心理，工作者的心理特質也會影響工作（Blustein, 2008）。

工作趨勢與應用

工作已經從傳統農業社會逐步進化到工業化及後工業化時代，不同國家處在不同發展階段。全球化加速發展中國家改變的步調，也把全球經濟緊密連結（DeBell, 2006; Edgell, 2006）。Rothman（1998）在他有關工作社會學觀點大作的第二版序文中提到：

> 全國的經濟已經和全球的系統緊密相連、高度競爭，且對工作人員的生產力和績效形成高壓力。組織彈性化也逼使雇主選擇替代長期僱用的其他方案。這個現象導致工作更沒保障，職場上充斥著短期工或部分工時人員。此一發展嚴重影響工作安全與生涯規劃（p. xi）。

幾年前，Hall 和 Mirvis（1996）建議：「公司對員工的承諾僅止於該員工目前能力和表現的需求」（p. 17）。他們提出一個不隸屬機構的生涯取向，認為「組織提供一種情境和媒介，個人在其中自求多福、自我激勵」（p. 21）。

從前述 Rothman（1998）以及 Hall 和 Mirvis（1996）的看法提出以來，改變的步調未曾停歇，工作愈來愈沒有保障。高所得工作愈來愈少，取而代之的是更多的付出換來較少的收入。再者，許多工作送到海外（如：在印度的客服中心）；有些國家（如中國）也有許多高技術人員（Friedman, 2007）。全球一家的結果以及共同面對全球暖化或人口膨脹等問題，都會影響工作本身及受僱者（Friedman, 2008）。以下我們討論兩個和此密切相關且對身心障礙及服務提供者有關的問題：受限的流動和接受高等教育機會受限。

8

受限的流動

貧窮導致失能，失能也會造成貧困（Lustig & Strauser, 2007）。全球

化帶來的失業，更增加殘障者（Edgell, 2006）。如何擺脫貧困和低就業困境，近年來顯得更加複雜。

對於許多勞工來說，有限的健保和生涯轉換機會變成一個嚴峻的問題（Raiz, 2006）。即使有些工作者有好的健保保障，他們的升遷或向上流動還是會因為經濟條件而妥協。例如，許多雇主（如明尼蘇達州）的健保給付政策對於新進員工在剛開始加入的第一個月或是數個月有所限制。這種情況意謂著如果一個員工想要轉換跑道，就必須自己想辦法在兩個工作之間的保險轉換，有時自己需要額外負擔一筆費用。這種情況下，健保的保障範圍就很重要，障礙與貧困會聯合起來對抗職涯轉換，而在當前的勞動市場上，為了升遷與就業安全卻常常必須轉換職涯。

接受高等教育機會受限

在今日的勞動市場上，高等教育是獲得較高報酬的先備條件，然而在過去 20 年中，美國聯邦政府對於公立高等教育的支持卻減少，導致學費攀升，負擔得起的人減少（Rhodes, 2006）。許多學生因為家境無法全程負擔其學費和其他費用，有些人就加入軍隊使其在經濟上得到協助而能完成大學教育。對身心障礙者來說，不可能以加入軍隊取得較高學歷，從而限制其接受高等教育以獲得高薪資工作的機會。接下來簡要說明各章的重點。

各章簡介

接下來本書 12 個章節涵蓋立法的背景和其他有關身心障礙者就業議題，身障者職業相關理論和研究，諮商介入，多元文化，職業評量，就業市場訊息及針對身障就業者的工作調適，就業安置與發展，透過就業顧問的外展服務，以及發展性障礙者的支持性就業。

第二和第三章主要論及與身心障礙者就業情境相關的議題。第二章「身心障礙者就業相關法規概述」涵蓋法令和有關身心障礙者就業的規章，此外也探討在非歧視性就業的規範中，雇主責任的相關法規。觸及的法令包括美國身心障礙者法案（Americans with Disabilities Act, ADA）、復健法（Rehabilitation Act, RA）、工作補償法、退伍軍人復健法和其他

最新法令，如勞動力投資法（Workforce Investment Act, WIA）、提供就業與工作激勵法。最後，我們也提供聯邦和州政府關於請病假、維持收入（給付）、勞動關係和其他與身障有關的訊息。

　　第三章「就業年齡層身心障礙者的就業議題：最近的資料告訴我們什麼」，這章我們審視全美人口中四個大型而有代表性的樣本資料，其中涉及具勞動力的身心障礙者的就業資訊。作者們發現身心障礙者的就業型態非常多樣，其結論提到，所觀察到的型態無法從身障者所謂的缺陷的不同去解釋，反而社會環境力量才是決定不同身障者次團體成員能否就業的最重要因素。

　　第四章和第五章聚焦於當身心障礙者遨遊於職場時個人的處境。第四章：「生涯發展的理論與建構：對身心障礙者的意涵」強調：(1) 生涯發展理論應用在身障者的歷史回顧；(2) 被選用的理論；(3) 一個就業行為的生態模式；(4) 不同族群的考量；(5) 應用理論於實務中的架構。為了幫助諮商師與研究者解讀理論，並且對一般人或身障者的生涯發展可以具象化，作者群介紹一個生態模式。此一模式涵蓋五個構念因素：背景、個人、中介、環境和結果，以及七個歷程因素：發展、決定、一致性（congruence）、社會化、安置、機會和勞動力市場變化。

　　第五章「身心障礙者生涯發展研究」談論有關為促進身障者就業以理論為基礎的研究。首先談到在這個研究領域上方法學的錯誤。依據這些方法學上應注意的事項，作者群以前述生態模式的結構對實證研究的內容進行評述。為了協助研究者，作者們對於後續身障者生涯發展研究提出十點建議。最後作者們討論如何縮短研究和實務的落差，更強調應該讓研究廣為人知。作者群全力支持全國障礙研究推廣中心（National Center for the Dissemination of Disability Research）的使命與工作（http://www.ncddr.org）。

　　第六章到第九章涵蓋身障者復原歷程中促進個人增能的文化、社會和環境因素。第六章是「不同族群之生涯諮商模式、介入及應用」。此章介紹生涯諮商的服務模式，接下來討論生涯諮商的介入，並介紹一些特別的策略與活動。例如，作者們提供介入方案如何使用生涯規劃系統、興趣量表、生涯規劃書和檔案等內容。最後一節聚焦於 INCOME 架構。INCOME 是生涯諮商過程的字首連綴字：包含想像（imagining）、

蒐集資訊（informing）、選擇（choosing）、獲得（obtaining）、維持
（maintaining）和離職（exiting）。作者們強調利用這個模式可以比較有
效地為不同族群者提供服務：包括少數族裔、不同性傾向者、身障者、婦
女，甚至白人男性。

第七章「職業輔導評量與身心障礙」描述客觀化的職評工具、職評理
論和觀念，傳統工具的限制和替代的評量等。本章強調職評必須有所變
革，以促進服務使用者的增能，鼓勵其自我評估，並強調評量不僅在於提
供服務使用者選擇機會，同時也要落實他們的選擇。本章提醒復健諮商師
必須和使用者一起留意運用不同的方法，如職業評量、使用者自我評分、
效標參照評量、生態評量和質性評量。本章最後提出唯有諮商師和服務使
用者密切合作，對於評量所獲得的資訊詳加討論交換意見，否則無法達成
全面性有義意的職能評估。

第八章「使用職業與勞動市場資訊於職業諮詢」回顧就業和人力市場
上的相關資訊，這些資訊可以幫助諮商師對身障者解釋，決定其生涯發展
及就業安置時可採取的策略、資源和工具。內容主題包括職業資訊在諮商
中的角色、資訊來源、人力市場資訊、全國性分類資料庫，州與地方資源、
電腦化資料和可轉換技能評量與工作分析。

第九章「障礙與合理調整」審視對於身心障礙的不同概念，隨之討論
身障的功能議題。包括功能的限制、復健潛能、心理社會觀以及文化觀
點。緊接著討論復健專業領域中常見的幾種醫學分類的發生率和出現率，
功能限制的分類，這些限制和其後果因素都會談到。職場上的合理化調整
及其分類都有觸及。最後也會討論對不同功能限制者，職務再設計所用到
的設備和工具，尤其是在職場中使用電腦的議題。

第十章到第十三章重點是身障和就業的環境及結果等相關議題。第十
章「就業安置與雇主諮詢：服務與策略」首先回顧職業重建機構就業安置
的歷史，接著對當前服務輸送模式及各種模式如何運作安置的歷程加以說
明。在討論基本策略之後，會談到以雇主為中心的服務。當前以需求為導
向的服務模式，以及最新法案中對於安置服務輸送新想法所造成的衝擊也
會一併說明。最後，作者們也呼籲職重機構必須調整其經營策略，以便符
應許多新的變革帶來的衝擊。

第十一章為「開發就業機會與求職支持」，主要包含服務使用者尋找

工作與求職支持；建立、發展與維持和雇主的夥伴關係。本章檢視廣泛使
用的工具和策略以滿足使用者的需求。作者們建議諮商師可以扮演一個服
務供應商或是跨足專業合作團隊中的輔助者角色，以確保服務使用者在工
作發展和支持性找工作中得到高品質的服務。

　　第十二章「企業提供的職業復健：動機、管理和行銷」討論的是職業
重建專業人員和服務使用者在一般企業情況中面對服務使用者就業安置的
挑戰。作者們建議職重專業人員必須把方案外展到企業界，從地方性擴展
到區域性甚至全國性的策略。行銷導向的管理模式必須應用到職重領域，
包括職重方案人員所思所為必須更像企業界。作者們建議與企業界合作發
展具實證基礎的模式，將有助於研發更有效能的介入方案，以及獲得技術
協助和方案發展的團隊整合網絡。作者並提出為職業重建專業發展一個獨
特企業認同的觀點。

　　最後，第十三章「支持性就業」。作者回顧支持性就業的發展，強調
其立法的基礎。接下來強調的是支持性就業的核心部分，包括競爭性就業、
統合的環境、重度障礙者及持續性支持。兩個基本的模式包括團體模式和
個人模式。其他的模式包括企業反應模式和對於精神障礙者的僱用模式。
本章最後重申在支持性就業過程中服務使用者增能及使用者控制的重要性。

結論與建議

　　如同本章一再提到，就業議題是複雜的，而且其本質急速改變中。就
業安全有賴工作者具備的技能、復原力和職涯轉換。比起過去任何時期，
現在的就業者必須具備更多面向的彈性適應力。在這樣的環境背景中，職
業重建人員必須持續研究探討就業市場變化及工作環境趨勢，才能為身心
障礙者提供支持及增能，進而使他們找到並維持工作。同時，專業人員必
須幫助那些使用計畫策略增進就業能力與就業安全的身障者。本書最重要
的目的乃在於讓讀者了解就業和身障的複雜性。我們強烈建議專業人員了
解此趨勢，並持續維持對就業市場激烈變化的敏感度。

本章摘自本書第一版，作者為 Edna Mora Szymanski, Randall M. Parker, Carole Ryan,
Mary Ann Merz, Beatriz Trevino-Espinoza, and Sarah Johnston-Rodriguez.

參考文獻

Abbott, A. (1988). *The systems of profession*. Chicago: University of Chicago Press.

Baron, R. A., & Greenberg, J. (1990). *Behavior in organizations: Understanding and managing the human side of work* (3rd ed.). Boston: Allyn & Bacon.

Blustein, D. L. (2006). *The psychology of working: A new perspective for career development, counseling, and public policy*. Mahwah, NJ: Erlbaum.

Blustein, D. L. (2008). The role of work in psychological health and well-being: A conceptual, historical, and public policy perspective. *American Psychologist, 63*, 228–240.

Dawis, R. V. (1994). The theory of work adjustment as convergent theory. In M. L. Savickas & R. W. Lent (Eds.), *Convergence in career development theories: Implications for science and practice* (pp. 33–43). Palo Alto, CA: CPP.

DeBell, C. (2006). What all applied psychologists should know about work. *Professional Psychology: Research and Practice, 37*, 325–333.

Edgell, S. (2006). The sociology of work: Continuity and change in paid and unpaid work. London: Sage.

Fassinger, R. E. (2008). Workplace diversity and public policy: Challenges and opportunities for psychology. *American Psychologist, 63*, 252–268.

Fouad, N. A., & Byner, J. (2008). Work transitions. *American Psychologist, 63*, 241–251.

Friedman, T. L. (2007). *The world is flat: A brief history of the twenty-first century*. New York: Picador/Farrar, Straus, and Giroux.

Friedman, T. L. (2008). *Hot, flat, and crowded: Why we need a green revolution—and how it can renew America*. New York: Picador/Farrar, Straus, and Giroux.

Greiner, B., & Leitner, K. (1989). Assessment of job stress: The RHIA-instrument. In K. Landau & W. Rohmert (Eds.), *Recent developments in job analysis* (pp. 53–66). London: Taylor & Francis.

Hall, D. T., & Mirvis, P. H. (1996). The new protean career: Psychological success and the path with a heart. In D. T. Hall & Associates (Eds.), *The career is dead: Long live the career* (pp. 15–45). San Francisco: Jossey-Bass.

Hatfield, M. O. (1990). Stress and the American worker. *American Psychologist, 45*, 1162–1164.

Herr, E. L., & Cramer, S. H. (1992). *Career guidance and counseling through the lifespan: Systematic approaches* (4th ed.). New York: HarperCollins.

International Labor Office. (1992). *Conditions of work digest: Preventing stress at work*. Geneva: Author.

Isaacson, L., & Brown, D. (2000). *Career information, career counseling, and career development* (7th ed.). Boston: Allyn & Bacon.

Johnson, J. V., & Johansson, G. (1991). *The psychological work environment: Work organization, democratization and health—Essays in memory of Bertil Gardell.* New York: Baywood.

Kahn, R. L., & Byosiere, P. (1990). Stress in organizations. In M. Dunnette (Ed.), *Handbook of industrial and organizational psychology* (2nd ed., Vol. 3, pp. 571–650). Chicago: Rand-McNally.

Karasek, R., & Theorell, T. (1990). *Healthy work: Stress, productivity, and the reconstruction of working life.* New York: Basic.

Katzell, R. A., & Thompson, D. E. (1990). Work motivation: Theory and practice. *American Psychologist, 45,* 144–153.

Keita, G. P., & Sauter, S. L. (Eds.) (1992). *Work and well being: An agenda for the 1990s.* Washington, DC: American Psychological Association.

Kelly, J. (1992). Does job re-design theory explain job re-design outcomes? *Human Relations, 45,* 753–774.

Kohn, M. L. (1990). Unresolved issues in the relationship between work and personality. In K. Erickson & S. P. Vallas (Eds.), *The nature of work: Sociological perspectives* (pp. 36–68). New Haven, CT: Yale University Press.

Landsbergis, P. A., & Cahill, J. (1994). Labor union programs to reduce or prevent occupational stress in the United States. *International Journal of Health Services, 24*(1), 105–129.

Landy, F. J. (1985). *Psychology of work behavior* (3rd ed.). Homewood, IL: Dorsey.

Landy, F. J. (1992). Work design and stress. In G. P. Keita & S. L. Sauter (Eds.), *Work and well being: An agenda for the 1990s* (pp. 119–158). Washington, DC: American Psychological Association.

Lustig, D. C., & Strauser, D. R. (2007). Causal relationships between poverty and disability. *Rehabilitation Counseling Bulletin, 50,* 194–202.

McGaghie, W. C. (1993). Evaluating professional competence. *Journal of the American Podiatric Medical Association, 83*(6), 338–344.

Moos, R. H. (1986). Work as a human context. In M. S. Pallak & R. Perloff (Eds.), *Psychology and work: Productivity, change, and employment* (pp. 9–52). Washington, DC: American Psychological Association.

Muchinsky, P. M. (1997). *Psychology applied to work* (5th ed.). Pacific Grove, CA: Brooks/Cole.

Murphy, L. R., Hurrell, J. J., Jr., & Quick, J. C. (1992). Work and well being: Where do we go from here? In J. C. Quick, L. R. Murphy, & J. J. Hurrell, Jr. (Eds.), *Stress and well-being at work: Assessments and interventions for occupational mental health* (pp. 331–347). Washington, DC: American Psychological Association.

Neff, W. S. (1985). *Work and human behavior.* New York: Aldine.

Quick, J. C., Murphy, L. R., & Hurrell, J. J., Jr. (Eds.). (1992). *Stress and well-being at work: Assessments and interventions for occupational mental health.* Wash-

15

ington, DC: American Psychological Association.

Quick, J. C., Quick, J. D., Nelson, D. L., & Hurrell, J. J., Jr. (1997). *Preventative stress management in organizations.* Washington, DC: American Psychological Association.

Raiz, L. (2006). Health care poverty. *Journal of Sociology and Social Welfare, 23*(4), 87–104.

Rhodes, F. H. T. (2006). After 40 years of growth and change, higher education faces new challenges. *Chronicle of Higher Education.* Retrieved September 28, 2008, from http://chronicle.com/weekly/v53/i14/14a01801.htm

Rothman, R. A. (1987). *Working: Sociological perspectives.* Englewood Cliffs, NJ: Prentice Hall.

Rothman, R. A. (1998). *Working: Sociological perspectives* (2nd ed.). Upper Saddle River, NJ: Prentice Hall.

Sauter, S. L., & Murphy, L. R. (Eds.). (1995). *Organizational risk factors for job stress.* Washington, DC: American Psychological Association.

Sauter, S. L., Murphy, L. R., & Hurrell, J. J. (1990). Prevention of work-related psychological disorders: A national strategy proposed by the National Institute for Occupational Safety and Health (NIOSH). *American Psychologist, 45,* 1146–1158.

Singleton, W. T. (1989). *The mind at work: Psychological ergonomics.* New York: Cambridge University Press.

Szymanski, E. M. (1999). Disability, job stress, the changing nature of careers, and the career resilience portfolio. *Rehabilitation Counseling Bulletin, 42,* 279–289.

Turnage, J. J. (1990). The challenge of new workplace technology for psychology. *American Psychologist, 45,* 171–178.

Warr, P. (1987). *Work, unemployment, and mental health.* Oxford: Clarendon.

身心障礙者就業相關
法規概述

Susanne M. Bruyère、Thomas P. Golden 與 Raymond A. Cebula, III　著

王敏行　譯

身心障礙者成功就業是職業重建服務背後的驅動力。復健法中的第一章17要求負責州／聯邦職業重建合作服務的行政部門,即美國職業重建服務管理局(Rehabilitation Services Administration, RSA)的官員,應就復健法所提出的各項職業重建服務計畫進行評鑑和管理。為了達成法規的要求,美國職業重建服務管理局建立了幾個關鍵性績效指標(performance indicators),用以評量各州專案合作機構在增加身心障礙者就業人數上,以及減少身心障礙者與一般人收入的差距上的表現情形。當臨床人員了解推動與支持身心障礙者就業的相關法案,成功達成上述最終目標的機率便大大的提升(Bruyère, 2000a)。了解推動身心障礙者就業的各項法規,對身心障礙者進行有效的工作安置和穩定就業上相當關鍵(Bruyère, 1999)。本章的目的即選定促進身心障礙者就業的相關法規,以及影響人力資源和工作場所政策和臨床執業的相關法規進行概略性介紹。

1960 年代有關婦女、種族和少數民族權利保護之公民法案陸續通過後,又過了十幾年,身心障礙者才見到其應有的公民權受到保障,首先是 1973 年通過的復健法,之後在 1990 年又通過美國身心障礙者法案。18最近幾年影響美國勞動部的法規有 1998 年的勞動力投資法,以及影響美國社會安全局(Social Security Administration, SSA)和衛生暨福利部(Department of Health and Human Services)之法規,如 1999 年工作券與工作誘因促進法(Ticket to Work and Work Incentives Improvement Act, TWWIIA),擴增了身心障礙者獲得就業服務和就業訓練的機會,同時也增加了社會安全受益人找工作的誘因。更重要的是,持續闡明現有的法律,確認身心障礙者生活在自己社區的權利,也強化了身心障礙者去機構化運動(Olmstead v. L. C., l999)。

　　職業重建專業人士有必要了解這些法規與法院持續發布的解釋條文所提供的保護和機會，以及這些法規在州和地方上的落實情形。職業重建的專業倫理要求諮商者必須充實自我，將就業輔導過程中面臨的阻力降至最低，讓接受服務的身心障礙者獲得最大可能的機會。為能達成這項專業倫理之要求，熟悉相關法規是必須的，例如與規範服務遞送的法規、身心障礙者受益或補助規定、影響相關專業人員（如人力資源專業人士，健康和安全專家和福利政策執行官員等）在工作場所執行任務之規範。

法規內容概述與實務上的意涵

　　本章提供身心障礙者復健與就業服務遞送、公平就業和歧視防制等職場相關之主要法規的概述，所論及的法規包括 1973 年復健法的修訂、1990 年的美國身心障礙者法案、1999 年工作卷與工作誘因促進法、1998 年退伍軍人復健法案和勞動力投資法。本章也提供了影響職場管理相關法規的概述，諸如 1993 年家庭與醫療缺勤法案（Family and Medical Leave Act）、短期身心障礙法（Short-term Disability Laws）、州工作者賠償法（State Workers' Compensation Laws）、1970 年職業安全與健康法案（Occupational Safety and Health Act）和全國勞資關係法案（National Labor Relations Act, NLRA）。本章末會將這些法規整理成摘要（表 2.1）。

　　本章主要目的即讓復健專業人員對這些法規的目的及影響有基本的認識，因為這些法規規範了身心障礙者就業服務提供，對身心障礙者受聘與就業穩定也有影響。此概述內容將包括每項法規訂定的目的、基本規定、執法機構以及取得詳細資訊的方法等。每項法規對職業重建實務影響的討論，將總結在本章的「結論和啟示」節次中。

1973 年復健法及其修訂

　　1973 年復健法（P.L. 93-112）立法的旨意是希望透過研究、訓練、服務和工作機會平等保證（guarantee of equal opportunity）等方面的提供與要求，發展與實施豐富完整具協調性的職業重建與獨立生活服務方案，讓身心障礙者在受僱能力、獨立生活、融入職場和社區生活等方面皆可達到最大的可能性。在此法規規範下的職業重建方案（Vocational

Rehabilitation, VR），每年有近百萬人接受服務，其中四分之一的身心障礙者進入競爭性就業環境中。計畫方案總經費支出從 1935 年的 350 萬美元呈指數性的成長，到 2007 年時已超過 34 億美元（Golden, Zeitzer, & Bruyère，出版中）。

　　復健法要求聯邦政府轄下的方案、接受聯邦經費補助的方案、聯邦政府雇員以及與聯邦政府合約下的單位不得歧視身心障礙者。接受聯邦經費補助者與聯邦政府各單位皆必須持續地檢視各項方案計畫與活動，以確保能夠有效率地服務身心障礙者。復健法中就業歧視的判斷標準和美國身心障礙者法案第一章內容相同。復健法第五章中主要包括不得歧視的規定與落實行動，這些內容將是討論重點（見附註 1）。討論內容中會簡要地提及第 501 節和第 503 節，對於第 504 節和第 508 節內容將做較詳盡的討論。

1. 復健法第 501 節要求聯邦政府機關及其轄下的執行部門必須落實法規要求，就業上不得歧視（見附註 2）。
2. 第 503 節要求落實法規要求，禁止聯邦政府合約商和合約超過 10,000 美元的轉包商就業歧視（見附註 3）。
3. 復健法第 504 節要求接受聯邦單位或其轄下任何執行單位、美國郵政服務單位等經費補助的所有方案計畫或活動，皆不得歧視身心障礙者（見附註 4）。
4. 第 508 節要求聯邦電子和資訊技術等設施必須讓身心障礙者（包括員工和一般大眾）可以方便使用。

　　每個聯邦政府機構針對特定方案皆有其對應的第 504 節的施行規定，提供聯邦經費補助的機構在提供補助給接受者方面，於第 504 節也有其對應的施行細則。這些規定共同的要求包括提供身心障礙者員工合理可行的職務再設計、無障礙方案計畫（也就是必須確認沒有任何人因障礙而被排除在方案活動之外）、可讓聽障或視障者溝通無礙的有效方式（例如，文件用其他的形式呈現、手語翻譯）、無障礙新建築與新設施。每個機構皆有責任落實對應的施行規定。第 504 節的規定也可經由個人法律訴訟而獲得落實，個人若要提出告訴，不必經聯邦機構提出，也不需來自聯邦單位的「有權控告」許可信。

　　美國身心障礙者法案中的障礙定義是以復健法第 504 節對障礙所下的

定義為基礎，舉凡個體因：(1) 生理或心理損傷，導致一項或一項以上的主要日常生活活動受到實質上的限制；(2) 具有一項上述這樣的損傷紀錄；或 (3) 被認定有上述這樣的損傷等，都是美國身心障礙者法案保護的範圍。平等就業機會委員會（Equal Employment Opporyunity Commission, EEOC）在其出版的施行指南中，提供了以下的例子作為個體「被認定」有實質上限制的說明：(1) 個體有損傷，但並未造成日常生活主要活動受到實質上的限制，而雇主的行為表現卻如同認定員工的限制是實質存在的（例如，控制良好的氣喘病、血壓問題）；(2) 因為社會一般態度或迷思導致個體的損傷造成日常生活主要活動有實質上的限制（例如，臉上明顯的疤痕）；或 (3) 工作表現上並不受影響，但是個體被視為如同有障礙（例如，謠傳某員工為 HIV 帶原者；EEOC, 1992）。所謂「日常生活主要活動」包括了：走路、看、聽、講話、呼吸、學習、工作、自我照顧和手部操作工作。

　　復健法第 508 節聯邦電子資訊科技（electronic and informat techology, EIT）無障礙的規定於 2001 年 6 月 25 日開始生效。這部分的條文要求依據建築與運輸障礙申訴委員會（無障礙委員會）〔Architectural and Transportation Barriers Compliance Board（Access Board）〕設定的標準規範電子和資訊技術，此項標準現在已是聯邦政府採購規定的一部分（見附註 5）。

　　復健法第 508 節中的要求適用於所有聯邦機構需要發展、購買、維護或使用電子和資訊產品時。這款條文規範了所有聯邦部門中各種電子資訊產品，且不侷限於身心障礙者使用的特定輔具。無障礙委員會所設定之標準規範的產品包括電腦的硬體和軟體、網站、訊息交流網站、電話系統、傳真機、影印機和類似的科技產品電子資料的儲存、運算、傳輸、轉換、複製和接收。聯邦政府機構必須確保上述產品便利身心障礙員工和一般身心障礙大眾使用，操作上不會造成「不必要的負擔」。現有的電子產品則不要求翻新改造。

　　所謂無障礙資訊系統是指使用者可以以多種模式操作的系統，不會僅依賴單項知覺或能力才能操作。為能達成第 508 節有關無障礙操作的要求，機構可提供符合無障礙委員會標準的電子資訊科技產品以符合法律規定。無障礙委員會之標準也提供機構可以彈性的接受由合約商所提供

的並不十分符合標準的設計或科技產品，但是前提是這些產品必須達到與標準一樣的無障礙效果或甚至更好，這稱之為同等協助原則（equivalent facilitation），其主要考量是難以依現況預測未來科技的發展與使用方式。

　　公立的職業重建方案有如將聯邦、州和地方政府方案串在一起的辮子，了解各層級方案間如何連結運作對重建專業人員是重要的。雖然州和聯邦彼此之間的夥伴關係受到美國職業重建服務管理局所管控，但一般而言在州的層級是透過州的職業重建部門進行行政作業。雖然各州可能不同，不過州層級的部門可能有二，一個專司服務一般的身心障礙者，另一個則提供服務給盲人或視覺障礙者。儘管不同，聯邦與州合作方案提供的評估、訓練、就業及其他支持服務等一系列服務，都是來自私人與公家經費支持的社區復健方案。聯邦與州層級的工作內容基本上在於行政事務，直接服務則落在州職業重建部門的復健諮商師及當地的實務工作者。

1990 年美國身心障礙者法案

　　1990 年美國身心障礙者法案第一章將 1973 年復健法原本有關禁止種族、性別、宗教和國籍的歧視擴充至對身心障礙者的就業歧視（見附註6）。美國身心障礙者法案的就業條款是為了提供身心障礙者平等就業權，以增加他們進入職場的機會。第一章所規定的對象適用於超過 15 名員工的私人企業，但某些州則將範圍擴大到員工人數 15 名以下的私人企業。美國身心障礙者法案禁止對身心障礙者有工作相關之歧視，且要求雇主提供合理適合的職務調整。因此，凡涉及身心障礙者職業諮商和工作拓展安置業務的人，都須熟悉美國身心障礙者法案適用對象及合理職務調整的原則。

　　美國身心障礙者法案中「障礙」和「符合資格的身心障礙者」的認定向來都是個別認定。根據美國身心障礙者法案的定義，所謂「障礙」指的是個體的生理或心理的損傷，或是曾有損傷的病歷紀錄，或是個人被認定為具有這樣的損傷，足以在一個或一個以上的主要生活活動造成限制。「主要生活活動」為一般人少有困難或都沒有任何困難就可以做得到這些活動，包括走路、講話、呼吸、手操作技巧、看、聽、學習、自我照顧和工作等。在判定是否是身心障礙者身分時，還必須考量諸如使用治療性藥物或穿戴助聽器之類的「症狀減緩措施」（mitigating measures）。認定

是否為「符合資格」的身心障礙者，則依據其工作技能、經驗、教育和其他有關的要求能否符合所期待職位的要求，且提供所需合理的職務調整後能否執行此職位的核心功能。

　　1990 年代晚期一連串最高法院的判決明顯地縮小了美國身心障礙者法案中保護對象的範圍。由於法院對身心障礙者身分的限制性解釋可能將某些合於資格的身心障礙者排除在外，為能因應這種可預見的威脅，恢復早先保護範圍的努力於焉展開。美國身心障礙者法案 2008 年修訂案更正了上述法院的縮小適用資格的解釋，恢復了原先較為寬鬆的解釋。更進一步有關美國身心障礙者法案 2008 年修訂案的資料可在 http://www.eeoc.gov/ada/amendments_notice. html 的網址中取得。

　　根據美國身心障礙者法案，提供身心障礙者必要之合理的職務調整可視為非歧視的一種方式。所謂「合理調整」（reasonable accommodation）即是指改造或調整職務內容、工作環境或操作方式，促使能力條件合格的身心障礙者也能享有平等的工作機會。美國身心障礙者法案從就業的三個面向要求合理的調整：求職的過程、執行職務核心內容和員工福利與權利。合理職務調整的例子包括：強化設施的易使用性；將工作的職務內容中之非核心職務重新分配與安排；改變工作之核心職務執行時機或執行的方式；創造部分工時或調整工作時程表；提供或修改工作時程表；調整考試檢核方式、訓練器材或政策；提供合格的閱讀員或手語員；以及改派至其他空缺。

　　倘若提供合理的調整會讓雇主在公司經營上造成過度困難（undue hardship），雇主可以不需要提供。所謂「過度困難」乃是在提供合理調整時可能造成巨額費用或具破壞性的行動。衡量合理調整是否會造成「過度困難」，可能需要依個別狀況考慮：此調整的特性及所支出的淨花費、機構特定部門和機構的財力狀況和員工人數，以及機構的運作型態（包括機構勞動力的結構與功能，及此勞動力與提供身心障礙者職務調整之部門的關係）。

　　平等就業機會委員會負責執行美國身心障礙者法案第一章的促進就業法規。平等就業機會委員會持續性提供落實美國身心障礙者法案促進就業的規定和指南，這些規定與指南詳見所屬的官方網站（見附註 7）。

　　根據平等就業機會委員會和公平就業實務機構（Fair Employment Practices Agencies, FEPA）的資料顯示，從 1992 年 7 月 26 日到 2003 年 9 月 30 日便有 328,001 件美國身心障礙者法案相關控訴案件，其中 55% 與非法解僱有關（Bruyère, Houtenville, et al., 2007）。因此，雇主顯然需要在僱用過程上的協助，以符合反歧視僱用所要求的事項。從雇主歧視障礙的控訴案件可知，雇主歧視障礙不僅發生在求才徵人過程，還包括現職人員整個僱用的過程。藉由協助雇主了解僱用過程中有關反障礙歧視的保護措施，職業重建專業人員可以在職場上提供雇主和身心障礙者有價值的服務。

1999 年工作券與工作誘因促進法

　　工作券與工作誘因促進法於 1999 年 12 月 17 日簽署生效，針對安全生活補助（Supplemental Security Income, SSI）和社會安全障礙保險（Social Security Disability Insurance, SSDI）之受益人與領取人，提供工作準備、上工，或職位晉升時所需要的誘因與支持（Golden & Sheldon, 2005；見附註 8）。本法的目的在於減少和排除安全生活補助或社會安全障礙保險領取人就業上的障礙，並鼓勵其申請求職時使用所需的服務與支持。本法案的核心內容乃因應國會的要求，主要的目標是增加美國社會安全局之障礙福利方案受益人可選擇的服務選項，包括擴大既有資源網絡中的服務提供者數量，讓有就業意願之身心障礙者能有更完善的支持系統。

　　工作券與工作誘因促進法包括四個主要條款：自力更生工作券、工作誘因濟貧、擴大健康照護範圍和示範方案／驗證研究。因本章的討論聚焦在法規對重建實務的啟示，我們將專注於討論前三條款，也就是工作券與工作誘因促進法的第一章和第二章中。第一章（Title I）第 A 節（Subtitle A）的內容主要闡明自力更生工作券方案擴增了身心障礙者可選擇的就業服務項目，由美國社會安全局負責行政管理。自力更生工作券方案是此法規中重要的條款，將原本美國社會安全局僅重視職業重建方案的成本回收成效，改變擴大為結果本位和市場導向的方案（見附註 9）。

　　凡年齡介於 18 歲到 64 歲領取安全生活補助或社會安全障礙保險者，將收到一張就業服務券（見附註 10），領取者可將這工作券給任何已在就業服務資源網絡（employment network, EN）註冊的業者。工作券方案

24

允許受益人從一系列服務提供業者（稱為就業服務網絡）中選擇，將選擇業者的控制權交由消費者手中決定。自立更生工作券方案完全採自願的方式，領取人可以自主決定是否使用服務券，並選擇要將他們的券付給誰，如果覺得接受的服務不適當，隨時可以從業者那兒收回他們的券。若是依據傳統成本回收方案，領取人將被轉介到州政府特定的職業重建服務方案，然後由機構選擇其可以參與的服務，或是由美國社會安全局依據地理位置和障礙類型轉介至另一個有意願的服務提供者。雖然工作券方案的領取人仍舊可以選擇至州的職業重建機構接受服務，但可選擇的服務提供業者大大擴增了。

工作券方案認可的服務提供業者，也就是就業服務資源網絡的成員，包括同意與美國社會安全局合作的公立或私立機構。這些機構提供職業重建、就業或其他支持性服務，以協助工作券領取人就業前準備、求職和工作維持等事項。根據此方案，服務提供者可以成為就業服務網絡，或成為另一就業服務網絡裡的服務業者，或具備兩者身分皆可。州立職業重建機構可以同時屬於州內的多個就業服務資源網絡，但是每個就業服務網絡欲進行轉介至特定州立職業重建機構時，必須先獲得該州立職業重建構機之合作許可。就業服務網絡若同意成為職業重建服務提供者，收費方式可以自行決定選擇依受益人因就業而不用接受福利金的月份數來收費（最高可達 60 個月），或是選擇收取較低的費用，但當受益人在就業上獲得重要進展時可收取額外的費用（Golden & Sheldon, 2005）。此外，州立職業重建機構仍然可以選擇過去「傳統的補助金」的方式。維持此一特殊方式是因根據 1973 年修訂的復健法中，州立職業重建機構不可拒絕提供服務與支持給符合法定資格的消費者。州立職業重建機構不同於其他的就業服務網絡，後者可以決定不收取某些人的工作券而拒絕此人的服務。

第一章第 C 節是另一個重要的條款，即工作誘因計畫與外展協助條款，第 C 節要求美國社會安全局官員建立以社區為基礎的工作誘因計畫和協助方案，目的是在宣導安全生活補助和社會安全障礙保險領取人可利用的工作誘因正確訊息。這部分條款具有三個關鍵要素：以社區為基礎的資源網絡，列出可提供福利與工作誘因服務的實務工作者；有專為美國社會安全局工作誘因組成的內部團隊；以及國家級的保護和宣導系統，即「社會安全受益人保護與宣導部門」（Protection and Advocacy for

Beneficiaries of Social Security）。隨著這個重要條款的制定，立法者認知到協助安全生活補助和社會安全障礙保險受益人邁向就業重要的第一步，是協助其取得與工作以及工作對福利狀態影響的資訊，以作為決定之參考（Bruyère, Golden, & Zeitzer, 2007）。早期針對以社區為基礎的工作誘因計畫、協助與外展方案〔目前稱為工作誘因計畫與協助方案（Work Incentive Planning & Assistance, WIPA）〕所進行的評估報告顯示，在服務提供及所提供的服務對服務接受者就業結果之影響兩方面都得到正面的回響（Social Security Administration, 2004）。評估報告中也記錄了獲得改善的領域，特別是在改善受益人連結就業所需要的支持資源上。

　　工作券與工作誘因促進法第二章規範了身心障礙員工健康照護的服務，這些條款企圖減少身心障礙者害怕因就業導致失去健康照護之福利而產生的阻力。依據法規在這方面的規範，鼓勵州政府增進身心障礙者使用醫療保險與醫療補助之健康照護保險的可行性。新的規定增加了兩大類符合資格的對象。另外，延長醫療保險 A 部分的給付期限，並保障附加特定醫療保險（例如，住院險）的個人。聯邦政府衛生暨福利部透過醫療保險與醫療補助服務中心（Centers for Medicare and Medicaid Services, CMS）對健康照護服務的提供進行管理（見附註 11）。

　　當提供服務與支持給安全生活補助和社會安全障礙保險受益人時，復健專業人員將會感受工作券法以及這法規所規範的服務與支持內容之複雜性。職業重建專業實務人員對這些方案的政策和規範必須非常的熟悉和了解，因為合於資格者能接收到的福利與支持內容數量相當多，有時讓重返工作的服務過程相當難以駕馭。

退伍軍人復健法

　　在不同的法規中已提供美國退伍軍人擴增的復健服務和優先聘雇的福利。接下來的討論，將簡要的回顧提供服務給具身心障礙身分的退伍軍人時，復健服務提供者需要知道的職業重建法規。針對退伍軍人復健需求立法的法規可追溯到第一次世界大戰後和 1918 年的 Smith-Sears 法案（1918 退伍軍人職業重建方案）（P.L. 65-178）。1943 年通過的障礙的退伍軍人復健法則保障二次世界大戰退伍軍人的利益及接受復健服務之資格（P.L. 78-16; Wright, 1980）。這些法規後續在適用對象範圍有幾次

擴增。1950 年將因 1950 年 6 月 27 日韓戰後因軍事行動導致身心障礙的退伍軍人擴增為適用對象。1962 年則讓從軍時處於和平時期和戰時的退伍軍人擁有相同的復健福利。1974 年修訂的越戰退伍軍人重新適應協助法案（Vietnam Era Veterans' Readjustment Assistance Act）要求政府的合約商在就業上要提供平等機會與正向支持行動給越戰退伍軍人、特殊身心障礙退伍軍人和在戰役中擔任任務之退伍軍人（P.L. 93-508）。復健法 1976 年的修訂將重度障礙退伍軍人資格有效期限的規定刪除。

職業重建和就業方案行政上由退伍軍人局（Veterans Administration, VA；見附註 12）管理，以兩種方式協助服役受傷而有就業上障礙的退伍軍人：一個方式是為「有可能」重回職場的退伍軍人提供工作前準備、求職和維持工作穩定的相關協助；另一個方式是為因障礙過於嚴重而無法工作的退伍軍人盡可能協助習得獨立生活的相關技能。

這個方案提供包括諮商、診斷、醫療、社會、心理與教育等方面的服務，由退伍軍人事務部認可要達到日常生活最大獨立所需要的（見附註 13）。參與方案者亦可經核准後發給每月生活津貼（見附註 14）。

所謂有「就業障礙」的退伍軍人是指凡「在就業前準備、求職與維持就業的能力上有損傷，導致無法在與其能力、態度和興趣相當的職位工作」（38 USC 見 3101），且這種損傷乃源自與服役相關的失能狀況。就業障礙嚴重程度之判斷使用類似於工作者補償法中的百分率系統。若退伍軍人被評定為有 20% 或以上的就業障礙則符合受益人資格（Department of Veteran's Affairs, 2004）。

符合資格的退伍軍人則可享有至退伍後 12 年的復健服務。12 年的復健服務起算日從退伍或從上一次陸、海、空軍服務退役日算起，總計 12 年。如果起算日或結束日被延誤到或被延長，12 年期間的計算可以調整。

職業重建和就業方案的目標包括求職和維持適合工作的協助。這些協助包括對退伍軍人的能力、技巧、興趣和需求評估；職業諮商和規劃；如有需要，也可以包括現場訓練與不支薪的工作經驗。若被確認是有必要，教育訓練如證照或二年／四年的大學課程、支持性的復健服務和額外的諮商服務也都可以提供。

兩款額外附加的法規讓最近退役的軍人可以獲得服務及擁有相關權益，影響了 1993 年的家庭與醫療休假法案（Family and Medical Leave

Act, FMLA）。2008 年國防授權法案（National Defense Authorization Act, NDAA）修訂補充家庭與醫療休假法案，應許員工因親人受傷而請假；軍警部門就業和再就業權利法案（the Uniformed Services Employment and Reemployment Rights Act Amendment, USERRA）要求在決定員工是否符合家庭與醫療休假法案規定休假時，要將服兵役期間列入考慮。這兩款法案在後面將有更詳細的討論。

1998 年勞動力投資法

　　勞動力投資法立法用意在「強化、協調、改善美國的就業、訓練、識字教育、職業重建等服務方案」（節錄自 P.L. 105-220），並由美國勞工部就業暨訓練署（Employment and Training Administration, ETA）協調（見附註 15）。此法規支持州和地方勞動力投資系統的發展，以期增進參與者在就業、工作維持和收入的水平。此法規授權各州建置就業服務系統與績效策略，確保消費者能夠透過與州勞工部門協調合作的單一窗口式的生涯中心（One-Stop Career Centers）網絡獲得所需要的服務。勞動力投資法要求每一州提出勞動力發展計畫，說明如何滿足包括身心障礙者在內州民的需求，以及確保反歧視和公平就業機會。

　　本法第一章乃是勞動力投資系統的授權規定。設立州的勞動力投資委員會以及擬定州的五年策略性計畫。各政府需負責特定「勞動力投資專區」，並監督區域級勞動力投資委員會的運作。此運作方法背後的概念是就業和訓練服務的消費者，皆可以從單一窗口式的服務輸送系統中獲得益處，且因將生涯中心建立在服務對象可以到達的住家附近，可以方便服務對象獲得就業服務、工作訓練、教育或其他的服務。期望透過這樣的方式，方便有需要的個人能迅速地找到需要的服務並且獲得服務，而不用和以前多數的州的情況一樣，因為服務提供者分處不同所在地，服務對象必須跑許多的地方。

　　現行的勞動力投資系統的服務對象是一般大眾，此系統統籌結合成人教育、補救教育、職業、工作訓練和工作維持訓練等各式方案（Lordeman, 2003）。雖然勞動力投資法統籌了這整套的服務方案，部分服務方案也只提供給特定對象，各州之地區性單一窗口據點才是實踐法規所設定的各項目標的實際執行者（Golden et al., 出版中）。

28

　　單一窗口系統的規劃有四個原則：(1) 普遍性的無障礙通路——任何人都可以從中獲得核心的勞動力發展服務；(2) 消費者自主選擇——允許消費者選擇他們所需要的服務，如此可以增進服務方案間的競爭；(3) 整合性服務——將地方、州、聯邦政府的勞動力發展服務方案整合進單一窗口中心；(4) 績效責信制——依據可測量的成果指標評估中心的績效，並將服務消費者的績效作為經費補助之考量（Imel, 1999）。對身心障礙者而言格外重要的是，如上述，單一窗口系統提供的核心服務全部的美國人都可以使用。核心服務包括資格審查、接案與初步評估服務、工作機會搜尋、工作安置、生涯諮商和職業重建服務等。核心服務是提供給在就業、收入、身心障礙方面符合州規定標準的年輕人和成年人，所有社會安全障礙保險和安全生活補助受益人都有資格接受勞動力投資法所規範的職業重建服務。單一窗口服務有 19 個合作部門，當中包括了州立職業重建部門（見附註 16）。

29 1993 年家庭與醫療休假法案

　　家庭與醫療休假法案建立了當因家庭與醫療因素必須請假的最起碼勞動標準，如此不僅顧及了雇主所關切的生產力問題，也同時保護了美國勞動者的需求。家庭與醫療休假法案提供符合資格員工最高 12 星期的無薪假的保障。超過或等於 50 人的企業必須在下列情形發生後 12 個月內，提供給員工最高 12 星期的無薪假：新生兒的誕生和照顧、領養或收養兒童、家庭成員有重大的健康問題導致此雇員無法執行職位一項（含）以上核心功能，或是雇員本身發生嚴重的健康問題。

　　根據家庭與醫療休假法案，「重大的健康問題」是指「疾病、受傷、損傷、生理或心理上的狀況，包括：因失能或治療必須住院接受醫療照護的期間」（見附註 17）。上述定義還包括以下的狀況：接受醫療照護超過三個連續日曆天；懷孕或分娩前照護之失能期間；慢性重症健康問題期間。也包括了因為上述這些問題而必須接受多種治療，或是因為治療無效成為永久性或長期性的狀況而導致的缺勤。

　　本法為此類請假員工提供返回工作職位的保證，必須為回來的員工回復請假前的職位或擁有相等的薪資、福利及工作狀況的職位。此外，家庭與醫療休假法案規定不可因使用此法規規範下的請假，導致雇員喪失任何

的薪資或福利。在依據此法案的請假期間，雇主仍必須繼續提供健康保險，但使用無薪假員工可能仍必須自付健康保險保費員工之分擔部分。

　　家庭與醫療休假法案適用於從事商業或與商業相關之生產活動，當年或前一年超過 20 個星期或以上的期間雇用了 50 位或更多位員工的任何私人機構；而公立機構或公私立中、小學校，則不論人數多寡都一體適用此法。

　　根據家庭與醫療休假法案，規範範圍包括所有進行商業或工業生產活動之私人機構所僱用之員工，其工作地點必須在聘用機構所在地 75 英里範圍內，且此機構至少僱用 50 位員工，同時此員工必須至少工作 12 個月以上（時間不必是連續的），且必須在請假前的 12 個月內已經工作了至少 1,250 個小時才符合請假資格。

　　美國勞工部工資工時處就業標準局負責家庭與醫療休假法案的推動（見附註 18），並且專責違反法律的申訴調查。如果民眾的申訴無法獲得圓滿的解決，則會將案件提交法院迫使遵從。符合法定資格的員工可能為捍衛自己的公民權益而與雇主對簿公堂，員工不需與勞工部工資工時處共同提交控訴書才能進入法院程序。

　　最近聯邦的修法針對特定服務人員在家庭與醫療休假法案中的權益進行保障。2008 年國防授權法案修訂此法案中的條文，允許「配偶、兒女、父母或二等親內等」可因照顧服役的家人有最高 26 工作週的醫療看護假，被照顧者要是國家保衛隊或後備隊成員，且因重大疾病或傷害，目前正接受藥物與復健治療、處於出院治療或暫時性障礙的名單中（2008 年度之 NDAA, Public Law 110-181）。

　　軍警部門就業和再就業權利法案要求審查重返職場的退伍軍人是否符合家庭與醫療休假法案認定的請假資格者時，要將其過去任何非在軍隊服務的月份和時數的就業資歷合併考慮（USERRA, 38 U.S.C. 4301-4333）。

　　對職業重建專業人員而言，如果必須協助員工因慢性健康狀況請假的事宜，了解家庭與醫療休假法案是重要的（Lehman & Crimando, 2008）。再者，雇主往往發現涉入家庭與醫療休假法案、暫時性障礙和員工的賠償要求，以及反障礙歧視的規定令其感到困惑（Bell, 1995; Malloy, 2003; Scott, 1996；見附註 19）。若職業重建專業人員對這些法律的複雜

30

性能有了解，就能成為雇主重要的諮詢者。例如，當員工同時應用美國身心障礙者法案和家庭與醫療休假法案規定申請 12 週的醫療假時，家庭與醫療休假法案規定雇主必須使用兩者中較為優渥的規定。

短期的身心障礙法

職業重建的服務聚焦在協助長期與重度身心障礙者獲得工作以及維持工作上的穩定。因此，一旦開始想到要熟悉短期身心障礙者的相關福利似乎有些格格不入。然而，短期身心障礙福利和休假權益兩項由雇主提供的措施，或許能提供慢性疾病的身心障礙者，或因特定的障礙導致嚴重健康問題者，度過經濟上關鍵時刻的難關。因此，對於現行州內法規和特定福利的了解，將可以協助需要的人解決在取得福利的資格認定上的各項困惑。

短期的身心障礙保險是由州政府主管的費用分攤方案，提供身心障礙員工短期的福利支持——典型的支持期間為 13 至 26 週（見附註 20）。因為可降低失去收入的風險，短期的身心障礙保險也被視疾病與意外的保險。保險理賠金的計算等於員工每週收入的某個百分比（通常是二分之一至三分之二比率），即所謂所得替代率（income replacement rate）。有時較大的企業主會提供障礙發生後四至八個星期 100% 的所得替代率薪資給任職多年的員工。這筆錢與任何紅利、加班費或者佣金無關。這是雇主和員工共同分攤費用的一種形式，因為對員工而言，所得替代制度可視為共同保險。在保險賠償金給付前會有段等待期，通常為一週的時間，雇員必須經過了等待期後才能開始領錢。等待期的設計減扣了部分保險金給付，主要是為了減低所謂的「道德危機」或濫用保險的風險。

某些州和屬地（例如，加州、夏威夷、紐澤西、紐約、波多黎各、羅得島州）要求雇主必須提供此非職業造成的、暫時性的短期障礙方案（見附註 21），全美接近 39% 的勞工已經納入這項福利政策中（Bureau of Labor Statistics, 2004）。

除了各州可能規定的短期障礙保險方案之外，雇主也常常建立病假或支薪假制度的員工福利。員工能否獲准支薪的病假是雇主的決定，在私人企業中 59% 的全職員工可以利用支薪假制度（Bureau of Labor Statistics, 2004）。員工能否獲得病假和支薪假需要事先審查，常需要 6 至 12 個月

31

的等待。

　　提供身心障礙者就業服務的專業人員可以發現，協助正遭逢重大健康問題或需要對障礙進行某種關鍵治療的員工，釐清短期障礙和生病福利之資格認定審查將是非常有價值的工作。替代薪資或支薪假的支持可以讓員工獲得所需要的休息，同時本身和家庭也仍能確保關鍵經濟來源不中斷。雇主也開始評估如何將懂障礙資源的團隊整合進入企業結構中，以能更有效率地管理健康和職災相關的福利服務（Murphy & Wille, 1999）。這個團隊可以提供遭逢障礙或健康問題惡化的員工有用的資訊和服務。

各州工作者的賠償法

　　工作者的賠償是一種社會保險方案，即透過州系統的各項整合以確保職業傷害勞工不致於喪失收入（見附註 22）。工作者賠償方案超越了所得保障的內容，還執行多項社會政策角色，包括提供保險的保障，對於增進職業安全和健康防護也有助益。雖然全美的 50 個州皆訂有所謂的工作者的賠償法，但是卻沒有一個全美統一的標準法（見附註 23）。工作者的賠償法之保險費負擔，端視企業的行業別、大小和過去賠償紀錄（即所謂以過去賠償紀錄訂定保費）而定。工作者的賠償法之賠償或福利採不究責的方式，即雇主同意給付特定的賠償給遭逢職業災害的員工，用來換取職災上有限範圍之責任（Ehrenberg, 1988）。基本上，員工同意不控告他們的雇主，在大多數情況下並且願意接受從州所管理執行的保證基金中來的各項賠償措施。工作者賠償方案與職業重建方案直接連結，鼓勵職災員工重返職場。如有需要，職業重建方案也提供再訓練的機會。

　　工作者賠償有許多值得職業重建專業關注的領域。事實上，私立的職業重建服務提供者常專注或聚焦在這類的障礙相關議題上。然而，無論是公立或私立機構的專業人員都可以因為了解這套系統而獲益，如應用這方面的知能來支持職災個案，指導因反障礙歧視法和州管理的職災法規感到困惑的雇主（Bruyère, 2000b）。

　　根據工作者的賠償系統，賠償支付型態有下列五種：第一，提供職災員工醫療費用。第二，對於未來仍有復原可能但暫時無法工作的職災員工，提供暫時性完全失能給付（temporary total disability benefits）。這類型的給付一般都會有賠償給付前的等待期，雖然各州規定不一；給付

33　的賠償金額將依據職災前所得的一定比例，這比例即所謂所得替代率，通常設定在三分之二；然而各州也訂定最低和最高賠償金額，最高賠償金額一般以接近週平均收入來計算（Ehrenberg, 1988）。保險賠償金給付通常以一週所得之百分比例作為計算基礎。替代率制度是共同保險的概念，雇主和雇員分攤傷害事件造成的損失。第三，提供永久性完全失能賠償（permanent total disability benefits）給再也無法工作之員工。此類型賠償的給付結構類似暫時性完全失能賠償；在某些案例中，規定了給付賠償金的最長期間。第四，永久性部分失能賠償提供給受傷的員工，雖然已經治療了，但仍然造成永久性生理損傷、降低了謀生能力及／或實質收入減少。最後的類型為死亡和倖存者賠償，當傷害造成死亡的判定成立時，通常這類型的賠償狀況較少。上述五種給付類型中，暫時性完全障礙給付是最常見的（Ehrenberg, 1988）。

　　另外要復健實務人員知道的是，工作者賠償法和反障礙歧視法（例如 ADA）的相互影響常是令雇主感到困惑的原因（Bell, 1994）。復健諮商師可以扮演重要角色，依據美國身心障礙者法案中有關反就業歧視的規範，為身心障礙者和其雇主釐清工作者賠償法中的某些議題。常見需要協助釐清的議題有：職災員工是否符合美國身心障礙者法案保護的對象、雇主詢問關於先前員工或求職者申請工作者賠償的問題、雇用有職災歷史的人員和直接威脅職業安全標準的運用問題、提供合理的職務調整給因職災造成障礙的員工、輕度工作負擔議題，以及工作者賠償法中專屬的能力補救條款（Bruyère & DeMarinis, 1999）。為能回應這些有待釐清的議題，平等就業機會委員會發行了有關美國身心障礙者法案第一章和州的工作者賠償法間相互影響的實施原則，此實施原則對於職業重建專業人員回應雇主上述諸多問題有很大的幫助（見附註 24；U.S. Equal Opportunity Commission, 1996; Welch, 1996）。

1970 年職業安全與健康法案

　　1970 年職業安全與健康法案的核心概念是每位工作者皆有權在無已

34　知危險的工作場所中工作（見附註 25）。當某個潛在危險被確認存在時，隸屬勞工部下的職業安全暨健康管理局（Occupational Safety and Health Administration, OSHA）即會建立一套檢驗工作場所作業與環境的標準。

與其他就業規範不同，職業安全暨健康管理局的要求適用於所有的雇主，無論企業的營業額規模或員工人數多寡（Rothstein, 1990）。這些標準程序有三種：第一種是過渡期的標準，第二種是永久性的標準，第三種則是緊急暫時性的標準。當職業安全暨健康管理局獲知某種情況的有關訊息時，開始進行調查和評估此情況是否符合標準要求。除必須立即採取預防措施的緊急危險事件之外，由至多 15 名委員組成之委員會會在委員會接受任務後 260 天內完成標準設定建議。委員會中的建議將送交給相關當事人，並在取得當事人閱讀後之回應，召開公聽會。最後依據各方之意見，職業安全暨健康管理局決定是否採納委員會所建議的標準（Bureau of National Affairs, 1997）。

在實施某項標準後，勞工部便可以依據此標準決定哪些工作場所需要檢驗——可能是某位員工要求檢驗的地點，或是職業安全暨健康管理局的決定，在雇主的同意和職業安全暨健康管理局設定的指導步驟下進行檢驗。若有違反作業標準，政府可對企業處以停業或罰鍰。處罰輕重則視企業規模大小、違法情節輕重、雇主的信用以及先前的違規紀錄。若因違規導致員工死亡，則可依刑法課刑量罪（見附註 26；Bureau of National Affairs, 1997）。

職業安全暨健康管理局對工作場所的規範可能對身心障礙工作者和職業重建專業功能造成影響的議題有：職業安全暨健康管理局的要求與來自反就業歧視規定的相互關連性，如反就業歧視法中有關禁止歧視性篩選、保密醫療紀錄、提供職務再設計等規定（Bruyère & DeMarinis, 1999）。例如，美國身心障礙者法案嚴格禁止查詢就醫紀錄，而職業安全暨健康管理局反而要求雇主必須保存工作場所的傷害與疾病紀錄，並且讓職業安全暨健康管理局人員可以藉此了解員工暴露的危險與可能原因。

美國身心障礙者法案也對員工施測予以限制，若依此測驗結果作為篩選依據，有必要證明是工作上相關且有企業上的必要性。美國身心障礙者法案更明白要求雇主不得在挑選員工時要求僱用前的生理功能等級、不得詢問員工或求職者醫療紀錄，以及不得要求員工提供健康檢查報告。美國身心障礙者法案禁止雇主獲得這方面的資訊以預防潛在的就業歧視。相反地，職業安全與健康法案要求雇主對員工在不同情境下施測以確保安全。例如，暴露在高分貝音量工作場所的員工被要求參與聽力檢查方案，其中

35

包括每年的例行性聽力檢查（Taylor, 1995）。

美國身心障礙者法案限制雇主對員工與求職者施測或健康檢查，可能與職業安全暨健康管理局為確保工作場所安全與雇主負起所有員工安全責任所進行的測驗規定相互衝突（Blais, 1999; Daniels, 2003; "Fifth circuit," 2000; Greenwald, 2000）。如何在兩個法令之間獲得最好的結果是職業重建專業諮商人員可以扮演的角色，也就是協助雇主能符合職業安全暨健康管理局的規定僱用，同時不因而篩除合格身心障礙者或違背「反障礙歧視」原則。當因兩個法規造成的爭議事件愈來愈多時，職業重建專業人員和就業服務專業人員可以協助企業解決有關工作場所安全和身心障礙工作者權益之各項問題。

全國勞資關係法案

作為美國主要的勞資關係架構的全國勞資關係法案，又稱為華格納法案（Wagner Act），適用範圍包括全美所有營運中的私人企業的工會——管理關係。全國勞資關係法案於 1935 年實施，目的在保護勞工免於受雇主不公平工作環境的影響，要求雇主與員工代表組成的工會組織進行團體性的協商（Gold, 1998）。

全國勞資關係法案賦予員工擁有「組織自我團體的權利，即成立、參加或協助勞工組織的權利、透過自選的勞方代表與資方進行團體性協商的權利，以及為了團體協商或互助保護的目的進行協商活動」（見附註 27）。全國勞工關係委員會（National Labor Relations Board, NLRB）為全國勞資關係法案的主要行政管理部門，有權責防止雇主實施法規禁止的不公平勞動行為（見附註 28）。全國勞工關係委員會同時規範及管理工會代表的推舉。不公平的勞動行為諸如雇主採用干涉、抑制或高壓強制的手段，妨礙員工組織工會與進行集體協商的權利；對任何勞工組織的組成或運作加以干涉或壓制，或以金錢或其他形式的支援捐獻給勞工組織。不被允許的雇主行為還包括：為了能鼓勵或打消員工參與勞工組織，於聘用解聘時或以任何僱用型態方式歧視員工；對提出申訴的員工或依法在法院作證者有歧視不公平對待。最後，法規也規範雇主不可拒絕與全國勞工關係委員會認可之多數勞工推舉的代表進行集體協商。

資深優先選擇權可以說是具勞工組織的職場透過集體協商獲得的最有

價值的福利之一（Gold, 1998）。資深優先選擇權可以用於當有職缺空出時，較資深的員工有優先轉調職位或調整職務內容的機會。也就是年長或資深工會成員可能比資淺、較年輕的同事、工會會員，有優先權為自己謀求一個較不費勁或更渴望的職位。

身心障礙者合理的職務再設計可能造成雇主與工會某些困擾情況。雇主與工會皆需符合法規的反歧視僱用，同時又必須符合美國身心障礙者法案及集體協商的協定。無論員工是否有障礙，雇主必須能為員工進行職務調整以能執行工作核心功能，且必須提供免於歧視的工作條件。工會必須公平且一致性地對待每位成員，同時對於身心障礙員工的職務調整不該有不合理的反對。

當身心障礙員工或工會成員尋求反障礙歧視法（諸如美國身心障礙者法案或復健法）保護時，上述這些領域的規範彼此間可能會造成衝突。反障礙歧視法的實施是為了保護身心障礙者的權益，基本上是考量個別員工就業上的特殊需求或就業條件調整，然而基於集體協商結果所訂定之協定則是強調員工的集體權益。

雇主為了要符合這些法規的要求，可能涉及的議題包括與雇主協商的議題超出工會正常運作的範疇、未經工會同意就對員工進行的職務調整、指派較資淺的員工到一個傳統上由資深員工擔任的職務，及工會依據全國勞資關係法案以為有權取得密存的醫療紀錄（Evans, 1992）。在此再次地強調，職業重建專業人員可以在身心障礙求職者或工會成員、工會與雇主三者間，搭起溝通諮詢的橋樑，讓衝突減至最低並獲得工會在職務調整過程中最大的支持。

結論與復健實務上的啟示

本章目的是提供讀者攸關身心障礙者權益和企業主責任之相關法規的概括性介紹，這些法規包括反障礙歧視法（例如美國身心障礙者法案與復健法）、退伍軍人復健法案以及一些新的法律，諸如勞動力投資法、工作券與工作誘因促進法。此外，我們也提供了州和國家等級與身心障礙者取得休假之就業相關法規。這些法規可能影響了員工因慢性健康問題或意外造成障礙的請假權利，也可能影響了因嚴重病情或障礙造成健康問題必須

請假時，維持收入或取得替代金的事宜，或是影響了工會支持工作上職務調整的情形。熟悉這些法規的內容和規定，讓重建專業人員在很多方面成為有用的助力，包括協助服務對象考慮美國社會安全局提供之福利以外的各項措施，包括協助其進一步尋求職訓，或是協助其了解工作方面的權益。此外，熟悉這些法規的相關知識，也有助於職業重建實務的專業人員扮演雇主諮詢之角色，協助雇主了解各項就業法規和反障礙歧視法本身應負的責任，以及當法規內容彼此產生衝突時提供解決的辦法。對於想在此領域增進知能的職業重建專業人員而言，本章內容僅是個入門，對於有興趣深入學習者，希望所附的參考資料可以有助於繼續的學習。

本章更新自本書第二版，作者為 Susanne Bruyère and Jennifer Brown, and undergraduate student research assistants in the Cornell University ILR School.

參考文獻

Americans with Disabilities Act of 1990, 42 U.S.C. § 12101 et seq.

Americans With Disabilities Act (ADA) Amendments Act of 2008, PL 110-325 (S 3406).

Bell, C. (1994). The Americans with Disabilities Act and injured workers: Implications for rehabilitation professionals and the workers' compensation system. In S. Bruyère & J. O'Keeffe (Eds.), *Implications of the Americans with Disabilities Act for psychology* (pp. 137–149). New York/Washington, DC: Springer/American Psychological Association.

Bell, C. (1995). Integrating ADA and FMLA into workers' compensation and STF policies and practices. *Employee Benefits Digest, 32*(5), 3–7, 12.

Blais, B. (1999). An eye on essential functions. *Occupational Health and Safety, 68*(9), 42–51.

Bruyère, S. (1999). *Working effectively with human resource professionals using the employment provisions of the Americans with Disabilities Act.* New York: Hatherleigh.

Bruyère, S. (2000a). The Americans with Disabilities Act: Where we stand ten years later. In *Directions in rehabilitation counseling* (Vol. 11, Lesson 3). New York: Hatherleigh.

Bruyère, S. (2000b). *Disability employment policies and practice in private and federal sector organizations.* Ithaca, NY: Cornell University, School of Industrial and Labor Relations Extension Division, Program on Employment and Disability.

Bruyère, S., & DeMarinis, R. (1999). Legislation and rehabilitation service delivery. In M. Eisenberg, R. Glueckauf, & H. Zaretsky (Eds.), *Medical aspects of disability: A handbook for the rehabilitation professional* (2nd ed., pp. 679–695). New York: Springer.

Bruyère, S., Golden, T., & Zeitzer, I. (2007). Evaluation and future prospect of US return to work policies for Social Security beneficiaries. *Disability and Employment, 17*, 53–90.

Bruyère, S., Houtenville, A., Ruiz-Quintanilla, A., Schwab, S., Daly-Rooney, R., Taylor, B. et al. (2007). *Comparison of employment disability discrimination claims with other statutes across U.S. Equal Opportunity Commission and Fair Employment Practice Agencies nationally.* Unpublished manuscript, Cornell University.

Bureau of Labor Statistics, U.S. Department of Labor. (2004). *National compensation survey: Employee benefits in private industry in the United States, March 2004.* Retrieved July 2, 2008, from www.bls.gov/ncs/ebs/sp/ebsm0002.pdf

Bureau of National Affairs. (1997). *Compensation and benefits guide.* Washington, DC: Author.

38

Daniels, N. (2003). Chevron v Echazabal: Protection, opportunity, and paternalism. *American Journal of Public Health, 93*(4), 545–548.

Ehrenberg, R. G. (1988). Workers' compensation, wages, and the risk of injury. In J. Burton (Ed.), *New perspectives in workers' compensation* (pp. 171–196). Ithaca, NY: Cornell University, ILR Press.

Evans, B. (1992). Will employers and unions cooperate? *HR Magazine, 37*(11), 59–63.

Family and Medical Leave Act of 1993, 29 U.S.C. § 2601.

Fifth circuit disregards EEOC's ADA safety standard interpretations. (2000, July). *Supervision, 61*(7), 25–26.

Gold, M. (1998). *An introduction to labor law* (Rev. ed.). Ithaca, NY: Cornell University, ILR Press.

Golden, T. P., & Sheldon, J. (2005). *The Ticket to Work and Self-Sufficiency Program: The changing landscape of vocational rehabilitation for beneficiaries of Social Security Administration disability benefit programs.* Ithaca, NY: Cornell University.

Golden, T. P., Zeitzer, I. & Bruyère, S. M. (in press). New approaches to disability in social policy: The case of the United States. In T. Guloglu (Ed.), *Social policy in a changing world.* Munster: MV Wissenschaft.

Greenwald, J. (2000). Ruling on safety issues. *Business Insurance, 34*(23), 23.

Imel, S. (1999). *One Stop Career Centers.* (ERIC Digest No. 208). Columbus, OH: ERIC Clearinghouse on Adult, Career, and Vocational Education. (ERIC Document Reproduction Service NO. ED434244)

Lehman, I., & Crimando, W. (2008). Unintended consequences of state and federal antidiscrimination and family medical leave legislation on the employment rates of persons with disabilities. *Rehabilitation Counseling Bulletin, 51*(3), 159–169.

Lordeman, A. (2003). *CRS Report for Congress: Workforce Investment Act of 1998 (WIA) Reauthorization of Title I Job Training Programs.* Library of Congress. Order Code RS21484. Downloaded May 18, 2008, from http://digital.library .unt.edu/govdocs/crs/permalink/meta-crs-5097:1.

Malloy, S. E. (2003). The interaction of the ADA, the FMLA, and workers' compensation: Why can't we be friends? *Brandeis Law Journal, 41,* 821–852.

Murphy, S., & Wille, R. (1999). Disability resource teams aid cost effectiveness. *National Underwriter, 103*(46), 25–26.

National Labor Relations Act, 29 U.S.C. § 151.

Olmstead v. L. C. (98-536) 527 U.S. 581 (1999). 138 F.3d 893. Retrieved May 5, 2008, from http://supct.law.cornell.edu/supct/html/98-536.ZS.html

Occupational Safety and Health Act of 1970, 29 U.S.C. § 651.

Rehabilitation Act of 1973, 29 U.S.C. § 701 et seq.

Rothstein, M. A. (1990). *Occupational safety and health law* (3rd ed.). St. Paul, MN: West.

39

Scott, M. (1996). Compliance with ADA, FMLA, workers' compensation, and other laws requires road map. *Employee Benefits Plan Review, 50*(9), 20–22.

Social Security Administration. (2004). Benefits planning, assistance and outreach: Customer satisfaction survey results. Baltimore: Author.

Taylor, R. W. (1995). Medical examinations under the ADA and OSH Act: A camarinan dilemma for employers. *Employment in the Mainstream, 20*(6), 23–25.

Ticket to Work and Work Incentives Improvement Act of 1999, 42 U.S.C. § 1320 et seq.

U.S. Equal Opportunity Commission. (1996). *EEOC enforcement guidance: Workers' compensation and the ADA.* Washington, DC: Author.

Vietnam Era Veterans' Readjustment Assistance Act of 1974, 38 U.S.C. § 4212 et seq.

Welch, E. (1996). The EEOC, the ADA, and WC. *Ed Welch on Workers' Compensation, 6*(9), 178–179.

Workforce Investment Act of 1998, 29 U.S.C. § 2801 et seq.

Wright, G. (1980). *Total rehabilitation.* Boston: Little, Brown.

40

附註

1. See http://www.ada.gov/cguide.htm for a further resource from the U.S. Department of Justice, titled *A Guide to Disability Rights Laws,* September, 2005.

2. 29 U.S.C. § 791: http://www4.law.cornell.edu/uscode/29/791.html

3. 29 U.S.C. § 793: http://www4.law.cornell.edu/uscode/29/793.html

4. 29 U.S.C. § 794: http://www4.law.cornell.edu/uscode/29/794.html

5. See the Access Board Web site at http://www.access-board.gov/508.htm for information about these standards.

6. See the U.S. Equal Employment Opportunity Commission Web site at http://www.eeoc.gov/policy/ada.html for more information.

7. See http://www.eeoc.gov/ada/adadocs.html for EEOC guidance documents.

8. See the SSA Web site at http://www.socialsecurity.gov/work/newregs.html for more information on the Work Incentive Improvement Act.

9. Further information about the ticket program is available through the SSA Web site at http://www.socialsecurity.gov/work/aboutticket.html or at its toll-free number at 800/772-1213.

10. Prior to the 2008 regulatory changes to the Ticket to Work Program, individuals classified as Medical Improvement Expected (MIE) needed to have completed their first continuing disability review prior to being eligible for receipt of a ticket to work.

11. See http://www.cms.hhs.gov/TWWIIA/07_BuyIn.asp for further information about the Medicaid buy-in program.

12. See the VA's Web site at http://www.vba.va.gov/bln/vre/index.htm for more information.

13. Refer to the Department of Veterans Affairs Web site at http://www.va.gov/ for more information.

14. Authorized by 38 U.S.C. Chapter 31.

15. See http://www.doleta.gov/usworkforce/ for further information on the Workforce Investment Act.

16. An easy-reading resource on WIA can be found in the Institute for Community Inclusion newsletter, volume 8, number 2, March 2000, titled "People with Disabilities: Having a Voice in the Creation of the New Workforce Investment System," by David Hoff. For information, contact David Hoff at the Institute for Community Inclusion, Children's Hospital, 200 Longwood Avenue, Boston, MA 02115, hoff_d@a1.tch.harvard.edu, 617/355-7486, 617/355-6956 (TTY).

41   17. The definition of *serious health condition* comes from P.L. 103-3, Title I, Sec 101(11). See http://www.dol.gov/esa/regs/statutes/whd/fmla.htm. See http://www.dol.gov/dol/allcfr/ESA/Title_29/Part_825/29CFR825.800.htm for a restatement of the definition in the CFR regulations in the FMLA 29 CFR 825.800.

18. See the U.S. Department of Labor's Web site at http://www.dol.gov/ for more information.

19. For further information, see Leave Rights under the FMLA and ADA: The Intersection of Two Laws Impacting Employee Leave, at www.hrtips.org.

20. For an overview of short-term disability laws (also know as state temporary disability benefits laws), see the *Compensation and Benefits Guide* (Bureau of National Affairs, 1997).

21. For a detailed comparison of state laws, see the *Compensation and Benefits Guide* (Bureau of National Affairs, 1997).

22. See http://www.socialsecurity.gov/policy/docs/statcomps/supplement/2007/workerscomp.html for more information about workers' compensation.

23. See http://www.comp.state.nc.us/ncic/pages/all50.htm for links to individual state workers' compensation programs. See http://www.wcrinet.org/ for public policy information and research involving workers' compensations.

24. See http://www.eeoc.gov/policy/docs/workcomp.html for this enforcement guidance.

25. Please refer to the Occupational Safety and Health Administration Web site at http://www.osha.gov/ for more information.

26. See the U.S. Department of Justice, *Criminal Resource Manual: 2012 OSHA*, available at the DOJ Web site at http://www.usdoj.gov/usao/eousa/foia_reading_room/usam/title9/crm02012.htm for further information.

27. See http://www.nlrb.gov/about_us/overview/national_labor_relations_act.aspx for 29 U.S.C. §. 151–169.

28. See the NLRB's Web site at http://www.nlrb.gov/ for more information on the National Labor Relations Act (NLRA) and the National Labor Relations Board (NLRB).

42

表 2.1　影響身心障礙者就業之法規

法規	目的	適用對象	受規範的機構	負責執法單位	提供進一步資訊的網站
1973 年復健法第五章（修訂）	防止／禁止聯邦機構、接受聯邦補助方案、聯邦合約商就業歧視。	復健法中就業歧視的判定標準與 1990 年美國身心障礙者法案中的內容一致。	聯邦機構（第 501 節）。	個別的聯邦機構（第 501 節）皆需設有專責辦公室負責執行第 501 節反就業歧視規定。	http://www.usdoj.gov/crt/ada.cguide.htm
			與聯邦訂有 10,000 美元以上之合約商或更下游之分包商（第 503 節）。	美國勞工部聯邦契約方案司。	http://www.dol.gov/esa/ofcp_org.htm
			接受聯邦經費補助之方案（第 504 節）。	每個聯邦機構皆對自身方案訂定自己的規範。	http://usdoj.gov/crt/ada/adahoml.htm
	確保身心障礙者，包括員工及一般大眾，能方便使用聯邦之電子資訊科技產品。		聯邦機構（第 508 節）。	聯邦政府綜合（規劃）處（GSA）之 IT 調整中心（CITA）。	http://www.itpolicy.gsa.gov/cita

表 2.1　影響身心障礙者就業之法規（續）

法規	目的	適用對象	受規範的機構	負責執法單位	提供進一步資訊的網站
1990 年美國身心障礙者法案第一章	美國身心障礙者法案第一章規範禁止因身心障礙的就業歧視。第二章在很多方面規範禁止州與地方政府歧視身心障礙者，其中包括就業上的歧視。	要能受美國身心障礙者法案保護，個體必須有一項障礙或與身心障礙者有關係。美國身心障礙者法案規定的「身心障礙者」必須符合下列條件之一：(1) 生理或心理損傷，導致一項或一項以上的主要日常生活活動受到實質上的限制；(2) 具有一項上述損傷的紀錄；或 (3) 被他人認定有上述損傷等。	僱用員工人數 15 名（含）以上之僱主；州與地方政府。	平等就業機會委員會就業是個會是個獨立的聯邦機構。 美國司法部公民權利處身心障礙權益科。	http://www.eeoc.gov [43] http://www.usdoj.gov/crt/ada.adahoml.htm
1999 年工作券與工作誘因促進法	降低安全生活補助與社會安全障礙保險取得人就業上的阻礙，並鼓勵其申請就業所需的服務與支持。目的在於增加美國社會安全局之受益人可選擇的服務選項。	自力更生工作券方案（第一章）適用對象為安全生活補助與社會安全障礙保險（SSI）受益人。擴大健康照護範圍（第二章）將就業的身心障礙者納入醫療補助與醫療保險保障的對象。		美國社會安全局就業支持方案司。 健康照顧會計署。	http://www.ssa.gov/work [44] http://cms.hhs.gov/twwiia
退伍軍人復健法	授權提撥美國退伍軍人復健服務經費以及賦予優先受僱權利。	享有此項權益者必須是退伍軍人，且在就業障礙的評量結果為 20% 或以上。	優先僱用退伍軍人的規定適用於美國政府合約商（機構）。	美國退伍軍人事務部。	http://www.va.gov/index.htm

表 2.1　影響身心障礙者就業之法規（續）

法規	目的	適用對象	受規範的機構	負責執法單位	提供進一步資訊的網站
1998 年勞動力資源投資法案（WIA）	強化、協調、改善美國的就業、訓練、識字教育、職業重建等服務方案。	要求「核心的就業服務」要能讓所有的美國人都可以使用。核心服務包括資格審查、開案與初步再評估服務、工作機會搜尋、就業安置、生涯諮商和職業重建服務等。社會安全障礙保險和安全生活補助受益人都自動具接受勞動力投資法所規範的職業重建服務的資格。	提供州與地方政府轄下專責單位協調復健或其他與身心障礙者相關服務上的協助。	美國勞工部就業暨訓練署。	http://www.doleta.gov/usworkforce/ [45]
1993 年家庭與醫療休假法案（FMLA）	雇主提供符合資格員工每年最高 12 星期的無薪假，用以照顧新生兒、寄／收養兒童、重病家人，或自身健康嚴重不佳情形。	在法規涵蓋下機構所僱用之員工，其工作地點必須在聘用機構所在地 75 英里範圍內，且此機構至少僱 50 位員工。同時此員工必須至少工作 12 個月以上（時間不必是連續的），且必須在請假前的 12 個月內已經工作了至少 1,250 個小時才符合請假資格。	私立機構當年或前一年超過 20 個星期或以上的期間僱用了 50 位或更多位員工。公立機構或公立中、小學校，則不論人數多寡都一體適用此法。	美國勞工部工資工時處就業標準局。	http://www.dol.gov/elaws/fmla.htm [46]

表 2.1 影響身心障礙者就業之法規（續）

法規	目的	適用對象	受規範的機構	負責執法單位	提供進一步資訊的網站
短期的身心障礙法	支付適用員工當有身心障礙或醫療狀況時相對短期的一種規定一典型的支付期間為 26 週。	各州規定不一。	各州規定不一。	各州規定不一。僅加州、夏威夷、新澤西、紐約、波多黎各、羅得島等州及屬地有要求。	http://www.ssa.gov/statistics/sspus/workcomp.pef
各州工作者的賠償法	目的在確保職業傷害勞工不致於喪失收入。	各州規定不一。	各州規定不一。	全美 50 州及哥倫比亞特區、關島、波多黎各、維爾京群島等屬地都有工作者的賠償法，但並未有全國統一的行政單位，各州及屬地各有自己的專責行政機關。	
1970 年職業安全與健康法案	確保每位工作者皆在安全與健康工作場所工作。	全美受僱員工。	全美僱主，無論機構大小。	職業安全暨健康管理局。	http://www.osha.gov/
全國勞資關係法案	保護勞工可以有成立、參加或協助勞工組織，以及透過自選的勞方代表與資方進行團體性協商的權利。	保護非主管級員工進行集體活動的權利。	進行各州間商業活動的所有私人非農業機構。	全國勞工關係委員會為聯邦獨立機關。	http://www.nlrb.gov/

47

就業年齡層身心障礙者的就業議題：
最近的資料告訴我們什麼

Richard V. Burkhauser 與 Andrew J. Houtenville　著

邱滿艷　譯

想測量就業年齡層身心障礙者的就業情形，重要的是需先定義標的人口群，但「身心障礙」不像「年齡」（淺顯易懂的人口學特性），不論是在定義或測量上，身心障礙都是相當具爭議的（見附註1）。在這章中，首先，我們將討論「定義就業年齡層身心障礙者」的相關議題；其次，運用美國四個具代表性樣本的資料——人口現況調查—社會經濟年報附錄（Current Population Survey-Annual Social and Economic Supplement, CPS-ASEC）、美國社區調查（American Community Survey, ACS）、全國健康訪談調查（National Health Interview Survey, NHIS）、所得與方案參與調查（Survey of Income and Program Participation, SIPP），勾勒出各種「就業年齡層身心障礙者」次族群的樣貌；最後，探討它對未來政策之意涵。

「身心障礙」概念模式

　　不像年齡和性別，身心障礙的特性不易了解，因為其通常是指一個人的健康狀況、社會與物理環境互動的情形；也就是說，環境會影響一個人參與活動的表現。然而什麼才是障礙最合適的定義，目前尚未有一致的看法。Mashaw 和 Reno（1996）認為最合適的「身心障礙」定義，要看它的目的是什麼。他們從公私部門收支情形、政府服務及統計分析等不同目的，引述了超過 20 種以上的「身心障礙」定義。

　　兩種最常被引用的身心障礙模式是世界衛生組織（World Health Organization, WHO）（WHO, 2001）的國際健康功能與身心障礙分類系統（*International Classification of Functioning, Disability and Health*, ICF），

49

50

及 Saad Nagi（1965, 1969, 1991）所發展出的身心障礙模式。兩種模式都主張障礙是動態的過程，它受個人健康狀況、個人特質及社會與物理環境的交互作用影響，任何因素的改變都會影響個人的能力和活動的參與。想進一步了解此兩種模式更詳細的描述和比較，請見 Jette 和 Badley（2000）的相關文獻。

以下我們用國際健康功能與身心障礙分類系統四個主要的概念——損傷（impairment）、活動限制（activity limitation）、參與限制（participation restriction），和身心障礙（disability），來說明「身心障礙」的操作性定義，這四個主要的概念都以健康情形的呈現為前提，健康情形呈現的例子可參閱國際疾病分類第十版（*International Classification of Diseases, Tenth Edition*, ICD-10），包括疾病、損傷、健康障礙及其他的健康情形。損傷指身體的功能或結構有重大的偏異或缺損，例如肢體缺損或視力喪失，會被歸類為損傷，在某些調查中，損傷是指長期性的健康情形導致看、聽、身體移動或心理能力的限制，通常那是參考一般的能力表現，例如：無法聽到一般談話的聲音，就表示聽力有所損傷。

活動限制是指執行活動有困難，例如：一個人因健康狀況導致穿衣服、洗澡、日常活動時有困難，則會被歸類為活動限制。在某些調查中，是依日常生活活動（activities of daily living, ADLS）加以認定。

參與限制係指一個人參與生活的狀況有問題，例如：會因為物理環境（無職務再設計）及／或社會環境（歧視）的阻礙而無法就業等。某些調查是以下列問項來認定有否參與限制，例如：長期性的健康狀況會限制其工作、外出、上教堂、看病等。

在國際健康功能與身心障礙分類系統中，障礙是用以描述損傷、活動限制，及／或參與限制的情形。雖然上述概念似乎是依序發生，也就是說，損傷會導致活動限制，而活動限制會導致參與限制，但實際上則未必如此，圖 3.1 提供了一個國際健康功能與身心障礙分類系統概念模式中有用的結論。參與限制未必來自損傷或活動限制，例如：一個人若被診斷為 HIV 帶原者，或許並未有損傷或活動限制的問題，但他仍無法工作，這是因為別人因為他的健康狀況而歧視他，導致找不到工作。同樣的，一位有精神疾患史的人，即便已無損傷或活動限制的問題，但仍無法工作，這是別人因為他的健康狀況而歧視他，導致他找不到工作。

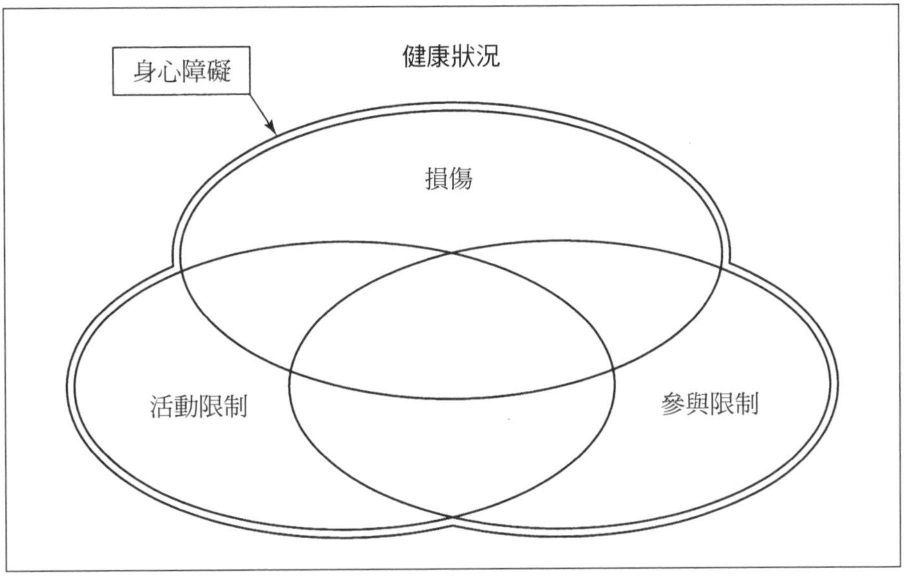

圖 3.1　簡化國際健康功能與身心障礙分類系統概念的障礙模式

　　圖 3.1 說明了上述概念間有交集，但也有可能是與其他概念無關的單一概念，在國際健康功能與身心障礙分類系統概念模式中，健康狀況是一個整體，而身心障礙是損傷、活動限制，及／或參與限制等概念結合的綜合體。

身心障礙的實證測量

　　當蒐集就業年齡層身心障礙者就業的資料時，理想上最好是隨機、大量的取樣，才能在各州政府擬定每年相關政策時，正確的預估人口學次族群的年齡、種族、性別等。而身心障礙發生的時間點對工作和經濟的影響非常大，所以同時蒐集身心障礙發生前後的資料很重要。詳細的健康狀況和社會環境與經濟收入亦息息相關，因此除了自評式的評量方式外，亦應涵蓋客觀的健康與功能的醫學檢驗報告，而所有可能的健康狀況、功能缺損、輔具、職務再設計、社會支持、阻礙參與的社會與環境因素、社會角色、重要事件的時間點及調查對象所做的決定與結果，應盡可能的蒐集，包括那些沒有被納入的部分。

　　雖然沒有一個能涵蓋上述資料的美國就業年齡層身心障礙者就業資料

52

的代表性樣本，可以充分詮釋其健康狀況、缺損、功能限制、社會環境、就業情形，然而近來還是有一些調查致力於就業年齡層身心障礙者就業資料，我們主要擷取了人口現況調查——社會經濟年報附錄、美國社區調查、全國健康訪談調查的資料，也用了少許所得與方案參與調查的資料。

我們常運用國際健康功能與身心障礙分類系統模式和上述四項調查的資料作比較，而不是直接將國際健康功能與身心障礙分類系統的概念用到調查的操作性定義裡面。在康乃爾大學的復健研究及培訓中心的身心障礙者人口統計《使用者指引手冊》（*User Guide Series*）系列中，回顧了許多身心障礙的資料，將身心障礙的調查問題歸納到國際健康功能與身心障礙分類系統模式的三大概念——損傷、活動限制，和參與限制。其中有些是直接分為上述三類，有些則不是，而《使用者指引手冊》的目的是，在比較上述資料資源時，能更清楚、一致。這個方法可比較各種調查法及國際健康功能與身心障礙分類系統的概念，該《使用者指引手冊》的資料可從 www.Disability Statistics.org 網站取得。

人口現況調查（Current Population Survey, CPS）每年調查大約50,000 個美國家庭（約 150,000 位非居住於機構的身心障礙者），是美國就業與收入的主要官方資料，現已改稱為社會經濟年報附錄（Annual Social and Economic Supplement, ASEC），所問的工作限制題目包括：「家庭中有人因健康問題或身心障礙而不能工作或影響他們工作量嗎？〔如果有，〕那是誰？（還有其他人嗎？）」這些問題可得到「自認損傷會影響到工作的人」之資料，但可能會錯過那些正在工作而自認他們不會有工作限制的人之資料。人口現況調查——社會經濟年報附錄主要的好處是，各州從 1981 年開始調查的設計與問法是一致的。在國際健康功能與身心障礙分類系統模式中，工作限制是屬於參與限制的題項，想進一步了解人口現況調查——社會經濟年報附錄的內容，請見 Burkhauser 和 Houtenville（2006）的文獻資料。

美國社區調查是近年來用以蒐集連續資料的調查，由美國統計局負責設計並加以統計全國級、州級及地方級的美國人口的特性，它的目的是想取代每十年調查的冗長題目所提供的人口學、居住、社會與經濟統計資料，它可以比較各州、各社區、各次族群，是一大進步。美國社區調查有一重要的目的是，提供資料供聯邦、州、地方政府行政規劃與方案評鑑之參考。美國社區調查的樣本是全國性的代表性樣本：(1) 約三百萬個家庭；

(2)2.5% 的人住在機構；(3)36,000 個家庭住在波多黎各。

美國社區調查中有六個個人層次與障礙有關的問題，基本是延用 2000 年聯邦政府工作團隊設計的（十年一次）調查題目（Adler, Clark, DeMaio, Miller, & Saluter, 1999）。前三個題目包括與障礙有關的長期健康狀況及嚴重感官損傷（聽、視）、身體損傷（有下列一種以上活動限制：行走、爬樓梯、拿取、舉物、運送物體），及心理損傷（在學習、記憶、集中精神上有困難）。第四個題目係用以確認健康的狀況影響到日常生活活動（如：穿衣、洗澡、在家裡走動）至少六個月以上。最後兩個題目確認健康的狀況需影響到參與日常活動至少六個月以上，像獨立外出看病、逛街〔工具性日常生活活動（instrumental activities of daily living, IADLs）〕，以及去工作或上班。而統計局設計出第七題，也就是上述六題中，至少有一題答覆「是」，就會被歸為身心障礙。上述美國社區調查中與障礙有關的六個問題，在某種程度上是呼應國際健康功能與身心障礙分類系統的模式中的三個主要概念：損傷（感官、身體及心理），活動限制，參與限制（工具性日常生活活動及工作限制），而美國社區調查中的六個主要概念是否全然涵蓋國際健康功能與身心障礙分類系統的三個主要概念，有待後續繼續研究。想進一步了解美國社區調查的內容，請見 Weathers（2005）的文獻資料。

全國健康訪談調查是一個每年都進行的、跨部門的調查，調查約 100,000 個居住於社區的人，是由美國疾病防治中心主責，供作觀察疾病的趨勢、分析健康照顧與保險的方法，以及評鑑聯邦政府的相關健康方案之參考。在 1983 年至 1996 年間全國健康訪談調查蒐集了許多健康狀況及損傷（如麻痺）的資料，不論受訪者是否提及活動的限制。全國健康訪談調查在 1997 年有很大的改變；在蒐集特殊健康狀況與損傷時，除了題項本身包含視、聽、心理方面的損傷外，必須是受訪者報告他們有一種以上活動限制才算。Harris、Hendershot 和 Stapleton（2005）使用修正後的全國健康訪談調查的題目確認美國社區調查中的六個主要的概念。想進一步了解全國健康訪談調查的內容，請見 Harris 等人（2005）的文獻資料。

人口普查局（Census Bureau）也做所得與方案參與調查，那是一系列的長期性調查（許多組的調查對象），約包括 14,000 到 36,700 個家庭，第一組的調查對象始於 1988 年，同一組人在接著的二年半中，每一個月均會被調查；而每一年均會有新的調查對象加入以同樣的方式接受調查。

所得與方案參與調查容許做就業或活動參與的動態分析、包含日常活動限制與工作限制的資料（與人口現況調查的問題類似），以及健康狀況及損傷的資料，其中有少數的調查對象是連結到美國社會安全局與工作、活動參與及收入的資料，這些資料是進行所得與方案參與調查前後幾年蒐集的資料。

美國社會安全局的資料僅包括申請或使用該項服務的人，上述隨機抽取的樣本，若不具障礙者身分或符合重建的資格，則不連接到美國社會安全局的資料；而非隨機抽取的樣本，並不包含那些雖有健康狀況及功能限制但卻能回到一般職場的人，也不包括那些未工作但也無意願工作的人。很可惜的是所得與方案參與調查因經費的關係，未來是否繼續仍是未知數。想進一步了解所得與方案參與調查的內容，請見 Wittenburg 和 Nelson（2006）的文獻資料。

表 3.1 是 2007 年的人口現況調查——社會經濟年報附錄、2006 年的美國社區調查、2006 年的全國健康訪談調查三項調查中，25 歲至 61 歲非居住於機構人口群的出現率，從美國社區調查、全國健康訪談調查可得到（廣義的）損傷、活動限制、參與限制的資料。其中損傷的出現率最高，其次是參與限制，再其次是活動限制。損傷的向度中，肢體的限制是最高的；參與的向度中，工作的限制是最高的。在美國社區調查中，提及自己有障礙的比例是 12.9%，在全國健康訪談調查中，提及自己有障礙的比例是 17.5%；會有這樣的差別，可能是在全國健康訪談調查中是以較明確的方式去表達受訪者的障礙。

三項調查中都有工作限制的資料，工作限制是聯邦政府認定是否給予安全生活補助、社會安全障礙保險、職業復健服務（Vocational rehabilitation services, VRS）重要的考量，三項調查在此題項的比率頗接近，人口現況調查——社會經濟年報附錄的調查是 7.9%、美國社區調查是 7.6%、全國健康訪談調查是 8.6%。

就業測量

人口現況調查——社會經濟年報附錄、美國社區調查、全國健康訪談調查三項調查對於就業狀況的認定大致相似，但也有不同的地方。我們運用了兩個概念：勞動力參與率（labor market attachment）及目前就業情形

表 3.1　國際健康功能與身心障礙分類系統概念與就業測量：聯邦政府對 25～61 歲非居住於機構的公民的三個主要調查的不同估計

障礙概念	出現率			勞動力參與率			就業率		
	2007 CPS-ASEC	2006 ACS	2006 NHIS	2007 CPS-ASEC	2006 ACS	2006 NHIS	2007 CPS-ASEC	2006 ACS	2006 NHIS
所有的人	—	—	—	81.8	82.5	81.5	76.2	76.2	77.3
無障礙	92.1	87.1	82.5	85.9	87.7	86.2	80.6	81.7	82.7
任一障礙	7.9	12.9	17.5	34.1	47.3	58.9	24.9	39.1	51.6
損傷	—	11.5	13.4	—	47.8	64.2	—	39.9	56.9
感覺	—	2.9	3.1	—	56.6	57.2	—	49.7	46.5
肢體	—	8.0	10.7	—	41.1	62.3	—	33.2	55.3
心理	—	4.8	2.5	—	36.2	68.3	—	28.7	59.3
活動限制	—	2.4	0.9	—	24.4	25.5	—	17.9	14.0
自我照顧／ADL	—	2.4	0.9	—	24.4	25.5	—	17.9	14.0
參與限制	7.9	7.9	8.6	34.1	27.7	36.1	24.9	19.6	27.1
外出／IADL	—	3.4	1.9	—	24.2	23.0	—	17.8	14.5
工作限制	7.9	7.6	8.6	34.1	26.6	36.0	24.9	18.4	26.9

註：作者使用的上述數據是來自於下列調查資料：2007 Current Population Survey-Annual Social and Economic Supplement (CPS-ASEC), the 2006 American Community Survey (ACS), and the 2006 National Health Interview Survey (NHIS) sample-adult sample.

（current employment）。前者可從人口現況調查——社會經濟年報附錄
得到，該資料可溯及 1976 年，因此我們可以看出長期的就業趨勢，而後
者就是一般所謂的就業率。勞動力參與率反映出一個人至少和就業有些關
連，人口現況調查——社會經濟年報附錄、美國社區調查的勞動力參與率
是指過去一年，有酬工作的時數至少 52 小時；全國健康訪談調查的勞動
力參與率是指過去一年有過有酬的工作。人口現況調查——社會經濟年報
附錄通常調查的時間是在 3 月，過去一年是指過去一年的 1 月至 12 月；
美國社區調查、全國健康訪談調查兩項調查所指的過去一年是指距調查日
期最近的過去 12 個月。目前就業指的是過去特定期間是否就業，人口現
況調查的特定期間是指前一個月；美國社區調查、全國健康訪談調查的特
定期間是指前一週。

57
　　表 3.1 係從資料來源與身心障礙評量的觀點呈現勞動力參與率與就業
率的情形，在所有三組資料中，勞動力參與率高於就業率，例如：人口現
況調查——社會經濟年報附錄的勞動力參與率的比率是 81.8%，而目前就
業的比率是 76.2%，聽來合理，也就是說，距離現在期間愈長，一個人工
作的時間也較長。

　　若從國際健康功能與身心障礙分類系統模式的三大概念來看就業率，
亦可看出其差異。有損傷的人就業率最高（美國社區調查是 39.9%、全
國健康訪談調查是 56.9%），其次是有參與限制的人（美國社區調查是
19.6%、全國健康訪談調查是 27.1%），再其次是有活動限制的人（美國
社區調查是 17.9%、全國健康訪談調查是 14.0%）。可看出，若在問特定
障礙的題項前，先問及其是否有活動限制或參與限制的話，通常有這兩類
限制的人，在同樣該特定障礙的人口群中，其就業率是較低的。

1981 年至 2007 年間，有工作限制與無工作限制的人之就業經驗

　　我們使用不同的資料來比較 1981 至 2007 年間，有工作限制與無工作
限制的人之就業趨勢。Burkhauser、Daly、Houtenville 和 Nigras（2002）從
1980 年代到 1990 年代間的人口現況調查，追溯：(1) 工作限制的出現率；(2)
有工作限制與無工作限制的就業年齡層（25 歲至 61 歲）男女性的就業。

　　表 3.2 更新了 Burkhauser 等人（2002）的資料，顯示出 1981 年到
2007 年間居住於社區中（見附註 2），不同人口族群的工作限制情形，

表 3.2　1981 年至 2007 年 25～61 歲不同人口學類別的工作限制之出現率 a

調查年	總計	性別		年齡				種族/族群 b			教育 c			
		男性	女性	25-34	35-44	45-54	55-61	白人	黑人	西班牙裔	高中以下	高中	大專	大專以上
1981	7.9	8.2	7.6	4.0	5.9	10.3	16.8	7.3	13.7	7.0	17.5	11.2	6.3	3.1
1982	7.9	8.2	7.6	3.9	5.9	10.4	17.4	7.4	12.9	6.9	17.7	11.0	6.4	3.3
1983	7.5	7.8	7.2	3.8	5.7	9.7	16.7	7.1	11.7	7.2	17.3	11.4	6.0	3.2
1984	7.6	8.0	7.2	4.1	5.6	9.8	17.1	7.1	11.8	6.8	17.7	11.7	6.2	3.3
1985	7.8	8.2	7.5	4.1	6.0	10.2	17.5	7.2	13.2	8.1	18.4	12.6	6.6	3.2
1986	7.7	8.3	7.2	4.4	6.0	9.8	17.2	7.3	12.3	6.6	18.3	12.3	6.6	3.2
1987	7.7	8.2	7.2	4.4	6.2	9.5	17.0	7.2	12.4	7.1	18.9	13.2	6.6	3.0
1988	7.2	7.7	6.7	4.4	5.9	8.6	15.6	6.7	11.7	7.0	16.1	6.6	5.8	2.6
1989	7.2	7.6	6.8	4.0	6.3	9.0	16.0	6.9	11.1	6.2	16.9	6.7	5.5	2.6
1990	7.4	7.9	7.0	4.2	6.0	9.5	16.6	6.9	11.7	7.5	17.0	7.3	5.1	2.8
1991	7.5	7.7	7.2	4.4	6.3	9.4	15.8	6.9	11.9	7.3	16.8	7.4	5.6	3.0
1992	7.6	8.1	7.2	4.6	6.4	9.7	15.9	7.2	11.4	7.1	18.1	7.6	6.0	2.7
1993	7.8	8.4	7.2	4.8	6.5	9.7	15.6	7.5	10.8	7.7	18.2	8.0	6.5	2.6
1994	8.4	8.8	8.0	5.1	7.0	10.7	17.1	7.8	13.4	7.8	20.6	8.6	6.7	2.7
1995	8.3	8.5	8.2	4.7	7.3	10.6	16.7	7.7	13.4	7.8	19.3	9.1	6.9	3.0
1996	8.3	8.2	8.4	4.5	7.3	10.5	16.8	7.6	13.7	7.4	19.0	8.9	6.9	3.2

表 3.2 1981 年至 2007 年 25～61 歲不同人口學類別的工作限制之出現率 [a]（續）

調查年	總計	性別		年齡				種族／族群 [b]			教育 [c]			
		男性	女性	25-34	35-44	45-54	55-61	白人	黑人	西班牙裔	高中以下	高中	大專	大專以上
1997	8.3	8.3	8.3	4.3	7.1	10.6	16.9	7.8	13.3	7.0	18.7	8.9	7.3	3.2
1998	8.1	7.8	8.3	3.6	7.0	10.5	16.5	7.6	12.3	7.1	18.1	8.9	7.0	3.1
1999	7.9	8.0	7.9	3.8	6.7	10.0	16.2	7.4	12.9	7.2	17.3	9.0	7.1	3.1
2000	7.9	8.0	7.9	3.8	6.7	9.8	16.1	7.5	12.8	6.4	17.9	9.2	6.9	3.2
2001	7.8	7.7	8.0	3.7	6.2	10.2	15.5	7.5	12.3	6.1	17.5	9.3	7.1	2.9
2002	8.2	8.0	8.4	4.0	6.6	10.2	16.3	7.9	13.3	6.2	17.8	9.8	7.7	2.9
2003	7.8	7.6	7.9	3.8	6.2	9.9	14.6	7.3	13.2	6.2	16.5	9.6	7.2	2.9
2004	8.4	8.4	8.3	4.3	6.5	10.5	15.3	8.1	13.5	6.2	17.5	10.1	8.0	3.3
2005	8.4	8.4	8.5	4.4	6.6	10.4	15.3	8.2	13.1	6.5	17.5	10.3	7.7	3.4
2006	8.4	8.2	8.6	3.9	6.5	10.5	15.5	8.2	13.5	5.8	16.9	10.5	7.7	3.4
2007	8.0	7.7	8.3	3.7	5.6	10.3	14.9	8.0	11.8	5.7	15.7	10.2	7.6	3.2

註：表中數據係作者計算自下列的調查資料：March Current Population Survey (CPS), survey years 1981-2007。

a 軍人不列入調查。若被呈報有健康問題或障礙的人則視為有工作限制，這表示他們無法作可作的工作量有限。

b 西班牙裔的白人與黑人都編碼為西班牙裔。

c 1992 年開始，CPS 調查中教育程度的認定是以學位證書為準，而不是以就讀的年數來計。

所有就業年齡層的人，有工作限制的比率頗穩定，約 8%，在 20 世紀的
最後 25 年並無很大的改變，通常男性較高，同樣情形發生在 55 歲至 61
歲的人、黑人及低學歷者。

　　但表 3.3〔亦更新自 Burkhauser 等人（2002）的資料〕顯示：就業年
齡層中有工作限制的人，在同樣的年代中卻有戲劇性的改變。就業率在景
氣的循環中是很敏感的，在 20 世紀的最後 25 年裡頭就有兩個景氣的循
環。辨識景氣循環中就業率的變化是相當重要的事，景氣循環的蕭條點，
係指就業年齡層中無工作限制的男性就業率最低的那一年。我們比較了
1980 年代至 1990 年代的景氣循環（1983 年至 1993 年），以及 1990 年
代至 2000 年代的景氣循環（1993 年至 2003 年）的情形。

　　1980 年代，就業年齡層中的男性（不論其有無工作限制），其就業
率是順勢循環的，亦即這兩群人從 1983 年（見附註 3）蕭條年開始後的
六年，就業率是逐漸升高的，但從 1989 年至 1993 年進入 1990 年代的景
氣循環蕭條年後，同樣兩群人的就業率均開始下降。在 1983 年至 1993 年
間的景氣循環中，無工作限制的男性，其就業率微降（－ 0.2%），相對的，
有工作限制的男性，其就業率下降的程度屬中度（－ 6.5%）。但在 1993
年至 2000 年間，景氣復甦，無工作限制的男性，其就業率逐漸上升，此
時，有工作限制的男性，其就業率仍逐漸下降，2000 年至 2003 年亦然。
1993 年至 2003 年間的景氣循環中，無工作限制的男性，其就業率微降
（－ 1.3%），而有工作限制的男性，其就業率大幅下降（－ 25.5%）。

　　當 1980 年代，就業年齡層中的男性（不論其有無工作限制）的就業
率下降時，同時期就業年齡層中的女性（不論其有無工作限制）的就業率
均大幅升高。但 1990 年代，就業年齡層中無工作限制的女性，其就業率
持續維持，然而就業年齡層中有工作限制的女性，極像同時期有工作限制
的男性，就業率大幅下降。

　　在 1983 年至 2003 年的 20 年間景氣循環中，無工作限制的男性，其
就業率微降（－ 1.5%），無工作限制的女性的就業率大幅升高（11.6%）；
相對的，有工作限制的女性的就業率明顯下降（－ 6.4%），有工作限制
的男性的就業率則大幅下降（－ 31.8%）。自 2003 年，工作年齡人口中，
有工作限制的男女性就業率持續下降，而無工作限制的男女性就業率則維
持原有水準。

表 3.3　1980 ～ 2006 年 25 ～ 61 歲不同性別與工作限制之勞動力參與率 [a]

| 工作年 | 就業率 [b] | | | |
| | 男性 | | 女性 | |
	無工作限制	有工作限制	無工作限制	有工作限制
1980	96.7	42.6	69.3	28.5
1981	96.4	44.8	69.9	28.1
1982	95.1	41.7	69.3	29.3
1983	94.7	39.7	70.7	28.9
1984	95.7	40.4	72.6	30.2
1985	95.7	42.8	73.1	32.4
1986	96.1	43.8	74.4	32.1
1987	95.7	43.0	75.2	33.9
1988	95.8	42.9	76.7	36.2
1989	96.1	44.0	77.0	37.5
1990	95.9	42.1	77.6	34.9
1991	95.4	41.5	77.8	35.0
1992	94.8	41.6	77.6	34.3
1993	94.5	37.2	78.3	33.4
1994	94.8	38.0	79.1	36.0
1995	94.8	34.9	79.7	33.9
1996	94.9	38.2	80.1	33.9
1997	95.2	35.5	80.7	31.9
1998	95.1	34.4	80.8	29.5
1999	95.2	34.0	81.6	33.4
2000	95.2	33.1	81.3	32.6
2001	94.5	32.5	80.7	30.3
2002	93.7	31.0	79.9	27.8
2003	93.3	28.8	79.4	27.1
2004	93.4	28.2	79.0	26.6
2005	93.5	28.3	79.3	26.0
2006	93.4	28.0	79.3	25.9
上述期間──比例的改變 [c]				
1983-1993	－ 0.2	－ 6.5	10.2	14.4
1993-2003	－ 1.3	－ 25.5	1.4	－ 20.8
1983-2003	－ 1.5	－ 31.8	11.6	－ 6.4

註：表中數據係作者計算自下列的調查資料：March Current Population Survey (CPS), survey years 1981-2007。

　　a　軍人不列入調查。若被呈報有健康問題或身心障礙的人則視為是有工作限制，這表示他們無法工作或是可作的工作量有限。工作限制狀態是以調查年度的 3 月為準。3 月的人口調查是蒐集前一個工作年的就業資料。

　　b　個人的年度工作只要超過 52 個小時，無論文職工作或業務，包括臨時工、兼職或季節性工作，都視為受僱。

　　c　百分比變化的計算，則是採用二年的平均為基數。

　　表 3.4 更新了 Burkhauser、Houtenville 和 Rovba（2007）的資料，可看出景氣循環的年代及當代中就業年齡層的男、女性（不論其有無工作限制）的貧窮率。貧窮率也與景氣有關，但其為逆勢循環，當景氣下降時，貧窮率升高；當景氣升高時，貧窮率下降。表 3.4 顯示，在過去兩個景氣循環中（1983 年至 2003 年），就業年齡層無障礙的男、女性，貧窮率是大幅的下降；同時期有障礙的就業年齡層的女性，貧窮率也下降了，但有障礙的就業年齡層的男性，貧窮率卻升高了。該時期的美國總體經濟有進展，然就業年齡層有障礙的男性，其 2003 年的貧窮率比 1983 年明顯升高，而其貧窮率也比就業年齡層無障礙的男性高很多。

　　表 3.5 更新了 Burkhauser 等人（2002）的資料，進一步看有工作限制的就業年齡人口的平均家戶收入，以及家戶收入主要來源（自己工作的收入或公部門），結果發現過去 20 年，有工作限制的就業年齡人口（不論男女性），在前十年的平均家戶收入稍降，後十年的平均家戶收入是升高不少，若以 20 年整體看，平均家戶收入也升高了，但收入來源卻有戲劇性的變化。表 3.3 提及，就業年齡層有工作限制的男性，其就業率是下降的，造成他們主要收入來源，由來自個人轉為來自公部門，個人收入從 1983 年的 19.2%，到 1993 年的 15.0%，到 2003 年的 12.6%，總共下降了 41.5%；而同時期來自公部門的收入，從 14.5% 到 24.6%，總共上升了 51.7%。

　　同時期的就業年齡層有障礙的女性，其情況和男性有所不同，景氣循環的 1980 年代，就業年齡層有工作限制的女性，來自個人的收入來源是明顯升高的，而接著在 1993 年至 2003 年間是明顯的下降的，而 20 年間來自個人的收入來源只是中度的升高；同時期中就業年齡層有工作限制的女性就像男性，收入來源也由個人收入轉向主要來自於公部門，20 年間有巨大的成長，亦即，由個人勞力的收入來源愈來愈少，而來自公部門提供障礙者的津貼愈來愈多，成為較大的部分。

　　上述五個表顯示，雖然工作限制的比率在過去 20 年並無戲劇性的改變，然而就業率、貧窮率、收入及公部門的補助卻有戲劇性的改變。景氣循環的 1990 年代，就業年齡層有工作限制的男、女性，其就業率明顯的下降，對於積極想將身心障礙者融入勞動力市場的有志者而言，不免感到訝異與困窘。真正就業率下降的原因仍是未知，然而就業率下降是事實，它下降很多，讓人無法忽視（見附註 4）。

63　表 3.4　1980 年至 2006 年 25 ～ 61 歲不同性別與工作限制之貧窮率 [a]

| 工作年 | 貧窮率 [b] | | | |
| | 男性 | | 女性 | |
	無工作限制	有工作限制	無工作限制	有工作限制
1980	6.0	22.0	10.0	29.2
1981	6.7	22.7	10.9	31.7
1982	7.9	24.3	12.2	31.3
1983	8.2	24.2	11.9	33.3
1984	7.4	24.6	11.4	31.5
1985	6.9	24.4	11.2	30.5
1986	6.4	23.3	10.9	31.2
1987	6.2	23.8	10.1	31.2
1988	6.2	23.3	9.8	30.3
1989	5.8	24.3	9.8	30.4
1990	6.3	26.4	10.1	31.1
1991	6.8	24.8	10.8	31.8
1992	7.0	26.2	11.0	32.4
1993	7.3	28.2	11.4	34.5
1994	7.2	28.1	10.7	32.6
1995	6.9	25.8	10.2	30.5
1996	6.6	27.0	10.2	31.8
1997	6.2	25.5	9.9	31.8
1998	5.9	26.6	9.4	31.9
1999	5.6	24.5	8.5	29.8
2000	5.4	26.1	8.1	29.8
2001	6.1	24.0	8.4	30.7
2002	6.4	27.0	9.1	31.6
2003	6.7	26.7	9.3	31.0
2004	7.0	26.5	9.7	30.4
2005	6.5	27.1	9.6	32.0
2006	6.5	27.3	9.3	30.8
上述期間──比例的改變 [c]				
1983-1993	－ 11.6	15.3	－ 4.3	3.5
1993-2003	－ 8.6	－ 5.5	－ 20.3	－ 10.7
1983-2003	－ 20.1	9.8	－ 24.5	－ 7.2

64

註：表中數據係作者計算自下列的調查資料：March Current Population Survey (CPS),
　　survey years 1981-2007。
　a　軍人不列入調查。若被呈報有健康問題或障礙的人則視為是有工作限制，這
　　　表示他們無法工作或是可作的工作量有限。工作限制狀態是以調查年度的 3
　　　月為準。3 月的人口調查是蒐集前一個工作年的就業資料。
　b　個人的年度工作只要超過 52 個小時，無論文職工作或業務，包括臨時工、
　　　兼職或季節性工作，都視為受僱。
　c　百分比變化的計算，則是採用二年的平均為基數。

表 3.5　1980 ～ 2006 年 25 ～ 61 歲不同性別與工作限制平均家戶所得　65
　　　　和來源 ᵃ

| 工作年 | 男性 | | | 女性 | | |
| | 平均家戶所得 | 來源 | | 平均家戶所得 | 來源 | |
		個人勞動收入	家計所得		個人勞動收入	家計所得
1980	41,661	20.7	15.3	38,832	9.7	13.8
1981	41,186	21.5	16.3	38,608	10.0	13.8
1982	39,913	19.2	15.0	38,601	10.1	14.0
1983	40,177	19.2	14.5	37,567	10.4	13.0
1984	41,005	20.0	16.0	39,180	11.4	12.9
1985	42,339	21.0	14.8	39,268	11.1	13.8
1986	42,424	20.6	15.4	39,942	11.9	13.2
1987	43,629	19.5	16.3	39,745	11.3	15.0
1988	43,396	18.9	17.0	40,000	13.3	15.7
1989	44,041	19.5	16.0	40,652	13.1	14.8
1990	41,756	17.6	16.7	41,521	12.6	16.1
1991	41,925	17.9	17.2	38,567	12.9	17.3
1992	41,224	16.6	18.6	38,612	12.0	17.8
1993	39,584	15.0	18.8	37,400	12.6	18.8
1994	40,143	16.5	20.3	39,669	13.0	17.6
1995	41,243	16.4	20.8	40,249	13.3	19.0
1996	41,193	17.4	20.7	39,496	12.4	20.4
1997	41,661	14.8	24.1	40,477	11.8	21.7
1998	43,360	15.3	23.5	39,919	11.8	22.8
1999	44,170	15.4	23.0	43,423	13.5	20.3
2000	42,133	14.4	23.8	42,689	13.4	22.9
2001	42,162	15.1	23.9	42,254	12.5	23.2
2002	40,845	14.0	23.4	40,724	11.9	25.0
2003	41,207	12.6	24.6	41,613	11.6	22.5
2004	42,464	12.6	24.8	40,263	10.9	24.7
2005	41,106	12.1	25.0	39,549	11.5	25.0
2006	40,954	12.2	25.9	41,364	10.4	24.8
上述期間 - 比例的改變ᶜ						
1983-1993	－ 1.5	－ 24.6	25.8	－ 0.4	19.1	36.5
1993-2003	4.0	－ 17.4	26.7	10.7	－ 8.3	17.9
1983-2003	2.5	－ 41.5	51.7	10.2	10.9	53.5

註：表中數據係作者計算自下列的調查資料：March Current Population Survey (CPS)，
　　survey years 1981-2007。
　a　軍人不列入調查。若被呈報有健康問題或障礙的人則視為是有工作限制，這
　　表示他們無法工作或是可以作的工作量有限。工作限制狀態是以調查年度
　　的 3 月為準。3 月的人口調查是蒐集前一個工作年的就業資料，所得數據是
　　2006 年的恆常所得。
　b　公部門的移轉包括社會安全障礙保險以及安全生活補助所得。
　c　百分比變化的計算，則是採用二年的平均為基數。

人口現況調查——社會經濟年報附錄從 1980 年就開始執行調查，它能獲取就業年齡層男、女性障礙者較長期的資料，但它無法像美國社區調查或全國健康訪談調查獲取較大的樣本數，並由州的資料推至全國。

表 3.6 使用 2006 年美國社區調查的資料，可看出就業年齡層中障礙的出現率，在各地理行政區間有很大的差異，在美國社區調查中用最寬的方式測量身心障礙，包括在表 3.1 中所討論的任何的障礙；從 West Virginia 的 21.5%，到 New Jersey 的 9.5%。障礙出現率最高的五州依序是 West Virginia、Kentucky、Mississippi、Arkansas 及 Alabama； 而 障礙出現率最低的五州由高至底的順序為 Nevada、Minnesota、Hawaii、South Dakota 及 New Jersey。Likewise、McCoy 及 Weems（1989）發現，領取社會安全障礙保險及安全生活補助最高比例的地方，是在阿帕拉契山及密西西比河下游的「障礙帶」，LaPlante（1993）引用了 1980 年至 1990 年調查的資料，也有同樣的發現。

表 3.6　2006 年全美各州 25 ～ 61 歲不同性別、非居住於機構的公民障礙出現率及排序 [a, b]

州別	全部		男性		女性	
	百分比	排序[c]	百分比	排序[c]	百分比	排序[c]
United States	12.9	－	12.7	－	13.0	－
West Virginia	21.5	1	22.9	1	20.1	3
Kentucky	20.4	2	19.6	3	21.1	1
Mississippi	20.2	3	20.3	2	20.2	2
Arkansas	19.4	4	19.0	4	19.7	4
Alabama	18.7	5	18.5	5	18.9	5
Oklahoma	18.1	6	18.0	6	18.2	6
Tennessee	17.2	7	16.8	8	17.6	8
Louisiana	17.0	8	17.9	7	16.2	9
Maine	17.0	9	16.3	9	17.6	7
South Carolina	15.4	10	15.8	11	15.0	13
New Mexico	15.2	11	15.3	12	15.2	11
North Carolina	14.9	12	15.1	13	14.8	14

表 3.6　2006 年全美各州 25 ～ 61 歲不同性別、非居住於機構的公民障
礙出現率及排序 [a, b]（續）

州別	全部		男性		女性	
	百分比	排序 [c]	百分比	排序 [c]	百分比	排序 [c]
Montana	14.9	13	16.3	10	13.5	22
Missouri	14.8	14	14.5	16	15.1	12
Alaska	14.7	15	14.9	14	14.5	15
Michigan	14.3	16	14.2	17	14.4	16
Ohio	14.0	17	13.8	21	14.2	17
Oregon	14.0	18	13.9	20	14.1	18
Washington	14.0	19	14.0	18	13.9	19
Wyoming	13.9	20	14.6	15	13.3	25
Vermont	13.9	21	12.2	29	15.5	10
Pennsylvania	13.5	22	13.4	22	13.6	21
Idaho	13.5	23	13.9	19	12.9	27
Rhode Island	13.2	24	13.1	23	13.4	23
Indiana	13.0	25	12.3	27	13.7	20
Georgia	13.0	26	12.6	25	13.3	24
Florida	12.8	27	12.5	26	13.1	26
Delaware	12.7	28	13.0	24	12.4	31
Texas	12.6	29	12.3	28	12.9	28
Iowa	12.2	30	12.0	30	12.4	30
Arizona	12.0	31	11.4	34	12.6	29
Kansas	12.0	32	11.7	32	12.2	32
Nebraska	11.6	33	11.9	31	11.3	38
New Hampshire	11.5	34	11.4	35	11.7	36
New York	11.4	35	11.1	39	11.7	35
Virginia	11.3	36	11.2	38	11.5	37
Utah	11.2	37	10.5	43	11.9	34
Dist. of Col.	11.1	38	11.6	33	10.7	44
Colorado	11.1	39	11.2	37	11.0	42

表 3.6　2006 年全美各州 25 ～ 61 歲不同性別、非居住於機構的公民障
　　　　礙出現率及排序 [a, b]（續）

州別	全部		男性		女性	
	百分比	排序 [c]	百分比	排序 [c]	百分比	排序 [c]
Massachusetts	11.1	40	11.2	36	10.9	43
North Dakota	11.0	41	9.9	49	12.2	33
California	10.9	42	10.5	44	11.3	39
Wisconsin	10.8	43	10.4	46	11.2	40
Maryland	10.5	44	10.5	45	10.5	47
Connecticut	10.4	45	10.3	47	10.5	46
Illinois	10.4	46	10.3	48	10.6	45
Nevada	10.4	47	9.8	50	11.0	41
Minnesota	10.2	48	10.6	42	9.8	48
Hawaii	10.2	49	11.1	40	9.3	51
South Dakota	10.0	50	10.8	41	9.3	50
New Jersey	9.5	51	9.4	51	9.5	49

註：表中數據係作者計算自下列的調查資料：2006 American Community Survey (ACS)。

　　a　軍人不列入調查。美國社區調查對身心障礙的定義是立基於下列三個問題：(1)
　　　　此人長期以來是否有下列的情形：(a) 全盲、全聾，或嚴重的視力或聽力障礙？
　　　　或 (b) 一個以上的身體基本活動的嚴重限制，如散步、爬樓梯、抓取，或搬運？
　　　　(2) 因身體、心智或情感上持續某種狀態長達六個月以上，在做下列任何活動
　　　　時有困難：(a) 學習、記憶、集中注意力？或 (b) 穿衣、洗澡，或在家裡活動？
　　　　(3) 因身體、心智或情感上持續某種狀態長達六個月以上，在做下列任何活動
　　　　時有困難：(a) 單獨外出購物，或到醫院／診所看病？或 (b) 工作？
　　如果受訪者或代填者反映，當事人具備有一個以上的上述六大類的情形，則被認
　　為是有障礙的。

　　　表 3.7 再次用 2006 年美國社區調查的資料測量身心障礙，發現各州
的就業年齡層中的男、女性障礙者的就業率有很大的不同。該表控制了各
州經濟狀況的變項，並顯示各州男性障礙者與非障礙者的相對就業率，結
果發現 Alaska 的相對就業率最高（69.1%），而 West Virginia 的相對就
業率最低（32.2%）。以女性而言，Utah 的相對就業率最高（67.2%），
West Virginia 相對就業率最低（37.7%）。

表 3.7　2006 年全美各州 25～61 歲間非居住於機構的公民的就業率與相對就業率，按性別與障礙狀態排序 [a]

州別	男性 就業率 [b] 沒有障礙	男性 就業率 [b] 有障礙	男性 相對就業率 [c]	男性 相對就業率排序 [d]	女性 就業率 [b] 沒有障礙	女性 就業率 [b] 有障礙	女性 相對就業率 [c]	女性 相對就業率排序 [d]
United States	42.7	89.2	47.9	—	35.7	74.4	47.9	—
Alaska	58.0	83.9	69.1	1	44.5	75.2	59.1	4
North Dakota	59.8	92.8	64.4	2	45.5	85.2	53.5	11
South Dakota	58.8	91.3	64.4	3	38.6	83.4	46.3	36
Nebraska	58.2	92.1	63.2	4	43.8	82.1	53.4	13
Utah	58.9	93.4	63.1	5	46.9	69.7	67.2	1
Montana	53.5	89.3	59.9	6	39.2	80.1	48.9	28
Iowa	53.6	91.5	58.6	7	42.2	82.4	51.2	22
Wyoming	53.1	93.0	57.1	8	47.8	78.1	61.2	2
Colorado	51.3	90.7	56.6	9	43.0	75.4	57.0	7
Minnesota	51.1	90.6	56.4	10	46.2	81.9	56.5	8
Oregon	48.3	87.8	55.0	11	39.6	74.2	53.4	12
Vermont	49.5	90.5	54.7	12	43.1	82.9	52.0	17
Idaho	48.6	91.4	53.2	13	41.0	72.9	56.3	9
Kansas	48.6	92.4	52.7	14	46.1	78.6	58.6	5

表 3.7 2006 年全美各州 25～61 歲間非居住於機構的公民的就業率與相對就業率，按性別與障礙狀態排序 ᵃ（續）

州別	男性				女性			
	就業率ᵇ		相對就業率ᶜ	相對就業率排序ᵈ	就業率ᵇ		相對就業率ᶜ	相對就業率排序ᵈ
	沒有障礙	有障礙			沒有障礙	有障礙		
Maryland	47.6	90.7	52.5	15	42.2	79.1	53.4	14
Connecticut	47.1	89.9	52.3	16	39.6	76.9	51.4	21
Maine	47.8	91.6	52.2	17	36.8	79.3	46.5	34
Indiana	46.6	89.6	52.1	18	35.0	76.6	45.7	38
Nevada	46.4	89.5	51.8	19	38.3	74.0	51.8	19
Texas	46.6	90.1	51.7	20	36.3	70.3	51.6	20
Wisconsin	46.5	90.5	51.4	21	42.7	81.4	52.5	16
Florida	45.2	89.5	50.5	22	37.0	73.9	50.0	25
Illinois	44.5	88.4	50.4	23	38.2	73.8	51.8	18
New Hampshire	47.1	93.5	50.3	24	45.8	80.1	57.2	6
Washington	44.8	89.2	50.2	25	37.5	74.0	50.7	23
Oklahoma	45.5	90.8	50.1	26	34.7	74.2	46.7	33
New Mexico	43.4	87.6	49.5	27	39.6	71.5	55.5	10
Virginia	45.1	91.6	49.2	28	36.1	77.8	46.4	35
Arizona	43.5	88.9	49.0	29	34.4	71.3	48.2	30

73

表 3.7 2006 年全美各州 25～61 歲間非居住於機構的公民的就業率與相對就業率，按性別與障礙狀態排序 [a]（續）

州別	男性				女性			
	就業率 [b]		相對就業率 [c]	相對就業率排序 [d]	就業率 [b]		相對就業率 [c]	相對就業率排序 [d]
	沒有障礙	有障礙			沒有障礙	有障礙		
Hawaii	42.9	88.6	48.4	30	45.0	75.9	59.3	3
North Carolina	43.2	89.2	48.4	31	35.6	75.6	47.1	31
Georgia	42.9	89.4	48.0	32	33.3	73.6	45.2	39
New Jersey	42.9	89.6	47.9	33	37.0	75.1	49.2	27
California	41.8	88.1	47.5	34	35.2	69.9	50.3	24
Ohio	42.1	88.8	47.4	35	36.0	76.7	47.0	32
Missouri	42.1	90.1	46.7	36	37.7	77.4	48.7	29
Massachusetts	41.8	89.8	46.5	37	39.2	78.7	49.8	26
Delaware	39.9	89.3	44.6	38	41.3	77.9	53.0	15
Arkansas	39.6	89.2	44.4	39	31.9	74.7	42.7	44
Pennsylvania	39.1	89.0	44.0	40	33.4	76.8	43.5	42
Rhode Island	39.6	90.3	43.8	41	34.8	78.5	44.4	40
South Carolina	38.3	89.1	42.9	42	28.5	75.2	37.9	50
Michigan	36.6	85.7	42.7	43	31.9	73.4	43.4	43
Alabama	37.6	88.9	42.3	44	28.2	72.7	38.8	47

74

表 3.7 2006 年全美各州 25～61 歲間非居住於機構的公民的就業率與相對就業率，按性別與障礙狀態排序 [a]（續）

州別	男性 就業率 [b] 沒有障礙	男性 就業率 [b] 有障礙	男性 相對就業率 [c]	男性 相對就業率排序 [d]	女性 就業率 [b] 沒有障礙	女性 就業率 [b] 有障礙	女性 相對就業率 [c]	女性 相對就業率排序 [d]
New York	36.6	87.5	41.9	45	32.6	74.0	44.1	41
Dist. of Col.	34.2	83.3	41.1	46	33.5	79.8	42.0	46
Tennessee	36.2	89.0	40.7	47	31.2	74.2	42.1	45
Louisiana	35.4	87.3	40.6	48	32.9	71.3	46.1	37
Mississippi	35.6	88.4	40.3	49	27.8	72.9	38.2	48
Kentucky	33.9	88.6	38.3	50	28.3	74.4	38.0	49
West Virginia	28.5	88.5	32.2	51	26.6	70.5	37.7	51

註：表中數據係作者計算自下列的調查資料：2006 American Community Survey (ACS)。

a 軍人不列入調查。美國社區調查障礙的定義見前面的表格說明。

b 個人在前一個工作年度工作只要工作超過 52 個小時，無論文職或業務，包括臨工、兼職或季節性工作，都視為受僱。

c 就業的認定基準是，如果他或她：(1) 是有給職，在自己的企業或專業領域、在自己的農場裡，或在自家農場或公司工作超過 15 小時以上的無酬工作者；或 (2) 有工作，但在調查期間因內因疾病、惡劣天氣、勞資糾紛、度假或其他個人原因而暫時無法工作者。調查期間是指調查週前的日期。

d 表中部分相對就業率雖然數據相同（小數點第一位），看似應該排名也相同，但因為實際上計算是到小數點第三位，所以還是有排序差別。

　　各州的就業年齡層中的男、女性障礙者的就業率有很大的不同，不足 67
為奇，但各州間相對就業率的巨大差異很令人驚訝。從 Alaska 66.9% 的
相對就業率，到 West Virginia 31.7% 相對就業率，其間的落差大概很難
只用各州間經濟狀況的差異來解釋，也難以用各州間的特性（如：年齡、 71
種族）加以說明，而可能是與工作環境、復健資源，或鼓勵工作的措施（誘
因）有關，這正說明了障礙同時包括了健康狀況和環境因素。

特殊損傷者之就業經驗

　　在此小節中，我們只擷取有特殊損傷者之就業經驗，而不論他們是否
有提及活動限制或參與限制，由於資料的限制，我們無法針對各種損傷做
分析，但此部分資料若與人口現況調查──社會經濟年報附錄相較，它來
自於較大的樣本；與美國社區調查相較，它可跨不同的損傷類別，探討就
業狀況。

　　Houtenville（2001）從 1983 年至 1996 年的全國健康訪談調查資料中
比較就業年齡層中有特殊損傷者與就業年齡層的有工作限制的視障者（因
全國健康訪談調查自 1996 年後就沒有問較特殊損傷的資料，故此處只使
用到 1996 年的資料），前述所謂的特殊損傷者，有些有工作限制因此被
歸入有工作限制的族群；有些自認沒有工作限制因此不會被歸為有工作限
制的族群，是相當具美國身心障礙者法案該身心障礙人口群的代表性。

　　結果 Houtenville（2001）發現前者的就業率顯著高於後者，這個發 75
現很重要，因為和頗能代表美國身心障礙者法案該身心障礙人口群的有特
定損傷者（前者）相比，自認有工作限制的人（後者）的就業率明顯低估
了。

　　在表 3.8 和表 3.9 中，我們可以看到就業年齡層中各種不同損傷者的
出現率，並可進一步比較其中有工作限制者的比例，而在自認有工作限制
者的就業率，和該類的損傷者之就業率相當不同，本處所謂損傷即是圖 3.1
裡中損傷的橢圓型，以下我們用全國健康訪談調查中的損傷的概念進一步
說明。

　　由於各類特定損傷者在單一個年度的出現率很低，所以我們必須從全
國健康訪談調查在 1983 年至 1996 年擷取相關的資料湊成足夠的樣本數
來分析。

76 表 3.8 1983 年至 1996 年 25 ～ 61 歲特殊損傷者按性別的出現率 [a]

損傷 [b]	男性			女性		
	全部	有工作限制	比率 [d]	全部	有工作限制	比率 [d]
有一個或多個以上的下列障礙	23.4	5.8	0.25	17.7	5.3	0.30
感官障礙	15.0	3.2	0.21	8.2	2.5	0.30
視覺障礙	4.8	1.2	0.24	2.4	1.0	0.40
全盲	0.2	0.1	0.65	0.2	0.1	0.75
其他視覺損傷	4.7	1.1	0.23	2.2	0.8	0.37
聽力損傷	10.8	2.3	0.22	5.9	1.7	0.28
全聾	0.5	0.2	0.35	0.3	0.1	0.43
其他聽覺損傷	10.2	2.1	0.21	5.7	1.6	0.28
感官損傷 [c]	0.5	0.1	0.26	0.4	0.1	0.35
語言障礙	1.0	0.5	0.47	0.5	0.3	0.52
口吃	0.6	0.2	0.32	0.3	0.1	0.41
其他語言障礙	0.4	0.3	0.69	0.2	0.1	0.64
癱瘓	0.4	0.3	0.87	0.3	0.2	0.81
四肢癱瘓	0.2	0.2	0.95	0.1	0.1	0.84
偏癱	0.1	0.1	0.91	0.1	0.1	0.80
腦性麻痺	0.1	0.1	0.68	0.1	0.1	0.79
缺一條或兩條腿	0.1	0.1	0.77	—	—	—
畸形或骨科障礙	10.0	3.0	0.30	10.6	3.1	0.30
背部或脊椎	8.7	2.5	0.29	9.8	2.8	0.29
肩膀	1.8	0.7	0.40	1.3	0.5	0.42
心智發育遲緩	0.5	0.4	0.88	0.4	0.3	0.87

77

註：表中數據係作者計算自下列的調查資料：National Health Interview Survey (NHIS), survey years 1983-1996。

  a 若一個人有任何損傷或健康問題，使他或她以至於無法工作或是工作的種類或數量受到限制，就被認為有工作限制。只有直接被問及這些障礙的受訪者才納入統計，每一年大約是六分之一的 NHIS 樣本數，而每一類被呈現的樣本數低於 30。

  b 類別項目是一種調查語言。

  c 感官障礙包括味覺喪失、嗅覺喪失，以及身體任何部位感覺的喪失或干擾。

  d 比率的計算是採「有工作限制」占「全部」的比例。當計算第 2(4) 欄與第 1(5) 欄的比率時，小數點是計算至第 4 位。

表 3.8 的第一欄指的是就業年齡層的男性，自認有一種以上的損傷者
的比例。第二欄指的是就業年齡層的男性，自認有工作限制的比例（見附
註 5）。第二欄的值通常小於或等於第一欄，因為第二欄排除了不自認有
工作限制的人，第三欄是第二欄與第一欄之比，第一欄與第二欄的值相
等，表示每一個該特定損傷的人，都自認有工作障礙，因此第三欄的值是
1.00。第三欄的值愈接近 1.00，表示該類特定損傷的人愈自認有工作障
礙。第四、五、六欄是相同的意思，該三欄是針對女性做分析。

由表 3.8 可看出，就業年齡層的損傷者，若是採選擇性的樣本（如：
全國健康訪談調查只選擇有工作限制者），則人數會低估很多（見附註
6）。因為若只選擇有工作限制者，則表示不計那些不自認有工作障礙的
人，這個的重要性更明顯了，也就是說，是否我們會想到某種損傷類別會
特別自認有工作限制，例如：只有 35% 的聽力損傷的人，會自認有工作
限制，卻有 65% 的視力損傷的人，會自認有工作限制。無疑的，損傷的
程度也可以解釋很多第三欄及第六欄的變異情形，但絕不是全部。也就是
說第三欄及第六欄的比例也會受工作環境、復健機會，或是個人想去克服
他們所面對的健康狀況和環境中的阻礙之影響。人口現況調查——社會經
濟年報附錄、美國社區調查、全國健康訪談調查等調查都想蒐集有損傷或
障礙者的人之資料，但卻無可以涵蓋的題項。

表 3.9 顯示就業年齡層的男、女性，自認有損傷者以及同時又有工
作限制者之就業率，自認有工作限制的就業年齡層男性，其就業率為
47.7%，自認有特定損傷的就業年齡層男性之就業率為 81.5%，後者比前
者的就業率高很多，這情形頗接近表 3.1 中人口現況調查——社會經濟年
報附錄、美國社區調查的資料，而圖 3.1 中「參與限制」就業率也呈現顯
著低於「損傷」者。Burkhauser 等人（2002）的資料發現，NHIS 中自認
有工作限制的就業年齡層男性，其就業率高於人口現況調查——社會經濟
年報附錄同類型的人，但兩者沒有顯著差異，想進一步了解相關資料，請
見 Burkhauser 等人（2002）的資料。

表 3.9 也顯示出不同損傷類別的資訊，就業年齡層自認有工作限制的
雙耳損傷者的就業率為 49.1%，就業年齡層且自認有工作限制的雙眼損傷
者的就業率為 28.1%；而就業年齡層的雙耳損傷者的就業率為 75.4%，就
業年齡層的雙眼損傷者的就業率為 49.4%。上述的資料說明了其間的差異
其實很難只用損傷的障別或程度單一因子來解釋就業狀況。

表 3.9　1983 年至 1996 年 25 ～ 61 歲不同損傷次族群的就業率，按性
別與工作限制狀態 [a]

損傷次族群 [b]	男性			女性		
	全部	有工作限制	比率 [d]	全部	有工作限制	比率 [d]
總體	88.4	48.9	0.55	68.8	37.4	0.54
有一個或多個以上的下列障礙	81.5	47.7	0.59	61.4	37.6	0.61
感官障礙	82.4	45.8	0.56	57.7	31.7	0.55
視覺障礙	81.2	43.5	0.54	53.0	27.3	0.52
全盲	49.4	28.1	0.57	30.0	16.0	0.53
其他視覺損傷	82.4	45.2	0.55	54.7	29.1	0.53
聽力損傷	81.6	44.9	0.55	58.4	32.5	0.56
全聾	75.4	49.1	0.65	50.3	26.5	0.53
其他聽覺損傷	81.9	44.5	0.54	58.7	32.9	0.56
感官損傷 [c]	79.9	50.5	0.63	60.9	44.4	0.73
語言障礙	61.7	30.1	0.49	42.2	18.9	0.45
口吃	70.2	28.3	0.40	51.1	16.2	0.32
其他語言障礙	48.6	31.4	0.65	32.4	20.7	0.64
癱瘓	32.2	26.4	0.82	25.5	15.6	0.61
四肢癱瘓	22.3	21.8	0.98	17.7	5.1	0.29
偏癱	25.3	23.7	0.94	29.0	18.8	0.65
腦性麻痺	58.3	43.7	0.75	27.8	21.9	0.79
缺一條或兩條腿	34.2	27.8	0.81	—	—	—
畸形或骨科障礙	81.1	52.6	0.65	64.8	44.0	0.68
背部或脊椎	81.4	51.8	0.64	64.9	43.3	0.67
肩膀	76.4	52.6	0.69	64.2	48.1	0.75
心智發育遲緩	34.6	32.8	0.95	29.1	26.4	0.91

註：表中數據係作者計算自下列的調查資料：National Health Interview Survey (NHIS), survey years 1983-1996。
　a　若一個人有任何損傷或健康問題，使他或她以至於無法工作或是工作的種類或數量受到限制，就被認為有工作限制。只有直接被問及這些障礙的受訪者才納入統計，每一年大約是六分之一的 NHIS 樣本數，而每一類被呈現的樣本數低於 30。
　b　類別項目是一種調查語言。
　c　感官障礙包括味覺喪失，嗅覺喪失，以及身體任何部位感覺的喪失或干擾。

社會安全障礙保險與安全生活補助的申請者的工作經驗

　　只有健康狀況很嚴重的人或損傷情形影響到工作的類型和工作量的人，才可以申請安全生活補助與社會安全障礙保險的補助。Bound、
Burkhauser 與 Nichols（2003）使用 SIPP 與 SSA 的資料隨機抽取申請者樣本，追蹤 1980 年代至 1990 年代間安全生活補助或社會安全障礙保險申請者每月就業情形，統計申請前 36 個月到申請後 39 個月的就業率（見附註 7），並依是否通過申請分組比較之。

　　圖 3.2 顯示，絕大部分申請社會安全障礙保險補助的人，在申請前的 36 個月都有工作，但就業率是逐月下降的，在申請前的 12 個月時急速下降，通過申請的人，申請前是有較高的就業率，但通過後，就業率馬上掉至 10%，之後一直維持這個情形。沒有通過申請的人，同樣的，在申請後，

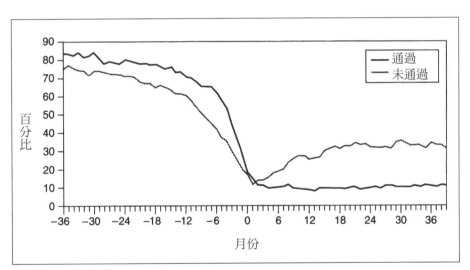

圖 3.2　申請社會安全障礙保險前後，通過與未通過的月就業率。若個人報告在該月有勞動所得，則被視為受僱者。月份 0 意指申請社會安全障礙保險的當月。此數據來自於對應的所得與方案參與調查，以及美國社會安全局的行政紀錄。

註：來自於 J. Bound、R. Burkhauser 與 A. Nichols 所寫的〈追蹤社會安全障礙保險和安全生活補助申請人的家戶所得〉一文，在 *Research in Labor Economics*（p. 130）中，S. W. Polachek（編），2003，Oxford, England: Elsevier Science。2003 年獲 Elsevier Science 授權使用。

就業率馬上掉至 10%，但會漸漸回升，申請後 18 個月會回升至 35%，之後就一直維持這個狀況。

　　圖 3.3 同樣是修正自 Bound 等人（2003）的資料，顯示出申請安全生活補助者之不同的就業情形。絕大部分的申請人，在申請前的 36 個月都無工作，就業率雖低但相對穩定，直到申請前的 6 個月時下降的速度起變化，通過申請的人，就業率馬上掉至 5%，之後就一直維持這個狀況。沒有通過申請的人，雖然在申請後，就業率馬上掉至 8%，但會漸漸回升至 18%，之後就一直維持這個狀況。

81

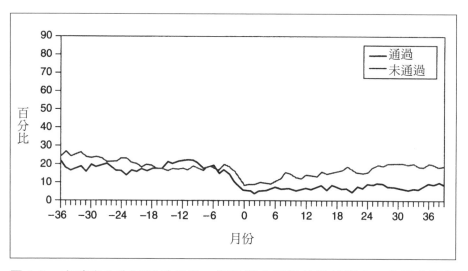

圖 3.3　申請安全生活補助前後，通過與未通過的月就業率。若個人報告在該月有勞動所得，則被視為受僱者。月份 0 意指申請安全生活補助的當月。此數據來自於對應的所得與方案參與調查，以及美國社會安全局的行政紀錄。

註：來自於 J. Bound、R. Burkhauser 與 A. Nichols 所寫的〈追蹤社會安全障礙保險和安全生活補助申請人的家戶所得〉一文，在 *Research in Labor Economics*（p. 132）中，S. W. Polachek（編），2003，Oxford, England: Elsevier Science。2003 年獲 Elsevier Science 授權使用。

　　上述的發現顯示，安全生活補助與社會安全障礙保險的申請者，其工作經驗有很大的不同。社會安全障礙保險的申請者，不論申請前或申請後，是比較有工作的潛力。對這群申請者而言，未必發生障礙就一定永久的退出職場。工作環境的政策、復健的管道、個人想去工作的能力和意願等，均會影響就業的狀況，然而由圖中的發現也告訴我們，上述的措施仍有其限制。除非徹底了解安全生活補助的申請者在申請前之所以無法比社會安全障礙保險的申請者有較高的就業率之原因，並採取因應措施，否則僅有醫療模式的復健服務，仍不足以將他們推回勞動力市場。

結論

82

　　圖 3.1 提供了一個有用的架構，幫助我們在現有的資料中了解就業年齡層身心障礙者的就業經驗。圖 3.1 參與限制的橢圓形，包括了健康狀況和損傷（及環境的障礙）比較嚴重，且自認有參與限制的就業年齡層男、女性的身心障礙者。一點都不令人訝異的是，Bound 等人（2003）應用 SIPP-SSA 的資料發現，經過了這麼多年，大部分的身心障礙者仍是未就業居多。雖然申請社會安全障礙保險及安全生活補助的身心障礙者，在申請前的就業經驗不同——申請社會安全障礙保險的身心障礙者有相當多的工作經驗，但申請安全生活補助的身心障礙者幾乎沒什麼工作經驗，然而申請後的情況卻頗相似。不論申請哪一種補助，沒有通過申請的人比通過申請的人，後來再去工作的比例會來得高。這樣的結果說明了光從申請者的健康狀況及損傷的程度，是無法全然說明申請社會安全障礙保險及安全生活補助的身心障礙者（在審核前後）之就業差異的情形；然而若從其就業經驗觀之，上述的結果是大為低估身心障礙者的就業潛能。

　　那些自認有工作限制（國際健康功能與身心障礙分類系統的操作版本中有關工作限制的定義）的男、女性，比通過申請社會安全障礙保險及安全生活補助的身心障礙者有更高的就業率。圖 3.1 橢圓形的就業率也受時間和地理因素（各州）影響，人口現況調查——社會經濟年報附錄的資料顯示就業率會隨時間和地理因素有很大的不同，而那是無法單由損傷的因素來解釋。更重要的是，在 1990 年代至 2000 年代間，自認有工作限制的男性身心障礙者的就業率，呈現戲劇性的下降，之後或戲劇性的升高，

那是很難單由損傷的因素說明清楚的。

　　當聚焦在自認有工作限制的身心障礙者時，我們可能會錯失更廣義的身心障礙者，而後者是更貼近美國身心障礙者法案定義的那群——包括運用職務再設計或職業復健服務，或是自己克服各種障礙而有工作的身心障礙者。從 2007 年美國社區調查及 2006 年全國健康訪談調查的資料顯示，我們可以發現到較廣義的身心障礙者，再從 1983 年至 1996 年全國健康訪談調查的資料，我們則看到各種特殊障礙的身心障礙者，其與美國社區調查及後來 1996 改版的全國健康訪談調查中，自認有工作限制的身心障礙者相較，前者更有可能去就業。另外，1983 年至 1996 年全國健康訪談調查的資料也顯示，雙眼全盲或雙耳全聾的身心障礙者，自認有工作限制的比例卻不高，可見從較廣泛定義的身心障礙者的就業率比單從障礙程度來看身心障礙者的就業率高。

　　簡言之，我們發現圖 3.1 中三個橢圓形之間或之內，就業經驗的差異相當大。要掌握上述經驗的差異性，我們必須跳脫出只探討我們可以得到的任一資料之想法。上述的發現告訴我們，社會與環境的因素，在不同類別的身心障礙者之就業結果上，扮演相當重要的角色，若要促使政策能幫助更多的身心障礙者就業，是有必要好好整合現有的資料，去評估會影響就業結果的損傷因素及社會環境因素。

本研究係由美國教育部的身心障礙與復健研究中心補助經費（編號為 H133B031111 及 H133B040013），本章內容不必然代表教育部的政策，請勿認為聯邦政府為之背書。

參考文獻

Adler, M., Clark, R., DeMaio, T., Miller, L., & Saluter, A. (1999). Collecting infor-
mation on disability in the 2000 Census: An example of interagency coopera-
tion. *Social Security Bulletin, 62*(1), 21–30.

Age Discrimination in Employment Act of 1967, 29 U.S.C. § 621 *et seq.*

Americans with Disabilities Act of 1990, 42 U.S.C. § 12101 *et seq.*

Bound, J., Burkhauser, R., & Nichols, A. (2003). Tracking the household income of
SSDI and SSI applicants. In S. Polachek (Ed.), *Research in Labor Economics,
22*, 321–332.

Burkhauser, R. V., & Houtenville, A. J. (2006). *A guide to disability statistics from
the current population survey—annual social and economic supplement
[March CPS]*. Ithaca, NY: Cornell University StatsRRTC.

Burkhauser, R., Daly, M., Houtenville, A., & Nigras, N. (2002). Self-reported work
limitation data: What they can and cannot tell us. *Demography, 39*(3), 541–555.

Burkhauser, R., Houtenville, A., & Rovba, L. (2007). *Long-term trends in the pov-
erty rates of those with and without disabilities.* Manuscript in preparation,
Cornell University.

Daly, M., & Burkhauser, R. (2003). The Supplemental Security Income program. In
R. Moffit (Ed.), *Means-tested transfer programs in the United States* (pp. 79–
140). Chicago: University of Chicago Press for the NBER.

Harris, B., Hendershot, G., & Stapleton, D. (2005). *A guide to disability statistics
from the National Health Interview Survey.* Ithaca, NY: Cornell University
StatsRRTC.

Houtenville, A. (2001). *The economic experience of working persons with chronic
vision-related impairments.* Report prepared for the National Research Coun-
cil, Commission on Behavioral and Social Science Education.

Jette, A., & Badley, E. (2000). Conceptual issues in the measurement of work dis-
abilities. In G. Wunderlich, D. Rice, & N. Amado (Eds.), *The dynamics of
disability: Measuring and monitoring disability for social science programs*
(pp. 183–210) Washington, DC: National Academy Press.

LaPlante, M. (1993). *State estimates of disability in America [Disability Statistics
Report Number 3].* Washington, DC: National Institute of Disability and Re-
habilitation Research.

Library of Congress. (1998). *Vocational factors in the Social Security Disability
decision process: A review of the literature* (Report prepared under an inter-
agency agreement for the Social Security Administration Office of Disability
Research). Washington, DC: Author.

Mashaw, J., & Reno, V. (1996). *Balancing security and opportunity: The challenge
of disability income policy* (Report of the Disability Policy Panel). Washing-
ton, DC: National Academy of Social Insurance.

84

85   McCoy, J., & Weems, K. (1989). Disabled-worker beneficiaries and disabled SSI recipients: A profile of demographics and program characteristics. *Social Security Bulletin, 52,* 16–28.

Nagi, S. (1965). Some conceptual issues in disability and rehabilitation. In M. B. Sussman (Ed.), *Sociology and rehabilitation* (pp. 100–113). Washington, DC: American Sociological Association.

Nagi, S. (1969). *Disability and rehabilitation: Legal, clinical and self-concepts of measurement.* Columbus: Ohio State University Press.

Nagi, S. (1991). Disability concepts revisited: Implications to prevention. In A. M. Pope & A. R. Tarlove (Eds.), *Disability in America: Toward a national agenda for prevention* (pp. 307–327). Washington, DC: National Academy Press.

Stapleton, D., & Burkhauser, R. (Eds.). (2003). *The decline in employment of people with disabilities: A policy puzzle.* Kalamazoo, MI: W. E. UpJohn Institute for Employment Research.

Trupin, L., Sebesta, D., Yelin, E., & LaPlante, M. (1997). *Trends in labor force participation among people with disabilities* (Disability Statistic Report No. 10). Washington, DC: National Institute for Disability and Rehabilitation Research.

Weathers, R. (2005). *A guide to disability statistics from the American Community Survey.* Ithaca, NY: Cornell University StatsRRTC.

Wittenburg, D., & Nelson, S. (2006). *A guide to disability statistics from the Survey of Income and Program Participation.* Ithaca, NY: Cornell University StatsRRTC.

World Health Organization. (2001). *International classification of disability, health and functioning.* Geneva: World Health Organization.

附註

1. 把年齡當成客觀標準加以測量，是沒什麼爭議性的，然而若將年齡當為判斷障礙者是否有能力工作及給予福利的標準，則會有很大的爭議。例如文獻上有記載不同年齡的族群並不是測量障礙者是否有能力工作有用的標準（請見 Library of Congess, 1998）。此外，1967 年的就業法案中的年齡歧視主張反年齡歧視，而 1990 年的美國身心障礙者法案主張反障礙歧視。但是如果年齡不是有用的標準去測量障礙者是否有能力是工作的話，那麼安全生活補助是否只保障 65 歲以上者的經驗安全，而不保障類似經濟狀況的年輕人？上述的爭議在過去十年來一直支持年長者及工作年齡層的障礙者的權利與義務（Daly 和 Burkhauser 於 2003 年的文獻資料，對年齡或障礙狀況如何成為安全生活補助合格的申請者有充分的討論）。

2. 工作限制的狀況是在調查年的 3 月評定，而就業與方案參與是發生在調查的前一

年。

3. 就業是景氣循環的後指標。亦即，就業率是在經濟成長的後一年才發生。景氣谷底是指就業率停止不降且開始回升，其將晚景氣谷底一年，而這種改變被視為經濟的成長。因此在景氣高或低點時我們的選擇，不見得與經濟成長方向一致，我們的意思是，對景氣低迷的選擇不夠敏銳。

4. 請見 Stapleton 和 Burkhauser（2003）的相關解釋及用人口現況調查——社會經濟年報附錄的調查資料測工作年齡層的障礙者就業率的效度。

5. 注意他們的工作限制不必然是由損傷所導致。

6. Trupin, Sebesta, Yelin 和 LaPlante（1997）運用 1983 年至 1994 年的全國健康訪談調查看不同損傷族群勞動參與率的時間參與率的時間趨勢，然而他們的樣本是限於那些一開始就報告自己有活動限制，之後發現原有的損傷會導致活動限制。因此，他們其實是忽略掉那些沒有報告自己有活動限制的人。

7. 他們定義就業的意涵是從開始工作且有薪水的那個月。圖 3.2 和 3.3 排除同時申請兩種方案的人。他們使用不平衡設計法所得到過去七年的就業率不會是來自相同的群體。

86

生涯發展的理論與建構：
對身心障礙者的意涵

Edna Mora Szymanski、Mary S. Enright、
David B. Hershenson 與 Judith M. Ettinger　著

邱滿艷　譯

過去 30 年生涯發展的研究有很大的進展，想進一步了解當前的理論與
實務，請見 Brown 和 Lent（2005）。為說明生涯發展的理論，及其
在身心障礙者的應用，本章將分下列幾節探討：(1) 生涯發展理論與實務
之歷史；(2) 一些特定的理論；(3) 職業行為的生態學模式；(4) 對不同族
群的考量；(5) 應用當代理論於實務時之考量。

生涯發展理論與實務之歷史

　　生涯發展實務工作早期稱為職業輔導，在生涯發展理論之前於 20 世
紀初開始浮現。這項實務工作反映出社會、政治、經濟與立法的狀況，也
影響之後理論的發展（Herr, 2001）。

　　第一個生涯發展理論可回溯至 Frank Parsons（1909），出發點完全
是為了實務的目的，Parsons 提出職業選擇三步驟：(1) 獲得個人的資訊；　
(2) 獲得工作世界的資訊；(3) 配對上述兩者，以尋找適合個人的職業。這
個方法基於職業選擇是一次性選擇的概念，主要是運用線性邏輯的配對概
念，仍是當前許多生涯諮商的基礎（請見 Chapter8, this volume）。

　　40 年後，Ginzberg、Ginsburg、Axelrod 和 Herma（1951）提出不同
看法，認為職業選擇並非僅是一次性選擇，而是一個發展的過程。同時間
Super 的研究又進一步詮譯 Ginzberg 等人的概念，主張生涯發展是一個複
雜、多元、終生的過程（請見 Super, 1953, 1957），Super 的主張和其他
理論所提的最新的內涵將在下節中敘述。

　　雖然美國的職業復健至少可追溯至 1920 年（Jenkins, Patterson, &
Szymanski, 1998; Rubin & Roessler, 1994; Wright, 1980），然而卻是到

1960 年代中期才開始有系統的注意到身心障礙者生涯發展的概念〔Super 幾乎早了十年（1957），他所寫的 322 頁之生涯心理學中，花了五頁的篇幅談論障礙對生涯發展影響〕。Osipow（1976）認為，這是因為身心障礙者無法呼應許多理論的假設，也沒有大多數理論所依據的非障礙者（通常是中產階級的男性白人）的經驗，這些理論包含了一些前提——生涯發展是系統性、連續的發展，而不是連續的壓力。當代的生涯選擇和發展的模式，仍是主張人有許多生涯的選擇，人在選擇時是相當自由的，而這些前提往往不適用身心障礙者，身心障礙者的經驗和選擇通常是受限的，其生涯發展常是混亂的、不連續的、飽受壓力的。有趣的是，下一節中若干新理論，即源自於既有理論運用於婦女、不同種族及少數族群的考量。

　　因為生涯發展與生涯選擇的概念很少適用至身心障礙者，乃有工作適應理論的出現，開始考慮到身心障礙者的職業行為與職業復健。該理論聚焦在身心障礙者及非身心障礙者如何克服他們的工作環境，其中的一個工作適應模式強調人和環境的配對（Lofquist & Dawis, 1969），另一個工作適應模式強調發展（Hershenson, 1974, 1981），兩種模式都有實證的基礎，也一直都有進展。

　　同時間，一般人生涯發展的研究也有進展。至 1990 年前已有多元的理論和相關的構念，一方面可歸因於職業研究的多元特性，另一方面可歸因其發展得較早（D. Brown, 1990a; Schein, 1986）。

　　在一份文獻中出現生涯整合計畫（Career Convergence Project）的想法（Savickas & Lent, 1994a），提及有無可能將相關的理論融入一個包含性更廣的模式。該書各章分別探討生涯發展理論各層面及其間的關係。該書認為生涯發展的整合、修訂、再生，是理論發展的自然過程（Osipow, 1990, 1994），雖然有些觀點認為整合的理論應不是強制性的（Osipow, 1994），而確實有一些整合的理論是來自於自然的進展（Osipow, 1994; Super, 1994）。生涯整合計畫的作者認為各種理論有不同的觀眾（Holland, 1994），並提出職業行為的不同層面（Dawis, 1994; Krumboltz, 1994）。本書的編者群認為各理論需要彼此，以能更廣泛的解釋複雜的生涯發展，甚至有些研究從兩或三種理論的觀點來看，研究結果當可獲更深層的意義（Savickas & Lent, 1994b, p. 2）。

　　最後，我們在這本書的第一版，有些受整合想法及生態理論的影響，

而提出生涯發展的模式，它涵蓋許多現存理論的架構。1998 年我們將該模式擴增至六個歷程因素，在 2003 年加入第七個，這模式假定由於障礙人口群的差異性很大，沒有一個理論是完全適用或完全不適用。然而各種理論的構念或歷程，仍有助於解釋障礙者或非障礙者的狀況（Szymanski & Hershenson, 1998, 2005）。稍後會解釋這個模式。

一些特定的理論

90

　　雖然職業行為與生涯發展的理論未必可全然應用至身心障礙者身上（Szymanski & Hershenson, 2005），卻仍是可用以協助身心障礙者的方法。因此，專業人員若能熟悉一些特定的理論，就能選擇應用不同理論的概念至身心障礙者。我們將在此節摘錄 Szymanski 和 Hershenson（2005）書中一些理論，包括：(1) Super 的生涯廣度與生涯空間的理論；(2) Holland 的理論　；(3) 明尼蘇達工作適應理論（Minnesota Theory of Work Adjustment）；(4) Hershenson 的工作適應發展模式；(5) 社會認知生涯理論。

理論的介紹

　　理論就像照相機的鏡頭，讓我們了解和解釋我們世界中的不同層面，具體而言，「理論是一組概念、定義與主張，有系統的呈現變項間的特殊關係，用以解釋和預測該等現象」（Kerlinger, 1986, p. 9）。

定義

　　職業行為與生涯發展的理論提出許多相關的構念，包括職業選擇、生涯發展與工作適應。職業選擇與「在特定時間選擇特定工作的歷程」有關；生涯發展則聚焦在個人終生的職業選擇與行為的發展歷程（D. Brown, 1990b; Herr & Cramer, 1996）。工作適應有兩個不同的意義，一方面明尼蘇達理論提出個人與工作職場一致性的概念（Dawis, 2002）；另一方面，Hershenson（1981, 1996）主張工作適應是個人的工作人格、工作能力、工作目標與環境交互作用的發展。我們在這章中，使用職業行為涵蓋這三個構念（以及其他個人與環境交互作用的層面）。

有關這章的理論

選擇這章含括的理論時，我們考量到其必須涵蓋到主要的理論（如：Super 和 Holland 的理論），是現行許多評量工具和電腦軟體服務的基礎，我們也考量到一些對復健諮商可能特別有用的方法（如：社會認知生涯理論）。然而也有許多理論則從這一版及 Szymanski 和 Hershenson（2005）的書中退休了。

我們決定，只要包括主要的理論及特別可以應用於障礙者身上的概念即可，這個想法部分是基於，我們希望理論的呈現能清楚、簡單。因此，我們不去呈現所有當代生涯發展理論，而只呈現其中最重要的，以及與障礙者最相關的理論。在表 4.1 我們則簡要回顧以上內容。

建議讀者閱讀下列理論時，能辨認其職業行為的不同層面，雖然其也有相同的地方。每個理論對專業人員擬定計畫或評估服務介入時都有貢獻，我們希望這些簡短的回顧可使讀者想進一步了解當代的理論，如果是這樣子，建議請參閱 Brown 和 Lent（2005）的書。在這章的後半部分，我們會整合上述不同的層面到一個概念性的模式，以促進不同方法的整合。

Super 的生涯廣度與生涯空間的理論

Super 的生涯發展理論是至今涵蓋性最大的理論（D. Brown, 1990b），它包括了：發展、個別差異、社會、人格的概念、自我概念的心理學、學習理論，以及特質與因素的一致性（Super, 1990, 1994）。這個多面向的生涯發展理論，引出了許多假設去驗證每一層面（Super, 1990），對理論、研究與實務的影響很大（Savickas, 1994）。

重要因素：Super（1990）認為他的模式就像「生涯彩虹」，包括了背景和個人因素，而個人因素又包括生命角色和生命階段。孩童、學生、「休閒者」、公民、工作者及家庭成員等都是生命角色的例子。生命階段從生長期（出生至 14 歲）、探索期（15 歲至 24 歲）、建立期（25 歲至 44 歲）、維持期（45 歲至 64 歲），以及到衰退期（65 歲以上）（Zunker, 1986）。從一個階段轉換到另一個階段，其年齡上的範圍可有很大的彈性，而每次的轉換又是一個次循環（包括一個或多個階段）（Super, 1990, p. 215）。

表 4.1　特定的職業行為與生涯發展理論的回顧

理論	關鍵要素
兩個最普遍的理論	
Holland 的生涯發展理論（Holland, 1985）	六種工作人格、六種對應的工作環境、人格與工作間的交互作用
Super 的生涯廣度與生涯空間的理論（Super, 1990）	情境與個人的決定、生活角色與生活階段、發展的歷程
對復健專業人員很重要的其他理論	
Hershenson 的工作適應發展模式（Hershenson, 1996）	工作人格、工作能力、工作目標，以及工作環境
明尼蘇達工作適應理論（Lofquist & Dawis, 1991）	工作人格、工作環境、滿足、滿意
社會認知生涯理論（Lent, Brown, & Hackett, 2002）	人格特質、外在環境、外顯行為、自我效率、結果預期、興趣，與選擇
從此版本或以前版本退休的理論	
發展脈絡論（Vondracek & Fouad, 1994; Vondracek, Lerner, & Schulenberg, 1986）	背景與生涯發展不僅以常模來解釋
L. Gottfredson 的限制、妥協以及自我創造理論（L. Gottfredson, 2002）	職業的認知地圖，包括可接受的替代方式
Krumboltz 的生涯諮商學習理論（Mitchell & Krumboltz, 1990, 1996）	自我觀察的推論與世界觀點的推論
Miller-Tiedeman 的職業決定理論（Miller-Tiedeman & Tiedeman, 1990）	透過預期、職業前期、執行或職務再設計等方式而使自我分化與整合的歷程
組織生涯理論（Hall, 1990）	個人特質、組織要求、組織競爭力，與千變萬化的生涯
Roe 的人格發展與職業選擇理論（Roe & Lunneborg, 1990）	涉及職業選擇與職業分類的因素
社會學方法（Hotchkiss & Borow, 1990, 1996; Rothman, 1987）	獲取職業與教育、社會化，與安置
特質因素論（D. Brown, 1990）	測量個人特質並配合工作的要求

註：摘自 "Career Development of People with Disabilities: An Ecological Model," by E. M. Szymanski and D. B. Hershenson, in R. M. Parker, E. M. Szymanski, & J. B. Patterson (Eds.), Rehabilitation Counseling: Basics and Beyond (4th ed., p. 232), 2005, Austin, TX: PRO-ED, Inc. PRO-ED 2005.

93

基本主張：Super（1990）在他的模式中提出下列的 14 個假設：

1. 個人在能力、人格、需求、價值、興趣、特質和自我概念上，均有個別差異。

2. 因著上述特質，人都有適合從事的職業。

3. 每一職業均有特定的能力與人格特質組型，不同的人適合不同的職業，而不同的職業適合不同的人。

4. 職業偏好、能力、（生活與工作的）背景，以及會隨時間與經驗而改變的自我概念，從青少年後期至成人後期的階段逐漸穩定（雖然自我概念是社會學習的產物），使個人的選擇與適應有其持續性。

5. 這個改變的歷程為一系列的生命階段，包括：成長、探索、建立、維持、衰退。探索階段可再細分為：幻想期、試驗期、實際期；建立階段可再細分為：嘗試期、穩定期。當一個階段至下一個階段的「轉換期」，或因人力需求改變、生病、受傷、社會經濟事件或個人事件等而呈現不穩定時，就會發生「小循環」，這些不穩定或多元嘗試的生涯都意味著新的成長、再探索及再建立的歷程。

6. 生涯組型的本質：職業的獲得、順序、次數、期間和穩定度，均受個人父母的社經地位、心理狀況、教育、技能、人格特質（需求、價值、興趣、特性、自我概念）、生涯成熟及生涯機會所影響。

7. 任何生涯階段能否成功因應環境需求和個體需求，取決於個人是否能準備好處理上述需求（此即生涯成熟）。生涯成熟是個人生理、心理和社會特質的組合；而在心理上，它包括認知和情感的層面，涵蓋成功因應先前階段及各次階段的需求，特別是因應最近階段的生涯發展需求。

94

8. 生涯成熟是一個假設性概念，如同智力的概念一樣，很難去界定其操作性定義，該概念發展的歷史較短，而發展的成果也不是那麼確定……它不是千篇一律的發展概念，也不是單一向度的特質。

9. 生涯階段中的發展是可以被引導的，可透過促使個人的能力和興趣更為成熟的方式，也可透過協助個人在現實生活中測試及發展自我概念的方法。

10. 基本上，生涯發展是職業自我概念的發展和實踐的歷程，它是綜合與妥協的歷程。自我概念是以下各項的交互作用的結果：性向、體能、

觀察與扮演不同角色機會，以及評估不同的角色扮演可符合職場的上級與下屬認同之結果等。

11. 個人和社會因素間的綜合分析或妥協的歷程，是角色扮演及從回饋中學習的歷程。而上述的角色扮演可能發生在幻想期、諮商晤談階段，或在教室、社團、部分工時的工作，或入門工作的日常活動中。

12. 工作滿意度與生活滿意度，決定於個人如何為自己的能力、需求、價值、興趣、人格特質、自我概念，尋找適當的出口（位置），因而建立起個人工作型態、工作背景或生活方式，以扮演好成長或探索經驗的角色，而個人也自覺上述角色的扮演是適當的。

13. 個人是否能從工作中獲得滿意度，取決於個人實現自我概念的程度。

14. 對大多數的男性或女性而言，工作和職業是人格組織的重心，雖然對某些人而言，這個重心可能只是周邊的、偶爾的、或甚至於不存在的。其他如休閒活動、家務等也是重心（社會傳統，如性別角色的刻板印象、楷模學習、種族偏見、機會結構和個別差異等，都是工作者、學生、休閒者及家務工作者及公民等角色偏好的重要決定因素）（pp. 206-208）。

　　一般性的應用：Super 提出的概念常被用於生涯諮商的專業（D. Brown, 1990b; Osipow, 1983）。他的生涯彩虹概念，被應用在各種生涯諮商的實務（Super, 1990），包括：Bowlsby 的電腦化的 DISCOVER 方案（American College Testing Program, 1984）。Super 的生涯成熟概念也常用於生涯諮商的專業，例如：Super 和其同事發展的生涯發展量表（*Career Development Inventory*, CDI）（Thompson & Lindeman, 1984）、Crites 修正的生涯成熟量表（*Career Maturity Inventory*）（Crites & Savickas, 1995）、成人生涯關注量表（*Adult Career Concerns Inventory*）（Super, Thompson, & Lindeman, Myers, & Jordan, 1986）。另有兩個工具也與生涯發展的層面息息相關：一個是重要性量表（*Salience Inventory*, SI）（Super & Nevill, 1986a），另一個是價值觀量表（*Values Scale*, VS）（Super & Nevill, 1986b）。實際上 Super 後來發展的生活角色概念常被應用於若干國際性研究中（Super & Sverko, 1995），顯示彈性應用其概念，在跨文化、年齡、社會經濟狀況上相當具有價值。

應用於障礙者身上需注意事項：Super 的理論特別適合應用於復健諮商的專業上，它為生涯發展受限的先天性障礙者，以及生涯發展退化的中途致障者，提供了一個生涯發展需求的理論架構（Thomas & Parker, 1992）。

先天性障礙的人有可能受限於早期的經驗，如：玩耍、工作角色的幻想，及有關的角色扮演，都是較受限的（Conte, 1983; Curnow, 1989; Szymanski, Dunn, & Parker, 1989）。而這類早期的經驗對一般人的生涯發展而言相當重要，事實上，Super（1990）透過生命階段討論生涯發展的進展時即提出，在正常的循環階段，若跳過一個階段，可能會導致之後階段發展上的困難（例如：跳過探索的階段，會導致職業選擇的困難）（p. 215）。

Super 的生涯成熟的概念，對於先天性障礙的人或於工作初期中途致障的人是相當有用的，那可使專業人員了解，欠缺早期的經驗，會阻礙服務對象的生涯計畫與生涯決定。專業人員可依服務對象欠缺的內涵而發展復健計畫，彌補並促使服務對象積極參與生涯的計畫。

對於中途致障者的生涯發展可能中斷，就像是 Super 在 14 項假設中的第五項，計畫需再探索、再建立。雖然在 Super 的模式中建議為中途致障者提供個別化的生涯發展，然而這當中似乎有一塊內容仍是欠缺的，那就是中途致障者所缺的部分與現在的或以前的職場互動的經驗。

障礙的限制並不是在於個人欠缺的部分，而是個人與環境互動的經驗（Szymanski, Hershenson, & Power, 1988）。雖然 Super 的理論提到先天障礙者也受到這個問題的影響，但在中途致障者方面卻較少著墨。此外，其理論亦尚未融入機會可能帶來的影響，這常是生涯發展中具有關鍵性的重要因素（Cabral & Salomone, 1990），儘管如此，Super 的理論仍然有許多層面可應用至障礙者身上（Thomas & Parker, 1992）。然而這樣的應用，必須以是個別化的設計，包括考慮到障礙者的能力、障礙、早期經驗、工作歷史，及功能限制的狀況。

Holland 的理論

相對於 Super 的理論在本質上是發展性的，Holland 的理論（1985a, 1992, 1997）基本上是個人─環境間的適配理論，取決於個人與環境間的適配

性。這個理論延伸 Parsons 強調特質和因素的概念（Weinrach & Srebalus, 1990），並名列最重要的生涯諮商實務之一（D. Brown, 1990b）。

重要因素：Holland 的理論將美國的工作環境分為六類：務實型、研究型、藝術型、社會型、企業型、傳統型；同樣的，人受遺傳、文化、個人勞動力等因素的影響，亦可分成上述六類（Holland, 1992）。

基本主張：理論的主要部分可歸納為下列幾個部分。

1. 首先，我們可依每個人的人格特質，將之歸至上述的類別，當一個人愈像六類中當中的一類，他就愈表現出該類的特質和行為。其次，個人生活與工作的環境，亦可依相似的程度，歸入上述六類。最後，從個人和環境的配對，我們就可預測並了解人格類型與環境模式。這包括職業選擇、職業的穩定性與成就、教育的選擇與成就、個人的能力、社會行為對影響力的敏銳度（Holland, 1997）。

2. 這個理論假設上述類別間的關係成一六角形的圖形，在這個模式中，每一類和其他類的關係是不同的；個人和環境在定義與區別程度而言，也有不同的地方（Holland, 1992）。

3. 在此理論中，個人認同和環境的認同是很重要的概念。個人認同的定義是其目標、興趣、能力具備有清楚、穩定的的圖像；而當環境或組織有清楚、整合的目標、任務、獎賞時，即呈現其環境的認同了（Holland, 1992, p. 5）。

4. 這個理論不斷擴增，結合信念和生涯策略的概念，而發展出職業態度與技能量表（*Career Attitudes and Skills Inventory*, CASI; Holland & Gottfredson, 1994），包括工作滿意度、工作參與度、技能發展、重要的型態、生涯的擔憂、人際間的虐待、家庭的承諾、冒險的型態，以及地理上的障礙等分量表（Holland, 1996）。

一般性的應用：Holland 的理論在當代生涯諮商的方法中所以突出，是因為它容易使用（D. Brown, 1990b）。有兩個主要的工具可促進去思考可能的職業，它們是職業偏好量表（*Vocational Preference Inventory*; Holland, 1985b）及職業興趣自我探測量表（*Self Directed Search*, SDS; Holland, 1985c）。另一個工具——我的職業現況（*My Vocational Situation*, MVS; Holland, Daiger, & Power, 1980），提出職業認同的概

念，它可用以測量對障礙者或非障礙者生涯介入的有效性（Conyers & Szymanski, 1998; Farley, Bolton, & Parkerson, 1992）。最後，職業態度與技能量表對有工作經驗的人而言，是一個非常有用的生涯諮商工具。

　　應用於障礙者身上需注意事項：Holland 的理論獲得很多研究上的支持，它常被應用至不同的弱勢族群（Arbona, 1995; Brown, 1995）。然而過去幾年，Holland 的理論應用至障礙者身上遭至種種的批評（Conte, 1983; Hagner & Salomone, 1989），但我們認為，只要小心、謹慎，它是可被應用在很多地方。就像職業興趣自我探測量表，它有只需具備基本閱讀能力就可實施的版本，所以用在協助服務對象作生涯規劃時非常有用。我的職業現況在評量生涯計畫的準備度時，是一個很棒的工具，而職業態度與技能量表在為中途致障者進行生涯諮商時是非常管用的。

　　應用 Holland 的理論至障礙者最大的挑戰是，潛在的障礙會影響興趣的表達，有些人在作職業興趣自我探測量表，會忽略自己有興趣的職業，因為他們不認為有生理或心理障礙限制的人，能達成工作的要求。因為通常不會在評量的時候就有工具的設計或工作的調整，因而限制了障礙者的興趣。另一個問題來自於先天障礙者早期經驗的限制（Conte, 1983; Curnow, 1989; Turner & Szymanski, 1990），那會產生一個沒什麼興趣的側面圖（flat interest profile）。

　　然而工具容易使用且獲得很多研究上的支持，使得 Holland 的理論不論是用於障礙者或非障礙者身上均是非常有價值的方法，只是專業人員使用時需特別留意興趣限制的狀況。

明尼蘇達工作適應理論

　　雖然有許多理論的發展最先都是為非障礙者，或者乾脆就是排除掉障礙者而發展的，然而明尼蘇達工作適應理論或其他的工作適應理論的發展，卻是一開始就特別關心障礙者，或者，至少是同時關心障礙者及非障礙者。工作適應理論主要關注點是工作行為和工作適應，而不是工作選擇與工作發展，後者的概念要應用至重度的障礙者身上是較令人質疑的。

　　工作適應理論中的工作人格是關鍵的構念，雖然工作人格的定義差異性頗大。一位研究障礙者工作人格的先驅 Neff，依據在芝加哥及紐約進行的障礙者研究，界定工作人格的定義。他對工作人格下一個結論，工作

人格係指動機、解決方式、防衛機轉，及個人面對工作等的總和（Neff, 1985, p. 156）。Neff 進一步主張工作人格是人格裡半自主的區域，例如：一個人可能在某個部分適應得很好，但在另些部分則適應得不好（如心理病理、社會關係），反之亦然。亦即，有人在某部分接受治療（如婚姻），不見得能增進其他部分的功能（如工作）；反過來說，一個有情緒障礙的人，不見得不能職業重建。

　　明尼蘇達工作適應理論是最早發展的工作適應理論之一，該理論於 1959 年由 Lofquist、Dawis 和他們的同事在明尼蘇達大學（1969）開始發展，從聯邦政府教育部復健服務署得到經費的補助，研究延續了十年，被視為人境適配論的一支（Dawis, 2005），它其實「已超越工作適應的議題，而將問題的全貌呈現給諮商人員」（Lofquist & Dawis, 1991, p. 1）。

　　重要因素：雖然 Lofquist 和 Dawis 也使用「工作人格」這個詞，但其定義與 Neff 所主張的不同，Lofquist 和 Dawis 主張工作人格包括個人能力，以及與工作相關的需求，這些個人的能力和需求，分別和工作環境中之能力的要求以及增強的系統互相搭配，個人能力與工作環境對能力要求的一致性，決定工作環境對個人的滿意度（satisfactoriness；例如：個人能勝任工作）。個人需求與工作環境的增強系統的一致性，決定個人對工作的滿意度（satisfaction）。在職期間（個人持續在同一工作的長度）是工作環境對個人的滿意度和個人對工作的滿意度的函數。而工作適應的定義是：「個人不斷尋找與工作環境達到並保持一致的動態歷程」（Lofquist & Dawis, 1969, p. 46）。

　　基本主張：Lofquist 和 Dawis（1969）提出下列主張：

1. 個人在任何時候的工作適應，可以當時僱用單位對個人的滿意度以及個人對工作的滿意度反應出來。
2. 在個人需求與工作環境的增強系統相符應的前提下，工作環境對個人的滿意度是個人能力和工作環境對能力要求適配性的函數。
3. 在個人能力符合工作環境對能力要求的前提下，個人對工作環境的滿意度是個人需求和工作環境增強系統的適配性之函數。
4. 個人對工作環境的滿意度能調節工作環境對個人的滿意度和工作環境對能力要求適配性函數的關係。
5. 工作環境對個人的滿意度能調節個人對工作環境的滿意度和工作環

境的增強系統適配性函數的關係。

6. 個人被迫離開工作環境的機率，和工作環境對個人的滿意度成反比。

7. 個人自願性離開工作環境的機率，和個人對工作環境的滿意度成反比。

8. 在職期間是工作環境對個人的滿意度和個人對工作環境的滿意度兩者的函數。

9. 工作人格和工作環境的適配性，可強化在職期間的函數。（pp. 50-53）

上述的主張和推論常用來提出假設以供驗證，而研究的結果通常也能支持該理論的應用（Betz, Fitzgerald, & Hill, 1989）。這個理論持續延伸至相當多的研究。事實上，《職業行為期刊》（*Journal of Vocational Behavior*）學術期刊的其中一個專題特別致力於此理論，包括許多支持該理論的實證研究（Tinsley, 1993）。

一般性的應用：通常能力是透過美國勞工部（1979）的《通用性向測驗》（*General Aptitude Test Battery*, GATB）評量，需求是透過明尼蘇達重要性問卷（*Minnesota Importance Questionnaire*, MIQ）（Rounds, Henly, Dawis, Lofquist, & Weiss, 1981）進行評估。工作環境對能力的要求是職業性向模組系統（system of occupational aptitude patterns, OAPs）的一項，而美國勞工部也將該系統併入通用性向測驗中，明尼蘇達工作描述問卷（*Minnesota Job Description Questionnaire*），是用以評量不同工作的增強物的種類和程度，透過不同工作者的反應，而發展出職業增強物模組（occupation reinforcer pattern(s), ORP(s)）以呈現出工作環境中增強物系統的側面圖。因此可以檢驗通用性向測驗和職業性向模組系統，以及明尼蘇達重要性問卷和職業增強物模組之間的一致性，個人和工作環境間一致性的客觀評量，再輔以主觀的評量；工作環境對個人的滿意度是透過主管填答明尼蘇達工作環境對個人的滿意度量表（*Minnesota Satisfactoriness Scales*）而來，而個人對工作環境的滿意度是透過個人自評明尼蘇達個人對工作環境的滿意度問卷（*Minnesota Satisfaction Questionnaire*）而來（Weiss, England, Dawis, & Lofquist, 1966）。

應用於障礙者身上需注意的事項：由於明尼蘇達工作適應計畫最早是由聯邦政府復健基金支持經費，所以會相當注意所發展的評量工具和概念

能否適合障礙者，Lofquist、Siess、Dawis、England 和 Weiss（1964）提出，明尼蘇達理論比其他的理論更在意個人在工作適應的潛力能否被評估到。他們也認為評量工具易於使用的話，可釋出更多時間讓復健專業人員提供個別諮商服務（Lofquist & Dawis, 1969）。

Conte（1983）批評明尼蘇達理論太過聚焦它強調的概念，而限制該理論只能用於障礙者身上，這個理論強調特定個人人格和特定工作的關係，但它無法說明終生生涯發展的過程。然而這樣的批評未必適切，因為該理論開始提出工作適應的概念時，並未宣稱其考慮到生涯發展的議題。

明尼蘇達理論基本上是特質因素論，因此易受到與前述對特質因素論的批評，特別如同屬特質—因素適配模式的 Holland 理論。特質因素論並未對早年經驗受限的先天障礙者提出補償策略，也未就促使障礙者得以進入職場、發揮功能，以及穩定就業提出具體支持介入的方法。

Hershenson 的工作適應發展模式

Hershenson 的工作適應發展理論結合了生涯發展的概念和工作適應理論，這個理論是明尼蘇達理論後續的發展，既可應用至先天障礙者（Szymanski et al., 1988; Turner & Szymaski, 1990），也可應用於後天障礙者（Hershenson, 1981, 1996）。

重要因素： 這模式的兩個重要因素是個人及個人的環境，在個人部分，有三個次因素（domains）依序發展，第一個是工作人格，包括：（身為工作者的）自我概念、工作動機，以及與工作有關的需求與價值（特別一提的是，Hershenson、Lofquist 和 Dawis，以及 Neff 都使用工作人格這個專有名詞，但定義均不同）；第二個是工作能力，包括：工作習慣、應用於工作上的身心理技巧、與工作有關的人際關係；第三個是工作目標（Hershenson, 1981, 1996）。上述三個次因素持續發展時，彼此交互作用，也會與環境交互作用，而形成工作適應的結果（這個模式所指的工作適應，和 Lofquist 和 Dawis 所指的定義也有不同）。

Hershenson 的工作適應包括：工作表現（如：工作量和工作品質）、工作角色行為（指工作場所的合宜行為，如：穿戴適當的服飾、負責任、遵從指令、與上司同事相處融洽）、工作滿意（即個人對工作滿意的程度）。這三個向度中，工作表現主要是連結到工作能力，其次是連結到工

101

102

作人格；工作角色行為主要是連結到工作人格，其次是工作能力中的工作習慣；而工作滿意是連結到工作目標，其次是連結到工作人格。雖然工作表現可以全然客觀的去定義（例如：用產業的常模），工作角色行為也可幾乎是客觀的定義，但工作滿意度的定義卻是主觀的。

基本的主張：個人的工作人格、工作能力與工作目標三個向度，依序成為發展的焦點，但每一個也都和其他兩個彼此有交互作用，亦即，工作適應是一個動態適應的過程，其發展的程度會受前一階段影響，然而後一個向度會倒回去影響前一個向度，也改變了它本身進一步發展的限制，例如：工作人格會比工作能力先發展，雖前者發展得頗好，然而後者如工作習慣與技巧能否發展，會影響到個人概念、動機與價值觀等；同樣的，工作目標也會影響其他兩個向度。與目標無關的技巧會逐漸萎縮，個人的動機會與發展出來的目標漸趨一致。

Hershenson 的模式主張，在個人一生，上述各向度會持續發展，不過當該向度是發展焦點時，會更快速且富戲劇性。個人三個向度的發展是動態的、彼此有制衡作用，當一個有變動時，其他兩個也會跟著變動，以維持平衡。

依據這個模式，工作人格早在學齡階段就開始發展了，主要影響來自家庭——這個階段的主要環境；而工作能力主要發展階段是在學齡階段，當面對學校背景對個人身、心、社會要求時，個人能否成功應對的結果，會影響工作能力的養成。而學習者會因環境期待太高或個人沒有達到要求的程度，而調整原先尚未接觸外在世界前所發展的工作人格。在學校習得的失敗經驗，會刺激個人去修正想法，認為「個人無所不能的概念」是不切實際的，而在學校習得的成功經驗，會引導個人向上修正原先不切實際的負向自我概念。最後，工作目標是個人在準備離開學校、進入職場時，反映了同儕或參考團體（reference group）的影響。

家庭、學校和參考團體三者，彼此間並非完全互斥，當家庭決定孩子要上哪個學校時，學校就常是重要的參考團體。值得注意的是，當發展工作適應時，孩子正經歷兩個重要的轉銜階段：從家庭到學校，以及從學校到工作（晚近更強調此），而值得再一次強調的是，第一個轉銜階段對第二個轉銜階段的形成或結果，也可能有重要的影響。

一般性的應用：有幾個評量表，包括：自評和觀察評量工具因而

發展出來，用以評量個人的工作人格、工作能力與工作目標三個向度（Hershenson & Langbauer, 1973; Hershenson & Lavery, 1978）。研究中發現不論是非身心障礙者、先天障礙者（或障礙發生於開始工作之前）、後天障礙者（或障礙發生於開始工作之後），均支持理論所提三個向度是依序發展的主張。最近幾年，Strauser、Ketz 和 Keim（2002）更進一步連結內、外在控制與自我效能的觀點，以實證的研究，支持工作人格和工作的關係。

　　應用於障礙者身上需注意事項：就像之前所提，這個理論是特別為應用至身心障礙者而設計的，根據這個理論（Hershenson, 1981, 1996），障礙的情形最先影響的是工作能力，雖然很快也會擴及工作人格和工作目標，對後天障礙者而言，障礙對工作適應初期的影響，乃是下述因子交互作用的結果：包括既有的工作能力、因障礙而導致的功能限制、現有的或預期的特定工作任務，以及職務再設計的可能性等。因此，以同樣罹患風濕性關節炎而言，裁縫師傅可能比律師在工作的適應上會更辛苦。

　　對先天障礙者而言，情形有些不同，工作人格早在障礙影響到工作前就已發展，障礙的孩子很可能在學齡前的工作人格及在學中的工作能力中，就體驗到衝突的狀況，因此從家庭轉銜到學校（第一次轉銜）很可能就沒有銜接得很好，那會對生涯第二次轉銜（從學校到工作）有負面的影響。下面即為一例，有一個智商在一般人以上，但有特殊學習障礙的孩子，或許其在入學前即已發展了很強、正向的工作人格，然而面對學校的功課時，其他較不聰明的學生都可輕易學會，他卻被擊敗了，這時，他原先已建立的工作人格就開始混亂了，結果可能反映出其工作目標不切實際的高或不必要的低（Hershenson, 1984）。

　　Conte（1983）批評 Hershenson 的模式就像明尼蘇達理論，太強調特定個人和工作的關係，而未能充分說明發展的歷程。不像明尼蘇達理論專家們，Hershenson 開始時即提出發展模式，因此這個批評有其道理，但是他在 1996 年更新其模式時，已經回應了這個關切點，更在 1996 年更新原所提模式時，特別提及上述的關切點（Bellini & Rumrill, 1999）。

社會認知生涯理論

　　社會認知生涯理論（social cognitive career theory, SCCT; Lent, 2005;

Lent, Brown, & Hackett, 1996, 2002）強調生涯發展中個人的機制，其源自於 Bandura 的社會認知理論，並將之擴展至職業及學業的行為。依據 Lent 等人（2002）所述，該理論更新並擴自早期的社會學習理論的主張（Mitchell & Krumboltz, 1990）及生涯發展理論的自我效能的概念（Hackett & Betz, 1981）。另外，它就好像在各理論間架起一座橋，具有統合架構的潛力（Lent et al., 2002 p. 258）：(1)整合一些概念性的建構（例如：自我概念、自我效能）；(2)更清楚的解釋各理論都有的共同結果（例如：滿意度、穩定度）；(3)說明不同建構的關係（例如：自我效能、興趣、能力、需求）（Lent et al., 1996, p. 375）。近來，已建立起強而有力的研究基礎，可支持此理論的不同層面（Lent et al., 2002）。

　　重要因素：社會認知生涯理論的重要因素包括：個人特質、外在的環境因素、外顯行為、自我效能、對結果的期待、興趣，和選擇（Lent et al., 2002）。自我效能是指個人對於自己能力與某特定任務間的關係之想法（Bandura, 1982），會受不同的學習經驗的影響（Lent et al., 2002）。對結果的期待，係指對行動的預期（Lent & Hackett, 1994）。

105　　**基本的主張**：下列的基本主張摘述了理論的重要因素，讀者若有興趣進一步了解理論的描述和應用，請參閱 Lent 等人（2002）的資料。

1. 個人特質、外在的環境因素、外顯行為會彼此相互影響（Lent et al., 2002, p. 261）。
2. 個人特質（如：體質、性別、族群、障礙、健康狀況）和許多背景變項彼此影響。值得注意的是，此理論指出某些個人特質的社會建構層面（如：性別、種族；Lent et al., 2002）。
3. 自我效能的想法與對結果的期待，都能引發與生涯相關的興趣（Lent et al., 2002, p. 273）。值得特別注意的是，性向和過去經驗對興趣的影響，是透過對自我效能與對結果的期待。
4. 興趣影響目標，接著，也會影響行為及後續的表現，而後續表現又影響自我效能與結果期待的進一步的發展（Lent et al., 2002）。
5. 自我效能與對結果的期待愈強，愈會引發有企圖心的目標，那會促使個人行動並持續所表現出來的行為（Lent et al., 2002, p. 277）。

　　一般性的應用：社會認知生涯理論常用於生涯發展的研究上，尤其是應用於婦女及弱勢者（Lent et al., 2002），以及身心障礙者（Panagos &

DuBois, 1999; Strauser et al., 2002）。另外，理論常被用於生涯諮商方法，引導個人克服生涯選擇阻力、擴展可行的方式、促進自我效能，以及促進正向的轉銜服務（從學校至工作）。

　　應用於障礙者身上需注意事項： 這個理論對身心障礙者的描述較詳細，因為它特別可應用於身心障礙者身上。更特別的是，它以淺顯易懂的方式說明了身心障礙青少年與成人的興趣側面圖之所以低而平坦，以及為什麼先天障礙者或後天障礙者似乎不願去思考符合他們能力、需求與價值觀的可行（替代）的方法。

　　障礙，與個人特質、社會、文化因素息息相關（Ingstad & Whyte, 1995），可能因個人的限制、機會的有無、對結果的期待低，或歧視等因素，而影響其學習的經驗。而學習經驗的限制會導致低的自我效能及不正確的結果預期，造成興趣側面圖低平、目標不明確，以及／或動機低落。如運用適當，社會認知生涯理論頗適合被建議當成一個可行的方法，以協助服務對象檢視、克服障礙並增進效能。

職業行為的生態學模式

　　從上述提及各種生涯發展理論的大要，可知運用多種理論來解釋身心障礙者生涯發展是有必要的，然而理論之多且彼此又互相牽連，對學生、教育者與實務工作者都是很大的挑戰，因此，我們發展出一個綜合各種理論內涵的生態學模式，供作後續研究與實務應用的參考。

　　所提模式如圖 4.1，目前仍持續研究中，其延伸至新的應用，但也發現新的限制，「模式」的這一節，是修正 Szymanski 和 Hershenson（2005）「模式」的那一章。此生態學模式主要包括五個彼此相關連的構念（個人因素、背景因素、中介因素、環境因素、結果因素），及七個歷程（一致性、決定、發展歷程、社會化、安置、機會、勞動力市場變化）。

構念因素

　　在這節中我們將陸續以定義和例子來說明。首先，「構念（construct）是為了特定的科學目的，經謹慎而有意的發明或採行的概念」（Kerlinger, 1986, p. 27）。例如：教育機會的概念一直以來都被採用來解釋不同族群的生涯發展（參見 Fitzgerald & Betz, 1994）。

107

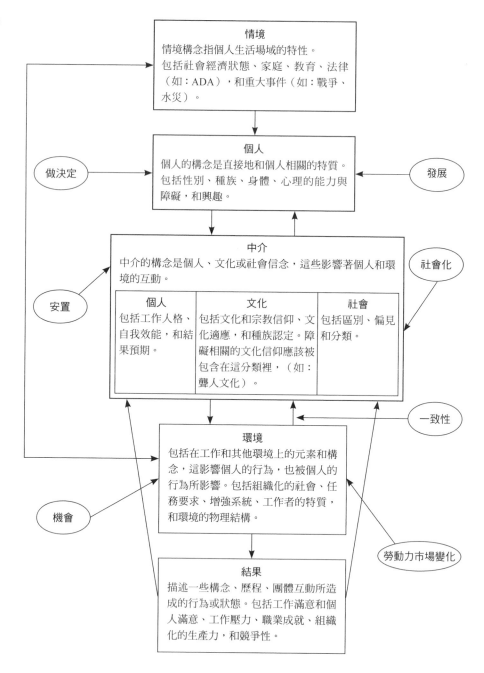

圖 4.1　身心障礙者職業行為之生態學模式

　　生態學模式核心的要素是常見的理論構念，包括下列五個彼此相關連 106
的因素：個人因素、背景因素、中介因素、工作環境因素、結果因素，我
們相當留意上述構念和障礙或其他弱勢族群的關係。這五個構念，再補上
七個影響構念之間交互作用的歷程因素。而構念、歷程，以及其交互作用
整個機制，如圖 4.1 所示。

108

個人因素

　　個人因素包括個體的生理與心理屬性，例如：性別、種族、含工作能
力在內的生理和心理能力、性向和限制、興趣、需求，以及價值觀。障礙
是個體的屬性（生理或心理特徵），而不是社會構面，所有的理論方法均
包括個人因素，雖然其構念常有不同。

背景因素

　　背景因素包括個人現在或過去的情形，對一個人來說，它是外在的，
例如：包括社會經濟地位、家庭、教育和機會。這個因素群組也包括非常
態性的影響，例如：戰爭，自然災害、中彩券，和相關的立法（如：1990
年美國身心障礙者法案）。

中介因素

　　中介因素是影響個人與環境間互動的個人、文化和社會信仰。個人
中介因素可說是對自己個人能力、特點、習慣、行為方式或潛在結果
的個人看法。包括：自我概念、工作人格（Hershenson, 1981; Holland,
1985a）、職業身分（Holland, Daiger, & Power, 1980）、自我效能
（Bandura, 1982; Lent & Hackett, 1994）、結果預期（Lent & Hackett）、
生涯成熟度（Super, 1990）、生涯決定（Osipow, Carney, Winer, Yanico,
& Koschier, 1976），以及適應障礙（D. Cook, 1992; B. Wright, 1983）。
　　文化中介因素是植根在一個更大的文化構念上的個人信仰，會影響個
人如何看待和採取行動，例如：世界觀（Mitchell & Krumboltz, 1990）、
文化和宗教信仰（Hardin, Leong, & Osipow, 2001; Trueba, Rodriguez, Zou,
& Cintron, 1993）、同化（LaFramboise, Coleman, & Gerton, 1993），和
種族認同（認定）（Rowe, Behrens, & Leach, 1995）。

社會中介因素是指社會信念，會影響個體與環境的相互作用，包括成見、歧視（James, 1994）、耍特權（某族群有系統地邊緣化另一組族群的方式；Trueba et al., 1993），以及對障礙人士的態度（Makas, 1985; Yuker, 1988; Yuker & Block, 1986）。

工作環境因素

環境因素則是描述工作環境的各種特性或條件，包括 Holland（1997）工作環境模型、對環境的任務要求、工作適應理論的增強系統（Dawis, 1994; Lofquist & Dawis, 1991）、組織考量因素（Burke & Nelson, 1998; Gutteridge, Leibowitz, & Shore, 1993; Hall & Mirvis, 1996; Hall & Moss, 1998），以及和障礙有關的可近性以及職務再設計（見第九章）。

結果因素

結果因素是源自因素群的交互作用所產生的行為或狀態，結果因素包括持久性（Holland, 1985a）、滿意度和工作年資（Lofquist & Dawis, 1991）、組織生產力和競爭力（Burke & Nelson, 1998; Hall, 1990; Hall & Mirvis, 1996）和工作壓力（Ross & Altmaier, 1994; Szymanski, 1999）。

歷程因素

歷程因素包含特性、信念、條件與狀態。這個因素會與其他因素互動，例如：個人的生活背景會影響個人因素、中介因素和環境因素的交互作用進而影響結果因素。同樣，歷程因素也會影響系統。

一致性（congruence）（Holland, 1985a），也稱對應（correspondence）（Lofquist & Dawis, 1991），是個人與他們的環境相對適配或不適配的過程。決定，就本章的目的言，是個人考量與職業有關的選擇和做決定的過程（D. Brown, 1990a）。發展歷程是會隨時間有系統地變化（Vondracek, Lerner, & Schulenberg, 1986），是與個人的特性和知覺交織在一起的（Super, 1990），也會與環境相互影響（Bronfenbrenner, 1977）。社會化是人們學習工作和生活角色的歷程，它會受性別、社會階級、種族、民族和父母職業所影響（Rothman, 1987）。安置是社會守門人員（即父母、老師、職業輔導員、學校管理、人事董事），使用外部準則讓個人從特定

管道進入或離開的過程。機會是指突發事件的發生（Cabral & Salomone, 1989）。勞動力市場變化是影響個人和組織機會的經濟和商業力量，例如：全球化、技術變革（Storey, 2000）、改變中的企業經濟（Martin & Freeman, 1998）、組織縮編（Burke & Nelson, 1998）、經濟體制的建全。

前三個歷程——發展、一致性和做決定，是代表個體內在過程或行動的結果，其會受相關外部因素的影響；後四個歷程，主要是個體外部的因素，然而它們也會與內部因素及個體歷程因素相互作用。

模式特色

構念因素和歷程因素形成了一個架構，以了解生涯發展；分類理論；規劃研究、評量和服務的方式。依據這個模式，生涯發展是由下列兩大類因素的動態交互作用而決定的，這兩大類因素是：(1) 個人、背景、中介、環境、結果五個構念因素；及 (2) 一致性、決定、發展、社會化、安置、機會、勞動力市場變化七個歷程因素。

觀看這個模式時，很重要的一點是需留意到，大部分的因素間都是高度相關的，而構念內的各因素彼此也都高度相關（如：社經地位與教育的構念因素、需求與價值的個人構念），構念因素和歷程因素之間也是彼此相關的。因此只依據一個構念或歷程，通常很難去分類服務方法或情況。

構念因素和歷程因素間存有重複性的關係，例如：興趣的習得（Mitchell & Krumboltz, 1996）和背景因素與中介因素等構念因素有關。興趣不只受上述因素影響，它也會透過一致性的歷程因素及做決定的歷程因素而影響個人如何選擇與他們的環境互動。

了解構念因素和歷程因素間的關係的同時，也應並重發展和歷史的層面，任何一個時間狀態與互動的組合都會影響未來互動的型態。

模式與其他理論之關係

就像之前許多作者提及理論整合的議題（Savickas & Lent, 1994a），各個理論是分別聚焦於生涯行為的複雜情境中不同的層面，那些層面在圖 4.1 中以構念因素和歷程因素來界定，就像稜柱型的各個面向，各理論可視為從稜柱的不同面向看到的光。

110

111

　　例如：在諮商中，有些理論會特別聚焦於個人因素，或由個人因素再延伸至其他構念因素，特別是 Holland 的類型論與明尼蘇達的工作適應理論，相當強調個人、工作環境、結果，及一些中介因素的構念。另外，有些理論像發展理論，例如：Super 會特別聚焦於個人因素與中介因素，再延伸至背景因素或環境因素等其他構念。同樣的，社會認知理論則聚焦於中介因素，再延伸至個人因素與環境因素等其他構念。

　　再者，在模式中各理論強調歷程因素的程度亦有不同，Super 的理論很強調發展的歷程因素，Holland 的類型論強調一致性的歷程因素，社會學理論強調社會化與安置的歷程因素，而社會學理論與組織學理論則強調勞動力變化的歷程因素。

　　表 4.2 中，我們從生態學模式的構念因素與歷程因素，來解釋各理論及其間關係，就像上述的稜柱，若我們只從一、二個層面來看，整個模式會呈現不完整的圖像。同樣的，當代的理論也只能說明生涯行為的部分圖像而已。Savickas 和 Lent（1994b, 1994c）建議，研究結果或某種現象若能從多個層面同步檢視會更清楚。同樣的，三角檢定對提升量化研究（Cook & Campbell, 1979）與質性研究（Denzin & Lincoln, 1994; Maxwell, 1996; Strauss & Corbin, 1990）的效度而言，是很重要的方法。

　　三角檢定是清楚易懂的科學方法。從多個理論的方法去了解生涯發展，就像從不同的角度去了解複雜的事情，尤其當我們將理論應用到不同的族群、弱勢者或身心障礙者時，以多元的方式進行時特別有用。

模式的應用

　　這個模式一直被應用至身心障礙者的弱勢族群（Szymanski, Treviño, & Fernandez, 1996）、學校到工作的轉銜（Szymanski, 1997, 1998）、障礙與職業行為（Szymanski, 2000）、發展障礙者（Szymanski & Hanley-Maxwell, 1996）、先天性障礙的大學生（Conyers, Koch, & Szymanski, 1998）、心理障礙者（Tschopp, Bishop, & Mulvihill, 2001）。

對不同族群的考量

　　對當代許多理論共同的批評是，那些理論無法直接應用於少數族群

表 4.2　生態模式構念及歷程與生涯發展理論之關係　　112

模式的因素	理論									
	Super的理論	Holland的類別論	Trait-Factor	LTCC[a]	MWA[b]	HWAT[c]	SCCT[d]	DC[e]	S&E[f]	Org.[g]
構念										
個人	X	X	X	X	X	X	X	X	X	X
背景	X			X			X	X	X	
中介	X			X		X	X	X		
環境	X	X	X	X	X	X	X	X	X	X
結果	X	X	X	X	X	X	X	X	X	X
歷程										
發展	X			X		X	X	X		
做決定				X					X	X
一致性	X	X	X		X			X		
社會化	X			X		X	X	X		
安置								X		
機會				X		X	X	X	X	X
勞動力市場變化	X			X					X	X

註：摘自 "Career Development of People with Disabilities: An Ecological Model," by E. M. Szymanski & D. B. Hershenson, 1998, in R. M. Parker & E. M. Szymanski (Eds.), *Rehabilitation Counseling: Basics and Beyond* (3rd ed., p. 356), 1998, Austin, TX: PRO-ED. Copyright 1998 by PRO-ED. Adapted with permission.

[a]　LTCC=Krumboltz's Learning Theory of Career Counseling.

[b]　MWA=Minnesota Theory of Work Adjustment.

[c]　HWAT=Hershenson's Work Adjustment Theory.

[d]　SCCT=Social Cognitive Career Theory.

[e]　DC=Developmental Contextualism.

[f]　S&E=Sociological and Economic Theories.

[g]　Org.=Organizational Theories.

（參見 Brown, 1990a; Fitzgerald & Betz, 1994; Leong & Serafica, 2001; Osipow & Little-john, 1995; Pope-Davis & Hargrove, 2001; Vondracek et al., 1986），或身心障礙者身上（參見 Conte, 1983; Curnow, 1989; Hershenson & Szymanski, 1992）。與其列出批評清單，我們寧願用不同的方法，將生涯發展的理論應用於身心障礙者。在這節中，我們將討論下列三個議題：(1) 弱勢族群的差異性；(2) 身心障礙者的差異性；(3) 性別影響力的複雜性。

弱勢族群的差異性

過去十年許多書籍及學術期刊都提及弱勢族群諮商的議題（參見 Cox, 1993; Lee & Richardson, 1991; Pedserson, 1994; Sue & Sue, 1990）；同樣的，有許多出版品也提及職業行為差異性的議題（參見 Atkinson & Thompson, 1992; Bowman, 1993; Fouad, 1993; Hawks & Muha, 1991; Leong, 1995; Martin, 1991; Tinsley, 1994; Walsh, Bingham, Brown, & Ward, 2001; Worthington, Flores, & Navarro, 2005）；再者，也有作者提出關切同為弱勢族群的身心障礙者之議題（參見 Atkins, 1998; Marshall, Johnson, Martin, Saravanabhavan, & Bradford, 1992; Smart & Smart, 1991; Szymanski et al., 1996）。諮商專業和心理學（參見 Wertsch, 1991）、病理學（參見 Trueba et al., 1993），或其他領域的專業一樣，很重視弱勢族群的複雜性與差異性，尤其是文化和背景的相關議題。

文化是由概念、信念與原則所構成的系統，它會影響事件和行為的解釋（Trueba et al., 1993）。很重要的是，文化會影響我們如何察覺及如何作為（Wertsch, 1991）。Vondracek 和 Fouad（1994）主張，文化影響生涯選擇甚巨，例如：文化會影響對服務方法的接受度（以個人為中心或以家庭為中心服務方法）及生活角色的價值排序（如工作者、持家者、家庭成員等；參見 Martin, 1991; Trueba, 1991）。同化——反映出個人對主流文化的關係，深切影響著個人的生活（LaFramboise et al., 1993）。

背景是指社經地位、機會的有無、教育程度等因素，這些因素對弱勢族群的生涯發展是很重要的，但幾乎沒什麼研究或理論反映這些因素（Leong & Serafica, 2001）。

　　上述對於族群的複雜性做簡短的介紹，是希望提醒讀者了解到不同族群先天性的差異性。生涯發展不僅是受種族、族群影響，也受文化、同化、宗教、居住經驗、機會，以及其他因素等影響。Fitzgerald 和 Betz（1994）建議，構念性及文化性的因素，被視為背景因素及社會中介因素，「為生涯理論考量提供了新的層面。文化本身不是理論，而是一個具整合性的機制，可用以檢驗和修正當代理論的構念」（p. 113）。

身心障礙者的差異性

　　身心障礙者是個別差異性很大的群體，有很多種類的障礙（如：退化性椎間盤疾病、腦性麻痺、多發性硬化症、低視能、全聾、智能障礙、後天免疫缺乏症候群），會引起不同程度的障礙及功能限制，甚至在特定的障礙裡，其功能限制的差異也是很大的（請見第九章）。另外，中途致障的年齡、工作人格、工作能力、工作目標等，也都是影響因素，會使障礙影響到個人的生涯發展（Hershenson & Szymanski, 1992; Szymanski & Hershenson, 1998, 2005）。

　　就像種族、族群因素，障礙對生涯發展的影響是無法三言兩語說得清楚的，在圖 4.1 討論到背景、個人、中介、環境等因素時，均涵蓋與障礙相關的例子。同樣的，就像種族、族群的考量，障礙因素也是多向度的，單以它對生涯發展的影響來做解釋是不夠的。

複雜的性別影響力

　　相較於上個世紀，現在的性別因素對生涯發展是相當有影響力的，「性別角色的社會化」在文獻上是熱門的議題，包括：傳統理論的限制及人境互動論的預測效度等（參見 Fitzgerald & Betz, 1994; Walsh & Osipow, 1994）。雖然生涯發展各因素的互動已被觀察到（參見 Rounds, 1990），但仍有很多需要學習的，如：工作與生活的角色如何互動、互動在男女性別中的差異等（參見 E. P. Cook, 1991, 1993），若想進一步了解當代的理論與研究，請參閱 Betz（2005）的資料。

應用當代理論於實務之架構

　　身心障礙者及不同種族、族群的差異，說明了應用單一理論是不夠的，而各理論的主張有助於自然現象的解釋（Kerlinger, 1986）。然而各理論的預測力是基於同質性高的常態群體，針對異質性的人口群，會呈現不同的分配（如：不同的變異數），而威脅到統計結果的效度（Hays, 1988）。可確定的是，身心障礙者及不同種族、族群所具的多變性，使之應用各種常態分配的理論時，常會引發質疑的聲音。

　　許多理論會建議做調查或評量，當有助於實務工作，而理論確實可以幫助專業人員和服務對象蒐集資料，如果使用者不是一直持著常模態度的話，蒐集資料的工具可有效應用不同的理論到身心障礙者、女性及不同種族與族群。然而有一前提，就是需能敏察到下列的影響：(1) 族群認同與同化的程度；(2) 家庭的影響；(3) 性別角色的社會化；(4) 宗教和精神的影響；(5) 移民的經驗（Lee, 1991）；(6) 障礙的醫療、心理、社會、環境等層面的複雜性（請見第九章； Szymanski & Trueba, 1994）。而上述因素都會因人而異的。

116

　　圖 4.1 的生涯模式可用於生涯發展的實務，包括：理論的概念及應用於身心障礙者、不同種族、族群及女性身上，專業人員就如羅盤，指引和整合來自不同理論觀點所提供的資訊（Mastie, 1994）。為增進專業人員這種羅盤功能，我們依生態學模式的構念因素及歷程因素提供評量的問題與方法如表 4.3。若想進一步了解此模式應用到身心障礙者的生涯規劃與方法，請參閱 Szymanski 和 Hershenson（2005）的文獻資料。

　　總之，就像我們之前提過的，沒有一個理論是可以直接用於一個特定的個人或完全不適用，亦即理論是協助專業人員基於服務對象的狀況而有更多的了解及規劃，而此節的架構即是用來協助專業人員規劃所需的方法。使用這些方法時，專業人員可從不同理論所建議的各種方法去選擇，依服務對象的特殊狀況而有不同的應用。

表 4.3　依據生涯發展的生態學模式之評量的問題與可能的方法　　117

模式的因素	評量的問題	可能的方法
個人因素	・目前的能力、興趣和限制？	主動參與自我評量
	・從教育課程與工作經驗中習得或熟練哪些工作技巧？	職涯檔案
	・服務對象和其家庭成員認為什麼是生涯計畫中最重要的？	職涯檔案
	・服務對象有無足夠的工作經驗或目前可發展的興趣？	提供擔任志工機會，提供有給職工作機會；職務內容豐富化；職業或工作技巧探索
	・增進個人工作能力的方式有哪些？	工作技巧訓練，進階教育，就業支持；補救訓練
	・服務對象有什麼工作上的限制？	輔助性科技，職務再設計
背景因素	・家庭、社區背景如何影響工作機會選擇與責任負擔？	提供良好工作者典範，增加日常事務工作經驗；增加工作經驗；社區賦權
	・教育如何協助或促進服務對象了解自己的潛能？	矯正教育
	・服務對象或家人對工作的經濟誘因是什麼？	在規劃生涯的時候，應融入經濟的考量
中介因素	・服務對象如何看待自己的工作能力？	生涯諮商；成功工作經驗
	・服務對象期望從就業準備或職業重建服務中獲得何種成果？	與服務對象討論家庭與社區中的工作典範，其他生活角色楷模或是良師典範
	・服務對象和其家庭在與教育、工作上有關的文化及宗教信念為何？	適時反應文化認知的生涯計畫與評估
	・服務對象和其家庭面臨的負面刻板印象與歧視為何？	發展個人倡議技巧；倡議

118

表 4.3　依據生涯發展的生態學模式之評量的問題與可能的方法（續）

模式的因素	評量的問題	可能的方法
環境因素	・如何便利地到達工作地點與完成工作任務？	排除服務對象遭遇的困難；輔助性科技；職務再設計
	・服務對象工作的職場文化如何？	工作分析
	・職場中產生負面工作壓力的狀況為何？如：工作人員對工作任務與環境有多少操控權？有多少壓力？工作重複性？	工作分析
	・服務對象在之前的工作或學校生活中表現如何？在服務對象的工作環境中有無特別容易造成適應困難的現象？	與老師、家庭、服務對象面談
	・工作或職業中的增強措施為何？	工作分析，生涯進路計畫
結果因素	・服務對象的工作技巧與工作行為表現是否符合職場需求？	額外的訓練；在職訓練；社會技巧訓練
	・職場所提供的增強措施符合服務對象的需求嗎？	額外的生涯進路訓練；工作上可能的改變
	・服務對象是否曾面臨工作壓力？如何處理與工作有關的壓力？	壓力減輕技巧；良好計畫；協助服務對象善用社會支持；休閒與生活計畫；職業信賴評估
一致性歷程	・服務對象自己是否有想到可能的職務再設計（工作調整）或是輔助工具？任何可能的輔助或調整是否都有考慮到？	職務調整的可能性及輔助工具的討論與探索
	・進行評量時，是否因忽略障礙狀況作適當調整致使評量結果或分數偏低（例如視障的受評者在評量過程並沒有適當調整）？	運用生態評量或描述性評量方法
	・社會階層或自我效能是否會限制或影響其願意嘗試的職務種類？	職業探索以豐富其經驗；給予鼓勵；給予角色典範

119

表 4.3　依據生涯發展的生態學模式之評量的問題與可能的方法（續）

模式的因素	評量的問題	可能的方法
抉擇歷程	・服務對象及其家庭在抉擇與獨立議題部分的信念與文化觀點為何？	實施介入與目標設定時，將服務對象的文化觀點列入考量，並適時邀請家庭成員參與
	・服務對象作決定時的技巧和經驗是什麼？	提供作決定的訓練；鼓勵多方嘗試各種相關經驗
發展歷程	・服務對象自身的障礙會限制發展的經驗？	長期的協助其作生涯規劃；在評估興趣時應謹慎解釋
	・發展社交技巧時有無受限？	提供社交技巧訓練
	・有無充分培養發展工作人格與工作能力？	給予例行事務工作機會；提供工作實習機會
社會化歷程	・社會化的歷程如何影響到服務對象現在及未來的角色？	豐富其經驗；提供可供學習的標竿角色；運用心理、教育的方法促進其社會化
安置歷程	・教育、安置或是其他服務輸送系統的門檻功能會限制身心障礙者的機會嗎？	矯正教育，工作導師，方案豐富化，特定招募方案，特定的工作選拔經驗，自我決策（自我倡議）的建構，做決策（倡議）
	・服務措施會限制身心障礙者的選擇，並產生依賴性嗎？	評估身心障礙者賦權的狀況，培訓專業能力建立的方法
機會歷程	・服務對象準備好辨識並抓住機會了嗎？	生涯規劃的工作坊；職涯檔案
勞動的市場變化歷程	・服務對象準備好面臨更多競爭、流動率高的勞動市場嗎？	職涯檔案，多元訓練
	・服務對象能面對因景氣不好而失業的狀況嗎？	福利與財務的諮商；跨領域的訓練

120

註：摘自 "Career Development of People with Disabilities: An Ecological Model," by E. M. Szymanski & D. B. Hershenson, in R. M. Parker, E. M. Szymanski, & J. B. (Eds.), *Rehabilitation Counseling: Basics and Beyond* (4th, ed., pp. 268-270), 2005, Austin, TX: PRO-ED. Inc. Copyright 2005 by PRO-ED. Adapted with permission.

結論與建議

　　生涯發展是一個複雜的課題，而障礙的因素又使其複雜度更高，近年來生涯發展的理論加速進展，目前提供諮商與教育領域的理論包括：Super 的生涯廣度與生涯空間理論、Holland 的理論、明尼蘇達工作適應理論、Hershenson 的工作適應發展模式，以及社會認知生涯理論。在整合計畫中提及理論間的相關性，可刺激對這個專業領域的了解，然而我們也認為，各理論有不同的愛好者，同時應用來解釋研究結果，可促使對這個專業領域更為熟悉，但不論如何，這個整合計畫也影響了某些理論的進展。

　　應用生涯發展的理論至身心障礙者身上的議題仍被關切，在這一章，我們重複敘述了我們以前的主張，重要的是，我們相信沒有一個理論是完全適用或完全不適用，而是必須是依個人的特殊環境而予以調整。當服務不同族群等對象（如：身心障礙者及不同種族、族群）時，本章所提方法更形重要，借用 Mastie（1994）的話，我們認為專業人員應依服務對象的個別情形，選擇使用不同理論。

　　為協助專業人員或研究人員解釋理論並應用在身心障礙者的生涯發展上，我們提出了生態學模式，這個模式包括五個構念因素與七個歷程因素，構念因素包括：個人、背景、中介、環境、結果，而歷程因素包括：一致性、決定、發展、社會化、安置、機會、勞動力市場變化。

　　將相關構念因素與歷程因素融入一個整合模式，使我們得以更加了解其間的連結與考量重點，圖 4.1 的生涯模式的工作仍在進行中，該模式將持續修正。為達成此目的，我們建議這個模式的構念因素和歷程因素的研究應持續下去，這樣的研究當使我們更了解身心障礙者或非身心障礙者的生涯發展，在本書的第五章，我們將探討身心障礙者生涯發展的研究，並對未來這個領域的研究提供進一步的建議。

Super 生涯空間理論、Holland 的理論、明尼蘇達工作適應理論、Hershenson 的工作適應發展模式，以及社會認知生涯理論係摘自 Rehabilitation Counceling: Basics and Beyond (4th ed., pp. 228-244). 作者為 R. M. Parker, E. M. Szymanski, and J. B. Patterson。

參考文獻

American College Testing Program. (1984). DISCOVER: *A computer-based career development and counselor support system.* Iowa City: Author

Arbona, C. (1995). Theory and research on racial and ethnic minorities: Hispanic Americans. In F. T. L. Leong (Ed.), *Career development and vocational behavior of racial and ethnic minorities* (pp. 37–66). Mahwah, NJ: Erlbaum.

Atkins, B. (1988). An asset-oriented approach to cross-cultural issues: Blacks in rehabilitation. *Journal of Applied Rehabilitation Counseling, 19*(4), 45–49.

Atkinson, D. R., & Thompson, C. E. (1992). Racial, ethnic, and cultural variables in counseling. In S. D. Brown & R. W. Lent (Eds.), *Handbook of counseling psychology* (2nd ed., pp. 349–382). New York: Wiley.

Bandura, A. (1982). Self-efficacy mechanism in human agency. *American Psychologist, 37,* 122–147.

Bellini, J. L., & Rumrill, P. D., Jr. (1999). *Research in rehabilitation counseling: A guide to design, methodology, and utilization.* Springfield, IL: Thomas.

Betz, N. E. (2005). Women's career development. In S. D. Brown & R. W. Lent (Eds.), *Career development and counseling: Putting theory and research to work* (pp. 253–277). Hoboken, NJ: Wiley.

Betz, N. E., Fitzgerald, L. F., & Hill, R. E. (1989). Trait-factor theories: Traditional cornerstone of career theory. In M. B. Arthur, D. T. Hall, & B. S. Lawrence (Eds.), *Handbook of career theory* (pp. 26–40). Cambridge, England: Cambridge University Press.

Bowman, S. L. (1993). Career intervention strategies for ethnic minorities. *Career Development Quarterly, 42,* 14–25.

Bronfenbrenner, U. (1977). Toward an experimental ecology of human development. *American Psychologist, 32,* 513–531.

Brown, D. (1990a). Summary, comparison, and critique of the major theories. In D. Brown & L. Brooks (Eds.), *Career choice and development: Applying contemporary theories to practice* (2nd ed., pp. 338–363). San Francisco: Jossey-Bass.

Brown, D. (1990b). Trait and factor theory. In D. Brown & L. Brooks (Eds.), *Career choice and development: Applying contemporary theories to practice* (2nd ed., pp. 13–36). San Francisco: Jossey-Bass.

Brown, M. (1995). Career development of African Americans: Theoretical and empirical issues. In F. T. L. Leong (Eds.), *Career development and vocational behavior of racial and ethnic minorities* (pp. 7–36). Mahwah, NJ: Lawrence Erlbaum.

Brown, S. D., & Lent, R. W. (2005). *Career development and counseling: Putting theory and research to work.* Hoboken, NJ: Wiley.

Burke, R. J., & Nelson, D. (1998). Mergers and acquisitions, downsizing, and privatization: A North American perspective. In M. K. Gowing, J. D. Kraft, & J. C. Quick

122

(Eds.), *The new organizational reality: Downsizing, restructuring, and revital-ization* (pp. 21–54). Washington, DC: American Psychological Association.

Cabral, A. C., & Salomone, P. R. (1990). Chance and careers: Normative versus contextual development. *The Career Development Quarterly, 39,* 5–17.

Conte, L. (1983). Vocational development theories and the disabled person: Over-sight or deliberate omission. *Rehabilitation Counseling Bulletin, 26,* 316–328.

Conyers, L. M., Koch, L. C., & Szymanski, E. M. (1998). Life-span perspectives of disability and work: A qualitative study. *Rehabilitation Counseling Bulletin, 42,* 51–75.

Conyers, L., & Szymanski, E. M. (1998). The effectiveness of an integrated ca-reer intervention on college students with and without disabilities. *Journal of Postsecondary Education and Disability, 13*(1), 23–34.

Cook, D. (1992). Psychosocial impact of disability. In R. M. Parker & E. M. Szy-manski (Eds.), *Rehabilitation counseling: Basics and beyond* (pp. 249–272). Austin, TX: PRO-ED.

Cook, E. P. (1991). Annual review: Practice and research in career counseling and development. *Career Development Quarterly, 40,* 99–131.

Cook, E. P. (1993). The gendered context of life: Implications for women's and men's career-life plans. *Career Development Quarterly, 41,* 227–237.

Cook, T. D., & Campbell, D. T. (1979). *Quasi-experimentation: Design and analy-sis issues for field settings.* Boston: Houghton Mifflin.

Cox, T. (1993). *Cultural diversity in organizations: Theory, research, and practice.* San Francisco: Berrett-Koehler.

Crites, J. O., & Savickas, M. L. (1995). *Career Maturity Inventory-Revised form.* Clayton, NY: Careerware.

Curnow, T. C. (1989). Vocational development of persons with disability. *Voca-tional Guidance Quarterly, 37,* 269–278.

Dawis, R. V. (1994). The theory of work adjustment as convergent theory. In M. L. Savickas & R. W. Lent (Eds.), *Convergence in career development theories: Implications for science and practice* (pp. 33–43). Palo Alto, CA: Consulting Psychologists Press.

Dawis, R. (2002). Person-environment correspondence theory. In D. Brown & As-sociates, *Career choice and development* (4th ed., pp. 427–464). San Francisco: Jossey-Bass.

Dawis, R. V. (2005). The Minnesota theory of work adjustment. In S. T. Brown & R. W. Lent (Eds.), *Career development and counseling: Putting theory and research to work* (pp. 3–23). Hoboken, NJ: Wiley.

Denzin, N. K., & Lincoln, Y. S. (Eds.). (1994). *Handbook of qualitative research.* Thousand Oaks, CA: Sage.

Farley, R. C., Bolton, B., & Parkerson, S. (1992). Effects of client involvement in assessment on vocational development. *Rehabilitation Counseling Bulletin,*

123

35, 146–153.

Fitzgerald, L. F., & Betz, N. E. (1994). Career development in cultural context: The role of gender, race, class, and sexual orientation. In M. L. Savickas & R. W. Lent (Eds.), *Convergence in career development theories: Implications for science and practice* (pp. 103–117). Palo Alto, CA: Consulting Psychologists Press.

Fouad, N. A. (1993). Cross-cultural vocational assessment. *Career Development Quarterly, 42*, 4–13.

Ginzberg, E., Ginsburg, S. W., Axelrod, S., & Herma, J. L. (1951). *Occupational choice: An approach to a general theory.* New York: Columbia University Press.

Gottfredson, L. (2002). Gottfredson's theory of circumscription, compromise, and self-creation. In D. Brown & Associates (Ed.), *Career choice and development* (4th ed., pp. 85–148). San Francisco: Jossey-Bass.

Gutteridge, T. G., Leibowitz, Z. B., & Shore, J. E. (1993). *Organizational career development: Benchmarks for building a world-class workforce.* San Francisco: Jossey-Bass.

Hackett, G., & Betz, N. E. (1981). A self-efficacy approach to the career development of women. *Journal of Vocational Behavior, 18*, 326–339.

Hagner, D., & Salomone, P. (1989). Issues in career decision making for workers with developmental disabilities. *Career Development Quarterly, 38*, 148–159.

Hall, D. T. (1990). Career development theory in organizations. In D. Brown & L. Brooks (Eds.), *Career choice and development: Applying contemporary theories to practice* (pp. 422–454). San Francisco: Jossey-Bass.

Hall, D. T., & Mirvis, P. H. (1996). The new protean career: Psychological success and the path with a heart. In D. T. Hall (Ed.), *The career is dead: Long live the career* (pp. 15–45). San Francisco: Jossey-Bass.

Hall, D. T., & Moss, J. E. (1998). The new protean career contract: Helping organizations and employees adapt. *Organizational Dynamics, 26*(3), 22–37.

Hardin, E. E., Leong, F. T. L., & Osipow, S. H. (2001). Cultural relativity in the conceptualization of career maturity. *Journal of Vocational Behavior, 58*, 36–52.

Hawks, B. K., & Muha, D. (1991). Facilitating the career development of minorities: Doing it differently this time. *Career Development Quarterly, 39*, 251–260.

Hays, W. L. (1988). *Statistics* (4th ed.). New York: Holt, Rinehart, & Winston.

Herr, E. L. (2001). Career development and its practice: A historical perspective. *Career Development Quarterly, 49*, 196–211.

Herr, E. L., & Cramer, S. H. (1996). *Career guidance and counseling through the lifespan: Systematic approaches* (5th ed.). New York: HarperCollins.

Hershenson, D. B. (1974). Vocational guidance and the handicapped. In E. Herr (Ed.), *Vocational guidance and human development* (pp. 478–501). Boston: Houghton Mifflin.

124

Hershenson, D. B. (1981). Work adjustment, disability, and the three r's of vocational rehabilitation: A conceptual model. *Rehabilitation Counseling Bulletin, 25*, 91–97.

Hershenson, D. B. (1984). Vocational counseling with learning disabled adults. *Journal of Rehabilitation, 50*, 40-44.

Hershenson, D. B. (1996). Work adjustment: A neglected area in career counseling. *Journal of Counseling and Development, 74*, 442–448.

Hershenson, D. B., & Langbauer, W. R. (1973). Sequencing of intrapsychic stages of vocational development. *Journal of Counseling Psychology, 20*, 519–521.

Hershenson, D. B., & Lavery, G. J. (1978). Sequencing of vocational development stages: Further studies. *Journal of Vocational Behavior, 12*, 102–108.

Hershenson, D. B., & Szymanski, E. M. (1992). Career development of people with disabilities. In R. M. Parker & E. M. Szymanski (Eds.), *Rehabilitation counseling: Basics and beyond* (2nd ed., pp. 273–303). Austin, TX: PRO-ED.

Holland, J. L. (1985a). *Making vocational choices: A theory of vocational personalities and work environments* (2nd ed.). Englewood Cliffs, NJ: Prentice Hall.

Holland, J. L. (1985b). *Vocational preference inventory*. Odessa, FL: Psychological Assessment Resources.

Holland, J. L. (1985c). *The Self-Directed Search professional manual*. Odessa, FL: Psychological Assessment Resources.

Holland, J. L. (1992). *Making vocational choices: A theory of vocational personalities and work environments* (2nd ed.). Odessa, FL: Psychological Assessment Resources.

Holland, J. L. (1994). Separate but unequal is better. In M. L. Savickas & R. W. Lent (Eds.), *Convergence in career development theories: Implications for science and practice* (pp. 45–51). Palo Alto, CA: Consulting Psychologists Press.

Holland, J. L. (1996). Exploring careers with a typology: What we have learned and some new directions. *American Psychologist, 51*, 397-406.

Holland, J. L. (1997). *Making vocational choices: A theory of vocational personalities and work environments* (3rd ed.). Odessa, FL: Psychological Assessment Resources.

Holland, J. L., Daiger, D. C., & Power, P. G. (1980). *Manual for My Vocational Situation*. Palo Alto, CA: Consulting Psychologists Press.

Holland, J. L., & Gottfredson, G. D. (1994). *The career attitudes and strategies inventory*. Odessa, FL: Psychological Assessment Resources.

Hotchkiss, L., & Borow, H. (1990). Sociological perspectives on work and career development. In D. Brown & L. Brooks (Eds.), *Career choice and development: Applying contemporary theories to practice* (2nd ed., pp. 262–307). San Francisco: Jossey-Bass.

125

Hotchkiss, L., & Borow, H. (1996). Sociological perspectives on work and career development. In D. Brown & L. Brooks (Eds.), *Career choice and development* (3rd ed., pp. 281–334). San Francisco: Jossey-Bass.

Ingstad, B., & Whyte, S. R. (1995). *Disability and culture*. Berkeley: University of California Press.

James, K. (1994). Social identity, work stress, and minority workers' health. In G. P. Keita & J. J. Hurrell, Jr. (Eds.), *Job stress in a changing workforce: Investigating gender, diversity, and family issues* (pp. 127–145). Washington, DC: American Psychological Association.

Jenkins, W., Patterson, J. B., & Szymanski, E. M. (1998). Philosophical, historic, and legislative aspects of the rehabilitation counseling profession. In R. M. Parker & E. M. Szymanski (Eds.), *Rehabilitation counseling: Basics and beyond* (3rd ed., pp. 1–40). Austin, TX: PRO-ED.

Kerlinger, F. N. (1986). *Foundations of behavioral research* (3rd ed.). New York: Holt, Rinehart, & Winston.

Krumboltz, J. D. (1994). Improving career development theory from a social learning perspective. In M. L. Savickas & R. W. Lent (Eds.), *Convergence in career development theories: Implications for science and practice* (pp. 9–31). Palo Alto, CA: Consulting Psychologists Press.

LaFromboise, T., Coleman, H. L. K., & Gerton, J. (1993). Psychological impact of biculturalism: Evidence and theory. *Psychological Bulletin, 114*, 395–412.

Lee, C. C. (1991). Cultural dynamics: Their importance in multicultural counseling. In C. C. Lee & B. L. Richardson (Eds.), *Multicultural issues in counseling: New approaches to diversity* (pp. 11–17). Alexandria, VA: American Counseling Association.

Lee, C. C., & Richardson, B. R. (Eds.). (1991). *Multicultural issues in counseling: New approaches to diversity*. Alexandria, VA: American Counseling Association.

Lent, R. W. (2005). A social cognitive view of career development and counseling. In S. T. Brown & R. W. Lent (Eds.), *Career development and counseling* (pp.101–127). Hoboken, NJ: John Wiley & Sons.

Lent, R. W., Brown, S. D., & Hackett, G. (1996). Career development from a social cognitive perspective. In D. Brown & L. Brooks (Eds.), *Career choice and development* (3rd ed., pp. 373–421). San Francisco: Jossey-Bass.

Lent, R. W., Brown, S. D., & Hackett, G. (2002). Contextual supports and barriers to career choice: A social cognitive analysis. *Journal of Counseling Psychology, 47*, 36–49.

Lent, R. W., & Hackett, G. (1994). Sociocognitive mechanisms of personal agency in career development: Pan theoretical prospects. In M. L. Savickas & R. W. Lent (Eds.), *Convergence in career development: Implications for science and practice* (pp. 77–101). Palo Alto, CA: Consulting Psychologists Press.

126

Leong, F. T. L. (Ed.). (1995*). Career development and vocational behavior of racial and ethnic minorities.* Mahwah, NJ: Erlbaum.

Leong, F. T. L., & Serafica, F. C. (2001). Cross-cultural perspective on Super's career development theory: Career maturity and cultural accommodation. In F. T. L. Leong & A. Barak (Eds.), *Contemporary models in vocational psychology* (pp. 167–205). Mahwah, NJ: Erlbaum.

Lofquist, L. H., & Dawis, R. V. (1969). *Adjustment to work: A psychological view of man's problems in a work-oriented society.* New York: Appleton-Century-Crofts.

Lofquist, L. H., & Dawis, R. V. (1991). *Essentials of person-environment-correspondence counseling.* Minneapolis: University of Minnesota Press.

Lofquist, L. H., Siess, T. F., Dawis, K. V., England, G. W., & Weiss, D. J. (1964). Disability and work. *Minnesota Studies in Vocational Rehabilitation, XVII* [Monograph].

Makas, E. (1985, August). *The measurement of attitudes toward disabled people: A new approach.* Paper presented at meeting of the American Psychological Association, Los Angeles.

Marshall, C., Johnson, M. J., Martin, W. E., Saravanabhavan, R. C., & Bradford, B. (1992). The rehabilitation needs of American Indians with disabilities in an urban setting. *Journal of Rehabilitation, 58*(2), 13–21.

Martin, R. E., & Freeman, S. J. (1998). The economic context of the new organizational reality. In M. K. Gowing, J. D. Kraft, & J. C. Quick (Eds.), *The new organizational reality: Downsizing, restructuring, and revitalization* (pp. 5–20). Washington, DC: American Psychological Association.

Martin, W. E. (1991). Career development and American Indians living on reservations: Cross cultural factors to consider. *Career Development Quarterly, 39,* 273–283.

Mastie, M. M. (1994). Using assessment instruments in career counseling: Career assessment as compass, credential, process and empowerment. In J. T. Kapes, M. M. Mastie, & E. A. Whitfield (Eds.), *A counselor's guide to career assessment instruments* (3rd ed., pp. 31–40). Alexandria, VA: National Career Development Association.

Maxwell, J. A. (1996). *Qualitative research: An interactive approach.* Thousand Oaks, CA: Sage.

Miller-Tiedeman, A., & Tiedeman, D. V. (1990). Career decision making: An individualistic perspective. In D. Brown & L. Brooks (Eds.), *Career choice and development: Applying contemporary theories to practice* (2nd ed., pp. 308–337). San Francisco: Jossey-Bass.

Mitchell, L. K., & Krumboltz, J. D. (1990). Social learning approach to career decision making: Krumboltz's theory. In D. Brown & L. Brooks (Eds.), *Career choice and development: Applying contemporary theories to practice* (2nd ed., pp. 145–196). San Francisco: Jossey-Bass.

127

Mitchell, L. K., & Krumboltz, J. D. (1996). Krumboltz's learning theory of career choice and counseling. In D. Brown & L. Brooks (Eds.), *Career choice and development* (3rd ed., pp. 233–280). San Francisco: Jossey-Bass.

Neff, W. S. (1985). *Work and human behavior* (3rd ed.). New York: Aldine.

Osipow, S. H. (1976). Vocational development problems of the handicapped. In H. Rusalem & D. Malikin (Eds.), *Contemporary vocational rehabilitation* (pp. 51–60). New York: New York University Press.

Osipow, S. H. (1983). *Theories of career development* (3rd ed.). Englewood Cliffs, NJ: Prentice Hall.

Osipow, S. H. (1990). Convergence in theories of career choice and development: Review and prospect. *Journal of Vocational Behavior, 36,* 122–131.

Osipow, S. H. (1994). Moving career theory into the twenty-first century. In M. L. Savickas & R. W. Lent (Eds.), *Convergence in career development theories: Implications for science and practice* (pp. 217–224). Palo Alto, CA: Consulting Psychologists Press.

Osipow, S. H., Carney, C. G., Winer, J. L., Yanico, B., & Koschier, M. (1976). *The career decision scale* (3rd ed.). Odessa, FL: Psychological Assessment Resources.

Osipow, S. H., & Littlejohn, E. M. (1995). Toward a multicultural theory of career development: Prospects and dilemmas. In F. T. L. Leong (Ed.), *Career development and vocational behavior of racial and ethnic minorities* (pp. 251–261). Mahwah, NJ: Erlbaum.

Panagos, R., & DuBois, D. (1999). Career self-efficacy development and students with learning disabilities. *Learning Disabilities Research & Practice, 14*(1), 25–34.

Parsons, F. (1909). *Choosing a vocation.* Boston: Houghton Mifflin.

Pederson, P. (1994). *A handbook for developing multicultural awareness* (2nd ed.). Alexandria, VA: American Counseling Association Press.

Pope-Davis, D. B., & Hargrove, B. K. (2001). Future directions in career counseling theory, research, and practice with African Americans. In W. B. Walsh, R. P. Bingham, M. T. Brown, & C. M. Ward (Eds.), *Career counseling for African Americans* (pp. 177–192). Mahwah, NJ: Erlbaum.

Roe, A., & Lunneborg, P. W. (1990). Personality development and career choice. In D. Brown & L. Brooks (Eds.), *Career choice and development: Applying contemporary theories to practice* (2nd ed., pp. 68–101). San Francisco: Jossey-Bass.

Ross, R. R., & Altmaier, E. M. (1994). *Intervention in occupational stress.* London: Sage.

Rothman, R. A. (1987). *Working: Sociological perspectives.* Englewood Cliffs, NJ: Prentice Hall.

Rounds, J. B. (1990). The comparative and combined utility of work value and in-

128

terest data in career counseling with adults. *Journal of Vocational Behavior, 37*, 32–45.

Rounds, J. B., Henly, G. A., Dawis, R. V., Lofquist, L. H., & Weiss, D. J. (1981). *Manual for the Minnesota Importance Questionnaire: A measure of vocational needs and values.* Minneapolis: University of Minnesota, Center for Interest Measurement Research.

Rowe, W., Behrens, J. T., & Leach, M. M. (1995). Racial/ethnic identity and racial consciousness: Looking back and looking forward. In J. G. Ponterotto, J. M. Casas, L. A. Suzuki, & C. M. Alexander (Eds.), *Handbook of multicultural counseling* (pp. 218–235). Thousand Oaks, CA: Sage.

Rubin, S. E., & Roessler, R. T. (1994). *Foundations of the vocational rehabilitation process* (4th ed.). Austin, TX: PRO-ED.

Savickas, M. L. (Ed.). (1994). From vocational guidance to career counseling: Essays to honor Donald E. Super [Special issue]. *Career Development Quarterly, 43*(1).

Savickas, M. L., & Lent, R. W. (Eds.). (1994a). *Convergence in career development theories: Implications for science and practice.* Palo Alto, CA: Consulting Psychologists Press.

Savickas, M. L., & Lent, R. W. (1994b). Introduction: A convergence project for career psychology. In M. L. Savickas & R. W. Lent (Eds.), *Convergence in career development theories: Implications for science and practice* (pp. 1–6). Palo Alto, CA: Consulting Psychologists Press.

Savickas, M. L., & Lent, R. W. (1994c). Postscript: Is convergence a viable agenda for career psychology? In M. L. Savickas & R. W. Lent (Eds.), *Convergence in career development theories: Implications for science and practice* (pp. 259–271). Palo Alto, CA: Consulting Psychologists Press.

Schein, E. H. (1986). A critical look at current career development theory and research. In D. T. Hall (Ed.), *Career development in organizations* (pp. 310–331). San Francisco: Jossey-Bass.

Smart, J. F., & Smart, D. W. (1991). Acceptance of disability and the Mexican American culture. *Rehabilitation Counseling Bulletin, 34*, 357–367.

Storey, J. A. (2000). 'Fracture lines' in the career environment. In A. Collin & R. A. Young (Eds.), *The future of career* (pp. 21–36). Cambridge, United Kingdom: Cambridge University Press.

Strauser, D. R., Ketz, K., & Keim, J. (2002). The relationship between self-efficacy, locus of control, and work personality. *Journal of Rehabilitation, 68*(1), 20–26.

Strauss, A., & Corbin, J. (1990). *Basics of qualitative research: Grounded theory procedures and techniques.* Newbury Park, CA: Sage.

Sue, D. W., & Sue, D. (1990). *Counseling the culturally different: Theory and practice* (2nd ed.). New York: Wiley.

129

Super, D. E. (1953). A theory of vocational development. *American Psychologist, 8,* 185–190.

Super, D. E. (1957). *The psychology of careers.* New York: Harper & Row.

Super, D. E. (1990). A life-span, life-space approach to career development. In D. Brown & L. Brooks (Eds.), *Career choice and development: Applying contemporary theories to practice* (2nd ed., pp. 197–261). San Francisco: Jossey-Bass.

Super, D. E. (1994). A life span, life space perspective on convergence. In M. L. Savickas & R. W. Lent (Eds.), *Convergence in career development theories: Implications for science and practice* (pp. 63–74). Palo Alto, CA: Consulting Psychologists Press.

Super, D. E., & Nevill, D. D. (1986a). *The salience inventory.* Palo Alto, CA: Consulting Psychologists Press.

Super, D. E., & Nevill, D. D. (1986b). *The values scale.* Palo Alto, CA: Consulting Psychologists Press.

Super, D. E., & Sverko, B. (Eds.). (1995). *Life roles, values, and careers: International findings of the Work Importance Study.* San Francisco: Jossey-Bass.

Super, D. E., Thompson, A. S., Lindeman, R. H., Myers, R. A., & Jordan, J. P. (1986). *Adult career concerns inventory.* Palo Alto, CA: Consulting Psychologists Press.

Szymanski, E. M. (1997). School to work transition: Ecological considerations for career development. In W. E. Martin & J. L. Swartz (Eds.), *Applied ecological psychology for schools within communities: Assessment and intervention* (pp. 167–185). Hillsdale, NJ: Erlbaum.

Szymanski, E. M. (1998). Career development, school to work transition, and diversity: An ecological approach. In F. R. Rusch & J. Chadsey-Rusch (Eds.), *Beyond high school: Transition from school to work* (pp. 127–145). Belmont, CA: Wadsworth.

Szymanski, E. M. (1999). Disability, job stress, the changing nature of careers, and the career resilience portfolio. *Rehabilitation Counseling Bulletin, 42,* 279–289.

Szymanski, E. M. (2000). Disability and vocational behavior. In R. G. Frank & T. R. Elliott (Eds.), *Handbook of rehabilitation psychology* (pp. 499–517). Washington, DC: American Psychological Association.

Szymanski, E. M., Dunn, C., & Parker, R. M. (1989). Rehabilitation of persons with learning disabilities: An ecological framework. *Rehabilitation Counseling Bulletin, 33,* 38–53.

Szymanski, E. M., & Hanley-Maxwell, C. (1996). Career development of people with developmental disabilities: An ecological model. *Journal of Rehabilitation, 62*(1), 48–55.

Szymanski, E. M., & Hershenson, D. B. (1998). Career development of people with disabilities: An ecological model. In R. M. Parker & E. M. Szymanski (Eds.),

Rehabilitation counseling: Basics and beyond (3rd ed., pp. 327–378). Austin, TX: PRO-ED.

Szymanski, E. M., & Hershenson, D. B. (2005). An ecological approach to vocational behavior and career development of people with disabilities. In R. M. Parker, E. M. Szymanski, & J. B. Patterson (Eds.), *Rehabilitation counseling: Basics and beyond* (4th ed., pp. 225–280). Austin, TX: PRO-ED.

Szymanski, E. M., Hershenson, D. B., & Power, P. W. (1988). Enabling the family in supporting transition from school to work. In P. W. Power, A. Dell Orto, & M. B. Gibbons (Eds.), *Family interventions throughout chronic illness and disability* (pp. 216–233). New York: Springer.

Szymanski, E. M., Treviño, B., & Fernandez, D. (1996). Rehabilitation career planning with minorities. *Journal of Applied Rehabilitation Counseling, 27*(4), 45–49.

Szymanski, E. M., & Trueba, H. T. (1994). Castification of people with disabilities: Potential disempowering aspects of classification in disability services. *Journal of Rehabilitation, 60*(3), 12–20.

Thomas, K. T., & Parker, R. M. (1992). Applications of theory to rehabilitation counselling practice. In S. E. Robertson & R. I. Brown (Eds.), *Rehabilitation counselling: Approaches in the field of disability* (pp. 34–78). London: Chapman & Hall.

Thompson, A. S., & Lindeman, R. H. (1984). *Career Development Inventory: Technical manual.* Palo Alto, CA: Consulting Psychologists.

Tinsley, H. E. A. (Ed.). (1993). Special issue on the theory of work adjustment [Special issue]. *Journal of Vocational Behavior, 43*(1).

Tinsley, H. E. A. (Ed.). (1994). Racial identity and vocational behavior [Special issue]. *Journal of Vocational Behavior, 44*(2).

Trueba, H. T. (1991). Linkages of macro-micro analytical levels. *Journal of Psychohistory, 18*, 457–468.

Trueba, H. T., Rodriguez, C., Zou, Y., & Cintron, J. (1993). *Healing multicultural America: Mexican immigrants rise to power in rural California.* London: Falmer.

Tschopp, M. K., Bishop, M., & Mulvihill, M. (2001). Career development of individuals with psychiatric disabilities: An ecological perspective on barriers and interventions. *Journal of Applied Rehabilitation Counseling, 32*(2), 25–30.

Turner, K. D., & Szymanski, E. M. (1990). Work adjustment of people with congenital disabilities: A longitudinal perspective from birth to adulthood. *Journal of Rehabilitation, 56*(3), 19–24

U.S. Department of Labor. (1979). *Guide to the use of the General Aptitude Test Battery.* Washington, DC: U.S. Government Printing Office.

Vondracek, F. W., & Fouad, N. A. (1994). Developmental contextualism: An integrative framework for theory and practice. In M. L. Savickas & R. W. Lent

(Eds.), *Convergence in career development: Implications for science and practice* (pp. 207–214). Palo Alto, CA: Consulting Psychologists Press.

Vondracek, F. W., Lerner, R. M., & Schulenberg, J. E. (1986). *Career development: A life-span developmental approach.* Hillsdale, NJ: Erlbaum.

Walsh, W. B., Bingham, R. P., Brown, M. T., & Ward, C. M. (2001). *Career counseling for African Americans.* Mahwah, NJ: Erlbaum.

Walsh, W., & Osipow, S. (1994). *Advances in vocational psychology: Career counseling for women.* Hillsdale, NJ: Erlbaum.

Weinrach, S. G., & Srebalus, D. J. (1990). Holland's theory of careers. In D. Brown & L. Brooks (Eds.), *Career choice and development: Applying contemporary theories to practice* (2nd ed., pp. 37–67). San Francisco: Jossey-Bass.

Weiss, D. J., England, M. E., Dawis, R. V., & Lofquist, L. H. (1966). *Instrumentation on the Theory of Work Adjustment* (Minnesota Studies in Vocational Rehabilitation No. 21). Minneapolis: University of Minnesota, Center for Interest Measurement Research.

Wertsch, J. V. (1991). *Voices of the mind: Sociocultural approaches to mediated action.* Cambridge, MA: Harvard University Press.

Worthington, R. L., Flores, L. Y., & Navarro, R. L. (2005). Career development in context: Research with people of color. In S. T. Brown & R. W. Lent (Eds.), *Career development and counseling: Putting theory and research to work* (pp. 225–252). Hoboken, NJ: John Wiley & Sons.

Wright, B. A. (1983). *Physical disability—a psychosocial approach.* Cambridge, MA: Harper & Row.

Wright, G. N. (1980). *Total rehabilitation.* Boston: Little, Brown.

Yuker, H. E. (Ed.). (1988). *Attitudes toward persons with disabilites.* New York: Springer.

Yuker, H. E., & Block, J. R. (1986*). Research with the Attitude Toward Disabled Persons Scales: 1960–1985.* Hempstead, NY: Hofstra University Center for the Study of Attitudes Toward Persons with Disabilities.

Zunker, V. G. (1986). *Career counseling: Applied concepts in life planning* (2nd ed.). Monterey, CA: Brooks/Cole.

身心障礙者
生涯發展研究

Mary S. Enright 與 Edna Mora Szymanski　著

賴陳秀慧　譯

在第四章我們陳述了生涯發展的主要理論，以及這些理論運用於身心障礙者，我們提出了一個整合、生態、持續進展的模式，將身心障礙者生涯發展有關的構念與歷程融入這個模式中，使實務從業人員和學者們能運用此架構去確認潛在的相關連結與考量。我們需要更多的研究運用此模式的結構與過程，來提升我們對於障礙者以及非障礙者的生涯發展本質的理解。

　　本章我們將討論身心障礙者的生涯發展研究，這研究呈現了令人關注的挑戰，一方面，這項研究有迫切的需求，因為身心障礙者的就業機會受到很大限制；另一方面，研究身心障礙者或者被孤立的族群或者與另一團體做簡單對照（例如：非身心障礙者；Wright, 1991），本身就存在著許多缺失。這些研究不僅在理解所欲探討的現象上受到曲解，同時也限制探討障礙與現象之間交互作用的範圍。為了架構本章的研究討論，我們將：(1) 描述身心障礙者生涯研究的相關議題；(2) 摘述某些實證研究的結果；以及 (3) 提供未來研究的考量與建議。

身心障礙者生涯研究的相關議題

　　一些方法論的議題阻礙了一些身心障礙者生涯發展文獻研究報告的價值。這些關於概念、設計，與身心障礙者生涯研究執行的議題，已經降低實務上直接運用這些研究結果。這本書先前的版本，我們曾確認：(1) 統計檢定力低和虛無假設的錯誤接受；(2) 人口群的異質性；(3) 過度依賴假設檢定；(4) 構念和專有名詞的異質性；(5) 領域廣度；(6) 缺乏一致性的操作性定義當作關鍵方法論的議題。上述這些議題仍然存著質疑，我們接

著將討論其相關性。除此之外，我們也提出了繼續挑戰身心障礙者生涯發展研究的第七個議題：(7) 研究與實務間的差距。

統計檢定力低和虛無假設的錯誤接受

統計結論效度是指可以從統計檢驗中得到有效結論的程度。這類型的效度在介入研究中可以看出有兩個主要的威脅，就是虛無假設的錯誤接受和低統計檢定力（Cook & Campbell, 1979）。

簡單來說，統計檢定力就是尋找實際存在於群體的相關性或差異性的或然率。除了其他條件外，統計檢定力依賴研究參與者的數量和效果值，也就是團體之間差異的大小（Cohen, 1988）。統計檢定力在復健研究以及在許多行為科學研究（Cohen, 1988）已被認為普遍不足（Kosciuiek & Szymanski, 1993）。

虛無假設的錯誤接受相互連結問題是與 Fischer 假設檢驗的模型有關。此方法依賴虛無假設替代合乎邏輯的假設，當實驗組的平均分數與對照組在統計上沒有差異時，則依預定的顯著水準（例如：alpha = .05）予以拒絕，這個拒絕就被當作支持對立研究假設（例如：實驗組和對照組之間有差異性）。問題是，反之則不一定是事實。當沒有發現差異時，研究人員不但不能拒絕虛無假設，也不能接受虛無假設。未能找到差異可能源自低統計檢定力（Cohen, 1988）、操作性定義不當、統計檢驗方法不適合、低信度以及設計不良。

這一節討論的寓意，從一個不顯著的研究結果不能得到很多學習。少於 300 位受試者的研究可能無法有足夠的統計檢定力找出存在的差異性，特別是已經知道這介入有較低效力（例如：無諮商師介入）。像這樣的研究，確實存在於身心障礙者生涯發展研究文獻中，不應該被用來阻止一些特定的介入。在修訂本章節時，我們注意到小量便利樣本仍是常態。雖然承認一些單一個案、小樣本的貢獻（Cowan, Hennessey, Vierstra, & Rumrill, 2001），我們認同 Saunders、Leahy、McGlynn 和 Estrada-Hernandez（2006）在復健領域需要更少的隨意研究描述就業結果，我們需要更多的時間和資源投入在研究的計畫和設計步驟。

人口群的異質性

　　如同在本章之前提到，身心障礙者是一群異質性的群體。障礙類型、發病年齡、功能限制的數量和嚴重性、明顯的程度、污名化的程度、被接受的病因、進展性（如慢性、間歇性、急性）、預後和治療需求等變項，使得障礙呈現多樣化（Brodwin, Parker, & DeLaGarza, 1996; Livneh & Antonak, 1997; Smart, 2001）。這些變項每一個都與心理調適、生涯發展或工作滿意度相關連（如 Brodwin et al., 1996; Szymanski & Hershenson, 1998），未來的實證研究是必要去記錄它們的影響力。在一次大規模身心障礙者心理社會調適的研究回顧，Livneh 和 Antonak 針對在心理調適文獻中方法論的問題，導致不同和相互衝突的結果提供了寶貴的見解。在結論中，他們討論研究人員傾向將重點放在組間差異（例如障礙類別），以及使用橫斷法設計。Livneh 和 Antonak 提倡研究應檢查組內差異並結合縱向設計。由於障礙類別與個人生涯路徑的發展本質之多樣性，1997年 Livneh 和 Antonak 提出這些建議都是與生涯研究有關，並且其建議同樣適用於現在。

　　令人鼓舞的是，透過職業重建管理局（Rehabilitation Services Administration）的補助，研究中心（Research Triangle Institute, RTI）進行了一項大規模職業重建方案成效的縱向研究。這個研究是追蹤 1995 年 1 月至 2000 年 1 月這段期間參加職業重建方案的 8,500 位全國代表樣本（Hayward & Schmidt-Davis, 2003）。這項研究的大量樣本，再加上以縱向為焦點，產生了豐富的資料可提供給其他研究人員使用；來自 RTI 的四個總報告涵蓋各個面向的職業重建計畫資料也可供利用。Kosciulek（2004）提出，研究人員如何使用這個寶貴資料庫的建議。

過度依賴假設檢定

　　使用虛無假設檢定，由於應用邏輯的缺陷，已經嚴重限制了研究（Cohen, 1994）。除此之外，假設檢定研究需要研究人員有足夠的背景知識，才能建構假設與選擇量表（Cook & Campbell, 1979）。簡言之，我們必須了解我們在尋找什麼，如此當我們找到時才能辨識出來。

　　雖有其他方法，但假設檢定還是研究生涯發展與復健最常見的方式。

136

針對許多特殊人口族群生涯發展研究的不良設計，Phillips、Strohmer、
Berthaume 和 O'Leary（1983）建議一個替代方法，就是結合探索性研究
與假設檢定，從資料數據中發展出理論。事實上，Phillips 等人 25 年前提
出這個建議，往後的研究還是很少採用這種混合方法，這指出復健研究仍
須繼續發展。有趣的是，類似的混合方法和多元方法的設計已經在其他諮
商心理領域中施行（如 Hanson, Creswell, Plano Clark, & Creswell, 2005;
Haverkamp, Morrow, & Ponterotto, 2005; Ponterotto & Grieger, 2007）。
Hanson 等人注意到在整個應用心理學領域缺乏運用混合方法研究，然
而，在過去十年中，有愈來愈多檢驗身心障礙者生涯發展的研究運用質
性設計。這個趨勢在應用心理學領域已被大幅接受（Camic, Rhodes, &
Yardley, 2003），可從《諮商心理學期刊》（*Journal of Counseling*）和《諮
商心理學家》（*The Counseling Psychologist*）的特別版，致力於質性研
究得到證實。這種轉變可能是一個使用更多混合方法設計的預兆。

　　質性研究提供了豐富的現象描述，並且可被用於產生理論和豐富理論
（參見 Hanley-Maxwell, Al-Hano, & Skivington, 2007; Haverkamp et al.,
2005; McReynolds, Koch, & Rumrill, 2001）。Hanley-Maxwell 等人強調
質性方法的效用在於了解自然環境中發生的複雜現象。在過去十年中，
質性研究已經成功地運用於進一步了解不同的考量，例如：涉及安全生
活補助、安全生活補助／社會安全障礙保險等多層面的議題（如 Olney,
2007; Schuster, Timmons, & Moloney, 2003）、拉丁裔身心障礙者的就
業阻礙（Hernandez et al., 2006）、HIV/AIDS 患者的就業議題與考量
（如 Conyers, 2004a, 2004b）、特殊族群的職業重建（如 Alston, Gayles,
Rucker, & Hobson, 2007）、脊髓損傷者的工作經驗與生命故事（Crewe,
2000），以及身心障礙者的生涯發展（參見 Conyers, Koch, & Szymanski,
1998; Treviño & Szymanski, 1996）。近期出版的《應用復健諮商期刊》
（*Journal of Applied Rehabilitation Cournseling*），Fabian（2007）注意
到質性研究的貢獻，可以帶來復健研究以及鼓舞他們持續成長。

構念和專有名詞的異質性

　　生涯發展和職業行為的實證研究呈現了一個跨領域的龐大學術文獻
（Szymanski, 2000）。從作者們探討許多構念間的多重相互關連中，找

到一個共同的概念，是綜合這個研究最大的一個挑戰。在教育（ERIC）
和心理研究資料庫的關鍵字和描述語的檢視，出現超過 30 個相關的構念，
包括生涯覺知、生涯變化、生涯選擇、生涯發展、生涯探索、生涯未定、
生涯成熟度、生涯規劃、生涯顯著（career salience）、就業型態、就業
安置、工作滿意度、職業流動、職業適應、職業認同、職業興趣、工作調
整。這份清單的長度反應出部分來自不同領域的研究者傾向採用自己的專
業術語（Schein, 1986）。

　　如同這一章前面所述，生涯發展相關的理論傾向整合（如 Savickas &
Lent, 1994），在過去 20 年已開始將起源於不同分支的諮商、職業心理、
復健心理和社會學等涉及生涯發展的概念縮小差距。儘管目前已出現這
種串連理論的運動（參見 Lent, Brown, & Hackett, 1996），但是我們懷疑
這些差距未來可能還不會馬上消失。事實上，多數刊登和生涯發展相關
的研究，已經對企圖從大量研究中綜合結果的研究者提出挑戰。可能相
關的研究數量龐大，已經促使這些研究者考慮決定要包括哪些刊物。在
復健領域，例如 Saunders 等人（2006）縮減他們的整合回顧五大最著名
復健期刊中出現身心障礙者的就業成果研究的文獻至 118 篇。同樣的，
每年出現在《就業發展季刊》（*Career Development Quarterly*）的專業
文獻回顧，呈現試圖總結和綜合前一年的生涯諮商實務和研究。無論如
何，過去五篇具學術性與資訊性的文獻回顧，已經至多囊括了兩種復健
期刊的研究〔《復健期刊》（*Journal of Rehabilitation*）、《美國精神復
健期刊》（*American Journal of Psychiatric Rehabilitation*）〕（Dagley &
Salter, 2004; Flores et al., 2003; Guindon & Richmond, 2005; Harrington &
Harrigan, 2006; Hsiu-Lan, 2007）。而且，這些回顧都還沒有包括書本、
書籍章節、專著或學位論文。需要去縮小任何系統性回顧的範圍必須付出
代價是可以理解的，因為它限制了專業術語、概念和研究發現的跨領域的
交流。因此，構念和專有名詞的異質性這項問題仍會持續存在著。

領域廣度

　　生涯發展是一個實際影響個人生命每個階段的複雜過程（Savickas
& Lent, 1994; Super, 1990）。因此，生涯研究的範圍非常廣大。當一種
障礙的出現和影響被納入考量，領域的範圍將更進一步擴大。Szymanski

138

（2000）指出障礙和就業議題的研究是多種領域的本質。相關研究的廣度去訴求使用一致性專業術語和構念就更加急迫與強調後設分析的價值，以檢驗各個研究的結果（Fitzgerald & Rumrill, 2003; Parker & Bolton, 2005），以及整合文獻回顧（Parker & Bolton）。這也凸顯生涯過程的實證研究將永遠不缺方法論的挑戰和議題。

139　缺乏對構念一致性的操作性定義

在如此廣大領域概念化下，就已存在著許多挑戰的事實，即使研究人員已經使用相同的構念，但他們常常使用不同的操作性定義。舉例來說，生涯未定通常使用生涯抉擇量表（*Career Decision Scale*, CDS）（Osipow, Carney, Winer, Yanico, & Koschier, 1976）或我的職業現況（Holland, Daiger, & Power, 1980）來測量。如果研究人員循例同時使用這兩種工具來測量生涯未定，不僅能避免單一操作的偏見，甚至可以把他們的結果連結到多數的研究。最後，我們注意到許多通常用來測量生涯相關評估工具的效度，當使用在身心障礙者時可能要做些調整。許多常模參照測驗，沒有將身心障礙者的代表性樣本納入他們常模的樣本（Enright, Conyers, & Szymanski, 1996）。此外，由於學習本質的影響，生活經驗已經受到限制的身心障礙者（Mitchell & Krumboltz, 1996），通常使用的興趣清單可能是平坦的側面圖（Szymanski & Hershenson, 1998, 2005）。最後，一些生涯相關的工具（例如：生涯抉擇量表和我的職業現況）使用的語言是針對大學生，所以不適於沒有大專來歷的身障者，除非這些工具被修正，而且是有效的修正。在研究計畫階段，雖然執行這些修正需要時間的投入，但有助於這研究的有效性，使每一研究都有其明確的目標。

研究與實務間的差距

最後，我們討論一個重要問題，就是沒有太多的方法論是實際可行的。多年來，作者們呼籲學者和實務從業人員之間有更多的溝通與合作（如 Fuchs & Fuchs, 1998），但知識與理論間仍然存在顯著的差距（Saunders et al., 2006）。值得一提的是全美障礙和復健研究中心（National Institute on Disability and Rehabilitation Research, NIDRR）最近在德州奧斯汀成立了一個全國障礙研究宣導中心（National Center for the Dissemination of Disability Research）（www.ncddr.org），以解決研究和實務間持續的差距。

特定研究與生涯相關文獻的總結

140

　　身心障礙者生涯研究相關方法論的議題，已經分離出一個龐大且持續發展的研究體系。此外，儘管他們的方法學有所限制，但實際上所有的介入研究已經取得支持多種生涯方案成效的結果（Saunders et al., 2006）。自從 1996 年出版這本書後，生涯發展與障礙的質性研究急速成長，這些研究支持了提供身心障礙者生涯與工作本位介入方案的需要與價值，研究結果都一致建議幾項可能性結論。第一，生涯發展的複雜本質與相關的職業行為意謂可測得的變化可能發生於多種個人內在和環境的領域。第二，儘管我們傾向以不同的方式標註這些領域，但它們是真實相互連結的現象，以有形的方式影響人類的生活。從某種意義上說，這些來自不同研究的一致性結果，可以認為是一種效度的三角測量形式。

　　在本節，我們將描述身心障礙者生涯發展與工作行為的相關研究。我們將討論主題依第四章圖 4.1 的構念分別呈現。但是，值得注意的是，涉及生涯行為相互關連有眾多因素和過程，意謂大多數的研究可以用多種方式進行分類。最後，我們對這些研究討論的目的在提供未來研究的方向，因此是被設計用來做說明的而非全面性的。

情境

　　情境研究聚焦在個案生活的情境。情境在此處採用廣泛的定義，影響的範圍包含從家庭的直接角色和重要他人到社會經濟地位、鄰近地區習俗、勞動市場、身心障礙相關法規，以及自然災害和歷史事件的影響（Bronfenbrenner, 1977）。人類的發展總是在情境中發生最能被了解（Vondracek, 2007）。情境因素領域的研究顯示情境因素在身心障礙者的就業和生涯發展中扮演重要的角色。涉及身心障礙法律與政府方案的研究同時顯示出其益處與阻礙兩方面。這些研究探討美國身心障礙者法案（如 Bruyère, Erickson, & Van Looy, 2006; Moore & Feist-Price, 1999）、工作券方案（如 Hernandez et al., 2006; Hernandez, Rosen, Velcoff, Schober, &

141

Luna, 2007; Wehman & Revell, 2006），以及安全生活補助、老年障礙補助福利金／社會安全障礙保險（如 Schuster et al., 2003）等等的影響力。更多對身心障礙者法規影響的完整討論，可參見 Bruyère 和 Van Looy（2005）與 Bruyère、Golden 和 Cebula（本卷）。

勞動市場變遷的本質之情境因素（如 Burke & Nelson, 1998; Ryan, 1995）和經濟角色已經顯示對身心障礙者的生活有重大的影響力（參見 Burkhauser & Houtenville 本卷）。此外，流行病學研究確認貧窮是智能障礙的起因（參見 Emerson, 2007）。Lustig 和 Strauser（2007）擴展此連結，提出一個概念模式確認障礙導致貧窮。

家庭對身心障礙者生涯發展的影響，在這幾年獲得重視（參見 Hanley-Maxwell, Pogoloff, & Whitney-Thomas, 1997; Hanley-Maxwell, Whitney-Thomas, & Pogoloff, 1995; Lindstrom, Doren, Metheny, Johnson, & Zane, 2007）。Treviño 和 Szymanski（1996）在他們十篇拉丁裔身心障礙者紮根理論（grounded-theory）的研究中，發現生涯發展深受情境影響，尤其是家庭和文化的信念結構。例如，有些個案描述家庭成員在他們發展工作動機和對工作意義的知覺，扮演著重要的角色。從這些深度訪談中，Treviño 和 Szymanski 假設社經地位、自我效能和工作人格之間的一個互動關係，顯示生涯發展相關連的影響力範圍。

個人

個案研究著重在個人的特質，其內容涵蓋屬性和技能的一個範圍。個人因素相關的研究，已經凸顯身心障礙者在生涯發展中的潛在特點。在人口統計變項中，年齡、種族、性別和族群特質，已顯示出對職業重建和就業成果的影響力（如 Alston et al., 2007; Capella, 2002; Crisp, 2005; Rogers, Bishop, & Crystal, 2005）。LeBlanc 和 Smart（2007）回顧 27 篇關於不同種族與族裔的個案在職業重建方案的成效研究，得到這樣的結論：「儘管有些方法學的缺陷，和些微矛盾的結果，跡象指出少數民族的個案有較差的職業重建服務和成果」（p. 3）。相似地，在 Saunders 等人（2006）的文獻回顧中指出六個研究有五個研究結果發現種族／族群是就業結果中的重要因素，但性別與年齡有交錯的結果。在他們職業重建接受率的 12 篇後設分析（meta-analysis）的研究，Rosenthal、Ferrin、Wilson

和 Frain（2005）總結，白人接受職業重建方案的比率是非洲美裔申請者的 1.5 倍。其他研究（如 Conyers et al., 1998）建議種族和性別的個人因素，對於一些身心障礙者的個案可能會有附加的影響力。

　　許多與生涯相關的研究，已開始探討不同方案與介入設計對改善身心障礙者技能的效能。整體而言，這些研究已經支持這些方案的價值，只要在過程中個案能積極參與這些方案。其中一個令人關注的個人構念研究，來自阿肯色復健研究與培訓中心（Arkansas Rehabilitation Research and Training Center）進行的一個後設分析（meta-analysis）。Bolton 和 Akridge（1995）分析十項提供給 220 位身心障礙個案的基礎技能介入服務的資料，他們的分析得到 .93 的估計效果值（estimated true effect size），表示這個技能方案對於改善個案的技能有很大的影響。此外，個案積極參與和合作利益的想法一致，或稱「工作同盟」，Strauser、Lustig 和 Donnell（2004）發現工作同盟對輕度智能障礙者有較佳的復健成果。

　　其他介入參與工作經驗的方案和不同形式的生涯諮商的研究，發現對身障者有顯著影響。這類研究的例子包括身心障礙大學生的暑期工作經驗方案（Wenkman, 1994）、職業學校身心障礙學生的擴大轉銜服務（Izzo, Cartledge, Miller, Growick, & Rutkowski, 2000）、特殊教育的青少年身心障礙學生的職業評量與計畫方案（Farley, Johnson, & Parkerson, 1999），和工作強化方案的結果研究（Baker, Goodman, Ekelman, & Bonder, 2005; Johnson, Archer-Heese, Caron-Powles, & Dowson, 2001; Neimeyer, Jacobs, Reynolds-Lynch, Bettencourt, & Lang, 1994）。其他研究指出學校到工作轉銜服務的需求（如 Geenen, Powers, Vasquez, & Bersani, 2003; Hitchings et al., 2001），尤其是生活貧困且高出現率的青少年（C. Hughes et al., 2004）。

中介

143

　　讀者們記得在這一章前面介紹的模型，中介構念可以分為個人、文化和社會三類，這種分類不是相互排斥的，許多研究傾向提出多於一種類型的構念。

　　自我效能的個人中介構念在過去 15 年的復健文獻中受到重視，自我效能對就業和生涯發展的影響甚大（如 Becker & Schaller, 1995;

Regenold, Sherman, & Fenzel, 1999; Shaw & Huang, 2005; Strauser, 1995; Szymanski & Hershenson, 1998），並且對生涯決定具有影響力（Ochs & Roessler, 2001, 2004）。用來改善自我效能的介入設計，對於肢體障礙的女性有顯著的影響（Hughes, Robinson-Whelen, Taylor, Swedlund, & Nosek, 2004）。同樣地，Matt、Bellardita、Fischer 和 Silverman（2006）報告不同種族和族群團體的精障參與者，在三個星期密集的職前訓練方案後，能顯著提升自我效能和自尊。

內外控傾向的影響也被探討，實證資料支持內在控制傾向與較佳的工作態度（如 Duvdevany & Rimmerman, 1996）、較高程度的工作人格（Strauser, Ketz, & Keim, 2002），以及脊髓損傷者較好的工作成果（Krause & Broderick, 2006）都有密切關係。相似地，一份對 102 位 Lou Gehrig 患者之研究，內在因素比外在因素顯現較強繼續工作傾向的預測力（Westaby, Versenyi, & Hausmann, 2005）。

在 1990 年代期間，Szymanski 和她的同事在威斯康辛大學麥迪遜分校的生涯發展與生涯進路復健研究與培訓中心，研究職業認同（vocational identity）和生涯未定（career indecision）的個人中介構念。這些研究使用各種研究設計，評估短期以認知為基礎的生涯工作坊，對不同群體的身心障礙者的效能。使用實驗設計，Conyers 和 Szymanski（1998）發現 49 位大學生其中包含 18 位身心障礙學生參與十小時的生涯決定工作坊得到統計上的顯著影響。Merz 和 Szymanski（1997）採用前測／後測的實驗設計，探討生涯規劃工作坊對職業重建個案的影響。研究發現屬性—治療（attribute-treatment）間有交互作用，工作坊給予生涯未定性高和職業認同弱的參與者比生涯未定性低和職業認同強的參與者受益較大。使用後測的實驗設計的類似研究，Enright（1997）探討三週 12 小時的生涯發展方案對未充分就業或失業的 38 位身心障礙者的成效，研究結果在統計上無顯著影響，但質性研究的資料支持該方案對參與者的價值。

更多個人中介因素角色的深入了解，可以從工作和障礙的質性研究中獲得。使用 HIV/AIDS 患者的焦點團體，Conyers（2004a）認為對這群身障人口，應將重點放在情境和中介因素的角色（例如：影響健康利益的政策、職業認同的程度、家庭的影響、結果期待）。生涯和工作概念的意義在身障礙者相關的研究中也不斷地循環出現。訪談 12 位多發性硬化症者，

Salomone 和 O'Connell（1998）發現對這些參與者而言，生涯意義和工作概念包含多種認知的中介因素，例如：工作的重要性、工作價值，和「生涯」概念的理解。Conyers 等人（1998）對九位被僱用的肢體和感官障礙的大學畢業生，關於他們對工作和障礙的觀點進行深度訪談。他們的回應，提出了生涯發展的三個階段：建立一個職業自我概念、生涯的開始、生涯的進路。有趣的是，重要他人期望的中介構念，對這些身心障礙者的生涯發展是一個重要的主題。這些質性研究強調個案的思想和認知如何實質地影響生涯發展歷程。他們同時建議對進展式或急性的身心障礙者，在職業自我概念、工作價值、工作動機等等這些構念，有進一步研究的需求。

　　可調節職業行為的文化構念，包括種族認同、文化適應程度、宗教信仰、宗教和文化信念。文化影響所扮演的角色在身心障礙和復健的文獻中已逐漸受到矚目（如 Fouad, 1993; Ingstad & Whyte 1995; Schaller, Parker, & Garcia, 1998; Smart & Smart, 1991; Szymanski, Treviño, & Fernandez, 1996）。在 Treviño 和 Szymanski（1996）的質性研究中，文化也成為一個重要的考慮。

　　社會的中介構念，包括對身障者的偏見和態度。在美國身心障礙者法案通過前後，身心障礙者在工作場所所受的偏見和態度，在文獻中都有詳細記載（參見 Holzbauer & Berven, 1996; McMahon, Edwards, Rumrill, & Hursh, 2005; Perry, Hendricks, & Broadbent, 2000; Smart, 2001）。回顧 37 篇雇主對身心障礙工作者的實證研究，Hernandez、Keys 和 Balcazar（2000）總結雇主對身心障礙者抱持贊同的態度。他們發現：(1) 如果雇主曾經與身心障礙者共事過，他們的態度會更友善；(2) 雇主僱用身心障礙者的意願超過他們實際僱用；和 (3) 雇主對肢體障礙者抱持贊同的態度勝過智能或精神障礙者。Unger（n.d.）的文獻回顧也獲得相同的結論。

　　因素間的交互作用，影響大眾對身障者偏見和歧視的發展，對改變社會態度的介入設計是一大挑戰，然而研究顯示樂觀的看法。一系列研究，Catherine Fichten 和 她的同僚（如 Fichten & Bourdon, 1986; Fichten et al., 1996; Fichten, Tagalakis, & Amsel, 1989）探討人們改變對身心障礙者態度的介入設計之效果。雖然只限制在大學生樣本，研究結果指出介入是可以改善大學生對身心障礙者的態度，但需謹慎設計避免產生負面影響。

145

同樣地，另一項對大學生的研究，Erickson（1996）發現心理系的大學生對重度精障者的態度是可以透過授課和戶外經驗（field experiences）這兩項介入而改變。這些研究指出如果這些介入有適當的設計與執行，雇主與同事對身心障礙者態度有改變的可能性。Gilbride、Vandergoot、Golden和 Stensrud（2007）最近發展出並驗證的雇主開放度調查（Employer Openness Survey）量表可運用於這些研究。

環境

　　本章前面提過，工作環境因素對身心障礙者的生涯發展有很大的決定性。近期勞動市場的變動，以及健康照護和勞工賠償金索賠的成本提升，已讓雇主快速發展或建立障礙管理方案，致使障礙管理領域的急速成長（如 Habeck, Kregel, Head, & Yasuda, 2007; Habeck, Kress, Scully, & Kirchner, 1994; Koch & Rumrill, 2003）。研究顯示穩固的職業契約能使雇主及傷工兩方都獲益（Bruyère & Shrey, 1991; Gilbride & Stensrud, 1999; Habeck, 1999; Luecking, Cuozzo, & Buchanan, 2006; Unger, Kregel, Wehman, & Brooke, n.d.），並且障礙管理方案可為雇主省錢（Habeck et al., 1994）。甚至，Dean（n.d.）等人的大型研究，支持職業重建基金贊助的職場職業重建方案的成本—效益（cost-effectiveness）。這個研究顯示出工作環境的介入可能會增加。

　　工作環境變項的重要性已經獲得質性研究的證實。例如，在一份針對 13 位身心障礙大學生以及九位大學教職員工的研究，Aune 和 Kroeger（1997）發現一些特定正向工作環境變項，是增進身心障礙大學生生涯發展的重要組成因素。工作環境變項的重要性從質性研究中獲得更多具體支持（Fabian, Luecking, & Tilson, 1995; Gilbride, Stensrud, Vandergoot, & Golden, 2003; Golub, 2006）。Fabian 等人採用了參與行動法去評估雇主和復健工作人員對就業安置的觀點。他們研究的一個主要結論，關於雇主和復健工作人員對發展就業機會和就業安置持有不同的假設和觀念。Fabian 等人建議復健人員努力爭取與雇主的合作關係，加強雇主聘用身心障礙者的能力和信心。Gilbride 等人使用焦點團體和紮根理論取向做研究，發現工作環境的某些特質，例如支持開放的文化價值、多樣性和彈性，有利於雇主僱用身心障礙者和職務再設計。如同 Fabian 等人，

Gilbride 等人也建議復健人員和雇主之間能有更多的合作關係,同時也建議花費更多的時間在就業媒合過程,提供給雇主更多的教育和支持。相同的概念也出現在 Golub 視覺障礙者的雇主們之研究,身心障礙工作者與雇主之間抱持「相互調整」的概念顯現了一個欲求的目標。

　　個人構念和環境構念之間的相互作用影響生涯發展。例如,Gates、Akabas 和 Kantrowitz(1996)檢驗督導者在身心障礙者穩定工作所扮演的角色。他們獲得一家公司的障礙管理方案的受試者,有 31 位工作者和 28 位督導者。他們的資料顯示工作者的問題、職務再設計、績效評量之間有一種動態關係。他們特別發現沒有獲得適當職務再設計之身心障礙工作者,相較於獲得適當職務再設計或者不需要但也獲得職務再設計的身心障礙者,有較低的績效評量和工作滿意度。

　　關於就業安置,Rogers 等人(2005)發現,獲得就業安置的職業重建個案獲得工作機會是沒有接受就業安置服務個案的三倍。同樣的,在 Bolton、Bellini 和 Brookings(2000)的研究,就業安置是個案接受職業重建方案,獲得工作最強的預測因子。

147

　　其他研究提出質疑,為何雇主遲疑僱用身心障礙者是因為害怕職務再設計的費用。根據職務再設計網站(Job Accommodations Network),超過一半以上的職務再設計費用低於 500 美元(http://www.jan.wvu.edu/portals/faqs.html#fund)。許多職務再設計是不需要花任何費用,而且職務再設計的平均費用範圍在 50 美元至 100 美元之間("How to Hire and Evaluate Potential Employees with Disabilities," 2000),與 Unger 和 Kregel(2003)的研究結果一致。有趣的是,在 Unger 和 Kregel 的研究中,調查 43 間僱用身心障礙者的公司使用職務再設計的執行狀況。接受調查的 255 位督導者以及 46 位人力資源專業人員,大多數(超過 60%)對自己的能力有信心去滿足身心障礙員工的需求。但是,不到 25% 的督導者相信,他們有權批准身心障礙者的職務再設計。

　　良師制出現改善個案與環境交互影響的一個方法,在職業行為的影響力已被數篇文獻所證實(如 Christ, 2001; Powers, Sowers, & Stevens; 1995; Westerlund, Granucci, Gamache, & Clark, 2006),儘管這些研究主要聚焦在青少年的身心障礙者。美國盲人基金會(American Foundation for the Blind)的生涯連接良師方案,成功地將求職者與他們有興趣的職

場視覺障礙導師相配對，為良師制的價值提供更進一步的證據（Golub,
2006）。更多有關現場良師指導或指導雇主的研究可以證明其職場
支持的價值。共同的健康方案呈現另一改善個人與環境互動的方法。
Nieuwenhuijsen（2004）證明在預防反覆性緊張傷害的多方面健康介入之
成效。Allaire、Niu 和 LaValley（2005）使用實驗設計，以 242 位慢性疾
病的工作者為樣本，發現一個工作維持介入可以延長就業。

結果

　　本章提出構念和過程交互影響的模式，可以產生多樣的結果。例如，
就業、工作壓力和工作滿意度。

　　就業可被認為是構念和過程模式的結果。根據 Harris 在 2000 年的調
查，將近 70% 的身心障礙者沒有工作，但有三分之二的失業者表示渴望
工作。身心障礙者工作滿意度的研究有交錯的結果。例如，從 110 位大學
畢業生配對的樣本，Witte、Philips 和 Kakela（1998）發現學習障礙的畢
業生相較於沒有學習障礙的同儕，反映較低的工作薪資、較少的升遷機
會以及較低的工作滿意度。然而，在 Madaus（2004）調查 590 位學習障
礙的大學畢業生，有 75% 的受試者有全職工作，11% 是兼職者，大多數
的受試者表示他們對工作和執行工作的能力感到滿意，但有 44% 的受試
者從未向雇主揭露他們的障礙。同樣的，Rumrill 和他的同事指出，有 59
位工作者患有多發性硬化症的受試者，有較高工作滿意度與工作掌握度
（Rumrill, Roessler, Vierstra, Hennessey, & Staples, 2004），然而，他們
發現工作滿意度的程度與工作場所及工作表現的阻礙呈負相關。Lastly、
Freedman 和 Fesko（1996）召開了四次焦點團體，「探究工作對重度障
礙者與其家庭的意義之關鍵課題」（p. 50），研究結果強化了從事有意
義的工作是工作滿意的活力之概念。

　　最後，在表 4.1 中，障礙可以是構念與過程交互作用的結果。藉由多
位作者的研究，包括 Fitzgerald（1992）、Karasek 和 Theorell（1990）、
Keita 和 Hurrell（1994），與 Sauter 和 Murphy（1995），推測個案與個
案工作環境之間的交互作用產生有害的工作壓力，會導致身體與心理障
礙。也曾假設有些身心障礙者有負面壓力的高風險，會加劇他們的障礙
（Szymanski, 1999）。除此之外，失業的壓力和貧困的生活可能導致障
礙（Lustig & Strauser, 2007）。

未來研究的考量與建議

生涯發展是一個錯綜複雜的主題，障礙更加重其複雜性。為了提供一個架構來說明其複雜性，我們在第四章介紹一個生涯發展構念和過程的生態模式。我們建議應在此模式的五個構念及七個過程上接續的進行研究，釐清其重要的連結、相互的關係或其他考量，以增進對身心障礙者與非障者的生涯發展的本質的理解。

本章中，我們檢視身心障礙者生涯發展研究的情形，以及確認數個方法論的議題。按照這些議題，對於接續的研究，我們繼續倡導未來的研究使用質性、量化及混合方式的設計，但我們建議研究者要細心進行研究，致力於品質勝過數量。為協助指引研究者，對於未來身心障礙者生涯發展研究，我們提供以下的考量因素以及更明確的建議。

1. 考慮研究方法的多樣性。質性研究應繼續協助發展理論，和提供洞察影響生涯行為的思想、認知、情境和過程。實驗和準實驗設計，描述性和探索性的研究方法也很重要，如同 Phillips 等人（1983）的建議，即使量化研究也可以用來產生並檢驗理論，更多研究人員應該考量混合研究方法的設計和實施。除此之外，更多的研究應聚焦在複製過去的研究結果。

2. 將身心障礙者和少數民族一同納入一般人口群的大規模生涯發展研究（Fitzgerald & Betz, 1994），如此一來，在廣泛的情境中不僅只有身心障礙者的生涯發展可以被了解，生涯發展的普遍常理也能受益。此外，已存在障礙的人口群應被納入大規模的工作壓力研究。此策略不僅能協助確定與障礙相關的危險因子，也能增加大規模工作壓力研究的效用。

3. 關於人口群研究的推論，須謹慎。身心障礙人口群異質性極高，以致於無法僅以障礙為基礎作大規模的類推。此外，因為許多生涯發展因素似乎與認知因素相關（Lent & Hackett, 1994），在研究設計中，必須控制選擇或包含認知損傷的程度與類型。

4. 如果可能，盡量使用既有的工具。這將允許此研究能與較大基礎的研究連結。無論如何，研究的一部分須為研究人口群的評量工具建立信度（Pedhazur & Schmelkin, 1991）。同樣地，研究人員必須考量障

礙的衝擊將影響所關注構念的效度。

5. 量化研究人員應盡可能用大樣本，避免小規模便利樣本，重點應放在取得有代表性的樣本。規劃假設檢驗研究時，研究人員應該預估分析前的檢定力，以確保有足夠的樣本獲得合適的統計檢定力（Cohen, 1988）。同樣的，描述性、因果關係的比較，和事後的研究，研究人員應該謹慎選擇抽樣策略，以確保目標人口具有合適的代表性。研究的設計步驟，研究人員應該先探討是否有已存在的資料庫，例如可供使用的職業復健服務方案之大型縱貫研究。又如，對轉銜方案感興趣的研究人員，應探索社區轉銜方案的國家資料庫（Gaumer, Morningstar, & Clark, 2004），從過去和現在的方案中學習。

6. 質性研究人員應考慮使用多種資料來源，去豐富他們研究分析的廣度和深度（Suzuki, Ahluwalia, Arora, & Mattis, 2007）。

7. 在龐大的文獻庫中，我們對研究所作的討論僅是舉例說明，無法廣泛無所不包，我們所描述的研究僅是冰山一角。自從這一章第二版出版後，大量的後設分析以及與生涯發展相關的文獻回顧，在復健文獻中變得隨手可得。我們鼓勵對我們模式所描述的每個構念和過程做回顧。這些後設分析和文獻回顧的範圍不應該只限於復健領域。相反地，應該與各種領域做整合研究，包括諮商、教育心理學、工業與組織心理學、健康心理學、兒童心理學、復健心理學、社會學、特殊教育和健康相關領域。

8. 基於這種想法，我們挑戰學者和研究人員去辨別過去 50 年來成千上萬潛在相關的研究中一小群「最佳範例」（best practice）的研究，而不是平等對待所有研究，我們建議應將更多的焦點擺放在有品質的研究結果，而不管他們的設計。或許藉由合作和投入更多的精力在這方面，我們將更清楚是什麼因素對身心障礙者的生涯發展發揮最大的影響力。

9. 關於這個議題，更多的時間和精力應在研究的設計和規劃階段，將一份研究的貢獻發揮到最大。

10. 最後，我們注意到理論與實務間仍持續存有差距。因此，我們建議更多的焦點放在研究結果的宣傳與應用。為此，我們為全國障礙研究宣導中心的設置感到鼓舞。

參考文獻

Allaire, S. H., Niu, J., & LaValley, M. (2005). Employment and satisfaction outcomes from a job retention intervention delivered to persons with chronic diseases. *Rehabilitation Counseling Bulletin, 48*, 100–109.

Alston, R. J., Gayles, T., Rucker, R., & Hobson, M. (2007). The centrality of race in rehabilitation: Views of former clients who are African American. *Journal of Applied Rehabilitation Counseling, 38*(1), 12–19.

Aune, B. P., & Kroeger, S. A. (1997). Career development of college students with disabilities: An interactional approach to defining the issues. *Journal of College Student Development, 38*, 344–355.

Baker, P., Goodman, G., Ekelman, B., & Bonder, B. (2005). The effectiveness of a comprehensive work hardening program as measured by lifting capacity, pain scales, and depression scores. *Work: A Journal of Prevention, Assessment, and Rehabilitation, 24*(1), 21–31.

Becker, H., & Schaller, J. (1995). Perceived health and self-efficacy among adults with cerebral palsy. *Journal of Rehabilitation, 61*(2), 36–42.

Bolton, B., & Akridge, R. L. (1995). A meta-analysis of skills training programs for rehabilitation clients. *Rehabilitation Counseling Bulletin, 38*, 262–273.

Bolton, B. F., Bellini, J. L., & Brookings, J. B. (2000). Predicting client employment outcomes from personal history, functional limitations, and rehabilitation services. *Rehabilitation Counseling Bulletin, 44*, 10–31.

Brodwin, M., Parker, R. M., & DeLaGarza, D. (1996). Disability and accommodation. In E. M. Szymanski & R. M. Parker (Eds.), *Work and disability: Issues and strategies in career development and job placement* (pp. 165–208). Austin, TX: PRO-ED.

Bronfenbrenner, U. (1977). Toward an experimental ecology of human development. *American Psychologist, 32*, 513–531.

Bruyère, S. M., Erickson, W. A., & Van Looy, S. A. (2006). The impact of business size on employer ADA response. *Rehabilitation Counseling Bulletin, 49*, 194–206.

Bruyère, S. M., & Shrey, D. E. (1991). Disability management in industry: A joint labor-management process. *Rehabilitation Counseling Bulletin, 34*, 227–242.

Bruyère, S. M., & Van Looy, S. A. (2005). Legislation and rehabilitation professionals. In H. H. Zaretsky, E. F. Richter III, & M. G. Eisenberg (Eds.), *Medical aspects of disability: A handbook for the rehabilitation professional* (3rd ed., pp. 827–850). New York: Springer.

Burke, R. J., & Nelson, D. (1998). Mergers and acquisitions, downsizing, and privatization: A North American perspective. In M. K. Gowing, J. D. Kraft, & J. C. Quick (Eds.), *The new organizational reality: Downsizing, restructuring, and revitalization* (pp. 21–54). Washington, DC: American Psychological Association.

Camic, P. M., Rhodes, J. E., & Yardley, L. (Eds.). (2003). *Qualitative research in psychology: Expanding perspectives in methodology and design*. Washington, DC: American Psychological Association.

Capella, M. (2002). Inequities in the VR system: Do they still exist? *Rehabilitation Counseling Bulletin, 45*, 145–153.

Christ, T. (2001). *Findings brief #14: Role of mentors in expanding occupation options for students with disabilities*. Honolulu, HA: University of Hawaii, Manoa Center on Disability Studies. Available through the REHABDATA base.

Cohen, J. (1988). *Statistical power analysis for the behavioral sciences* (2nd ed.). Hillsdale, NJ: Erlbaum.

Cohen, J. (1994). The earth is round (p < .05). *American Psychologist, 49*, 997–1003.

Conyers, L. M. (2004a). Expanding understanding of HIV/AIDS and employment: Perspectives of focus groups. *Rehabilitation Counseling Bulletin, 48*, 5–18.

Conyers, L. M. (2004b). The impact of vocational services and employment of people with HIV/AIDS. *Work: A Journal of Prevention, Assessment, and Rehabilitation, 23*, 205–214.

Conyers, L. M., Koch, L. C., & Szymanski, E. M. (1998). Life-span perspectives of disability and work: A qualitative study. *Rehabilitation Counseling Bulletin, 42*, 51–75.

Conyers, L., & Szymanski, E. M. (1998). The effectiveness of an integrated career intervention on college students with and without disabilities. *Journal of Postsecondary Education and Disability, 13*(1), 23–34.

Cook, T. D., & Campbell, D. T. (1979). *Quasi-experimentation: Design and analysis issues for field settings*. Boston: Houghton Mifflin.

Cowan, R., Hennessey, M. L., Vierstra, C. V., & Rumrill, P. D. (2004). Small N designs in rehabilitation research. *Journal of Vocational Rehabilitation, 20*, 203–211.

Crewe, N. (2000). A 20-year longitudinal perspective on the vocational experiences of persons with *spinal cord* injury. *Rehabilitation Counseling Bulletin, 43*, 122–133.

Crisp, R. (2005). Key factors related to vocational outcome: Trends for six disability groups. *Journal of Rehabilitation, 71*(4), 30–37.

Dagley, J. C., & Salter, S. K. (2004). Practice and research and in career counseling and development—2003. *Career Development Quarterly, 53*, 98–157.

Dean, D. H., Dolan, R. C., Schmidt, R. M., Wehman, P., Kregel, J., & Revell, G. (n.d.). A paradigm for evaluation of the Federal-State Vocational Rehabilitation program. In J. Kregel, D. M. Dean, & P. Wehman (Eds.), *Achievements and challenges in employment services for people with disabilities: The longitudinal impact of workplace supports* (pp. 1–41). Richmond, VA: Rehabilitation Training Center on Workplace Supports and Job Retention. Available at http://www.worksupport.com/main/rrtcpapers.asp

Duvdevany, I., & Rimmerman, A. (1996). Individuals with work-related disabilities: Locus of control, attitudes toward work, and cooperation with the rehabilitation worker. *Journal of Applied Rehabilitation Counseling, 27*(2), 30–35.

Emerson, E. (2007). Poverty and people with intellectual disabilities. *Mental Retardation and Developmental Disabilities Research Reviews, 13,* 107–113.

Enright, M. S. (1997). The impact of a short-term career development program on people with disabilities. *Rehabilitation Counseling Bulletin, 40,* 285–300.

Enright, M. S., Conyers, L. M., & Szymanski, E. M. (1996). Career and career-related educational concerns of college students with disabilities. *Journal of Counseling and Development, 75,* 103–114.

Erickson, K. A. (1996). Effects of didactic and experiential education of conception of persons with serious mental illness. *Dissertation Abstracts International, 56*(8-B), 4568.

Fabian, E. S. (2007). Editorial—Qualitative research in the Journal of Applied Rehabilitation Counseling. *Journal of Applied Rehabilitation Counseling, 38*(2), 3–4.

Fabian, E. S., Luecking, R. G., & Tilson, G. P. (1995). Employer and rehabilitation personnel perspectives on hiring people with disabilities: Implications for job development. *Journal of Rehabilitation, 61*(1), 42–49.

Farley, R. C., Johnson, V., & Parkerson, S. S. (1999). Effects of a career assessment and planning intervention on the vocational development of secondary students with disabilities: A pilot study. *Vocational Evaluation and Work Adjustment Journal, 31*(1), 15–21.

Fichten, C. S., & Bourdon, C. V. (1986). Social skill deficit or response inhibition: Interaction between disabled and nondisabled college students. *Journal of College Student Personnel, 27,* 326–333.

Fichten, C. S., Lennox, H., Robillard, K., Wright, J., Sabourin, S., & Amsel, R. (1996). Attentional focus and attitudes toward peers with disabilities: Self-focusing and a comparison of modeling and self-disclosure. *Journal of Applied Rehabilitation Counseling, 27*(4), 30–39.

Fichten, C. S., Tagalakis, V., & Amsel, R. (1989). Effects of cognitive modeling, affect, and previous contact on attitudes, thoughts, and feelings toward college students with physical disabilities. *Journal of the Multihandicapped Person, 2,* 119–137.

Fitzgerald, L. F., & Betz, N. E. (1994). Career development in cultural context: The role of gender, race, class, and sexual orientation. In M. L. Savickas & R. W. Lent (Eds.), *Convergence in career development theories: Implications for science and practice* (pp. 103–117). Palo Alto, CA: Consulting Psychologists Press.

Fitzgerald, S. M., & Rumrill, P. D. (2003). Meta-analysis as a tool for understanding existing research literature. *Work: A Journal of Prevention, Assessment, and Rehabilitation, 21*(1), 97–103.

Fitzgerald, T. E. (1992). Psychological aspects of work-related musculoskeletal disability. In J. C. Quick, L. R. Murphy, & J. J. Hurrell, Jr. (Eds.), *Stress and well-being at work: Assessments and interventions for occupational mental health* (pp. 117–133). Washington, DC: American Psychological Association.

Flores, L. Y., Logan, S. A., McCloskey, C. M., Scott, A. B., Spencer, K. G., Wang, Y., & Yakushko, O. (2003). Practice and research in career counseling and development—2002. *Career Development Quarterly, 52*, 98-131.

Fouad, N. A. (1993). Cross-cultural vocational assessment. *Career Development Quarterly, 42*, 4–13.

Freedman, R. I., & Fesko, S. L. (1996). The meaning of work in the lives of people with disabilities: Consumer and family perspectives. *Journal of Rehabilitation, 62*(3), 49–55.

Fuchs, D., & Fuchs, L. S. (1998). Researchers and teachers working together to adapt instruction for diverse learners. *Learning Disabilities Research and Practice, 13*(3), 126-137.

Gates, L. B., Akabas, S. H., & Kantrowitz, W. (1996). Supervisors' role in successful job maintenance: A target for rehabilitation counselor efforts. *Journal of Applied Rehabilitation Counseling, 27*(3), 60–66.

Gaumer, A. S., Morningstar, M. E., & Clark, G. M. (2004). Status of community-based transition programs: A national database. *Career Development of Exceptional Individuals, 27*(2), 131-149.

Geenen, S., Powers, L., Vasquez, A. L., & Bersani, H. (2003). Understanding the promoting the transition of minority adolescents. *Career Development of Exceptional Individuals, 26*(1), 27–46.

Gilbride, D., & Stensrud, R. (1999). Demand-side job development and system change. *Rehabilitation Counseling Bulletin, 42*, 329–342.

Gilbride, D., Stensrud, R., Vandergoot, D., & Golden, K. (2003). Identification of the characteristics of work environments and employers open to hiring and accommodating people with disabilities. *Rehabilitation Counseling Bulletin, 46*, 130–137.

Gilbride, D., Vandergoot, D., Golden, K., & Stensrud, R. (2007). Development and validation of the Employer Openness Survey. *Rehabilitation Counseling Bulletin, 49*, 81–89.

Golub, D. B. (2006). A model of successful work experience for employees who are visually impaired: The results of a study. *Journal of Visual Impairment and Blindness, 100*, 715–725.

Guindon, M. H., & Richmond, L. J. (2005). Practice and research and in career counseling and development—2004. *Career Development Quarterly, 54*, 90–137.

Habeck, R. V. (1999). Job retention through disability management. *Rehabilitation Counseling Bulletin, 42*, 317–328.

Habeck, R. V., Kregel, J., Head, C., & Yasuda, C. (2007). Salient and subtle aspects of demand side approaches for employment retention: Lessons for public policymakers. *Journal of Vocational Rehabilitation, 26*(1), 21–27.

Habeck, R., Kress, M., Scully, S., & Kirchner, K. (1994). Determining the significance of the disability management movement for rehabilitation counselor education. *Rehabilitation Education, 8*, 195–240.

Hanley-Maxwell, C., Al-Hano, A., & Skivington, M. (2007). Qualitative research in rehabilitation counseling. *Rehabilitation Counseling Bulletin, 50*, 99–110.

Hanley-Maxwell, C., Pogoloff, S., & Whitney-Thomas, J. (1997). Family involvement. In F. R. Rusch & J. Chadsey-Rusch (Eds.), *Transition from school to work: New opportunities for adolescents* (pp. 234–264). Pacific Grove, CA: Brookes/Cole.

Hanley-Maxwell, C., Whitney-Thomas, J., & Pogoloff, S. (1995). The second shock: A qualitative study of parents' perspectives and needs during their child's transition from school to adult life. *Journal of the Association of Persons with Severe Handicaps, 20*, 3–15.

Hanson, W. E., Creswell, J. W., Plano Clark, V. L., & Creswell, J. D. (2005). Mixed method research designs in counseling psychology. *Journal of Counseling Psychology, 52*, 224–235.

Harrington, T. F., & Harrigan, T. A. (2006). Practice and research in career counseling and development—2005. *Career Development Quarterly, 55*, 98–167

Harris, L. (2000). 2000 National Organization on Disability/Harris survey of Americans with disabilities. Washington, DC: National Organization on Disability.

Haverkamp, B. W., Morrow, S. L., & Ponterotto, J. G. (2005). A time and place for qualitative and mixed methods in counseling psychology. *Journal of Counseling Psychology, 52*, 123–125.

Hayward, B. J., & Schmidt-Davis, H. (2003). *Longitudinal study of the vocational services program: Final report—VR services and outcomes.* Available at http://www.ed.gov/policy/speced/leg/rehab/eval-studies.html#vr

Hernandez, B., Keys, C., & Balcazar, F. (2000). Employer attitudes toward workers with disabilities and their ADA employment rights: A literature review. *Journal of Rehabilitation, 66*(4), 4–16.

Hernandez, B., Rosen, J., Velcoff, J., Schober, D., & Luna, R. D. (2007). *Breaking down barriers: Employment and the disability community.* Chicago: Department of Psychology.

Hernandez, B., Cometa, M. J., Rosen, J., Velcoff, J., Schober, D., & Luna, R. D. (2006). Employment, vocational rehabilitation, and the Ticket to Work program: Perspectives of Latinos with disabilities. *Journal of Applied Rehabilitation Counseling, 37*(3), 13–21.

Hitchings, W. F., Luzzo, D. A., Ristow, R., Horvath, M., Retish, P., & Tanners, A. (2001). The career development needs of college students with learning disabilities: In their own words. *Learning Disabilities Research and Practice, 16*(1), 8–17.

Holland, J. L., Daiger, D. C., & Power, P. G. (1980). *Manual for My Vocational Situation.* Palo Alto, CA: Consulting Psychologists Press.

156

Holzbauer, J. J., & Berven, N. L. (1996). Disability harassment: A new term for a long-standing problem. *Journal of Counseling and Development, 74*, 478–483.

How to hire and evaluate potential employees with disabilities. (2000, January). HR News Capsules, *HR Focus, 77*(1), 4.

Hsiu-Lan, S. T. (2007). Practice and research in career counseling and development— 2006. *Career Development Quarterly, 56*, 98–140.

Hughes, C., Wehby, J. J., Carter, E. W., Plank, D. R., Wilson, L. R., Johnson, S. M., & Barton-Arwood, S. (2004). Summer activities of youth with high-incidence disabilities from high-poverty backgrounds. *Career Development of Exceptional Individuals, 27*(1), 27–42.

Hughes, R. B., Robinson-Whelen, S., Taylor, H. B., Swedlund, N., & Nosek, M. A. (2004). Enhancing self-esteem in women with physical disabilities. *Rehabilitation Psychology, 49*, 295–302.

Ingstad, B., & Whyte, S. R. (1995). *Disability and culture*. Berkeley: University of California Press.

Izzo, M. V., Cartledge, G., Miller, L., Growick, B., & Rutkowski, W. (2000). Increasing employment earning: Extended transition services made a difference. *Career Development of Exceptional Individuals, 23*(2), 139–156.

Johnson, L. S., Archer-Heese, G., Caron-Powles, D. L., & Dowson, T. M. (2001). Work hardening: Outdated fad or effective intervention? *Work, 16*(3), 235–243.

Karasek, R., & Theorell, T. (1990). *Healthy work: Stress, productivity, and the reconstruction of working life*. New York: Basic Books.

Keita, G. P., & Hurrell, J. J., Jr. (Eds.). (1994). *Job stress in a changing workforce: Investigating gender, diversity, and family issues*. Washington, DC: American Psychological Association.

Koch, L. C., & Rumrill, P. D. (2003). New directions in vocational rehabilitation: Challenges and opportunities for researchers, practitioners, and consumers. *Work, 21*(1), 1–3.

Kosciulek, J. F. (2004). Research applications of the longitudinal study of the Vocational Rehabilitation Services program. *Rehabilitation Counseling Bulletin, 47*, 173–180.

Kosciulek, J. F., & Szymanski, E. M. (1993). Statistical power analysis of rehabilitation counseling research. *Rehabilitation Counseling Bulletin, 36*, 212–219.

Krause, J. S., & Broderick, L. (2006). Relationship of personality and locus of control with employment outcomes among participants with spinal cord injury. *Rehabilitation Counseling Bulletin, 49*, 111–114.

LeBlanc, S., & Smart, J. F. (2007). Outcome discrepancies among racially/ethnically diverse consumers of vocational rehabilitation services: Summary and critique of the literature. *Journal of Applied Rehabilitation Counseling, 38*(1), 3–11.

Lent, R. W., Brown, S. D., & Hackett, G. (1996). Career development from a social cognitive perspective. In D. Brown & L. Brooks (Eds.), *Career choice and development* (3rd ed., pp. 373–421). San Francisco: Jossey-Bass.

157

Lent, R. W., & Hackett, G. (1994). Sociocognitive mechanisms of personal agency in career development: Pan theoretical prospects. In M. L. Savickas & R. W. Lent (Eds.), *Convergence in career development: Implications for science and practice* (pp. 77–101). Palo Alto, CA: Consulting Psychologists Press.

Lindstrom, L., Doren, B., Metheny, J., Johnson, P., & Zane, C. (2007). Transition to employment: Role of family in career development. *Exceptional Children, 73,* 348–366.

Livneh, H., & Antonak, R. (1997). *Psychosocial adaptation to chronic illness and disability.* Gaithersburg, MD: Aspen.

Luecking, R. G., Cuozzo, L., & Buchanan, L. (2006). Demand-side job workforce needs and the potential for job customization. *Journal of Applied Rehabilitation Counseling, 37*(4), 5–13.

Lustig, D., & Strauser, D. (2007). Causal relationships between poverty and disability. *Rehabilitation Counseling Bulletin, 50,* 194–202.

Madaus, J. W. (2004). *Employment outcomes and experiences of college graduates with learning disabilities.* Storrs: University of Connecticut. Full-text available through REHABDATA database at http://www.naric.com.

Matt, G. E., Bellardita, L., Fischer, G., & Silverman, S. (2006). Psychological resources and mental health among the difficult-to-employ: Can a pre-employment training program make a difference? *Journal of Vocational Rehabilitation, 24*(1), 33–43.

McMahon, B. T., Edwards, R., Rumrill, P. D., & Hursh, N. (Eds.). (2005). Workplace discrimination and disability in America. *Work: A Journal of Prevention, Assessment, and Rehabilitation* (special issue), *25*(1), 1–88.

McReynolds, C. J., Koch, L. C., & Rumrill, P. D. (2001). Qualitative research strategies in rehabilitation. *Work: A Journal of Prevention, Assessment, and Rehabilitation, 16*(1), 57–65.

Merz, M. A., & Szymanski, E. M. (1997). The effects of a vocational rehabilitation based career workshop on commitment to career choice. *Rehabilitation Counseling Bulletin, 41,* 88–104.

Mitchell, L. K., & Krumboltz, J. D. (1996). Krumboltz's learning theory of career choice and counseling. In D. Brown & L. Brooks (Eds.), *Career choice and development* (3rd ed., pp. 233–280). San Francisco: Jossey-Bass.

Neimeyer, L. O., Jacobs, K., Reynolds-Lynch, K., Bettencourt, C., & Lang, S. (1994). Work hardening: Past, present, and future—the work programs special interest section National Work-Hardening Outcome Study. *American Journal of Occupational Therapy, 48,* 327–339.

Nieuwenhuijsen, E. R. (2004). Health behavior change among office workers: An exploratory study to prevent repetitive strain injuries. *Work: A Journal of Prevention, Assessment, and Rehabilitation, 23,* 215–224.

Ochs, L. A., & Roessler, R. T. (2001). Students with disabilities: How ready are they for the 21st century? *Rehabilitation Counseling Bulletin, 44,* 170–176.

158

Ochs, L. A., & Roessler, R. T. (2004). Predictors of career exploration intentions: A social cognitive career theory perspective. *Rehabilitation Counseling Bulletin, 47*, 224–233.

Olney, M. F. (2007). Caught in a social safety net: Perspectives of recipients of Social Security Disability Programs on Employment. *Journal of Applied Rehabilitation Counseling, 38*(2), 5–13.

Osipow, S. H., Carney, C. G., Winer, J. L., Yanico, B., & Koschier, M. (1976). *The career decision scale* (3rd ed.). Odessa, FL: Psychological Assessment Resources.

Parker, R. M., & Bolton, B. (2005). Research in rehabilitation counseling. In R. M. Parker, E. M. Szymanski, & J. B. Patterson (Eds.), *Rehabilitation counseling: Basics and beyond* (4th ed., pp. 335–362). Austin, TX: PRO-ED.

Pedhazur, E. J., & Schmelkin, L. P. (1991). *Measurement, design, and analysis: An integrated approach*. Hillsdale, NJ: Erlbaum.

Perry, E. L., Hendricks, W., & Broadbent, E. (2000). An exploration of access and treatment discrimination and job satisfaction among college graduates with and without physical disabilities. *Human Relations, 53*, 923–955.

Phillips, S. D., Strohmer, D. C., Berthaume, B. L. J., & O'Leary, J. C. (1983). Career development of special populations: A framework for research. *Journal of Vocational Behavior, 22*, 12–29.

Ponterotto, J. G., & Grieger, I. (2007). Effectively communicating qualitative research. *The Counseling Psychologist, 35*, 404–430.

Powers, L. E., Sowers, J., & Stevens, T. (1995). An exploratory, randomized study of the impact of mentoring on the self-efficacy and community-based knowledge of adolescents with severe physical challeges. *Journal of Rehabilitation, 61*(1), 33–41.

Regenold, M., Sherman, M. F., & Fenzel, M. (1999). Self-efficacy as a predictor of employment outcome. *Psychiatric Rehabilitation Journal, 22*, 361–367.

Rogers, J. B., Bishop, M., & Crystal, R. M. (2005). Predicting rehabilitation outcome for supplementary security income and social security disability income recipients: Implications for consideration with the Ticket to Work program. *Journal of Rehabilitation, 71*(3), 5–10.

Rosenthal, D. A., Ferrin, J. M., Wilson, K., & Frain, M. (2005). Acceptance rates of African American versus White consumers of vocational rehabilitation services: A meta-analysis. *Journal of Rehabilitation, 71*(3), 36–44.

Rumrill, P. D., Roessler, R., Vierstra, C., Hennessey, M., & Staples, L. (2004). Workplace barriers and job satisfaction among employed people with multiple sclerosis: An empirical rationale for early intervention. *Journal of Vocational Rehabilitation, 20*, 177–183.

Ryan, C. P. (1995). Work isn't what it used to be: Implications, recommendations, and strategies for vocational rehabilitation. *Journal of Rehabilitation, 61*(4), 8–15.

159

Salomone, P. R., & O'Connell, K. R. (1998). The impact of disability on the career development of people with multiple sclerosis. *Journal of Career Development, 25,* 65–81.

Saunders, J. L., Leahy, M. J., McGlynn, C., & Estrada-Hernandez, N. (2006). Predictors of employment outcomes for persons with disabilities: An integrative review of potential evidence-based factors. *Journal of Applied Rehabilitation Counseling, 37*(2), 3–20.

Sauter, S. L., & Murphy, L. R. (Eds.). (1995). *Organizational risk factors for job stress.* Washington, DC: American Psychological Association.

Savickas, M. L., & Lent, R. W. (Eds.). (1994). *Convergence in career development theories: Implications for science and practice.* Palo Alto, CA: Consulting Psychologists Press.

Schaller, J., Parker, R., & Garcia, S. (1998). Moving toward culturally competent rehabilitation counseling: Issues and practices. *Journal of Applied Rehabilitation Counseling, 29*(2), 40–48.

Schein, E. H. (1986). A critical look at current career development theory and research. In D. T. Hall (Ed.), *Career development in organizations* (pp. 310–331). San Francisco: Jossey-Bass.

Schuster, J. L., Timmons, J., & Moloney, M. (2003). Barriers to successful transition for young adults who receive SSI and their families. *Career Development of Exceptional Individuals, 26*(1), 47–66.

Shaw, W. S., & Huang, Y. (2005). Concerns and expectations about returning to work with low back pain: Identifying themes from focus groups and semistructured interviews. *Disability and Rehabilitation, 27,* 1269–1281.

Smart, J. (2001). *Disability, society, and the individual.* Gaithersburg, MD: Aspen.

Smart, J. F., & Smart, D. W. (1991). Acceptance of disability and the Mexican American culture. *Rehabilitation Counseling Bulletin, 34,* 357–367.

Strauser, D. R. (1995). Applications of self-efficacy theory in rehabilitation counseling. *Journal of Rehabilitation, 61*(1), 7–11.

Strauser, D. R., Ketz, K., & Keim, J. (2002). The relationship between self-efficacy, locus of control, and work personality. *Journal of Rehabilitation, 68*(1), 20–26.

Strauser, D. R., Lustig, D. C., & Donnell, C. (2004). The relationship between working alliance and therapeutic outcomes for individuals with mild mentardation. *Rehabilitation Counseling Bulletin, 47,* 215–223.

Super, D. E. (1990). A life-span, life-space approach to career development. In D. Brown & L. Brooks (Eds.), *Career choice and development: Applying contemporary theories to practice* (2nd ed., pp. 197–261). San Francisco: Jossey-Bass.

Suzuki, L. A., Ahluwalia, M. K., Arora, A. K., & Mattis, J. S. (2007). The pond you fish in determines the fish you catch: Exploring strategies for qualitative data collection. *The Counseling Psychologist, 35,* 295–327.

Szymanski, E. M. (1999). Disability, job stress, the changing nature of careers, and the career resilience portfolio. *Rehabilitation Counseling Bulletin, 42,* 279–289.

Szymanski, E. M. (2000). Disability and vocational behavior. In R. G. Frank & T. R. Elliott (Eds.), *Handbook of rehabilitation psychology* (pp. 499–517). Washington, DC: American Psychological Association.

Szymanski, E. M., & Hershenson, D. B. (1998). Career development of people with disabilities: An ecological model. In R. M. Parker & E. M. Szymanski (Eds.), *Rehabilitation counseling: Basics and beyond* (3rd ed., pp. 327–378). Austin, TX: PRO-ED.

Szymanski, E. M., & Hershenson, D. B. (2005). An ecological approach to vocational behavior and career development of people with disabilities. In R. M. Parker, E. M. Szymanski, & J. B. Patterson (Eds.), *Rehabilitation counseling: Basics and beyond* (4th ed., pp. 225–280). Austin, TX: PRO-ED.

Szymanski, E. M., Hershenson, D. B., Ettinger, J., & Enright, M. S. (1996). Career development interventions for people with disabilities. In E. M. Szymanski & R. M. Parker (Eds.), *Work and disability: Issues and strategies in career development and job placement* (pp. 255–276). Austin, TX: PRO-ED.

Szymanski, E. M., Treviño, B., & Fernandez, D. (1996). Rehabilitation career planning with minorities. *Journal of Applied Rehabilitation Counseling, 27*(4), 45–49.

Treviño, B., & Szymanski, E. M. (1996). A qualitative study of the career development of Hispanics with disabilities. *Journal of Rehabilitation, 62*(3), 5–9.

Unger, D. D. (n.d.). Employers' attitudes toward people with disabilities: Myths or realities? In D. Unger, J. Kregel, P. Wehman, & V. Brooke (Eds.), *Employers' views of workplace supports: Virginia Commonwealth University charter business roundtable's national study of employers' experiences with workers with disabilities* (pp. 1–2). Richmond, VA: Rehabilitation Training Center on Workplace Supports and Job Retention. Available at http://www.worksupport.com/main/rrtcpapers.asp

Unger, D., Kregel, J., Wehman, P., & Brooke, V. (n.d.). (Eds). *Employers' views of workplace supports: Virginia Commonwealth University charter business roundtable's national study of employers' experiences with workers with disabilities.* Richmond, VA: Rehabilitation Training Center on Workplace Supports and Job Retention. Available at http://www.worksupport.com/main/rrtcpapers.asp

Unger, D., & Kregel, J. (2003). Employers' knowledge and utilization of accommodations. *Work, 21*(1), 5–15.

Vondracek, F. (2007). Introduction and commentary: Studies of development in context. *Journal of Vocational Behavior, 70,* 1–7.

Wehman, P., & Revell, W. G. (2006). The Ticket to Work program: Marketing strategies and techniques to enhance implementation. *Journal of Vocational Rehabilitation, 24*(1), 45-63.

Wenkman, J. (1994). *The effect of work experience on career decisiveness of college students with disabilities*. Unpublished doctoral dissertation, University of Wisconsin–Madison.

Westaby, J. D., Versenyi, A., & Hausmann, R. C. (2005). Intentions to work during terminal illness: An exploratory study of antecedent conditions. *Journal of Applied Psychology, 90*, 1297–1305.

Westerlund, D., Granucci, E. A., Gamache, P., & Clark, H. B. (2006). Effects of peer mentors on work-related performance of adolescents with behavioral and/or learning disabilities. *Journal of Positive Behavior Interventions, 8*, 244–251.

Witte, R., Philips, L., & Kakela, M. (1998). Job satisfaction of college graduates with learning disabilities. *Journal of Learning Disabilities, 31*, 259–265.

Wright, B. A. (1991). Labeling: The need for greater person–environment individuation. In C. R. Snyder & D. R. Forsyth (Eds.), *Handbook of social and clinical psychology: The health perspective* (pp. 469–487). New York: Pergamon.

不同族群之生涯諮商模式、介入及應用

David B. Hershenson　著

鳳華　譯

本章的重點將著重對身心障礙人士以及其他族群的生涯諮商。本章
節是修訂自本書第二版（2003）中，Hershenson 及 Liesener 所撰寫的章
節。以下二則引文闡明了生涯發展理論與生涯諮商之差別：「就本質而
言，生涯發展理論主要是研究介入的對象，而不是針對介入方案本身做探
討」（Herr, 1996, p. 17）。生涯諮商模式則是「一份描述性的指南，目
的是達到改變，並依實際成果判斷其成效」（Chartrand, 1996, p. 121）。
生涯發展及生涯諮商之間的關係正是「生活如藝術」這格言具體的例子。
莎士比亞《仲夏夜之夢》（*A Midsummer Night's Dream*）劇中（1954），
（Wright, 1936）劇中兩個主角，Helena 和 Lysander，二人剛開始各有所
愛，然而某夜二人漫步於魔法森林，不其然的瞥見對方一眼，最終走向註
定要結合的宿命。醉心於人格（personality）理論的生涯發展和醉心於應
用實務的生涯諮商，二者各自追求心之所愛擦身而過，幾乎無視於對方的
存在，但最終他們是註定要在一起的。事實上，一些連結二者的運動已儼
然可見了（Brown & Lent, 2005; Herr, 1996; Patton & McMahan, 2006）。

歷史

造成生涯發展與生涯諮商二者間起初交錯關係的主要因由
之一，可追溯到生涯諮商和生涯發展各有不同的發展史（Herr,
2001）。Hershenson 曾於 1995 年概要的回顧生涯諮商的發展
過程。第一個以科學方式從事生涯諮商的是 Frank Parsons，他
於 1908 年在麻塞諸塞州波士頓成立了生涯諮商方案，稱為職訓

局（Vocation Bureau），此方案是正式記載的第一個生涯諮商方案。Parsons 明言此局的目的是協助年輕人選擇職業、培訓、輔導就業以及建立豐碩成功的生涯。同時也給任何想改善處境而尋求諮商的人，不限年齡的給予協助（Davis, 1969, pp. 113-114，引述 Parsons 於 1908 年 7 月刊於 *The Arena* 之聲明）。

這份聲明奇妙地預言了此領域近百年發展的方向，結合了生涯與諮商，並試圖為此領域應涵蓋的所有對象提供服務。Parsons 的著書《選擇職業》（*Choosing a Vocation*），在他逝世後，於 1909 年出版。此書第五頁列出了選擇職業的一些要素：

(1) 明晰的了解自我及自我的性向、能力、興趣、企圖心、資源、限度，以及這些背後的起因；(2) 了解各行業成功的要求與條件、優勢與劣勢、報酬、機會以及前景；(3) 就以上兩方面做真切的思考（p. 5）。

接下來的 40 年，生涯諮商領域致力於發展客觀的量表，助人「明晰的了解自我及自我的性向、能力、興趣、企圖心、資源、限度」，以及發展如何施測並向求職者解釋評估之結果。

二次大戰爆發前，許多歐洲心理學家及兒童心理學家為逃避納粹迫害而移民至美國。諮商領域受到他們的影響便取向於人類發展學說。而 Super 於 1953 年出版的《職業發展理論》一書，則將這走向導入了生涯諮商。一個不同於 Parsons 的模式於焉誕生。Parsons 模式著重於選擇一份職業，新的模式卻把生涯發展當成是終生持續的過程。這轉變也帶動生涯諮商模式的演化，由將生涯視為僅僅是人生中選擇某份職業的某階段，走向視生涯為個人終生的成長與發展（Savickas, 2005）。

O'Hara 曾探討當時生涯諮商的風潮以及洞悉當時此領域如何在 15 年內深受發展學說的影響，從而說到：「目前相當著重情感因素，以至於忽略了研究認識認知的方式」（O'Hara, 1968, p. 637）。於是著重於認知過程及資訊處理的第三種主要方式，因著下列兩個情況而興起：一是在生涯

諮商中有關職業的訊息量及複雜度都增多了；二是當時正在發展中的認知心理學與電腦二領域，對人如何接收、儲存，以及使用資訊做決定發生了興趣。個人在選擇職業時，通常面臨要對自己沒有完整經驗的事做決定，因此，各種可能的選擇以及如何處理這些資訊就變得非常重要。認知學在生涯諮商的運用，首推 Krumboltz（1979）與 Lent、Brown 和 Hackett（1994）的社會學習模式，以及 Peterson、Sampson 和 Reardon（1991）的認知訊息處理模式。在這些模式中，生涯諮商著重於協助求職者發展自身搜尋資訊、處理資訊，以及做決定的技能，並且運用這些技能來解決自身生涯發展的問題。從 1980 年代末，試圖結合這三大方式來描繪出生涯諮商的一般流程，已出現在文獻中。

　　以下章節，我將描述代表此一發展的一些生涯諮商模式。接著，我將討論這三大模式中通用的一些介入法。最後，我將考量將這些模式及介入法運用於不同人士的可行性，特別是運用於身心障礙人士。結論將提出一個具融合特性的架構來引導生涯諮商流程。

生涯諮商模式

　　在介紹文獻中最常見的各種模式之前，先介紹幾個能展現生涯諮商概念範圍的定義，希望能有所助益。1991 年，全國生涯發展協會（National Career Development Association, NCDA）在一份表明立場文章的陳述如下：

> 　　生涯諮商定義是針對個人或群體，就生涯的各個面向提供諮商服務，包括職業、生涯、生活／生涯角色與責任、選定生涯、生涯計畫、休閒計畫、生涯路途，以及其他生涯發展相關事件（即，準備履歷、面談，與找工作技巧），同時也包含了個人在生涯上面臨的各種議題與衝突（p. 1）。

166

　　以上這個定義著重於生涯二字。以下由 Brooks 和 Brown 於 1986 年提出的定義則著重於諮商：

> 生涯諮商是為協助個人面臨生涯發展問題，所發展的一種
> 人際互動的歷程……生涯問題包括但不限於：優柔寡斷與猶豫
> 不決、工作表現、壓力與調適、與工作環境不合、無法滿意地
> 兼顧人生各個角色（即，父母、朋友、公民）（p. 98）。

　　如前所示，第一個生涯諮商模式是由 Frank Parsons 於 1909 年提出。
他的模式採用媒合個人特質與工作要素的策略。此三階段諮商模式成為其
他模式建構的基礎，其背後有三個假設：

1. 人們尋找或建立能展現個人特質的環境。
2. 個人與環境的適配度與一些顯著的成果息息相關。例如，工作表現、
   生產力、滿意度、營業額，以及壓力。這些成果實質地影響個人與環
   境。二者愈適配，結果愈圓滿。
3. 個人與環境磨合的過程是交互影響的；個人塑造環境、環境影響個
   人。（Rounds & Tracey, 1990, p. 18）

　　一些近代的生涯諮商師認為這模式有所不足，而發展出自己的
生涯諮商模式以強調他們關注的議題（即，Brown & Brooks, 1991;
Cochran, 1997; Fouad & Bingham, 1995; Gysbers, Heppner, & Johnston,
1998; Mitchell & Krumboltz, 1996; Nathan & Hill, 1992; Salomone, 1996;
Spokane, 1991; Yost & Corbishley, 1987）。這些模式主要是在 Parsons
（1909）的三階段模式後再增加階段，或是將重點轉移到：(1) 諮商師
與求職者間的關係；或是 (2) 求職者的認知過程。這些模式反映出各種
不同的理論取向。仔細（甚或不用太仔細）檢視會發現百變不離其宗，
Parsons 的模式以及將求職者特質與工作要素媒合的理論仍是這些模式的
核心。以下將介紹一些擴充 Parsons 模式而建立的新進生涯諮商模式。

Parsons 派模式

Nathan 和 Hill

　　Nathan 和 Hill 於 1992 年提出的模式在形式上和 Parsons 的很像，
但他們融入了當代人與環境互動的理論（person-environment-interaction

theories）與個人中心理論（person-centered theories）。此模式強調個人的情感與信念是潛在的阻隔或支持因素。此外，此模式將生涯諮商的過程由職業選擇加入提供全程支持的理念，強調支持應延伸至整個就業過程，甚或就業之後。

　　Nathan 和 Hill（1992）生涯諮商模式含有三階段：(1) 初篩、訂合約、探索；(2) 增進求職者的自我了解；以及 (3) 行動與結束。第一階段時，先評估求職者在生涯諮商的準備度與適配度；探討生涯與教育上的各種選擇；建立對生涯諮商的期望；以及簽訂合約。第二階段，求職者需探討以下的問題：我是誰？我位於何處？我想要什麼？我想立身於何處？此外，也借助各式評量工具來增進對自身的了解。求職者也將探詢職業上的相關資料。在行動與結束的終結階段，探索各種生涯的可行性並做選擇，進而發展出行動計畫並付諸實行。同時會正視害怕改變的心緒，也會評估是否需要持續的支持，並且會呈現個體在諮商過程中所展現的進步。

Krumboltz

　　Krumboltz 於 1979 年（以及 Mitchell & Krumboltz, 1996）提出社會學習理論的生涯決定論，在生涯諮商過程中融合了行為的原理與認知發展的理論。根據 Krumboltz 的模式，四個因素影響做決定：天賦與特殊才能、環境狀態與事件、工具的或連結的學習經驗，以及處理事情的技巧。這四個因素的交互影響造就了自我觀察觀（即，對個人強項與弱項、興趣、價值觀的自我評估），世界觀（即，個人對職場運作的看法）、處事能力（即，決定生涯的能力，諸如：找資料、定目標、計畫），以及後續行動（即，找工作的行為）。如此，在 Parsons 原模式意涵的因素上，又加了個人的學習經驗與處理事情能力一項。Krumboltz 的生涯諮商模式，很重視在社會學習（Bandura, 1986）的過程中，經驗效果在個人的學習及信念對個人能力認定上的影響。

　　在此基礎上，Krumboltz 和 Hamel 於 1977 年建構一個七步驟的生涯決定模式。取每一步驟的第一個字母，就成了「DECIDES」一字。這些步驟如下：

1. 定義問題（Define the problem）。
2. 建立行動計畫（Establish an action plan）。

3. 釐清價值（Clarify values）。

4. 找出各種備案（Identify alternatives）。

5. 發掘可能的結果（Discover probable outcomes）。

6. 有系統的刪除備案（Eliminate alternatives systematically）。

7. 開始行動（Start action）。

　　1996 年，Mitchell 和 Krumboltz 擴大融入了生涯選擇與諮商學習理論（learning theory of career choice and counseling, LTCC），（這理論）希望能「提供這些諮商師一服務指南，當面對受各種生涯問題困擾的人，他們可以做些什麼來幫助他們」（p. 250）。在此時期，選擇生涯的人需學著去：(1) 拓寬自己的興趣與能力；(2) 應付多變的工作角色與工作內容；以及 (3) 找出並處理與生涯及個人相關的資訊，再根據這些資訊做出決定，進而付諸行動。生涯選擇與諮商學習理論認為諮商師必須促進求職者學習面對生涯的各種議題——從選擇職業、找工作、適應新工作，到退休計畫等，同時包含各種計畫以外或意料外的事件（Mitchell, Levin, & Krumboltz, 1999）。讓求職者做的各式評量是用來促使求職者做新的學習，而不是讓諮商師來診斷求職者。此模式的介入方案包含：(1) 發展性及預防性的介入〔即，生涯教育、職業俱樂部（job clubs）、業界資訊、模擬〕；以及 (2) 修改及矯正的介入（即，認知重建、行為治療，如：減敏感及角色扮演）。生涯選擇與諮商學習理論也呼籲以新的標準來評估介入方案。新標準包括介入方案促進求職者學習的程度，以及對求職者激發學習動力及工作適應能力的改善程度。

Yost 和 Corbishley

　　Yost 和 Corbishley（1987）像 Krumboltz 一樣，將認知原理融入他們的生涯諮商模式。不同於 Krumboltz、Yost 和 Corbishley 沒有聚焦在社會學習對個體做決定的影響，而是著重於求職者（自我想法）的認知限度對生涯發展過程的影響。在這模式中，「認知限度一定要處理，才能確保生涯發展過程可以成功」（Isaacson & Brown, 1997, p. 376）。基於這些想法，Yost 和 Corbishley 發展了一個八步驟的生涯諮商模式。包含求職者：(1) 執行初步評量；(2) 獲得認識自我；(3) 理解何謂認識自我；(4) 找出各

種可行性；(5) 蒐集職業相關資訊；(6) 做選擇；(7) 定計畫；以及 (8) 依計畫實行。1991 年，Yost 和 Corbishley 概述面談的四個步驟，用以執行模式中的第一階段——初步評量。面談四步驟為：(1) 分析求職者的工作經歷；(2) 檢視工作方面的偏好；(3) 探查求職者的生活型態及背景脈絡；以及 (4) 摘要所蒐集的資料。

Spokane

1991 年，Spokane 也根據生涯發展的認知理論發展出了一個生涯諮商模式。此模式中，諮商師探索求職者具有哪些可能會影響他求職動機的非理性想法。此外，此模式相當重視諮商師與求職者間的關係，尤其是在第一階段的關係。Spokane 的模式包含三階段，又細分八個次階段：(1) 開場：開放、激勵及放鬆；(2) 啟動：評量、探詢與投入；以及 (3) 結尾：實行與貫徹。

Salomone

1996 年 Salomone 在 Parsons（1909）生涯諮商的媒合模式上加入人本（以求職者為中心）理論的原則。此模式首要目標是培養求職者的獨立性與責任感。此外，Salomone 視生涯為終生之發展，並涵蓋發展過程中的中年轉變。因此，此模式的諮商師從專家的角色，轉變為傳授如何面對這些生涯過渡期的教師及支持者。Salomone 生涯諮商模式的五步驟是：(1) 協助求職者了解自我；(2) 協助求職者了解環境；(3) 協助求職者了解何為下決定；(4) 實踐生涯與教育決定；以及 (5) 調整、適應與前進。

170

Gysbers、Heppner 和 Johnston

最後，與 Parsons（1909）的三階段生涯諮商一致的諮商模式是 Gysbers、Heppner 和 Johnston（1998）所共同發展的。一些學者（Arbona, 1996; Conte, 1983; Curnow, 1989; Gysbers et al., 1998; Leong, 1996; Szymanski, Enright, Hershenson, & Ettinger, 2003; Szymanski, Hershenson, Enright, & Ettinger, 1996）認為其他模式的不足之處，是不適用於女性與少數族群；Gysbers 等人（1998）則致力於發展一種諮商模式是可以特別考慮到性別、文化、種族，以及應用於女性與少數民族等因素。在研發此

模式時，Gysbers 等人特別融入一些生涯諮商發展理論的原則，其中包含求職者為中心理論、認知理論，以及多元文化理論。此模式含有兩個階段，每一階段又有三個次階段。

第一階段：澄清、確認、詳述求職者的目標或問題。又包含以下三個次階段：開場、蒐集求職者資料、了解並假設求職者的行為。開場階段，諮商師確認求職者初步的目標或問題，傾聽內心想法、感受，與潛在之動力，而與求職者建立起工作同盟關係；同時也界定並澄清求職者與諮商師間的關係與責任。蒐集資料階段，諮商師使用面談、量表與質化的程序來釐清與詳述初步的目標或問題，以探索求職者的自我觀、如何看待他人與自己的世界，探索求職者如何了解自己生活的角色、環境與事件，探索個人與環境中可能的阻礙或限制，以及探索求職者做決定的風格。在了解並假設求職者行為的階段，諮商師根據求職者提出的目標或問題，運用自己從生涯、諮商、人格理論，以及多元文化與性別文獻中結集而得的知識，透過形成假設、聚焦於文化或性別等相關變數、尋找求職者可能有的抗拒並做出回應，從而了解並詮釋求職者的資料與行為。

第二階段是達成求職者的目標或解決其問題，由以下三階段達成：行動、訂定生涯目標與行動計畫，以及評估結果與結束關係。第二階段下的第一階段，諮商師在彼此工作同盟關係範圍內，利用諮商技巧、質與量的評量工具，以及一些資訊，去協助求職者達成他的目標或面對他的問題。此時，通常求職者會去蒐集有關職場上以及工作機會的資訊。在第二階段，諮商師與求職者共同訂立生涯目標與達成目標的行動計畫。同時也解決問題，並隨時克服環境和偏見上的障礙。當求職者的目標達成時，或阻礙生涯發展的問題解決時，就是結束的階段。

由表 6.1 可看出雖然大多的人格理論與生涯發展理論對生涯諮商有其影響，但生涯諮商過程的架構主要是建基於人與環境互動的理論，尤其是基於 Parsons 1909 年的三環模式。評量求職者、分析現有的工作機會，以及合理的將此二者配對是所有模式的核心。然而，自 1909 年以來生涯諮商產生大幅的進步，在新近的模式中融入了各種工具來洞悉求職者，以及明瞭環境的影響力，並明察此二者間的互動。同時也融入各種做決定的步驟。此外，生涯的觀念也拓展到人生各種角色（即，工作上的、家庭的、宗教的、文化上的，以及閒暇時的），以及這些角色在一生中的演變。這生涯觀的改變在時下的生涯諮商模式中也清晰可見。

172

表 6.1　現有生涯諮商模式與 Parsons 派模式之對照

Parsons (1909)[a]	Nathan & Hill(1992)[b]	Krumboltz (1979)[c]	Yost & Corbishley (1991)[d]	Spokane (1991)[e]	Salomone (1996)[f]	Gysbers, Heppner, & Kohnston(1998)[g]
1. 認識自我 2. 了解現有工作機會的要求 3. 選擇做真切的思考	1. 篩選、訂合約、探索 2. 增進求職者的自我了解 3. 增進求職者對工作的了解 4. 行動與結束	1. 定義問題 2. 建立行動計畫 3. 釐清價值 4. 找出各種備案 5. 發掘可能的結果 6. 有系統的刪除備案 7. 開始行動	1. 初步評量 2. 獲得認識自我 3. 理解認識自我 4. 找出各種可行性 5. 蒐集職業相關資料 6. 做選擇 7. 定計畫 8. 依計畫實行	1. 開場 　a. 開放 　b. 激勵 　c. 放鬆 2. 啟動 　a. 評量 　b. 探詢 　c. 投入 3. 結尾 　a. 實行 　b. 貫徹	1. 協助求職者了解自我 2. 協助求職者了解環境 3. 協助求職者了解何為下決定 4. 實踐生涯教育與教育 5. 調整、適應、與前進	1. 確認、澄清、詳述求職者的目標或問題 　a. 開場 　b. 蒐集求職者資料 　c. 了解並假設求職者的行為 2. 達成求職者的目標或解決其問題 　a. 行動 　b. 訂定生涯目標與行動計畫 　c. 評估結果與結果關係

[a] Choosing a Vocation, by F. Parsons, 1909, Boston: Houghton Mifflin.

[b] Career Counseling, by R. Nathan & L. Hill,1992, London: Sage.

[c] A social Learning Theory of Career Decision Making," by J. D. Krumbolz, in Social Learning and Career Decision Making, by A. M. Mithchell, G. B. Jones, and J. D. Krumbolz (Eds.), 1979, Cranston, RI: Carroll Press.

[d] "A Psychological Interview Process for Career Assessment," by E. B. Yost and M. A. Corbishley, 1991, Journal of Business and Psychology, 5, pp. 513-523.

[e] Career Intervention, by A. R. Spokane, 1991, Englewood Cliffs, NJ: Prentice Hall.

[f] "Career Counseling and Job Placement," by J. Salomone, in Work and Disability: Issues and Strategies in Career Development and Job Placement, by E. M. Szymananski and R. M. Parker (Eds.), 1996, Austin, TX: PRO-ED.

[g] Career Counseling: Process, Issues and Techniques, by N. C. Gysbers, M.J. Heppner, and J. A. Johnston, 1998, Boston: Allyn & Bacon.

其他模式

在過去幾十年中，生涯諮商領域注意到，大多的生涯理論與諮商模式是以白人男性為常模所發展出的，可能不適用於女性與少數族群（Arbona, 1996; Conte, 1983; Curnow, 1989; Gysbers et al., 1998; Leong, 1996; Szymanski, Hershenson et al., 1996; Szymanski et al., 2003）。這覺知引發了許多這方面的研究，並多有斬獲，如：女性與少數族群在認同的發展上與白人男性有所不同（Gilligan, 1982; Helms, 1995）；不同文化價值對生涯發展與做決定的影響（Brown, 1996; Gysbers et al., 1998; Ponterotto, Casas, Suzuki, & Alexander, 1995）；以及偏見與歧視對生涯發展與做決定的衝擊（Betz & Hackett, 1981; Gysbers et al, 1998; Ponterotto et al., 1995; Subich, 1996）。這些主題將在本章稍後會詳細討論，然而於此刻必須要慎重指出，因著多元文化的生涯理論的產出，因此激發專門設計給女性與少數族群的生涯諮商模式的發展。

Fouad 和 Bingham

Fouad 和 Bingham（1995）創立了一個以多元文化生涯理論為基礎的生涯諮商模式。此模式在重點和結構上都與 Parsons（1909）的模式相異。這個模式的發展是為了回應 Helms（1995）以及 Meyers、Haggins 和 Speight（1994）所提出的問題。這些學者指出種族因素在早期主流生涯諮商理論裡被忽略，這些理論通常也只反映出單一的世界觀。因此，Fouad 和 Bingham 發展了一個含有七步驟的生涯諮商模式：(1) 建立合乎文化的關係；(2) 找出生涯相關議題；(3) 評估文化因素造成的影響；(4) 訂立諮商目標；(5) 擬定合乎文化的諮商介入法；(6) 訂定行動計畫；(7) 實行並追蹤該行動計畫。

這個模式在整個過程中都相當重視下列重點：各種種族的、人種的與文化的世界觀；認同的形成與同化過程；以及世界觀與環境間的互動。這個模式與 Parsons（1909）的模式不同之處在於重點放在發展與實行上，而不是在評估與選擇上。此外，此模式也要求諮商師跳脫傳統的雙人角色關係（dyadic role），改用團體諮商，提供口譯員，以及融入家庭成員與社區人士等方式（Bingham & Ward, 1996; Byars-Winston & Fouad,

2006）。

Brown 和 Brooks

　　最後一個要介紹的，也是不同於 Parsons（1909）架構的生涯諮商模式，是 Brown 和 Brooks（1991）建立的。Brown 和 Brooks 的模式，在傳統模式的開始階段前，多加了評估求職者思路的清晰度，以及尋求生涯諮商的動機。依據這份評估，諮商師會在三種選擇中擇一投入。假如求職者思路清晰，尋求生涯諮商的動機是因為資訊不足或看事情的角度固著，諮商師會依 Parsons 的模式給予諮商。如果求職者的思路不清，評量出來有輕微心理健康的問題（即，不良的做決定的方式、低自尊、不合邏輯的思維），或是有嚴重的心理健康問題（即，精神病、濫用藥物），諮商師則會在進行生涯諮商前，先採用其他的介入方式，如：轉介。最後，如果求職者具有清晰的思維，但是基於外在因素而尋求生涯諮商，如，一時的危機或壓力，諮商師會先做個人諮商，之後才開始生涯諮商。Brown 和 Brooks 的生涯諮商模式奠基於以下的假設：就是個人必須先處理個人問題，以取得生涯諮商成功必備的清晰思維，以及生涯諮商在過程和焦點上都與個人諮商不同。但是，這兩個假設都有待商榷（見 Gysbers et al., 1998）。

　　回顧完當代具代表性的生涯諮商取向，接著要介紹一些為多個模式所採用的主要生涯介入方式。

生涯諮商方法

　　各類生涯諮商模式，不論是媒合論（即，Parsons, 1909）、發展論（即，Gysbers et al., 1998）、認知論（即，Peterson et al., 1991），或融合論（即，Yost & Corbishley, 1987），各自提供了一種對求職者、他或她的生涯問題，以及面對這個問題的最佳方式等的概念化方法。但是在生涯諮商實務上，一些方法幾乎可應用在各模式的架構中。雖然各自有其採用某種方法的理由，方法在各模式間基本上卻是相同的。Szymanski、Hershenson、Ettinger 和 Enright（1996）提出選取方法的幾項通用原則，包括：所選取的介入方式 (1) 符合倫理規範；(2) 確保求職者所習得的應

對方法，能應用在未來相似的生涯議題上；(3) 協助求職者習得應付多變的勞力市場所需的技術，並協助求職者為將來的生涯改變做計畫；以及 (4) 在職場上不會產生太多干擾或特異性。另外，誠如 Blustein（1992, 2006）指出，方法應能提升求職者掌握狀況的能力，探索自我或環境的能力，以及擴大選擇範圍。

Hershenson 和 Liesener（2003）回顧了可應用在一般人士，也適用於身心障礙人士的方法，包括：(1) 個別諮商；(2) 生涯規劃系統；(3) 生涯決定方法；(4) 體驗式的介入；以及 (5) 使用生涯檔案。以下將一一簡介這五部分。

個別與團體生涯諮商

Herr 和 Cramer（1996）將個人生涯諮商定義為：「(1) 一種大量的語言過程；(2) 讓諮商師和求職者間有動態的互動；其中 (3) 諮商師運用各式行為經驗庫；以利 (4) 引發求職者的自我認識，並且採取『適當的』做決定行為，並強調求職者是為自己行為負責任的那位」（p. 592）。Whiston（2000）曾回顧一些具有效果的個別諮商相關研究。此外，Pope（1999）並討論使用團體諮商在生涯探索上的益處，使用視覺圖像的益處、發展當地職業資訊的益處、教導做生涯決定的益處，以及教導面談技巧的益處。

根據建構論（constructionist）的觀點，個別諮商是敘事式的諮商方式。依 Cochran（1997）的觀點是：「我們在行動的路徑中做決定，該行動路徑是與內心深處所尋覓想要演出的敘事情節有關，而會以顯著的方式拒絕會阻礙該敘事演出的路徑……一個生涯的決定就是生命路徑的戲劇創作」（p. 11）。因此，生涯諮商的目標就是要界定出個人生涯腳本內的問題或缺口，決定如何面對處理它們（如，填補缺口、修改腳本），並做出行動。諮商師與求職者合作去引發問題、檢查問題，以及解決問題，在這過程中「諮商師有一套整合的、可彈性編排以及協調的『劇情』，可供選擇」（p. 42）。「劇情」包括：

- 詳盡地說明一個生涯問題。
- 組構生活歷史。
- 建造未來故事。

- 建構事實。
- 改變生活結構。
- 扮演某個角色。
- 做成決定。（Cochran, 1997, p. 42）

生涯規劃系統

Szymanski、Hershenson、Ettinger 和 Enright（1996）定義：

> 生涯規劃系統（career planning systems, CPSs）是整合資訊的材料和過程。這些系統至少扮演以下二種功用：(1) 發掘自己與生涯相關的訊息（如：興趣、價值）；(2) 提供各種不同的職業選項資訊；(3) 自我資訊與職業資訊間的牽線；(4) 提供作決定的協助；以及 (5) 考慮生涯計畫中的未來步驟（pp. 259-260）。

177

以上所回顧的生涯規劃系統，包含以下幾類：(1) 興趣清單附加計畫方案；(2) 生涯規劃書；(3) 一般電腦輔助生涯資訊系統；(4) 課程與工作坊。我未將 Szymanski 等人的第五類——可轉移技能分析列出，因為我認為值得另闢單元再介紹。但我另加了一個項目——生涯族譜。

興趣量表加規劃活動

如同 Szymanski、Hershenson、Ettinger 和 Enright（1996）所提，一些的生涯規劃活動也融入了興趣量表，例如：Holland（1985）的《職業興趣自我探測量表》就附上了各式的訊息來源，如：《大專主修科系尋找者》（*The College Majors Finder*）（Rosen, Holmberg, & Holland, 1994）。《Holland 職業代碼典》（*The Dictionary of Holland Occupational Codes*）（Gottfredson & Holland, 1989），以及《你與你的生涯》（*You and Your Career*）（Holland, 1994）。其他的例子還有《加州職業系統》（*California Occupational System*）、《俄亥俄州職業興趣市調》（*Ohio Vocational Interest Survey*）、《個人生涯發展檔案》（*Personal Career Development Profile*）：《工作世界清單》（*World of Work Inventory*）

（Szymanski, Hershenson, Ettinger, & Enright, 1996）。

生涯規劃書

最著名的生涯規劃書——《你的降落傘是什麼顏色？》（*What Color Is Your Parachute?*）（Bolles, 2007）已出版了超過 35 年，並且從 1975 年起每年都修訂。此書內「含有求職者自我評量活動、促進職業資訊連結、協助整合此類的訊息、提供進一步資訊或協助。主要章節包括正確的看事情、找工作、選擇或換生涯、把握面談機會以及成功的面談」（Szymanski, Hershenson, Ettinger et al., 1996, p. 260）。Szymanski、Hershenson、Ettinger 等人（1996）指出這本書，還有 Witt（1992）寫的《身心障礙者的工作策略》（*Job Strategies for People with Disabilities*），以及最近 Ryan（2004）出版的《身心障礙人士尋找工作手冊》（*Job Search Hand book for People with Disabilities*），像這類的書籍可協助求職者（後兩本對身心障礙人士更是有所助益）更有效的運用諮商資源。

一般電腦輔助生涯資訊系統

這部分在第八章會有詳細的討論。

178

生涯課程與研習

各式的生涯課程與工作坊（即，一學期的課、短期研習、密集式的工作俱樂部型態的活動；Azrin, Besalel, Wisotzek, McMorrow, & Bechtel, 1982）對增進生涯成熟度、自我探索、生涯探索、生涯規劃、找工作、面談技巧，以及維持工作所需的社會技巧等各方面都有所助益。修習這些課程的有高中生、大學生，以及一般成人與身心障礙人士（Halasz & Kempton, 2000）。

生涯家系圖

有一群生涯諮商師鼓吹使用生涯家系圖（即，Brown & Brooks, 1991; Gysbers et al., 1998; Heppner, O'Brien, Hinkelman, & Humphrey, 1994; Moon, Coleman, McCollum, Nelson, & Jensen-Scott, 1993; Okiishi, 1987; Okocha, 1998）。生涯家系圖是將一個人的家庭職業史，由求職者提供諮

商師描繪成視覺圖表。家系圖有助於釐清個人有意識或下意識裡自認為合適的工作，或會去選擇一份自認為合適的工作，是如何地受家庭趨勢或期待所影響。家系圖也可以強調出各世代家庭成員選擇職業類別的轉變。如此，可以協助拓展個人選擇的範圍，或是協助個人在尋找合適的工作上抵擋家庭的壓力。

技能可轉移性的分析

Szymanski、Hershenson、Ettinger 和 Enright（1996）寫道：「在復健過程中重返職場的一個重要生涯介入方案就是技能可轉移性的分析。這個過程是有系統的檢視一個人的工作歷史、個人功能的能力與限度，以及職業和勞力市場的資訊，運用這些來產生可能的工作方案」（p. 262）。這個介入法也廣泛用於一般人士（如，Bolles, 2007）。可轉移技術分析的應用廣泛，從訓練醫學院學生搜尋並分析資料（McLachlan, 2000），到評估腦傷者重返職場（Fraser, 1997）的運用皆有。

生涯抉擇方法

Parsons（1909）在選擇職業的第三個因素中所提出的，在自我認識與個人對職場的認知間「做真切的推論」，當中就隱含了作決定的過程。決定生涯過程中，有各種變數。Savickas（2000）回顧了各類決定生涯的評量，總結出每一份所評量的是不同的變數。這些變數包括：在選擇生涯過程中會遇到的困難（生涯抉擇量表；Osipow, Carney, Winer, Yanico, & Koschier, 1987），或是掌握生涯發展的靈活度（生涯發展量表；Super, Thompson, Lindeman, Jordaan, & Myers, 1981），或是決定職業的傾向（生涯成熟量表；Crites, 1978）。顯然，決定生涯是複雜的現象。琢磨求職者作決定的技能，從 Tiedeman（1967-1969）在 Harvard-NEEDS-Newton 職業選擇資訊系統（Harvard-NEEDS-Newton Information System for Vocational Decisions）的早期工作，一直到現今，就廣泛地運用在生涯諮商中。而今最受闡述的兩個生涯做決定的方式是 Krumboltz（1979; Krumboltz & Hamel, 1977）的行為主義模式（如前述各生涯諮商模式中所提），與 Peterson 等人（1991）的認知「資訊—處理」模式。

Peterson 等人（1991）提出了一個五步驟循環的認知資訊—處理

179

技巧，運用在做生涯決定中。他們各取每一步驟之字首，將之命名為CASVE。第一個技巧是溝通（Communication），意指將內在或外在問題傳遞引發出來，這些問題通常顯示現況與理想之間存有鴻溝。因此，分析（Analysis）問題的步驟便隨之而出。分析步驟是將問題解析為因果部分，並找出彼此間的關係。下一步就是綜合（Synthesis），透過抽絲剝繭並重組資訊，綜合創建出跨越鴻溝的各種腹案。然後再依可行性及本益比來衡量這些腹案，評價（Valuing）出優劣順序。然後為中選的腹案擬定計畫並付諸實行（Execution）。最後再回到溝通階段，看看是否已移除初始發掘的鴻溝，來評定計畫實施的效果。

　　此外，過去 40 年來，有一些做決定的模式（Brown, 1996; Katz, 1966），受個人價值系統催生而出。再者，Lee 和 Johnston（2001）曾爭取將「機會、運氣、或然率」（p. 181）放入做生涯決定的考量之中。最後，Gati、Fassa 和 Houminer（1995）在生涯諮商中，提出了一個九步驟逐步刪除做決定法：

1. 定義及建構需做決定的問題點。
2. 找出相關的觀點。
3. 依重要性排列各觀點。
4. 找出最理想及可接受的標準。
5. 刪除和偏好不符的職業。
6. 測試偏好改變的敏感度。
7. 蒐集其他資訊。
8. 依整體條件之有利性排列各腹案。
9. 概述實施最偏愛方案的步驟。（p. 220）

　　很明顯地，這個方式假設做決定的過程是基於理性的。

　　Herr 和 Cramer（1996）認為 Bergland 於 1974 年對生涯決定文獻的綜論仍是有效的。Bergland 總結道：解決問題是做決定的基本策略，所以應遵循八階段的步驟：

1. 界定問題。
2. 擬出腹案。
3. 蒐集資訊。

4. 發展搜尋資訊的技能。

5. 提供有用的資訊來源。

6. 處理資料。

7. 擬定計畫及設定目標。

8. 實施及評鑑計畫。（p. 352）

　　決定生涯介入方案時的另一個考慮點，就是每一個人做決定的風格。Arroba（1977）提出六類風格：(1) 邏輯型（客觀及合理）；(2) 不假思索型（衝動）；(3) 猶豫型（延宕或無法下決定）；(4) 情緒型（取決於主觀喜好）；(5) 順從型（取決於所感受到的他人的期待）；以及 (6) 直覺型（完全取決於個人覺得哪個腹案是對的或注定的）。數年後，Harren（1979）提出了三種風格的分類：(1) 理性型；(2) 直覺型（情緒型）；以及 (3) 依賴型（逃避責任）。有人假設職業生涯作決定的過程完全是理性的，但從人們有不同下決定的風格來看，不禁令人對這種假設質疑。

　　或許最嚴謹的生涯決定文獻評論是 Krieshok（1998）提出的。Krieshok 遍覽過去 50 年有關生涯決定的研究，下結論道，基本上文獻支持以下十個主張：

1. 諮商師可以評量決定力、生涯決定技能，以及做生涯決定的自我效能。

2. 人有不同的決定力。

3. 生涯決定力隨著時間而成長。

4. 性別……社經地位、學歷，以及種族……影響著生涯決定。

5. 很難下決定的人通常有其他方面的問題。

6. 優柔寡斷不一定會因下了決定就消失。

7. 介入促進決定力。

8. 做決定的過程是複雜的。

9. 就像資料處理器會犯錯，人也會犯錯。

10. 〔人無法精確的描述他們作決定的概念。〕（pp. 211-216）

181

　　Krieshok（1998）因而斷言因為做決定的諸多構成要素，既不是意識的也不是理性的，所以很多職業資訊、求職者的自我報告，以及對求職者下決定過程的深思，這些在生涯諮商上的價值是存疑的。

或許 Herr 和 Cramer（1996）的結論是最中肯的：

> 雖然正式做決定的理論將下決定視為：(1) 一個過程；(2)
> 有基本的理性基礎；以及 (3) 在某個時間點上做某個特定的選擇
> （Costello & Zalkind, 1963），但個人的主觀性對自我解讀和各
> 個選項的解讀，是有相當影響力的，因此 Hansen（1964-1965）
> 的見解便有其可信度。Hansen 的見解就是下決定的心理層次多
> 於理性層次。當諮商師在協助求職者決定什麼資料是他們所需
> 的，以及他們所蒐集到的資料的意義為何時，要謹記資料會有
> 個人的偏見在內。與其假設求職者會全然理解資訊的意含並且
> 理性地處理資訊，不如假設求職者會透過不全或固著的印象處
> 理資料，所以，諮商師就必須直接介入，以確保求職者會儘量
> 客觀地考量所有相關的資料（p. 197）。

體驗式的介入

體驗式的介入包括讓求職者和職場直接接觸。體驗式的介入的實例，
如：資訊的面談、工作見習（job shadowing）、志工、實習與學徒制、
試用（e.g. Blankertz & Robinson, 1996），以及支持性就業。這些方法在
接觸程度上和付出辛勞上彼此相差甚廣，但都要求求職者要非常積極的投
入。

體驗式的介入能增加求職者獲得對自我及職場的訊息，也在受保護的
環境中提供求職者做決定的機會，因之體驗式的介入方法在整個生涯諮商
的過程中都有所助益。參加體驗式的介入法讓求職者有機會就其實際接觸
的經驗，來確認自己的價值與興趣，評估他們在所想申請的環境中的技術
與能力，以及學習新技能或精進已會的技能。此外，求職者在此時成功的
經驗也會提升他的勝任感。體驗式的介入也提供了求職者一些職業或職場
的重要資訊，這些資訊是其他被動訊息來源（即，書、網站資料）所無法
提供的。最後，挑選這些體驗經驗的工作與場所，能提供求職者有機會作
決定，而沒有像挑選一份正式生涯的壓力與風險。

　　體驗式的介入特別有助於輔導多元族群的求職者。文獻顯示少數民族或身心障礙人士，他們生涯相關的經驗可能有限、自我效能與自我概念低於一般人，以及作決定的經驗也可能有限（Betz & Hackett, 1981; Conte, 1983; Cook, Heppner, & O'Brien, 2002; Curnow, 1989; Hershenson & Szymanski, 1992）。對於身心障礙的族群，體驗式的介入可以用來協助找出並測試所有需要的職務調整。

　　直接隸屬總統底下的身心障礙人士就業委員會（President's Committee for the Employment of Persons with Disabilities）資助的身心障礙學生的青年領袖論壇（Youth Leadership Forum for Students with Disabilities, YLF）是一個融入多種體驗式的介入的例子。YLF 是由加州州長身心障礙人士就業委員會（California Governor's Committee for Employment of Disabled Persons）於 1992 年為高二、高三學生設計的一個四天活動的計畫，目前也在其他州實行。在這個計畫中，學生們參加促進自我認識、自我效能、領導技巧，以及做決定技能的各式活動。透過類似身心障礙學生的青年領袖論壇的計畫，對障礙青年在早期生涯探索和做決定時，典型會面臨的不足處（Conte, 1983; Curnow, 1989），可獲得改善以利於生涯發展。

生涯檔案方法

183

　　生涯檔案提供求職者一種技術，用來記錄、整合和分析他整個生涯歷程，以及在生涯諮商過程中所蒐集的資料。在建立檔案時，求職者自己負責從所蒐集的資料中找出意義，並且將學習、訓練與未來成功的遠景做連結，更運用這些資訊來做決定（McDivitt, 1994）。生涯檔案通常將資料整理成以下幾部分：

　　(1) 自我認識：這是做任何決定的基礎。因為興趣、性向、特色、背景、個人風格交織而出的每位個體都是獨特的；(2) 生活角色：這點凸顯了文化與社會對生活有強大的影響；(3) 生涯發展：這部分鼓勵求職者了解自己學習上的需要與進步，也負起計畫未來經歷的責任；(4) 生涯探索計畫：這是探索選擇不同的職業會怎樣影響人生的其他面（Szymanski, Hershenson, Ettinger, &

Enright, 1996, p. 264）。

蒐羅生涯檔案的資料可以包括以下的項目：評量結果、生涯自傳、生涯家系圖、學業成績單、履歷、以往的工作方案、生涯日記、工作與職業資訊、以往工作表現，以及生涯目標列表；所蒐集的資料也可不侷限於以上所列。從這些項目可以看出，求職者對生涯興趣與價值觀的認知、所受過的訓練、他的職業技能、工作經驗、生涯規劃資源、做決定與規劃的能力、對工作市場的知識、找工作的技術，以及他工作維持與精進的技能（Koch & Johnston-Rodriguez, 1997）。

Szymanski（1999）更進一步建議諮商師協助求職者發展生涯復原力檔案。生涯復原力檔案特別專注於協助求職者，準備一個危機處理對策，以面對目前或未來的工作困境，所以生涯復原力檔案和傳統生涯檔案是不同的。Szymanski 強調生涯復原力檔案可能對身心障礙人士特別有用，因為障礙本身可能就是風險因子，而以下列方式造成工作困境：(1) 身心障礙人士易受僱於流動率高或沒出路的工作，此二者是工作困境的肇因；(2) 負面的社會態度與溝通屏障可能阻礙社會支持，此點可能在身心障礙人士有工作困境時引發負面影響；(3) 有些障礙引起功能惡化，這也是工作困境的來源之一；(4) 工作困境會降低免疫系統而引起身心障礙人士的苦惱；以及 (5) 某些身心障礙人士需要花大量的精力在日常生活上（即，穿衣、個人衛生、交通），此點會增加工作困境。生涯復原力檔案是調解工作危難可能帶來負面影響的首要介入方式。因之，應包括以下幾部分：(1) 目前工作上的知識與技能；(2) 未來工作目標以及達成目標所需的知識、技能與經驗；(3) 獲致所需知識、技能、經驗的計畫；以及 (4) 壓力分析與紓壓。

運用生涯復原力檔案時，諮商師應說明它的目的、如何建立資訊，與促進資訊的整合，但也要保留空間讓求職者自己決定要收錄何種資料，以及闡釋資料對他私人的意義。除了提供求職者方法整合在生涯諮商過程中所蒐集的資料以外，檔案也能培養責任感、提高自尊、協助設立目標、提供合作機會，並且培養個人素質（McDivitt, 1994）。生涯檔案應能顯示求職者「生涯發展歷程，以及朝向個人目標的進程」（McDivitt, 1994, p.

363）。根據檔案內的資料，求職者和諮商師能合力發展計畫，以達成確認的生涯目標。因此，檔案在諮商過程中提升了求職者的責任感，提供方法整合所蒐集到的資料，也協助訂定生涯計畫。

　　看完了生涯諮商模式與介入方式。接下來要看看這些模式如何運用到不同的族群，特別要介紹在身心障礙人士上的運用。

應用生涯諮商於不同族群

　　之前提過一些生涯諮商模式受到以下的批評，如：不適用於少數族群、女性、對性別有不同傾向的人，以及身心障礙人士（Arbona, 1996; Conte, 1983; Cook, Heppner, & O'Brien, 2002; Curnow, 1989; Gysbers et al., 1998; Leong, 1996; Pope, 1995; Szymanski, Enright, Hershenson, & Ettinger, 2003; Szymanski, Hershenson, Enright, & Ettinger, 1996）。Gysbers 等人（1998）指出，除了根據多元文化理論發展出的模式外，其他主要的生涯諮商模式是根據白人文化的五項信條發展出來的。這五項信條是：「(1) 個人主義與獨立自主；(2) 富裕；(3) 公開的組織與機會；(4) 以工作為中心；以及(5)直線的、漸進的與理性的生涯發展過程」（Gysbers et al., 1998, pp. 33-34）。然而，有些人因著社會的偏見而無從獲得這些價值和假設，有些人價值觀背景不同，對他們而言，這些價值和假設並不一定是真的。因此，援用這五項信條就有可能給予不同族群的人不恰當的生涯諮商。許多非西方文化民族（即，亞洲人、非洲人、西班牙人、美國原住民）保有群體主義、相互依賴特性，以及負起家庭責任等價值觀。個人主義和獨立自主觀念疏忽了這些觀念的價值。結果，許多非西方文化中，順從家人、長輩或社會公益做選擇的態度，在生涯諮商中被視為病態。

　　富裕主義假設每個個體都有經濟資產去追求他所選擇的生涯（Gysbers et al., 1998）。所有建基於媒合理論的生涯諮商模式和做決定模式都以這個假設為核心。然而，在美國有13%的赤貧人口，其中包含了分占不同比例的少數族群、單身女性與身心障礙人士（C.S. Census Bureau，2001）。雖不是大多數，但對許多人而言，較基本的需求主導限制了他們的生涯路徑，去選擇能自我實現的生涯，是一個負擔不起

185

的奢望。同樣在美國，公開的組織與機會這項信條，也幾乎很難適用於大多數的人。所有的非主流族群在他們生涯發展上，都面臨偏見與歧視（Arbona, 1996; Conte, 1983; Cook, Heppner, & O'Brien, 2002; Curnow, 1989; Gysbers et al., 1998; Leong, 1996; Szymanski, Hershenson, Enright, & Ettinger, 1996）。即便是在多數的白人族群，也只有少數人能享受到富裕以提高他的生涯機會。

以工作為中心這項信條是基於西方新教徒的工作倫理，許多其他文化的群體並不如是觀之。此外，Gilligan（1982）婦女道德發展研究顯示，女性道德和做決定的過程，深深視與他人的關係親疏而定。因此，對許多女性而言家庭先於事業（Lips, 1992）。對許多身心障礙人士而言，照料健康第一，以致於當工作會失去健康保險時，有可能中斷生涯發展。

最後，將生涯發展視為直線的、漸進的及理性的這觀點也有待商榷。事實上，有一整套不是基於這觀點的生涯發展理論已被提出（即，偶然理論；Cabral & Salomone, 1990）。Hershenson（1981）應用他的工作適應理論到後天身心障礙人士（acquired disabilities）時，他注意到這些人士在工作能力、工作品格和工作目標上呈現非直線式的發展。至於理性的生涯發展這一點，多位作者討論到在做生涯決定時，普遍使用的是直覺反應和非理性部分（Cabral & Salomone, 1990; Liptak, 2001）。

此外，在探究生涯諮商模式時，我提到目前大多數的模式遵循Parsons（1909）發展的基本架構。此架構著眼於人、工作場域及選擇過程，表面上看來涵蓋範圍廣且普及性高，但有些人士認為這個架構無視於社會真相，也無視於少數族群的文化價值觀，甚而許多屬於多數族群人士的文化價值觀也受到忽視（Arbona, 1996; Cook, Heppner, & O'Brien, 2002; Gysbers et al., 1998; Leong, 1996; Szymanski, Hershenson, Enright, & Ettinger, 1996）。進而，在這些生涯諮商模式中，「求職者仍常被置於依賴的角色，一些情境的因素依舊不受重視，在過程中仍常著眼於選擇而排除執行上的議題」（Subich, 1996, p. 278）。

追隨這些配對基礎模式的價值觀和假設有一大風險，就是生涯諮商可能會置少數族群人士於依族群屬性規劃介入方案（castification）的地步。依族群屬性規劃介入方案就是因個人屬於某少數族群，而將之貶於較低的地位（Szymanski & Trueba, 1994）。當生涯諮商把族群用來計畫介入

方案，並且作為失敗的歸因時，就會發生這種情形（Szymanski & Trueba,
1994）。舉例來說，若將女性的生涯規劃只著眼於傳統的婦女生涯，或
依身心障礙人士的功能限度來謀合生涯選項，就屬於種姓制度。有一難處
就是種姓制度很容易發生在潛意識的層面，諮商師或求職者都沒有察覺。
Szymanski 和 Trueba（1994）說到「身心障礙人士面臨的困難，至少有一
部分不在於障礙引起的功能低弱，而是在埋藏於復健、教育、社福機構的
種姓制度，這制度又在過程中被善意的專業人士強化了」（p. 12）。這
對許多尋求生涯諮商的少數族群人士而言也是事實。

　　Cook、Heppner 和 O'Brien（2002）；Gysbers 等人（1998）；Miller 和
Brown（2005）；Ponterotto 等人（1995）；Pope（1995）；以 及 Savickas
和 Walsh（1996）等對提供生涯諮商給少數族群、女性以及性別傾向不同
的人，有相當廣泛的論述。本章節以下的內容，將著眼於對身心障礙人士
的生涯諮商，亦即在前所述的諮商模式中備受忽略的議題做討論。之後，
將提出一個適用於多元背景人士，特別是為身心障礙人士，所設計的生涯
諮商架構。

身心障礙人士之生涯諮商

　　從 1920 年到 1973 年，聯邦政府立法通過推動身心障礙人士復健方
案，特別在復健（rehabilitation）二字前加上「職業上的」（vocational）
這個修飾詞，至今，重返職場仍是州立與聯邦復健方案的主要目標。並
且，重返職場也一直是失業保險復健（insurance rehabilitation）和業界障
礙處理方案所標示的目標。因此，生涯諮商和職業復健方案的目標一直都
是在協助求職者（在早期的案例，求助的是輟學者、移民，或體健但失業
的人或入錯行的人；後期的案例則是身心障礙人士）去選擇並進入適當的
行業（Hershenson, 1995）。

　　因之，理論上復健過程中提供給身心障礙人士的生涯諮商與提供給其
他人士的應無不同。如 Thomas 和 Berven（1984）觀察到：(1) 身心障礙
人士與身心障礙人士之間的差異性大於他們與非障礙人士間的差異；以及
(2) 因為身心障礙人士間的差異大，便不可能有涵蓋所有人的單一理論。
並且，大部分適用於非障礙人士的生涯諮商模式和方法，也曾成功地應用

於某些身心障礙人士。但在實務上，以上的假設並非全真，主要是因為身心障礙人士經歷了非障礙人士所未曾面對過的經驗。然而生涯諮商的方式卻是依非障礙人士所發展的。根據 Conte（1983）與 Curnow（1989）二人指出，這些非障礙人士所未曾面臨的經驗包括：(1) 早期生涯探索經驗有限；(2) 發展做決定能力的機會有限；以及 (3) 因社會對身心障礙人士的態度而造成低的自我概念。因此，在為身心障礙人士做生涯諮商的專業人員間，存有許多錯誤觀念和負向態度也就不令人驚訝了（Cook, Kunce, & Getsinger, 1976; Huitt & Elston, 1991; Schofield & Getsinger, 1971）。所以，當面對身心障礙人士做生涯諮商時，就必須要考慮到一些獨特的因素（Fabian & Liesener, 2005）。Luzzo、Hitchings、Retish 和 Shoemaker（1999）發現有身心障礙的大學生相較於他們沒有障礙的同儕，身心障礙的大學生在做決定上的自我效能明顯地比較低，也持有較悲觀的歸因風格。同時，我們也必須小心不要將此論點視為理所當然而造就了種姓制度的過程。Mpofu 和 Harley（2006）從正向的觀點建議諮商員，以相互支持的方式發展並使用這兩方的認同，來幫助有身心障礙的少數族群（因此看來會面臨雙倍的挑戰）。也建議諮商師以相互支持的方式達至「成功的生涯參與所需的保護的、補償的、自我提升，以及工具的（學習）的功能」（p. 21）。

　　本章一開始，我提到生涯發展和生涯諮商的關係，宛如《仲夏夜之夢》裡主要角色間的關係。生活更進一步的仿效藝術，猶如《仲夏夜之夢》裡的戲中戲。在那魔法森林裡還有一群演員（Quince、Snug、Flute、Snout 等），忙著為主角們迫近的婚禮籌備喜宴，主要的角色們（Demetrius、Hermia、Lysander 和 Helena）卻毫無知覺。很類似的，復健諮商領域被法定要求應聚焦於職業復健的範疇，關於身心障礙人士的職場行為，已建立充實並持續成長的文獻資料，卻常被生涯發展劇場所忽略。譬如，Osipow 和 Fitzgerald 於 1996 年出版的《生涯發展理論》（*Theories of Career Development*）當中，雖然有女性和少數族群的生涯發展，卻完全省略了身心障礙人士的生涯發展。同樣的，在 Savickas 和 Walsh 於 1996 年出版有 459 頁的《生涯諮商理論與實務手冊》（*Handbook of Career Counseling Theory and Practeice*），當中有數章談論多元文化與性別考量，但只有三篇文獻提到身心障礙人士，其中兩項僅僅提到這

些人屬於特殊族群,意謂諮商員應開始注意到他們的需求(好像過去從來沒有人注意到一樣!)。生涯魔法森林裡,忽略了一項事實,就是在 PsycINFO 上以「生涯與障礙」(career and disability)搜尋,會得到 885 個結果。他們卻宣稱已遍尋了與生涯相關的文獻,真是令人訝異。比起非障礙人士的生涯諮商領域,這樣的疏忽,使得身心障礙人士生涯諮商領域想要從文獻中獲益,自然不如所望。

　　論及身心障礙人士的生涯發展,可以找出明顯經歷不同生涯發展過程的三個組群:生涯前就有障礙的人士(即,腦性麻痺、先天失聰或失明)、生涯中有障礙的人士(即,脊椎損傷、截肢、後天失聰或失明),以及惡化性或突發性障礙〔即,多發性硬化症、雙極性情感疾患(又稱躁鬱症、雙極障礙);Beveridge, Heller Craddock, Liesener, Stapleton, & Hershenson, 2002〕。此三組群的差別在於障礙發生的時間點而非障礙本身的特性。惡化性或突發性障礙所造成的影響,依其發生或診斷確定的時間,可能會和前生涯障礙或中生涯障礙所造成的影響相似。重要的差別是一個人障礙上每一次顯著的功能改變,都有可能造成類似於中期障礙所造成的影響,還可能會有累積的影響。也需要了解每次發病或功能性能力的改變,如何影響一個人對工作、對障礙,以及對二者間互動的態度。此外,諮商師和求職者都必須對可能會產生潛在的無助感要有所警覺(Maier & Seligman, 1976)。身心障礙人士的生涯發展會顯出特異,是因為一般的生涯發展通常按照人的一生,依著相當可預期的路徑〔即,Super(1957)的生涯五階段〕,但障礙以及它的進程比較是隨機發生的。

INCOME 架構

　　身心障礙人士間與少數族群間的異質性,意涵的是任何理論要應用在這些人身上,不是一言即可蔽之的(Szymanski, Hershenson, Enright, & Ettinger, 1996)。從這章所提的各種理論與方法看來,儘管仍有許多的問題,還是需要一個概念上的架構,以引導生涯諮商師和復健諮商師來追蹤和促進各類人士的生涯發展。這些人士包含了少數族群、女性、不同性別傾向、與身心障礙人士,同時也包括白人男性在內。為了回應這需要,我提出以下含有六種狀態(statuses)的架構。此六種狀態形成了 INCOME 字首群:想像(imagining)、蒐集資訊(informing)、選擇(choosing)、

189

獲得（obtaining）、維持（maintaining）以及離職（exiting）（Beveridge et al., 2002; Hershenson, 2005）。INCOME 既不企圖成為生涯發展的理論，也不企圖成為生涯諮商的模式，而是一個融合式的架構，來協助生涯諮商師有系統的回應與他們合作的各式族群的多樣性。

　　INCOME 架構以狀態的觀念，而不是以階段的觀念來因應這樣的多樣性。Kohlberg（1968）把階段定義為有以下的特徵：它們是依不變的順序一一展開，它們描述質性上不同的型態，它們指的是想法的一般屬性，它們代表階層性的整合，以及具有文化的共通性。但是，INCOME 的架構是用 Helms（1995）狀態的概念。這概念是她從種族認同發展研究中所得到的。這概念並不是暗指一個人必須達到某狀態後才進入到下一個狀態。一個人可以跳過某狀態或返回某狀態，各狀態間也沒有固定的順序。此外，一個人可以同時處於多種狀態，例如，一邊工作一邊找工作。雖說如此，一個人第一次進入某狀態時，邏輯上他應該已經經歷了之前所有的狀態至少一次。例如，一個人只有先擁有一份工作才能談到保有工作。但是，一個人可能在擁有多份工作之後才保有一份工作。

　　這架構的靈感特別是取材自一些理論家的作品，他們致力尋求讓他們的模式能應用到不同族群身上。這些人包含 Super（1957, 1990），值得稱頌的是他在 1957 年出版的書當中，就有一個章節的名稱為「職業發展與身心障礙」；Danley 和 Anthony（1987）與他們為精神障礙職業復健所發展的「選擇─得到─保持」模式；以及 Lofquist 和 Dawis（1969; Dawis & Lofquist, 1984）和 Hershenson（1996）與他們的工作適應模式。其他企圖應用於各族群的理論包括 Maslow（1987）的需求層級，Bandura（1986, 1997）的社會認知理論，以及立基於社會認知理論的各生涯發展理論（Hackett & Betz, 1981; Krumboltz, 1979; Lent et al., 1994）。

　　現在我要定義 INCOME 架構的六種狀態。

想像

　　想像狀態是一個人意識到有所謂的職業、工作、職務或生涯的存在；或是有他所不知的工作存在。這狀態又有三個次狀態：覺察、幻想與實際的想像。幼年時，生長的家庭影響最大。之後，兒童從媒體或學校知道工作的世界。透過社會學習機制，兒童觀察周遭的人的反應，開始對工作與

職業形成某些態度。在這狀態時，兒童或重新經歷此狀態的成人對工作與
生涯的觀念，開始賦予意義並發展（或重估）出對它們的價值感。

191

蒐集資訊

這是個人取得關於自身、工作世界、現有的機會，及個人文化情境各
種資訊的狀態。這狀態包括培養個人工作能力方面，與取得關於自身、職
場與文化支持或阻礙的資訊二方面，資訊的取得用來把雙方面連結起來。
這資訊與從環境得來的訊息二者間的互動，造就一個人生涯相關的自我效
能以及對成果的期待。

選擇

選擇狀態是一個人整合了前述狀態所得的資訊，並從已知的職業中選
擇職業，反映出一個人具備的知識彼此間相互的影響、人格與環境的適合
度、個人所需與工作利益的相稱度、個人做決定的風格，以及機會。個人
的工作自我效能以及對成果的期待，可能因為選擇性的形塑個人與職場的
資訊，而影響生涯的選擇。依據 Maslow（1987）的需求論，需求層級形
成一個人行動的方向；最下層是基本需求，如食物與住處；這些基本需求
滿足後，一個人才會尋求更高層次需求的滿足。

獲得

在此獲得狀態，求職者執行他的生涯決定，並在他選擇的行業中找到
工作。此狀態中環境對此成果扮演舉足輕重的角色。經濟形勢強烈的影響
工作市場，而個人的家庭、文化與社會都可以視為是環境的影響因素之
一。

維持

生涯發展的維持狀態是適應工作、敬業與維持生涯的歷程。要維持一
份工作，一個人必須要能適應工作，相對的工作環境也必然會受到個人的
影響。工作適應包括「工作能力，包含工作習性、工作上的體力與心智能
力，以及職場上的人際互動技能」（Hershenson, 1996, p. 442）。

離職

　　INCOME 模式的第六種狀態是離職。離職指的是離開現有的職業狀態，包括被革職或退休，也包括主動離職而轉入新的職務或進入無職狀態。新的職務包括升遷或換工作，而無職狀態可以是做志工之類的。有幾項因素影響一個人想離職或決定離職，包括工作者的需求、滿意度，與工作上的目標與條件。這些受到環境、心理與社會影響的因素，在一個人生涯中是會有變動的。

　　INCOME 架構設計出來是要建議生涯諮商方法可以提供在不同狀態下的人。這些可用的方法列於表 6.2，大多已在本章第二部分討論過。因此，在想像狀態的人，可能從引導的想像、敘事式個人生涯諮商，或生涯覺察訓練（傳統運用於小學生身上），這些方案中獲益。在蒐集資訊狀態的人可能從職業資訊，或正式、非正式訓練與試用經驗，或建立生涯家系圖，或正式、非正式能力評量、興趣評量、價值與勞動市場條件評量等方案中獲益。在選擇狀態的人，可能從可轉移技術分析、做決定訓練，與協助處理家庭或同儕壓力中獲益。在獲得狀態的人可能從找工作訓練、選擇性安置、關係網絡，或建立並使用生涯檔案，這些方面中獲益。在維持狀態的人，可能從後續支持、生涯路徑，或工作表現檢討等這些方案中獲益。在離職狀態的人，依他的目標是換工作或退休，而從換工作諮商或退休前諮商中獲益，或二者都可從再訓練當中獲益。處於多種狀態的人，可以從所處的各狀態當中，各取其狀態中組合可能的方法而受益。本章所提的任何一個模式都可以運用這架構。由於我們的社會愈來愈多元，生涯諮商只有刻意地發展設計融合式的取向才適宜。我希望運用 INCOME 架構能讓生涯諮商過程更適用於女性、少數族群、不同性別傾向的人，以及身心障礙人士（無論是前生涯期、中生涯期，或突發性或惡化性的），同時也包括白人男性。

表 6.2　適用於 INCOME 各狀態的方法舉例

狀態	適用的方法舉例	
想像	**生涯覺察訓練** 引導式想像 敘事方式 大眾媒體	
蒐集資訊	**測驗與評量** 職業資訊（包括當地勞動市場） 電腦軟體 　（即，SIGI，DISCOVER，資訊 晤談志工經驗）	**課程** 生涯家系圖 試用 實習 影子
選擇	**做決定模式** 技能可轉移分析職業訓練 對他人生涯之反應	**上課、俱樂部** 顧問指導 應付同儕壓力
獲得	**找工作技能** 安置 倡議 工作博覽會 工作網	**機會架構** 評估偏見因素 試用或實習 技能訓練 生涯檔案
維持	**後續支持** 繼續教育 雇主諮詢 工作教練	**使用新技能** 生涯路徑 工作表現檢討
離職	**換工作諮商** 退休前諮商再訓練	

參考文獻

Arbona, C. (1996). Career theory and practice in a multicultural context. In M. L. Savikas & W. B. Walsh (Eds.), *Handbook of careeer counseling theory and practice* (pp. 45–54). Palo Alto, CA: Davies-Black.

Arroba, T. (1977). Styles of decision-making and their use: An empirical study. *British Journal of Guidance and Counseling, 5,* 149–158.

Azrin, N. H., Besalel, V. A., Wisotzek, I., McMorrow, M., & Bechtel, R. (1982). Behavioral supervision versus informational counseling of job seeking in the Job Club. *Rehabilitation Counseling Bulletin, 25,* 212–218.

Bandura, A. (1986). *Social foundations of thought and action: A social-cognitive theory.* Englewood Cliffs, NJ: Prentice Hall.

Bandura, A. (1997). *Self-efficacy: The exercise of control.* New York: Freeman.

Bergland, B. W. (1974). Career planning: The use of sequential evaluated experience. In E. L. Herr (Ed.), *Vocational guidance and human development* (pp. 350–380). Boston: Houghton Mifflin.

Betz, N., & Hackett, G. (1981). The relationship of career-related self-efficacy expectations to perceived career options in college men and women. *Journal of Counseling Psychology, 27,* 44–62.

Beveridge, S., Heller Craddock, S., Liesener, J., Stapleton, M., & Hershenson, D. (2002). INCOME: A framework for conceptualizing the career development of persons with disabilities. *Rehabilitation Counseling Bulletin, 45,* 195–206.

Bingham, R. P., & Ward, C. M. (1996). Practical applications of career counseling with ethnic minority women. In M. L. Savikas & W. B. Walsh (Eds.), *Handbook of career counseling theory and practice* (pp. 291–313). Palo Alto, CA: Davies-Black.

Blankertz, L., & Robinson, S. (1996). Adding a vocational focus to mental health rehabilitation. *Psychiatric Services, 47,* 1216–1222.

Blustein, D. L. (1992). Applying current theory and research in career exploration to practice. *The Career Development Quarterly, 41,* 174–184.

Blustein, D. L. (2006). *The psychology of working: A new perespective for career development, counseling, and public policy.* Mahwah, NJ: Erlbaum.

Bolles, R. N. (2007). *What color is your parachute? 2008: A practical manual for job-hunters and career-changers.* Berkeley, CA: Ten Speed Press.

Brooks, L., & Brown, D. (1986). Career counseling for adults: Implications for mental health counselors. In A. J. Palmo & W. J. Weikel (Eds.), *Foundations of mental health counseling* (pp. 95–114). Springfield, IL: Thomas.

Brown, D. (1996). Brown's values-based, holistic model of career and life-role choices and satisfaction. In D. Brown & L. Brooks (Eds.), *Career choice and development* (3rd ed., pp. 337–372). San Francisco: Jossey-Bass.

Brown, D., & Brooks, L. (1991). *Career counseling techniques*. Needham Heights, MA: Allyn & Bacon.

Brown, S. D., & Lent, R. W. (Eds.). (2005). *Career development and counseling: Putting theory and research to work*. Hoboken, NJ: Wiley.

Byars-Winston, A. M., & Fouad, N. A. (2006). Metacognition and multicultural competence: Expanding the culturally appropriate career counseling model. *The Career Development Quarterly, 54*, 187–201.

Cabral, A. C., & Salomone, P. R. (1990). Chance and careers: Normative versus contextual development. *The Career Development Quarterly, 39*, 5–17.

Chartrand, J. M. (1996). Linking theory to practice: A sociocognitive interactional model of career counseling. In M. L. Savickas & W. B. Walsh (Eds.), *Handbook of career counseling theory and practice* (pp. 121–134). Palo Alto, CA: Davies-Black.

Cochran, L. (1997). *Career counseling: A narrative approach*. Thousand Oaks, CA: Sage.

Conte, L. E. (1983). Vocational development theories and the disabled person: Oversight or deliberate omission? *Rehabilitation Counseling Bulletin, 26*, 316–328.

Cook, D., Kunce, J., & Getsinger, S. (1976). Perceptions of the disabled and counseling effectiveness. *Rehabilitation Counseling Bulletin, 19*, 470–475.

Cook, E. P., Heppner, M. J., & O'Brien, K. M. (2002). Career development of women of color and White women: Assumptions, conceptualization, and interventions from an ecological perspective. *The Career Development Quarterly, 50*, 291–305.

Crites, J. O. (1978). *Career maturity inventory*. Boulder, CO: Crites Career Consultants.

Curnow, T. C. (1989). Vocational development of persons with disability. *The Career Development Quarterly, 37*, 269–278.

Danley, K. S., & Anthony, W. A. (1987). The choose-get-keep model: Serving severely psychiatrically disabled people. *American Rehabilitation, 13(4)*, 6–9, 27–29.

Davis, H. V. (1969). *Frank Parsons: Prophet, innovator, counselor*. Carbondale: Southern Illinois University Press.

Dawis, R. V., & Lofquist, L. H. (1984). *A psychological theory of work adjustment: An individual-differences model and its application*. Minneapolis: University of Minnesota Press.

Fabian, E. S., & Liesener, J. J. (2005). Promoting the career potential of youth with disabilities. In S. D. Brown & R. W. Lent (Eds.), *Career development and counseling: Putting theory and research to work* (pp. 551–572). Hoboken, NJ: Wiley.

Fouad, N. A., & Bingham, R. P. (1995). Career counseling with racial/ethnic

195

minorities. In W. B. Walsh & S. H. Osipow (Eds.), *Handbook of vocational psychology: Theory, research, and practice* (2nd ed., pp. 331–366). Mahwah, NJ: Erlbaum.

Fraser, R. T. (1997). *Vocational evaluation of clients with traumatic brain injury: The Hatherleigh guide to vocational and career counseling.* New York: Hatherleigh.

Gati, I., Fassa, N., & Houminer, D. (1995). Applying decision theory to career counseling practice: The sequential elimination approach. *The Career Development Quarterly, 43,* 211–220.

Gilligan, C. (1982). *In a different voice.* Cambridge, MA: Harvard University Press.

Gottfredson, G. D., & Holland, J. L. (1989). *The dictionary of Holland occupational codes* (Rev. ed.). Odessa, FL: Psychological Assessment Resources.

Gysbers, N. C., Heppner, M. J., & Johnston, J. A. (1998). *Career counseling: Process, issues, and techniques.* Boston: Allyn & Bacon.

Hackett, G., & Betz, N. E. (1981). A self-efficacy approach to the career development of women. *Journal of Vocation Behavior, 18,* 326–339.

Halasz, T. J., & Kempton, C. B. (2000). Career planning workshops and courses. In D. A. Luzzo (Ed.), *Career counseling of college students* (pp. 157–170). Washington, DC: American Psychological Association.

Harren, V. (1979). A model of career decision-making for college students. *Journal of Vocational Behavior, 14,* 119–133.

Helms, J. E. (1995). An update of Helm's White and people of color racial identity models. In J. G. Ponterotto, J. M. Casas, L. A. Suzuki, & C. M. Alexander (Eds.), *Handbook of multicultural counseling* (pp. 181–198). Thousand Oaks, CA: Sage.

Heppner, M. J., O'Brien, K. M., Hinkelman, J. M., & Humphrey, C. F. (1994). Shifting the paradigm: The use of creativity in career counseling. *Journal of Career Development, 21,* 77–86.

Herr, E. L. (1996). Toward a convergence of career theory and practice: Mythology, issues, and possibilities. In M. L. Savickas & W. B. Walsh (Eds.), *Handbook of career counseling theory and practice* (pp. 13–35). Palo Alto, CA: Davies-Black.

Herr, E. L. (2001). Career development and its practice: A historical perspective. *The Career Development Quarterly, 49,* 196–211.

Herr, E. L., & Cramer, S. H. (1996). *Career guidance and counseling through the life span: Systematic approaches* (5th ed.). New York: HarperCollins.

Hershenson, D. B. (1981). Work adjustment, disability, and the three r's of vocational rehabilitation: A conceptual model. *Rehabilitation Counseling Bulletin, 25,* 91–97.

196

Hershenson, D. B. (1995). Career counseling. In A. E. Dell Orto & R. P. Marinelli (Eds.), *Encyclopedia of disability and rehabilitation* (pp. 140–146). New York: Macmillan.

Hershenson, D. B. (1996). Work adjustment: A neglected area in career counseling. *Journal of Counseling and Development, 74*, 442–446.

Hershenson, D. B. (2005). INCOME: A culturally inclusive and disability-sensitive framework for organizing career development concepts and interventions. *The Career Development Quarterly, 54*, 150–161.

Hershenson, D. B., & Liesener, J. J. (2003). Career counseling with diverse populations: Models, interventions, and applications. In E. M. Szymanski & R. M. Parker (Eds.), *Work and disability: Issues and strategies in career development and job placement* (2nd ed., pp. 281–316). Austin, TX: PRO-ED.

Hershenson, D. B., & Szymanski, E. M. (1992). Career development of people with disabilities. In R. M. Parker & E. M. Szymanski (Eds.), *Rehabilitation counseling: Basics and beyond* (2nd ed., pp. 273–303). Austin, TX: PRO-ED.

Holland, J. L. (1985). *The Self-Directed Search professional manual*. Odessa, FL: Psychological Assessment Resources.

Holland, J. L. (1994). *You and your career*. Odessa, FL: Psychological Assessment Resources.

Huitt, K., & Elston, R. (1991). Attitudes toward persons with disabilities expressed by professional counselors. *Journal of Applied Rehabilitation Counseling, 23*, 18–22.

Isaacson, L. E., & Brown, D. (1997). *Career information, career counseling, and career development* (6th ed.). Boston: Allyn & Bacon.

Katz, M. R. (1966). A model of guidance for career decision making. *Vocational Guidance Quarterly, 15*, 2–10.

Koch, L., & Johnston-Rodriguez, S. (1997). The career portfolio: A vocational rehabilitation tool for assessment, planning, and placement. *Journal of Job Placement, 13*, 19–22.

Kohlberg, L. (1968). Early education: A cognitive-developmental approach. *Child Development, 39*, 1013–1062.

Krieshok, T. S. (1998). An anti-introspectivist view of career decision making. *The Career Development Quarterly, 46*, 210–229.

Krumboltz, J. D. (1979). A social learning theory of career decision making. In A. M. Mitchell, G. B. Jones, & J. D. Krumboltz (Eds.), *Social learning and career decision making* (pp. 19–49). Cranston, RI: Carroll Press.

Krumboltz, J. D., & Hamel, S. A. (1977). *Guide to career decision-making skills*. Princeton, NJ: College Entrance Examination Board.

Lee, F. K., & Johnston, J. A. (2001). Innovations in career counseling. *Journal of Career Development, 27*, 177–185.

197

Lent, R. W., Brown, S. D., & Hackett, G. (1994). Toward a unifying social cognitive theory of career and academic interest, choice, and performance [Monograph]. *Journal of Vocational Behavior, 45*, 79–122.

Leong, F. T. L. (1996). Challenges to career counseling: Boundaries, cultures, and complexity. In M. L. Savikas & W. B. Walsh (Eds.), *Handbook of careeer counseling theory and practice* (pp. 333–346). Palo Alto, CA: Davies-Black.

Lips, H. M. (1992). Gender and science-related attitudes as predictors of college students' academic choices. *Journal of Vocational Behavior, 40*, 62–81.

Liptak, J. J. (2001). *Treatment planning in career counseling.* Stamford, CT: Brooks/Cole.

Lofquist, L. H., & Dawis, R. V. (1969). *Adjustment to work: A psychological view of man's problems in a work oriented society.* East Norwalk, CT: Appleton-Century-Crofts.

198　Luzzo, D. A., Hitchings, W. E., Retish, P., & Shoemaker, A. (1999). Evaluating differences in college students' career decision making on the basis of disability status. *The Career Development Quarterly, 48*, 142–156.

Maier, S. F., & Seligman, M. E. (1976). Learned helplessness: Theory and evidence. *Journal of Experimental Psychology, 105*, 3–46.

Maslow, A. H. (1987). Motivation and personality (3rd ed.). New York: Harper & Row.

McDivitt, P. J. (1994). Using portfolios for career assessment. In J. T. Kapes & M. M. Mastie (Eds.), *A counselor's guide to career assessment instruments* (3rd ed., pp. 361–371). Alexandria, VA: National Career Development Association.

McLachlan, J. C. (2000). Case study 4: Criterion-based assessment of transferable skills—information retrieval and analysis. *Medical Education, 34*, 73–74.

Meyers, L. J., Haggins, K. L., & Speight, S. (1994). Optimal theory and career assessment: Toward an inclusive, global perspective. *Journal of Career Assessment, 2*, 289–303.

Miller, M. J., & Brown, S. D. (2005). Counseling for career choice: Implications for improving interventions and working with diverse populations. In S. D. Brown & R. W. Lent (Eds.), *Career counseling and development: Putting theory and research to work* (pp. 441-465). Hoboken, NJ: Wiley.

Mitchell, L. K., & Krumboltz, J. D. (1996). In Krumboltz's learning theory of career choice and counseling. In D. Brown & L. Brooks (Eds.), *Career choice and development* (3rd ed., pp. 233–280). San Fransisco: Jossey-Bass.

Mitchell, L. K., Levin, A. S., & Krumboltz, J. D. (1999). Planned happenstance: Constructing unexpected career opportunities. *Journal of Counseling and Development, 77*, 115–124.

Moon, S. M., Coleman, V. D., McCollum, E. E., Nelson, T. S., & Jensen-Scott, R. L. (1993). Using the genogram to facilitate career decisions: A case study. *Journal of Family Psychotherapy, 4*, 45–56.

Mpofu, E., & Harley, D. A. (2006). Racial and disability identity: Implications for the career counseling of African Americans with disabilities. *Rehabilitation Counseling Bulletin, 50,* 14-23.

Nathan, R., & Hill, L. (1992). *Career counseling.* London: Sage.

National Career Development Association. (1991). *Position paper approved by the board of directors, Jan. 11, 1991.* Alexandria, VA: Author.

O'Hara, R. P. (1968). A theoretical foundation for the use of occupational information in guidance. *Personnel and Guidance Journal, 46,* 636–640.

Okiishi, R. W. (1987). The genogram as a tool in career counseling. *Journal of Counseling and Development, 66,* 139–143.

Okocha, A. G. (1998). Using qualitative appraisal strategies in career counseling. *Journal of Employment Counseling, 35,* 151–159.

Osipow, S. H., Carney, C. G., Winer, J., Yanico, B., & Koschier, M. (1987). *Career decision scale* (3rd ed.). Odessa, FL: Psychological Assessment Resources.

Osipow, S. H., & Fitzgerald, L. F. (1996). *Theories of career development* (4th ed.). Boston: Allyn & Bacon.

Parsons, F. (1909). *Choosing a vocation.* Boston: Houghton Mifflin.

Patton, W., & McMahon, M. (2006). The systems theory framework of career development and counseling: Connecting theory and practice. *International Journal for the Advancement of Counseling, 28,* 153-166.

Peterson, G. W., Sampson, J. P., Jr., & Reardon, R. C. (1991). *Career development and services: A cognitive approach.* Pacific Grove, CA: Brooks/Cole.

Ponterotto, J. G., Casas, J. M., Suzuki, L. A., & Alexander, C. M. (Eds.). (1995). *Handbook of multicultural counseling.* Thousand Oaks, CA: Sage.

Pope, M. (1995). Career interventions for gay and lesbian clients: A synopsis of practice knowledge and research needs. *The Career Development Quarterly, 44,* 191–203.

Pope, M. (1999). Applications of group career counseling techniques in Asian cultures. *Journal of Multicultural Counseling and Development, 27,* 18–31.

Rosen, D., Holmberg, K., & Holland, J. L. (1994). *The college majors finder.* Odessa, FL: Psychological Assessment Resources.

Rounds, J. B., & Tracey, T. J. (1990). From trait-and-factor to person-environment fit counseling: Theory and process. In W. B. Walsh & S. H. Osipow (Eds.), *Career counseling: Contemporary topics in vocational psychology* (pp. 1–44). Hillsdale, NJ: Erlbaum.

Ryan, D. J. (2004). *Job search handbook for people with disabilities* (2nd ed.). Indianapolis, IN: JIST Works.

Salomone, J. (1996). Career counseling and job placement: Theory and practice. In E. M. Syzmanksi & R. M. Parker (Eds.), *Work and disability: Issues and strategies in career development and job placement* (pp. 365–414). Austin,

199

TX: PRO-ED.

Savickas, M. L. (2000). Assessing career decision making. In C. E. Watkins, Jr. & V. L. Campbell (Eds.), *Testing and assessment in counseling practice* (2nd ed., pp. 429–477). Mahwah, NJ: Erlbaum.

Savickas, M. L. (2005). The theory and practice of career construction. In S. D. Brown & R. W. Lent (Eds.), *Career development and counseling: Putting theory and research to work* (pp.42–70). Hoboken, NJ: Wiley.

Savickas, M. L., & Walsh, W. B. (Eds.). (1996). *Handbook of career counseling theory and practice.* Palo Alto, CA: Davies-Black.

Schofield, L., & Getsinger, S. (1971). Client disability and counselor behavior. *Rehabilitation Counseling Bulletin, 14*, 158–165.

Spokane, A. R. (1991). *Career intervention.* Englewood Cliffs, NJ: Prentice Hall.

Subich, L. M. (1996). Addressing diversity in the process of career assessment. In M. L. Savikas & W. B. Walsh (Eds.), *Handbook of careeer counseling theory and practice* (pp. 277–289). Palo Alto, CA: Davies-Black.

Super, D. E. (1953). A theory of vocational development. *American Psychologist, 8*, 185–190.

Super, D. E. (1957). *The psychology of careers: An introduction to vocational development.* New York: Harper & Bros.

Super, D. E. (1990). A life-span, life-space approach to career development. In D. Brown & L. Brooks (Eds.), *Career choice and development: Applying contemporary theories to practice* (2nd ed., pp. 197–261). San Francisco: Jossey-Bass.

Super, D. E., Thompson, A. S., Lindeman, R. H., Jordaan, J. P., & Myers, R. A. (1981). *Career development inventory.* Palo Alto, CA: Consulting Psychologists Press.

Szymanski, E. M. (1999). Disability, job stress, the changing nature of careers, and the career resilience portfolio. *Rehabilitation Counseling Bulletin, 42*, 279–289.

Szymanski, E. M., Enright, M. S., Hershenson, D. B., & Ettinger, J. M. (2003). Career development theories, constructs, and research: Implications for people with disabilities. In E. M. Szymanski & R. M. Parker (Eds.), *Work and disability: Issues and strategies in career development and job placement* (2nd ed., pp. 91–153). Austin, TX: PRO-ED.

Szymanski, E. M., Hershenson, D. B., Enright, M. S., & Ettinger, J. M. (1996). Career development theories, constructs, and research: Implications for people with disabilities. In E. M. Szymanski & R. M. Parker (Eds.), *Work and disability: Issues and strategies in career development and job placement* (pp. 79–126). Austin, TX: PRO-ED.

Szymanski, E. M., Hershenson, D. B., Ettinger, J. M., & Enright, M. S. (1996). Career development interventions for people with disabilities. In E. M. Szymanski & R. M. Parker (Eds.), *Work and disability: Issues and strategies in career devel-*

200

opment and job placement (pp. 255–276). Austin, TX: PRO-ED.

Szymanski, E. M., & Trueba, H. (1994). Castification of people with disabilities: Potential disempowering aspects of castification in disability services. *Journal of Rehabilitation, 60,* 12–20.

Thomas, K. R., & Berven, N. L. (1984). Providing career counseling for individuals with handicapping conditions. In N. C. Gysbers (Ed.), *Designing careers: Counseling to enhance education, work and leisure* (pp. 403–432). San Francisco: Jossey-Bass.

Tiedeman, D. V. (Ed.). (1967–1969). *First and second annual and third reports, Harvard-NEEDS-Newton Information System for Vocational Decision.* Cambridge, MA: Harvard Graduate School of Education.

U.S. Census Bureau. (2001). *1990 census information.* Retrieved from www .census.gov/ dmd/www/2khome.

Whiston, S. C. (2000). Individual career counseling. In D. A. Luzzo (Ed.), *Career counseling of college students: An empirical guide to strategies that work* (pp. 137–156). Washington, DC: American Psychological Association.

Witt, M. A. (1992*). Job strategies for people with disabilities.* Princeton, NJ: Peterson's Guides.

Wright, W. A. (Ed.). (1936). *The complete works of William Shakespeare.* Garden City, NY: Garden City Publishing.

Yost, E. B., & Corbishley, M. A. (1987). *Career counseling: A psychological approach.* San Francisco: Jossey-Bass.

Yost, E. B., & Corbishley, M. A. (1991). A psychological interview process for career assessment. *Journal of Business and Psychology, 5,* 513–523.

職業輔導評量與身心障礙

Randall M. Parker、Sandra Hansmann 與 James L. Schaller　著

吳明宜　譯

長久以來，對身心障礙者進行評量一直是復健研究者和諮商師感興趣的領域。事實上，現代心理測驗的出現發生在 1904 年，當 Binet 受法國巴黎公共教育部長委託進行嚴重發展遲緩兒童辨認步驟的研究。他的研究導致第一份現代智力測驗的產生，也成為 20 世紀所發展的無數測驗的原型（Anastasi, 1993）。

　　Binet 的智力測量研究在美國引起相當大的迴響。此迴響最為人知的產品是史丹佛大學 Lewis Terman 所發展的《Stanford-Binet 智力測驗》（*Stanford-Binet Intelligence Scale*）（Terman, 1916）。從 20 世紀早期至今，有許多測驗被發展來測量身心障礙者的智力、其他特徵和人格特質。這些測驗包括評量：(1) 智能障礙，如：智力測驗、適應行為量表；(2) 精神性疾病，如：客觀測量與投射分析的人格測驗；(3) 神經性疾病，如：神經心理測驗；和 (4) 使用在職業諮商的工具，如：性向、興趣、價值觀、職業評估、工作樣本，以及情境評量等測驗工具（Bolton & Parker, 2008）。在如此多的現代心理測驗被發展來評量身心障礙者的情況下，令人難以理解的是身心障礙者的心理與職業評量現況是有爭議的。

　　這些爭議顯然是許多技術和實務上未解決問題所導致的結果。譬如：(1) 為一般大眾所發展的測驗對身心障礙者也有效嗎？(2) 特別是針對不同文化和語言的身心障礙者，這些測驗有效嗎？(3) 身心障礙者的測驗分數應該與非障礙者的常模做比較嗎？(4) 應該只使用相近障礙的特殊常模來做比較嗎？(5) 為身心障礙者的需求而調整施測流程是否會影響測驗結果的正確性？(6) 哪種測驗較適合用在身心障礙者的職業評量：客觀測量的職業測驗、工作樣本、情境評量，或是質性評量？這些問題瀰漫於日常的復健研究與實務之中。

綜觀心理與職業測驗的歷史，知名的專家曾經質疑過使用這些測驗於教育與職業輔導的適切性（Austin & Villanova, 1992; Lorge, 1936）。早期的批判來自 E. L. Thorndike 及其同事；經過密集研究職業測驗分數與後來職業結果的關係，他們宣告依據測驗結果所進行的職業輔導之成效與撞球遊戲的隨機性很類似（Thorndike et al., 1934）。近期另一位評量界的傑出人物也發表類似觀點。Oscar Buros（1977）宣稱「大多數標準化心理測驗的架構不佳，效度有問題或者不存在，與其宣稱的效益不符，非常容易被誤用」（p. 9）。Buros 和 Thorndike 等人對於客觀測量的職業測驗的評註提供一個健康懷疑論的發展基礎。

本章將檢驗關於身心障礙者的職業評量議題，特別是婦女和來自不同文化與語言背景者，並將呈現職業重建所使用的主要職業評量工具的問題。雖然所有的評量工具都有缺點，但每一個工具也提供某些有價值的地方。因此結論性的建議是復健諮商師要使用全人觀點來進行評量，使用多元的方法讓案主與諮商師可以將評量結果整合成一個有意義的全貌。本章節將從理論、概念和技術觀點來下標題，將先呈現客觀職業評量工具的概論，接著討論職業評量的理論與概念議題、傳統職業評量的限制，和傳統評量的替代方法。

客觀職業評量工具的概論

205

本節一開始要先提醒諮商師，在使用客觀測量的職業測驗來指認復健服務案主的潛在職業目標時，要謹慎小心。當考量經濟因素時，案主和諮商師都可能屈服於誇大不實、資訊錯誤，和最低限度的服務。保持健康懷疑論的態度和遵守買家要擔心的警戒是很重要的。諮商師不僅要保持懷疑態度，同時亦須在使用任何心理計量測驗前具備測驗評估的勝任能力。

有許多資源可以幫助諮商師這個評估任務，譬如：《復健測量與評估手冊》（*Handbook of Measurement and Evaluation in Rehabilitation*; Bolton & Parker, 2008）、《測驗與檢驗：能力與表現的測量》（*Tests and Examinations: Measuring Abilities and Performance*; Aiken, 1998）、《第七版心理測量年鑑》（*The Seventeenth Mental Measurements Yearbook*; Spies, Plake, Geisinger, & Carlson, 2007）、《測驗評析》（*Test Critiques*; Keyser &

Sweetland, 1984-2005）、《諮商師的生涯評量工具指南》（*A Counselor's Guide to Career Assessment Instruments*; Kapes & Whitfield, 2001）和《測驗：在心理、教育和企業的完整參照》（*Tests: A Comprehensive Reference for Assessment in Psychology, Education, and Business*; Maddox, 2008）等書。

　　就算使用風評不錯的工具，案主仍可能被錯誤的結果解釋所誤導。不幸的是，有些職業評量工具雖然可提供複雜的資訊，如：《職業興趣自我探測量表》（Holland, 1985），卻被發展成需要很少的專業詮釋，但事實上測驗結果提供了複雜的資訊。在專業職業諮商關係中，要建議案主積極參與職業評量。訓練良好的專家，如復健諮商師和復健心理師，會協助案主將資訊分類並發展全人觀點的行動計畫。於此，專業知識和常識都很重要。

　　雖然本章對使用傳統的客觀職業評量工具於身心障礙者提出批判，特別是對於婦女和來自不同背景者，但是職業評量的結果對於職業重建諮商可能非常有幫助。依我們的觀點，測驗結果最好與案主自述的志向、興趣、性向、價值觀和人格特質整合使用。案主必須擔任回顧、整合和詮釋這些資訊的主要者，而諮商師必須充當合作的諮詢者，補充資訊、提供鼓勵，並作為資源。這個資訊的本質應該被使用來刺激討論這些測驗數據與達成職業目標的關連。

　　我們相信鼓勵個體去探索其職業屬性和潛在工作環境應該是職業諮商的核心。諮商師的角色是提供案主支持和諮詢服務，將所蒐集的資訊予以概念化地加以整合。

206

　　諮商師可使用許多職業評量工具來協助案主獲得關於自己和職場的有用資訊。附錄 7A 提供了代表各種測驗類型的 23 個職業測驗範例。遵循 Isaacson 和 Brown（2000）與 Kapes 和 Whitfield（2001）所安排的分類方式，測驗類型包括性向測驗組、價值觀調查、興趣調查、人格調查、診斷調查和綜合的測驗調查。

職業評量的理論與概念議題

　　附錄 7A 的 23 個客觀職業評量工具是廣泛使用來協助案主指認職業目標的代表性工具。本節則探討使用職業測量工具於身心障礙者的理論與

概念議題。

　　評量個體的人格特質與特徵的理論基礎對於理解使用該評量步驟於身心障礙者所導致的爭議議題很重要。唯有透過理論的發展和測試，專業人員才會對於人類行為有所理解（Kerlinger & Lee, 2000）。理論通常提出假設性架構的法定關係。所有的客觀職業評量工具企圖測量與工作相關的假設性架構，包括性向、價值觀、興趣、態度、志向、人格等等。讓我們來思考一個關於職業的假設性架構範例。機械性向是一種假設性的人類特徵；它既假設又抽象，我們無法凝視他人的大腦直接觀察其機械性向。機械性向只可能從行為觀察來推論，如：此人修理腳踏車煞車的能力、設計提重物的滑輪系統，或回答關於機械相互作用時齒輪如何傳動的測驗題目。

207 　　前述的範例只是測量一部分的機械性向架構的行為樣本。我們需要取得大量的相關行為樣本才能完整測量一個假設性架構。因為專業人員受限於所能蒐集的行為樣本數，故將面對使用部分資訊是否可以正確測量職業架構的問題。

理論與職業評量

　　理論在職業評量中扮演重要角色，因為它們不僅指認出職業行為的領域，也具體說明職業抉擇的相關架構。令人驚訝地，很少有職業測驗是基於理論而研發的。少數的例外之一是職業興趣自我探測量表（Holland, 1985），它是基於 Holland 的生涯發展理論（Holland, 1966, 1973, 1992, 1997）而研發。Holland 的理論明確說明行為領域（工作相關行為）和評量的重要架構：實用型（Realistic）、研究型（Investigative）、藝術型（Artistic）、社會型（Social）、企業型（Enterprising）和傳統型（Conventional）。此六個架構同時描述職業興趣和工作環境。一個人可能對實用型的活動感興趣（如：在戶外種樹），而該活動又描述了工作環境（如：徒手工作、戶外）。職業興趣自我探測量表提供了六個興趣和工作環境的測量。

　　不像職業興趣自我探測量表，大多數的職業評量工具並非基於理論而研發，例如：《區分性向測驗》（*The Differential Aptitude Tests*, DAT; Bennett, Seashore, & Wesman, 1990）和《史氏興趣量表》（*Strong Interest*

Inventory, SII; Donnay, Morris, Schaubhut, & Thompson, 2005）。這兩種被高度推崇的職業測驗有大量的研究來支持其可用性，但卻缺乏良好的理論基礎。雖然對此工具的臨床使用直接影響不大，但缺乏清楚詳盡的理論會呈現技術上的困境。任何心理計量工具（包括職業評量工具）技術上的適切性主要決定於其結構效度；即是：(1) 測驗的架構是否在理論上具意義？以及 (2) 該測驗是否適切地測量相關的架構？架構的意義性大部分決定於理論是否明確說明架構與實際行為間的關係。因為架構是假設性的，因此透過研究來評估其適切性是重要的（Anastasi, 1988; Anastasi & Urbina, 1997; Betz & Weiss, 2008）。然而，發展結構效度的證據不是測驗發展者面對的唯一困難，另一個障礙是廣泛的人類特質與多面向工作環境的組合。

生涯發展的概念複雜性

208

　　先思考一下人類特質的巨大差異性和易變性。每個人都有其獨特的經驗、人格、特徵和其他特質。同樣地，思考一下工作環境的差異性。在我們的經濟體系內有超過 12,000 種職業名稱，每個職稱要求不同的技能、知識、能力和動機（Isaacson & Brown, 2000; Mayall, 1994）。最後，思考一下個人特徵的個別差異與大量工作因素之間的無數組合。

　　這個因素間的複雜組合可以一個簡單的方程式來表示。Lewin（1951）最早提出人類行為是個體、環境，以及個體與環境間交互作用的函數，如下述方程式所呈現：

$$B = f (P, E, P \times E)$$

　　於此，B 代表人類行為，f 代表函數，P 代表個體，E 代表環境，P×E 代表個體與環境的交互作用。

　　關於生涯發展中個體與環境因素的範例，呈列於表 7.1。此外，每個個人因素可能以許多方式來與環境因素產生交互作用。譬如，一位工作者的價值觀可能會與雇主對於該工作者的態度有相互影響。

209

　　很明顯地，大量的個人、情境和環境因素，以及各因素間的交互作用，會影響一個人的生涯決擇（Brown, 2002; Fitzgerald & Betz, 1994a, 1994b）。使事情更複雜的是，個體、工作和工作環境是動態的，個人與

208　表 7.1　生涯發展的個人與工作環境因素範例

個人因素	工作環境因素
性別	社會對於性別角色的認定
文化認同	刻板印象／歧視
健康	環境障礙
目標	社區的特徵
價值觀	經濟景氣狀況
興趣	家庭因素
性向	朋友
人格	雇主態度
偏好	就業率
人際技能	訓練的可得性
志向抱負	交通的可得性

209　環境因素是一直在變化以因應為數眾多的內外在因素。人類的多樣面向與工作環境的巨大變化性的組合與相互作用是真的會令人氣餒。之後要討論的生態評量即是企圖將所有 P、E 和 P×E 因素的重點面向都納入考量（Hershenson & Szymanski, 2005）。

個體職業預測的問題

　　生涯發展的概念複雜性引起下述問題的思辨：(1) 過度簡化的理論，如上述提到的 Holland 氏理論；(2) 由過度簡化理論所趨動的評量方法；和 (3) 如何進行現今復健諮商實務中占主要地位的工作媒合。復健諮商師可以輕易地將個案的特質和特徵分類，並成功媒合到某一職業，看起來是符合邏輯且吸引人的，但卻是一錯誤見解。實務上，工作媒合策略在有效預測個體方面是有嚴重缺陷的。甚至如巫師般的電腦也無法解救過度簡化的工作媒合策略，而使它在個體預測方面與占星學、茶葉占卜，以及其他偽科學有所區別。簡言之，包括工作媒合和使用從職業評量工具所獲得的資訊，在做身心障礙者預測時的效度是有問題的；對於身心障礙婦女和不同文化背景的身心障礙者而言，特別屬實（Bowman, 1993; Conte, 1983; Fitzgerald & Betz, 1994a, 1994b; Hershenson & Szymanski, 2005; Smith,

1983）。

　　再重述一次，許多職業評量工具並不具備理論基礎，而產生了結構效度的問題。使這個狀態更惡化的是，許多生涯發展理論本身是過度簡化且基本論點就有缺失的。在下一節將呈現關於職業評量的其他問題。

客觀職業評量的限制

210

　　復健諮商師使用職業評量來預測個案的最佳職業成果。這些預測通常是有誤的，因為他們缺乏考量塑造職業行為的文化因素（如：價值觀、信念、態度）和結構因素（如：貧窮、歧視、性別偏見）（Fitzgerald & Betz, 1994a, 1994b; Martin, 2003）。因此，職業測驗的結果對身心障礙者、婦女、不同文化背景者、同性戀、雙性戀和變性者而言，通常是無關連且無意義（Hershenson & Szymanski, 2005; Miller & Brown, 2005; Smith, 1983; Worthington, Flores, & Navarro, 2005）。

　　個案評估，特別是針對顯著障礙、障礙婦女，和不同文化與語言者，會呈現問題是因為：(1) 指導語和題目需要的英文閱讀理解可能超過個案的能力；(2) 一般常模對於身心障礙者或不同背景者可能不適用；(3) 需要測試的技能和能力（如：閱讀、理解抽象語言）可能與所要預測的架構（如：工作表現）無關；以及 (4) 職業測驗和工作評估系統對來自不同背景的顯著障礙者通常不具備適切的信度與效度（Bond & Dietzen, 1990; Boscardin, Brown-Chidsey, & González-Martinez, 2003; Halpern, 1981; Orelove & Sobsey, 1987; Worthington et al., 2005）。

　　Menchetti 和 Rusch（1988）以及 Hagner 和 Dileo（1993）舉出許多相似的限制。職業評量：(1) 通常缺乏預測效度；(2) 是基於「每個人所認為的成功就業的標準是一樣的」之假設；(3) 未考慮到訓練與表現間的互動關係；且 (4) 是基於與其他類似測驗間的關連，而非真實工作表現。因此，對身心障礙者，特別是婦女和不同文化背景的身心障礙者的職業評量產生了許多爭論。職業評量（特別在職業性向和興趣測驗方面）的文化和性別考量，包括表現動機、反應風格、文化同化的程度、不適切的常模，和性別限制（Dana, 2008; Fouad, 1993; Fouad, Smothers, Kantamneni, & Guillen, 2008; Smart & Smart, 1992; Walsh & Betz, 2000）。

211 ## 表現動機

對不同文化背景的身心障礙者而言，其在測驗情境中的表現動機可能差異很大。舉例而言，Harry（1992）曾暗示特殊教育兒童的父母可能對於測驗與評量流程不信任，因為此流程曾在歷史上被用來建立和維持有歧視的實務運作。相似地，Fouad（1993）也指出，基於相同理由，來自不同文化背景者也可能不信任標準化測驗的使用。

部分個體可能對於資訊公開感到不舒服，如此導致測驗時會損失部分資訊。Smart 和 Smart（1992）聲明對某些拉丁裔美國人而言，在職業評量流程中使用自我分析和自我反省可能是不熟悉且不舒服的。Atkins（1988）指出對非裔美國人而言，負面態度和種族歧視會造成復健歷程中的重大障礙。如果個案和復健機構的工作人員對成功的預期很低，則評量過程也會受到負面的影響。例如：當個案表現不佳時，復健人員可能會將之解釋為個案的能力缺乏或動機低，而非個案對於復健體系不信任或缺乏信心（Alston & McCowan, 1994）。復健專家應該在探索是否引進職業測驗前，先查明個案和其家人對於測驗的經驗。

反應風格與題項偏誤

來自不同文化的個體對於測驗有不同的處理風格（Dana, 2008; Lonner, 1990）。舉例而言，當面對問題時個體不企圖回應，或在完成問題前即中斷回應，則此人非常可能會得到低分（Alston & McCowan, 1994; Moore, 1986）。Moore 聲明當非裔美國人測驗表現不佳時，可能是因為不願意依要求來提取資訊和解決問題，而非缺乏知識或能力。

測驗題目若對於某些團體會較其他團體熟悉的話，則會產生題項內容偏誤的情形。關於市郊的故事和照片、單一種族身體外貌類型的中產階級家庭、男性醫師和經理人與女性護士和秘書的描繪等，都是內容偏誤的範例（Walsh & Betz, 2000; Worthington et al., 2005）。

212 ## 文化涵化的層級

文化涵化的層級也可能影響評估過程（Dana, 1993, 2008; Fouad, 1993; Smart & Smart, 1992; Sue & Sue, 2003）。在以語言為基礎的測量上的表

現，可能受到受測者和施測者文化涵化層級的影響，使得評量會對英文不
夠精通的個體不利。很少有測驗被翻譯成其他語言且被系統化地效度驗
證。少數的例外是《史氏興趣量表》，它曾被翻譯成做西班牙文，且針
對說西文者做過效度驗證（Donnay et al., 2005; Fouad, 1993）。Bolton、
Parker 和 Brookings（2008）聲明，使用測驗在宣稱適用但尚未被驗證過
的族群上，是有問題且應避免的。最後，使用：(1) 強調理性、線性問題
解決；(2) 強調長期目標；(3) 僅著重個人需求；和 (4) 使用非指導性諮商
方式的職業評量流程，可能無法適當滿足來自不同文化背景者的需求、價
值觀和觀點（Brown, 2002a, 2002b; Dana, 2008; Fouad, 1993）。

　　把評估文化涵化的層級作為評估流程的一部分可提供相當有價值的資
訊。Dana（2008）以及 Smart 和 Smart（1993）聲明一個評量個案文化涵
化層級的心理計量完善工具可以擴廣評量流程，增加個案的理解，並促進
復健諮商師對於文化特徵的敏感度。Smart 和 Smart 亦指出了解個案的文
化涵化層級，將可透過針對個案需求而採用的評量步驟整合來促進評估流
程。

使用不適切的常模以及性別與性向的限制

　　一個測驗的常模族群要適用於使用該測驗的人（Bolton et al.,
2008）。對於性別的關心點在於評量職業興趣時使用合併的性別常模
（Walsh & Betz, 2000）。舉例而言，當一個諮商師使用合併的性別常模
而非女性常模來檢視評量結果時，所得的數據可能會扭曲該女性個案的真
實興趣。使用生涯決定量表（Holland, 1985）的合併常模，女性的分數在
藝術型、社會型和傳統型等向度會偏高（Walsh & Betz, 2000）。因此，
對女性個案而言，測驗結果較不會出現傳統上認為是男性擔任的職業，如
技術性行業、管理與科學。當諮商師有女性常模可用時，此種扭曲就不會
發生。

　　減低測驗性別限制的二種倡議方法分別是使用相同性別常模和使用性
別平等的題項（Walsh & Betz, 2000）。相同性別常模是將個體的職業興
趣分數與同性別者作比較。使用相同性別常模的意圖在於藉由與有相似社
會化經驗的樣本比較，指出已經發展的職業興趣，儘管仍會受到性別角
色社會化的限制影響。性別平等題項是指題項可將男女性別角色社會化的

特徵點出，使得男性女性都可獲得相似的原始分數。使用性別平等題項的
意圖在於使男女在量表上（如：Holland 的六個向度：實用型、研究型、
藝術型、社會型、企業型、傳統型）可以有更相同的分數分布。使用相
同性別常模和性別平等題項增加了興趣測驗呈現女性在傳統上男性職業
（如：實用型、研究型或企業型）感興趣的可能性。

　　Worell 和 Remer（1992）認為職業興趣、性向和其他測驗的施測手
冊應含括測驗結果應用於男性與女性的適當非典型（或非傳統）範例。甚
至施測手冊應提供諮商師關於如何使用測驗資訊來探索不同職業的模式或
建議。

　　因為性別認同發展和職業興趣具體化可能同時發生，同性戀、雙性戀
和變性者（以上三者簡稱為 LGBT）可能限制他們的生涯選項於此族群的
刻板職業。此可能性使諮商師在測驗詮釋和職業諮商上呈現問題（Miller
& Brown, 2005）。在此議題中，諮商師可能也想討論的是性向的公開與
職場上可能隨之而來的歧視，探索並解決同性戀、雙性戀和變性者可能
內化的負面刻板印象，以及使用 LGBT 專業人員作為角色模範（Pope,
1995; Pope et al., 2004）。

職業評量工具的信效度限制

　　在前述的限制之中，或許最令人費解的是使用於職業復健諮商的工具
其信效度通常相對偏低。信效度很重要，因為它們通常被認為是職業測
驗、心理評量，和工作評量工具的兩個最重要的技術特徵。效度是用來評
鑑一個測驗測量某一概念的正確性（如：機械理解、語言性向、對藝術工
作的興趣），信度反映出一個工具在測量方面的一致性（Anastasi, 1988;
Anastasi & Urbina, 1997; Bond & Dietzen, 1990; Parker et al., 1989）。復
健諮商師必須有信效度的知識，如此他們才能判斷該測驗結果是否可為其
個案在作職業選擇時提供好的、可信任的資訊。

　　判斷測驗結果是否提供好的、可信任的資訊是困難的。一個測驗或評
估工具的信效度可能變異很大，端視該測驗結果要使用於哪一特定團體
或特殊決定。一個特定測驗並無單一信度和效度指標。每個測驗都應對
應用其結果的每個決定和團體有分別的信效度資訊。如此一來，有些測
驗可能對某些情境是可信且有效的，對於其他情境則不可信且無效的。對

測而言，唯一最重要的技術特性是它對某一個體做某一特定決定時的效度（Anastasi & Urbina, 1997; Cronbach, 1990）。此考量在受測者與常模樣本（通常為占優勢地位的人數過半族群）的文化、語言和經驗特徵不同時，變得更重要。因此，諮商師在檢視非多數族群者的測驗結果時，應特別謹慎小心與並抱持懷疑論（Anastasi & Urbina, 1997; Power, 2006）。

測驗常模的其他議題

測驗常模提供表列的數據用來評鑑受測者的表現。常模表允許諮商師將個案測驗結果與大型常模族群的測驗結果做比較。常模樣本是選來作為某一族群的代表，如：所有中西部各州的 12 年級的學生，或所有西南部各州從事電子組裝工作的有生產力員工。因此，復健專業人員會尋求使用測驗不僅其常模族群與個案相似，且其在工作中的個別功能性與個案想從事的工作相似。

測驗常模可以說是最基本的描述層級詮釋輔具（Parker, 2008）。他們僅限於描述個案相對於常模族群的表現。當有許多常模時，判斷力要花在選擇最適合的常模上。復健專業人員經常面對的議題是身心障礙者是否應使用一般常模或特殊常模，特別是當個案來自不同的文化或語言背景時。

一般常模與特殊常模

復健專業人員經常面對的問題是：「身心障礙個案應使用一般常模嗎？或者他們應使用特殊常模，只與和他們有相似障礙和背景的人相比？」一方面，認為應該使用一般常模者宣稱，個案要與一般人競爭以獲得就業機會。但另一方面，反對者認為使用一般常模對身心障礙者不公平。此議題是困惑的，直到我們仔細思考評量的目的。即，評量是用來比較個體在團體中的位置（描述性詮釋），還是用來預測個體未來的行為或表現（預測性詮釋）（Parker, 2008; Power, 2006）。

描述性工具（如：常模）僅找出個體表現在參照族群中的位置。例如：某一個案在機械性向上得分百分位數 95（即她比參照族群中 95% 的人得分還高）。若常模族群包括成功的汽車修護工，我們可以預測此個案也有可能成為成功的汽車修護工。但是如果沒有研究證實得分百分位數 95 可

以確保汽車修護工的高成功率，則這種預測是一種推論的跳躍，因為決定生涯的成功與否並不僅於性向測量。

　　於某些例子，同一測驗得分可以同時用於描述和預測個案的行為。然而復健人員經常無法在描述與預測上做概念性的區別，而這也是造成使用一般常模與特殊常模爭議的主因。

　　如果將汽車修護表現的所有相關變項都指認出來，也發展了預測公式（如：回歸方程式；Cohen, Cohen, West, & Aiken, 2002），則個體在汽車修護的成功機會可以由特定程度的統計必然性來決定。此步驟在作預測時很少需要或甚至不需要主觀性。另一方面，一位職業諮商師基於其經驗，可能研讀數據並作主觀預測成功的可能性。此二種預測模式通常被稱作統計的（或精算的）預測和臨床的（或主觀的）預測（Meehl, 1954, 1986）。

　　為了描述的目的，我們可以輕易地決定使用特殊或一般常模來描述個體在所選擇常模群體所處的位子。舉例而言，一位復健諮商師可能想評估一位個案相對於相同障礙者的精細動作表現。如果有此特殊常模存在，無庸置疑地應該使用特殊常模。另一方面，如果專業人員想比對個案與一般成人族群的精細動作表現，則將使用具成人代表性樣本的常模。若知道個案的得分在成人群體的百分位數為 34，並無法讓專業人員可以做出超過此描述的推論；此知識也無法做出個案在特定訓練或工作會有困難的預測。從常模表所獲得描述性資訊是受到該常模數據蒐集的時間約束，也受限於常模群體本質而有群體特定性。常模的資訊是相當侷限的，它並無法讓專業人員對個案表現做出超出常模建立的日期以及常模群體以外族群的正確預測（Parker, 2008）。

　　一般常模與特殊常模的使用議題在預測領域更加混淆不清。僅依常模導出的數據所做的預測乃屬臨床判斷。許多作者（如 Dawes, Faust, & Meehl, 1993; Meehl, 1954, 1986）指出做臨床判斷時的危險性。若可能，做臨床判斷時應使用預測輔具（如迴歸公式），如此一來專業人員可以得知做出正確預測的機率有多少。當目標是做預測時，一般常模與特殊常模的使用議題就消失了，因為常模的本質是描述性的，而非預測性。

　　當我們期待使用常模來做描述，在選用常模時應該不會有困難，無論是一般常模或特殊常模（假設有適當的常模存在）。專業人員可能期待將

個案的表現與一般代表性常模族群做比對，或與個案重要特質相似的族群做比對。在選擇適宜的常模群體時，專業人員會遇到的是，因沒有特定障別常模而需使用一般常模。解決之道為發展地域性常模（Anastasi, 1988; Anastasi & Urbina, 1997; Bolton et al., 2008），指的是為某一特定群體所建立的常模，通常處在同一地域。當特定特質的個案累積到適當的數值時，便可建立地域性常模。但是，適當的數值可能不易達成，特別是發生率低的身心障礙群體。

效標的問題

測驗發展者和測驗使用者所面對最傷腦筋的困難之一，便是獲得好的效標以建立測驗的效度。很顯然地，除非使用可信、有效且相關的效標，否則預測效度指數是無用的。因為相當容易獲得，督導者的評分通常被當作效標。但是這些評分是有問題的，因為它們缺乏適當的信效度。其他經常使用的效標測量包括工作速度、工作品質、請假日數和工安紀錄等（Austin & Villanova, 1992; Parker, 2008）。

部分復健人員傾向忽略效標問題，因為他們相信州立復健機構已經發現終極的效標；即指結案。此效標某方面是毫無疑問的，每個人都能以幾乎完美的信度判斷個案的就業狀態；但是，此測量卻有效度的問題（Szymanski, Parker, & Butler, 1990）。本章在之前的論述中提到過，效度企圖判定一個測驗數據是否真實測量所設計要測量的特徵、特質或概念。測量個體復健成功的有效效標，應提供對其成功執行功能的能力之全人且全面的評量。復健計畫的成功不能僅由個案是否獲得或維持就業來測量；其他如個體對其障礙的心理適應層級之測量，則更具人性的觀點。從該復健計畫引起廣泛的支持可以證明它不但具人性化，也具經濟價值。足以推論，復健的效標問題將可能持續為中心議題一段時間。

客觀職業評量的替代方案

雖然傳統評量工具通常產生有用的客觀數據，但 Breeding（2005）認為傳統方法限制了個案對復健流程的參與，特別是在自我覺知、作決定和察覺工作準備就緒等方面。傳統測驗的替代方法可在個案參與的情境中

提供即時蒐集到豐富資訊的管道，且基於 1992 復健法修訂案和 1997 身心障礙者教育法修訂案〔Individuals with Disabilities Education Act (IDEA) amendments of 1997〕而立法推廣（Johnson & Arnold, 2007）。替代的評量方法包括自我評分、效標評量、生態評量與質性評量。

自我評分

對於職業性向、興趣、價值觀等的自我評分，是否如評量相同構念的心理計量測量工具一樣提供豐富資訊，一直存在許多爭議（Mabe & West, 1982; Parker & Schaller, 1994; Westbrook, Sanford, Gilleland, Fleenor, & Mervin, 1988; Wen, Boone, & Kim, 2006）。舉例來說，機械興趣的單一五點評量表的自我評分若與相同概念的一個 40 題心理計量測量工具有高度相關，則自我評分將會是較長久工具的可行替代品。某些研究暗示個案浪費時間在做性向與興趣測驗，因為這些資訊可以藉由問他們的興趣是什麼或要他們對其興趣做評分而簡單地獲得。例如，Kline（1993）指出雖然興趣測驗可以幫助個體決定其在各式各樣的職業中的興趣，但某些測驗的結果並不比直接問個案其興趣所在來得好。

Parker 和 Schaller（1994）分析自我評分與測驗分數間的關係，發現在性向方面的統計顯著相關分布在 .10 到 .36 之間，在興趣方面的統計顯著相關分布在 .38 到 .56 之間。此結果暗示個體能夠透過自我評分提供關於其職業興趣和性向的可觀資訊。

另一個研究，Westbrook 等人（1988）記述了區分性向測驗的自我估計分數與其測量而得的區分性向測驗分數之相關分布在 .23 到 .64 之間（中位數為 .55）。相似的，在一個 55 個研究的後設分析中，Mabe 和 West（1982）發現大學生和各式各樣的工作者對於能力的自我評估和對於表現的測量之相關性平均值為 .29。Westbrook、Buck 和 Wynne（1994）發現區分性向測驗的自評與測得能力的相關性分布在 .30s 到 .60s 間，中位數在 .50s。性別與種族間的複雜相異也同時被記錄。

這些發現暗示著自我評分和心理計量工具的性向、興趣，和其他概念的得分有低到中度的相關性。考慮到現今法規強調個案在復健流程（包含職業評量）的參與，這有相當的重要性（Johnson & Arnold, 2007）。諮商師或許能夠藉由個案簡單自我評分或是晤談個案來判定其興趣、性向和

其他生涯發展相關因素，避免正式職業評量的花費。無論自我評分或是晤談，都比傳統正式職業評量提供個案更多對於評估流程的參與和掌控。

但是，自我評分和心理計量工具間的低到中度相關亦暗示了仍有許多變異量未考慮到。甚至相關係數 .60 也只占自我評分和測驗得分共同變異量的 36%（$.60^2 \times 100$）。顯然地，自我評分和測驗得分測量是不太一樣的領域，且彼此不能相互替代以免資訊流失。決定何時使用自我評分是可接受的，或是何時需要更深入的心理計量測量，是需要更多研究的議題。因此，當復健專業人員僅依據其對於個案職業能力、興趣和其他職業測量的評估，或個案對這些概念的自評來做決定時，是冒著風險的（見 Dunning, 2005）。

效標評量

毫無疑問的，個體在特定支持性就業裡的工作表現，最佳預測指標是這個人在此工作中經過適當支持性服務一段時間後的真實表現（Callahan & Garner, 1997; Ford, 1995; Power, 2006; Wehman, 1981）。不僅因為一個有督導的工作試做更加提高動機，且通常較傳統的心理測驗、工作評估和工作調適訓練便宜，它也提供較好的數據，來決定特定安置的適切性和促進成功所需的支持性服務型態（Gaylord-Ross, 1986; Moon, Goodall, Barcus, & Brooke, 1986; Pancsofar, 1986; Renzaglia & Hutchins, 1988; Smith, Belcher, & Juhrs, 1995）。

效標參照評量可使用來測量生產速度、產品正確度，和檢查並矯正工作錯誤的能力，因為此三個工作技能與橫跨許多職位的實際工作表現有關連（Smith et al., 1995）。此外，基於許多原因，此類評估對於重度身心障礙者是有用的。效標評量可由身心障礙者所認識的人來執行，如工作教練或工作訓練員；且這些評量可在熟悉的環境中來操作，如在支持性就業機構或在工作場所。熟悉評估者和評估環境可以創造讓身心障礙者最佳化其表現的情境（Smith et al., 1995）。

當個案達到並超過所設定的效標，以及當工作因增加新任務而改變、要對其工作技能和訓練流程效益作評估時，效標參照評量對於持續評量個案的工作技能也有幫助。最後，效標參照評量對於評量跨情境所習得技能的概化也有助益；此點對於身心障礙者非常重要（Ford, 1995; Power,

2006; Smith et al., 1995）。對身心障礙者而言，更周延的方式可以包括
與熟知個案的人合作，如父母、教師、服務提供者，並同時進行直接觀察
（Bruininks, Woodcock, Weatherman, & Hill, 1996）。

生態評量

　　身心障礙的生態模式聚焦在個體和環境之間的互動，且指出針對此
二者的服務需求。對於重度身心障礙者而言，使用生態模式來進行職業
評量最為適切（Browder, 1991; Callahan & Garner, 1997; Everson, 1995;
Szymanski & Hershenson, 2005）。生態評量可以產出關於個體的完整資
訊，包括目前的和潛在的所處環境，父母親、家人、服務提供者和雇主的
觀點，以及個體與環境間互動狀態的描述（Browder, 1991; Parker et al.,
1989；同時見本書第十三章 Hanley-Maxwell, Maxwell, Fabian, & Owens
等人的論述）。

　　生態評量有許多方式（如 Browder, 1991; Callahan & Garner, 1997;
Everson, 1995; Power, 2006; Smith et al., 1995），且各方式間有許多共通
之處。生態評量包括：(1) 關於個體的描述性資訊；(2) 對於環境的評量；
以及 (3) 對於個體與環境之適配性的持續評量。

重度身心障礙者的描述性評量

　　重度身心障礙者的職業評量可以包括有關個案工作技能、溝通技能、
工作行為、必要技能、功能性學業技能、學習風格、職業偏好與支持需求
等的資訊。基本工作相關技能（如：外觀打扮、獨立上廁所、出席與準時）
的有無，也決定著個案是否可以獲得並維持一份工作。缺乏這些技能通常
會將重度身心障礙者從勞動力中排除（Smith et al., 1995）。穩定的支持
可以幫助個案準時上班，依工作場所要求適切穿著，以及做到其他前面所
提及的行為，因此對於重度身心障礙者十分重要。對於這些方面進行有意
義的評量可以確認個案工作興趣、技能組合和生涯目標，將最終導致較佳
的安置成效（Wadsworth, Milsom, & Cocco, 2004）。

　　溝通技能應在各種需要溝通的環境中評估，且應包括接收性、表達
性、象徵性、非象徵性等技能（Everson, 1995）。理想上，溝通評估要和
個案預備參與並於其中進行溝通的環境有關連，因為人在不同的環境有不

同的溝通方式。舉例來說，場所的禮儀通常影響溝通的需求。文化習俗、性別、年齡、教育和社會階層也顯著地影響著溝通（Hoemann, 1986）。此外，語文書寫和聽說的勝任度也會影響個人的職業類型與層級，因此也需要評量個案的讀寫能力（Hoemann, 1986）。

接收性溝通使重度身心障礙者能理解並回應他人或其他資訊來源的訊息。在文字或語言外，物品的提示、手勢和觸覺記號可以用來溝通例行公事、活動或要求。表達性溝通可以使用各式各樣的模式來傳達訊息，包括書寫和口語溝通、手勢或物體。工作相關的溝通也應該評估，包括個人資訊（如姓名、地址）的表達、於需要時尋求協助、釐清指示說明，和要求工作物料等。

象徵性溝通包括正式有組織的文字系統、手勢（如美式手語），或物品來代表概念、行動、物體和人（Goodall & Everson, 1995）。視覺和觸覺的提示，在手掌上拼字、點字、語言的口語和書寫，以及照片和符號系統（包括 Blissymbols 符號和 rebus 圖片）等，都是象徵性溝通的範例。一個象徵性溝通系統包括接收與表達溝通，僅在溝通雙方都理解該系統時可以有效益。重度身心障礙者可能使用多元系統來溝通，包括用口語來表達但用點字或手指拼字來接收（Everson, 1995）。

而非象徵性溝通系統可能高度個別化，且包含臉部表情、發聲、物體操弄、和行為。譬如，身體姿態可以用來給予和接收訊息，表達需要或需求、無聊、對注意力的渴望、或對活動的挫折或困難（Goodall & Everson, 1995）。服務提供者可能需要跨情境的評估其溝通行為的模式，以可靠地確認非象徵性行為的溝通意圖，並透過象徵性與非象徵性溝通提供增強。

發展性障礙者（如智能障礙或自閉症）的行為在適切社會化方面呈現各式各樣的挑戰（Callahan & Garner, 1997; Smith et al., 1995）。社會化的議題從不適切的問候他人到破壞性、攻擊行為都有。在職場可以明顯看出哪些行為會危害其工作機會哪些不會；某些行為在某一環境是問題，在另一環境卻未必是問題（Callahan & Garner, 1997; Ford, 1995）。舉例來說，在學校內來回走動可能是問題，但在倉庫內來回走可被視為工作的一部分。對跨情境行為的完整評估須先完成才能決定所需要的支持層級。需考量的議題包括行為的本質、頻率、嚴重性、期程和可預測性，以及個體對於指導的反應能力（Smith et al., 1995）。

222

需要一對一督導或是工作教練介入的行為，不應用來當作排除個案參與社區化就業的理由，因為行為無論是在機構、職業中心或是社區化就業場所，都需要較高層級的支持。但是，潛在職場和所需支持層級兩者都是非常重要的考量因素。對於行為分析、行為管理和非嫌惡介入法有許多資訊來源，有興趣者可參閱參考文獻（Cipani & Schock, 2007; Ford, 1995; Kazdin, 2001; Lucyshyn, Dunlap, & Albin, 2002; Scotti & Meyer, 1999; Sigafoos, Arthur, & O'Reilly, 2003; Smith et al., 1995）。

每個工作的必要技能不一樣，因此評量個人所擁有或可學習的特定工作技能很重要（Smith et al., 1995）。典型需要的技能包括適切的工作速度和正確度、好的粗動作和精細動作技能、行動能力、對職務的專注力、工作體力和耐力。雖然必要技能是每個工作說明書的一部分，Callahan 和 Garner（1997）指出，對某些重度身心障礙者來說，個別化協商的工作說明書能幫助他們對其雇主有所貢獻，而不必執行原有工作說明書中所有或部分的任務。

許多職場所需要的功能性學業能力包括讀、寫和數學的能力。即使一個人不具備高層級的學業能力，仍可透過職場工作教練的支持來特定教學。在某些案例中，可採用其他技能（如：比對樣本的技能）來取代，譬如：一位無法閱讀的人可以在圖書館工作，只要將書背上的字母與分類箱上的字母配對作分類即可（Smith et al., 1995）。

學習風格指的是個體如何學習任務的最佳方式，也是重要的考量因素。一個人是透過語言教導、肢體帶動、模仿參照，或是上述三者組合，才能最佳學習？其他考量因素包括個人所能理解的教導步驟數目，以及最能反應的教導順序與進度快慢。環境中影響學習的情境也很重要，例如噪音，或是人進人出的工作空間。

重度身心障礙者的職業偏好和工作目標可能難以判別，而個案與家人的觀點可以當作擬定計畫的起點。如 Hagner 和 Dileo（1993）所指出，所標註的目標可能不是職業名稱，而是社區中的某處（如市中心）、某種社會情境（如很忙碌或安靜），或是某場所類型（如室外）。對該個體而言，重要的是能使用某類器具、穿著某種服裝，或親近生命中的重要人士。

Hagner 和 Dileo（1993）亦提出警訊，不要輕忽看似不實際的職業目標，如：重度智能障礙者想當消防員或鄉村歌手，因為這些目標可能含括

了個案如何覺知和整合工作與生活的重要訊息。有建設性地使用原本看似不
實際的職業目標的方法可參考 Hagner 和 Dileo 的論述（1993, pp. 72-73）。

對環境的評量

　　對於潛在工作環境的評估包括指認和分析社區中的潛在工作機會
（Browder, 1991; Callahan & Garner, 1997）。地域性就業市場分析提供
了工作機會的概況。分析潛在工作亦提供所需要的特定技能、職場的社會
特徵、職務的順序性、工作環境、工作速率、體能要求、自然產生的提示
或增強物、職務的變化性和品質標準等訊息。這些訊息亦可以指出工作的
哪些部分可以為身心障礙者來創造，使他對雇主可以有所貢獻。蒐集雇主
對於參與訓練和督導程度、訓練同事和督導，以及職場上絕對無法接受的
行為觀點，對於建立成功的工作關係也十分重要。

對人和其環境適配性的持續評量

　　從評量個體和潛在工作環境所獲得的資訊，可以協助個體指認並媒
合工作。媒合的步驟包括：(1) 指認出潛在的工作媒合；(2) 依據個體的
需求進行特定職務的職務分析；(3) 釐清雇主、個體、服務提供者、父母
或重要他人對於工作要求的觀點；(4) 指認出工作要求和個體的強處、技
能和缺損間的不一致處；以及 (5) 對不一致處的解決之道（見本書第十三
章 Hanley-Maxwell, Maxwell, Fabian, & Owens 等人的論述；Parker et al.,
1989）。

　　工作環境和個體的強處、技能和缺損間不一致處的解決之道通常不會
直接了當。Piuma 和 Udvari-Solner（1993）將不一致處分成四類：(1) 指
導與學習；(2) 環境；(3) 肢體與動作感官；與 (4) 動機和行為。藉由有系
統地選擇和變化指導介入方式，改變環境、調整行為策略和素材，服務提
供者可以找出最大化個體生產力的策略，並決定是否需要進行物理環境改
造。對此議題感興趣的讀者可以再諮詢 Piuma 和 Udvari-Solner，以對不
一致處的分析有更詳細的討論。

質性評量

　　非傳統形式評估中可用的一個有力方法學便是質性評量。到此為止，

224

本章強調的多是用數目來量化描述個案的職業測驗和流程，如測驗數據或觀察評分。另一個在教育和心理研究與實務獲得重視的是質性方式（Lincoln & Guba, 1985）。職業諮商主要而言是一種人文藝術，在許多方面與量化思考和數據使用是對立的。對某些個案而言，數目資料是冷酷且不近人情的，而質性方法提供資訊生命，讓它對個案有個人意義。把數據轉成個人化、人性化的措辭，在職業諮商關係中更為適切。

簡述質性方法學的發展史可以提供對此方法的基本了解。質性方法學於 1920 年代的芝加哥大學從後實證哲學（postpositivist）跳躍而出成為想法的熔爐。John Dewey、George Herbert Mead 與 Robert Park（為 William James 在哈佛大學的學生）等人是質性研究運動的種子思想家。當時關於研究的想法受到實用主義（pragmatism）哲學強大的影響，它認為如果科學要研究生物的問題，便應提供問題的解決之道。實用主義者亦深信親身經驗是知識的開端與結尾；即是說我們無法得知超越本身經歷的事物。這個信條是諮商理論中現象學（phenomenology）的起源。另一個信條是人類必須在其自然情境中被觀察，以及人類的理性覺知與想法亦應被當作重要的知識來源（Hammersley, 1989）。

顯然地，這些想法與量化、物理科學的想法大相逕庭。事實上，比對質性和量化方法的特質是有教育意義的（見表 7.2），然後再去考量如何將質性方法應用於諮商的職業評估之中。

讀者可能會好奇如何將質性與量化方法學與職業評量做連結。事實上，許多職業評量的本質是質性的。從個案、家屬、朋友等的晤談，個案在不同場合的觀察，以及職業、醫療、教育、兵役等歷史紀錄而得的資料，實質上都是質性資料。甚至可以說，定義上所有的人類資料都是質性資料，因為從職業諮商所獲得的資訊在人類情境外幾乎沒有意義。顯然的，職業評量的改革與再塑需要能對從個案與專家關係間所得的資訊達到更多的使用和意義（Goldman, 1992; Schilling, 2006）。

職業評量需改革以促進個案賦權，鼓勵個案自我評量並評量個案情境，且不僅強調個案的選擇，更著重該選擇的執行（Omvig, 2002）。Healy（1990）呼籲可透過下述行動來進行職業評量改革：

1. 讓個案扮演共同合作者，並教導他們如何勝任這個角色。

2. 強調自我評量，且激勵個案去回想正確的自我評量是如何幫助他們。

表 7.2　量化與質性方法比對

量化	質性
・現實是單一、有形，且研究者可加以切割的。	・現實是多元、主觀，且受研究者影響的。
・聚焦在數量（有多少）。	・聚焦在質（自然、本質）。
・研究者試圖價值中立且無偏見。	・研究者試圖滿載價值觀且有成見。
・研究者使用推理邏輯。	・研究者使用歸納邏輯。
・可指認出因果關係。	・所有的事情是同時彼此交互塑形，故因果關係難以辨識。
・事先形成方法設計。	・於研究進行中浮現方法設計。
・樣本要大且具代表性。	・樣本小且不必隨機抽樣。
・研究者透過使用無生命的工具、量表、測驗、問卷等來保持客觀。	・研究者為主要工具，透過觀察和晤談蒐集資料。
・結果是精確、窄化且簡約的。	・結果是完整、全人且擴展的。

3. 藉由擴展評量的數目和聚焦，幫助個案認清他們是如何透過情境的動態互動而成為今日的他。
4. 設計評估機制來促進決策和貫徹執行。（pp. 221-224）

　　這些行動與質性評量的重點相符合。Goldman（1990, 1992）呼籲諮商專業人員要學習與應用質性評量方法學。他舉出六個為何需要質性評量的理由：

1. 質性方法傾向促使個案在資料蒐集與釋義的流程中擔任活躍角色，而非被測量、預測、安置，或診斷的被動反應者。
2. 質性評量強調個體的全人觀點，而非窄化定義之能力、興趣、人格等分離要素的單獨而精確之測量。
3. 質性評量方法傾向強調「認識自己」的概念，並用發展性的架構理解自己。
4. 在團體中使用質性評量方法，通常效果最好，因為每位個案可以學習個別差異是什麼，並透過與其他成員的比對而更了解自己。
5. 質性評量減低評量和諮商間的區隔。

227

6. 當整個心理專業被要求要更有效貼近不同文化和種族、社經階層、性別認同，以及身心障礙的群體時，質性方法特別有價值（1990, pp. 205-206）。

　　近期，有學者呼籲質性生涯評量需有更多的發展（McMahon & Patton, 2002; McMahon, Patton, & Watson, 2003; Palladino-Schultheiss, 2005; Patton & McMahon, 2006）。質性生涯評量強調個案的故事和諮商關係，而非測驗分數。質性評量是基於個案的生活經驗，而非外在的量化評量。因此，個案變成評量流程的活躍參與者，並在諮商師成為有興趣的觀察者與專注的傾聽者時變成「專家」角色（McMahon & Patton, 2002）。

　　質性評量的形式之一——生態評量，前面已經討論過。此類型的評量與個人的未來規劃（Mount & Zwernick, 1988）、發展個人簡介（Hagner & Dileo, 1993），以及個人為中心的諮商（Holbrun & Vietze, 2002）有相似之處。這些方法都包括對個案來說重要的人，以個案為資料蒐集（評估）流程的中心，以決定什麼工作可能會令他滿意。在流程中協助個案指認出什麼對他是重要的、誰在他生命中是重要的，以及他的生涯目標是什麼是重要的。

　　質性評量的另一個方式是在職業諮商流程中，藉由探討感覺、需求、夢想、價值觀、不同的生活型態、對機會的看法，以及害怕的事，為個案的主動參與作好準備（Dewey, 1977; Worell & Remer, 1992）。此流程的意圖是要透過直接參與生涯資訊的產生來幫助個案，方法之一則為使用不分性別的職業選擇卡（Dewey, 1977; Wnuk & Amundsen, 2003）。

　　Dewey（1977）認為當個案做紙筆興趣測驗時，對其興趣、價值和感覺的區別有所洞察，以及這些區別與測驗結果如何關連；但如不給個案有機會去探究這些區別，就會失去洞察的機會。使用卡片分類的流程可以幫助個案組織其對於工作和職業的想法。

　　個案被告知在卡片分類的流程中，將記錄關鍵字、價值觀和主題以利事後討論。個案將卡片分成「不會選擇」、「仍有疑問」和「可能選擇」三類。第一輪分類完後，要求個案將「不會選擇」那一堆卡片中，基於相同理由不選擇者再次分類。每一組的卡片內容和其分組理由會再逐一依次

討論。「仍有疑問」和「可能選擇」那兩堆卡片也依照相同步驟來進行。

　　在「可能選擇」那一堆卡片中，個案被要求指出哪些因素影響其選擇，且將其最想從事的八到十個職業依序排出。Dewey（1977）認為個案其實是依據每個職業對其價值與需求的重要性來排序。在流程中所記錄的關鍵字和主題也要討論，也會詢問個案沒有在卡片上但他感興趣的職業。讓個案知道他從卡片分類流程產出結果也很重要。藉由指出每個想從事職業的短期與長期優勢，可以讓個案獲得更進一步的資訊。感興趣的讀者可以閱讀 Slaney、Moran 和 Wade（1994）以及 Peterson（1998）關於職業卡片分類的著作。

　　雖然這個方式是個別化的，但仍要記得人類從個別導向到群體導向者都有（Hofstede, 1991）。復健專業人員可能使用互動的評量方法，並視職業選擇為個案決定，但個案和其家人卻可能將職業選擇視為團體或家庭決定。專業人員可能認為他們在培養個案的獨立，但個案和其家人卻關心彼此的相互依賴。故專業人員應該要與個案討論是否職業評量時想讓其家人在場。

229

　　生態評量（或個人未來規劃）和不分性別的職業選擇卡只是質性職業評量的其中兩種方式。每一個方式都包含了 Healy（1990）和 Goldman（1990, 1992）所認為的優點。當諮商專家使用減低評量和諮商差別的評量流程，並強調全人且互動式的方法，職業評量將會變得更有效益。

　　不幸地，多數的諮商專家並未接受蒐集和分析資料的質性方法。此問題在質性方法論（特別是質性個案研究方法論）發展迅速的近年顯得更加嚴重（Merriam, 1998; Patton, 2002; Yin, 2002）。因此，我們建議復健諮商教育者要對質性研究法有所見識，並將此法納入諮商師的教育課程。

總結

　　在本章，我們論述了傳統、客觀職業的工具、職業工具的理論與概念議題、傳統職業評量的技術限制，以及傳統評量的替代方法。我們特別強調：(1) 職業評量理論發展的缺乏；(2) 傳統職業測驗的團體參照本質，而非個人導向本質；(3) 應用職業評量結果在身心障礙者與不同文化背景者上的問題；(4) 這些測驗的技術限制；以及 (5) 傳統評量的替代方法。結

論是建議復健諮商師在評量流程要採用全人觀點，使用各式各樣的方法，使個案在復健諮商師的支持下可以整合成有意義的完整體。本章也提醒諮商師關於各式評量方法的問題。在最後的分析，我們呼籲復健諮商師要小心使用各種方法，包括職業測驗、個案自我評分、效標評量、生態評量和質性評量。只有透過個案與諮商師一起合作，整合和消化來自各種來源的資訊，才能創造出有意義且具全人觀點的個案職業前景。

參考文獻

Aiken, L. (1998). *Tests and examinations: Measuring abilities and performance.* New York: Wiley.

Alston, R., & McCowan, C. (1994). Aptitude assessment and African-American clients: The interplay between culture and psychometrics in rehabilitation. *Journal of Rehabilitation, 60*(1), 41–46.

Anastasi, A. (1988). *Psychological testing* (6th ed.). New York: Macmillan.

Anastasi, A. (1993). A century of psychological testing: Origins, problems, and progress. In T. Fagan & G. VandenBos (Eds.), *Exploring applied psychology: Origins and critical analyses* (pp. 9–36). Washington, DC: American Psychological Association.

Anastasi, A., & Urbina, S. (1997). *Psychological testing* (7th ed.). Englewood Cliffs, NJ: Prentice Hall.

Atkins, B. (1988). An asset-oriented approach to cross-cultural issues: Blacks in rehabilitation. *Journal of Applied Rehabilitation Counseling, 19*(4), 45–49.

Austin, J., & Villanova, P. (1992). The criterion problem: 1917–1992. *Journal of Applied Psychology, 77*, 836–874.

Bennett, G., Seashore, H., & Wesman, A. (1990). *Differential Aptitude Tests: Administrator's manual* (5th ed.). San Antonio, TX: Psychological Corp.

Betz, N., & Weiss, D. (2008). Validity. In B. Bolton & R. Parker (Eds.), *Handbook of measurement and evaluation in rehabilitiation* (4th ed.). Austin, TX: PRO-ED.

Bolton, B. (1988). *Special education and rehabilitation testing: Practical applications and test reviews.* Austin, TX: PRO-ED.

Bolton, B., & Parker, R. (Eds.). (2008). *Handbook of measurement and evaluation in rehabilitation* (4th ed.). Austin, TX: PRO-ED.

Bolton, B., Butler, A., & Wright, G. (1968). *Clinical versus statistical prediction of client feasibility* (Wisconsin Studies in Vocational Rehabilitation, Monograph No. 7). Madison: University of Wisconsin, Regional Rehabilitation Institute.

Bolton, B., Parker, R., & Brookings, J. (2008). Scores and norms. In B. Bolton & R. Parker (Eds.), *Handbook of measurement and evaluation in rehabilitation* (4th ed). Austin, TX: PRO-ED.

Bond, G., & Dietzen, L. (1990). Predictive validity and vocational assessment: Reframing the question. In R. Gleuckauf, L. Sechrest, G. Bond, & E. McDonel (Eds.), *Improving assessment in rehabilitation and health* (pp. 61–86). Newbury Park, CA: Sage.

Boscardin, M., Brown-Chidsey, R., & González-Martinez, J. (2003). Counseling approaches to working with students with disabilities from diverse backgrounds. In P. Pedersen & J. Carey (Eds.), *Multicultural counseling in schools:*

231

A practical handbook (2nd ed., pp. 257–269). Needham Heights, MA: Allyn & Bacon.

Bowman, S. (1993). Career intervention strategies for ethnic minorities. *Career Development Quarterly, 42*, 14–25.

Breeding, R. R. (2005). Vocational rehabilitation and sudden onset disability: Advancing proprietary consumer involvement through improved vocational assessment. *Journal of Vocational Rehabilitation, 22*, 131–141.

Brennan, R. (1983). *Elements of generalizability theory.* Iowa City, IA: ACT Publications.

Browder, D. (1991). *Assessment of individuals with severe disabilities: An applied behavior approach to life skills assessment* (2nd ed.). Baltimore: Brookes.

Brown, D. (Ed.). (2002a). *Career choice and development* (4th ed.). New York: Wiley.

Brown, D. (2002b). The role of work and cultural values in occupational choice, satisfaction, and success: A theoretical statement. *Journal of Counseling and Development, 80*, 48–56.

Bruininks, R. H., Woodcock, R. W., Weatherman, R. E., & Hill, B. K. (1996). *Scales of Independent Behavior–Revised Comprehensive Manual.* Itasca, IL: Riverside.

Buros, O. (1977). Fifty years in testing: Some reminiscenses, criticisms, and suggestions. *Educational Researcher, 6*(7), 9–15.

Callahan, M., & Garner, J. (1997). *Keys to the workplace: Skills and supports for people with disabilities.* Baltimore: Brookes.

Cipani, E., & Schock, K. (2007). *Functional behavioral assessment, diagnosis, and treatment: A complete system for education and mental health settings.* New York: Springer.

Cohen, J., Cohen, P., West, S., & Aiken L. (2002). *Applied multiple regression/correlation analysis for the behavioral sciences.* Mahwah, NJ: Erlbaum.

Conte, L. (1983). Vocational development theories and the disabled person: Oversight or deliberate omission? *Rehabilitation Counseling Bulletin, 26*, 316–328.

Cronbach, L. (1990). *Essentials of psychological testing* (5th ed.). New York: HarperCollins.

Dana, R. (1993). *Multicultural assessment perspectives for professional psychology.* Boston: Allyn & Bacon.

Dana, R. (2008). Multicultural issues in assessment. In B. Bolton & R. Parker (Eds.), *Handbook of measurement and evaluation in rehabilitation* (4th ed). Austin, TX: PRO-ED.

Dawes, R. M., Faust, D., & Meehl, P. (1993). Statistical prediction versus clinical prediction: Improving what works. In G. Keren & C. Lewis (Eds.), *A handbook for data analysis in the behavioral sciences: Methodological issues* (pp. 351–367). Hillsdale, NJ: Erlbaum.

Dewey, C. (1977). Vocational counseling with women: A nonsexist technique. In E. Rawlings & D. Carter (Eds.), *Psychotherapy for women: Treatment toward equality* (pp. 207–220). Springfield, IL: Thomas.

Donnay, D. A. C., Morris, M. L., Schaubhut, N. A., & Thompson, R. C. (2005). *Strong Interest Inventory: Manual.* Palo Alto, CA: CPP.

Dunning, D. (2005). *Self-insight: Roadblocks and detours on the path of knowing thyself.* New York: Psychology Press.

Everson, J. (Ed.). (1995). *Supporting young adults who are deaf-blind in their communities: A transition planning guide for service providers, families, and friends.* Baltimore: Brookes.

Fitzgerald, L., & Betz, N. (1994a). Career development in cultural context: The role of gender, race, class, and sexual orientation. In M. Savickas & R. Lent (Eds.), *Convergence in career development theories: Implications for science and practice* (pp. 207–214). Palo Alto, CA: Consulting Psychologists Press.

Fitzgerald, L., & Betz, N. (1994b). Cultural development in context: The role of gender, race, class, and sexual orientation. In M. Savickas & R. Lent (Eds.), *Convergence in career development theories: Implications for science and practice* (pp. 103–115). Palo Alto, CA: Consulting Psychologists Press.

Ford, L. (1995). *Providing employment support for people with long-term mental illness.* Baltimore: Brookes.

Fouad, N. (1993). Cross-cultural vocational assessment. *Career Development Quarterly, 42,* 4–13.

Fouad, N., Smothers, M., Kantamneni, N., & Guillen, A. (2008). Vocational inventories. In B. Bolton & R. Parker (Eds.), *Handbook of measurement and evaluation in rehabilitation* (4th ed). Austin, TX: PRO-ED.

Gaylord-Ross, R. (1986). The role of assessment in transitional, supported employment. *Career Development for Exceptional Individuals, 9,* 129–134.

Goldman, L. (1990). Qualitative assessment. *The Counseling Psychologist, 18,* 205–213.

Goldman, L. (1992). Qualitative assessment: An approach for counselors. *Journal of Counseling & Development, 70,* 616–621.

Goodall, D., & Everson, J. (1995). Communication instruction and support strategies for young adults who are deaf-blind. In J. Everson (Ed.), *Supporting young adults who are deaf-blind in their communities: A transition planning guide for service providers, families, and friends* (pp. 203–225). Baltimore: Brookes.

Hagner, D., & Dileo, D. (1993). *Working together: Workplace culture, supported employment, and persons with disabilities.* Cambridge, MA: Brookline.

Halpern, A. (1981). Mental retardation. In W. Stolov & M. Clowers (Eds.), *Handbook of severe disability* (pp. 265–277). Washington, DC: Government Printing Office.

233   Hammersley, M. (1989). *The qualitative method: Herbert Blumer and the Chicago tradition*. New York: Routledge Kegan Paul.

Harry, B. (1992). *Cultural diversity, families, and the special education system: Communication and empowerment*. New York: Teachers College Press.

Healy, C. C. (1990). Reforming career appraisal to meet the needs of clients in the 1990s. *The Counseling Psychologist, 18*, 214–226.

Hershenson, D., & Szymanski, E. (2005). An ecological approach to vocational behavior and career development of people with disabilities. In R. Parker, E. Szymanski, & J. Patterson (Eds.), *Rehabilitation counseling: Basics and beyond* (4th ed, pp. 225–280). Austin, TX: PRO-ED.

Hoemann, H. W. (1986). *Introduction to American Sign Language*. Bowling Green, OH: Bowling Green Press.

Hofstede, G. (1991). *Cultures and organizations: Software of the mind*. London: McGraw-Hill.

Holbrun, S., & Vietze, P. (2002). *Person-centered planning: Research, practice, and future directions*. Baltimore: Brookes.

Holland, J. (1966). *The psychology of vocational choice: A theory of personality types and model environments*. Waltham, MA: Blaisdell.

Holland, J. (1973). *Making vocational choices: A theory of careers*. Englewood Cliffs, NJ: Prentice Hall.

Holland, J. (1985). *The Self-Directed Search: Professional manual—1985 edition*. Odessa, FL: Psychological Assessment Resources.

Holland, J. (1992). *Making vocational choices: A theory of vocational personalities and work environments* (2nd ed.). Odessa, FL: Psychological Assessment Resources.

Holland, J. (1997). *Making vocational choices: A theory of vocational personalities and work environments* (3rd ed.). Odessa, FL: Psychological Assessment Resources.

Individuals with Disabilities Education Act Amendments of 1997, 20 U.S.C. §1400 et seq.

Isaacson, L., & Brown, D. (2000). *Career information, career counseling, and career development* (7th ed.). Boston: Allyn & Bacon.

Johnson, E.S., & Arnold, N. (2007). Examining an alternate assessment: What are we testing? *Journal of Disability Policy Studies, 18*(1), 23–31.

Kapes, J., & Whitfield, E. (2001). *A counselor's guide to career assessment instruments* (3rd ed.). Alexandria, VA: National Career Development Association.

Kazdin, A. (2001). *Behavior modification in applied settings* (6th ed.). Belmont, CA: Wadsworth/Thompson Learning.

Kerlinger, F., & Lee, H. (2000). *Foundations of behavioral research* (4th ed.). Stamford, CT: Thompson Learning.

Keyser, D. J., & Sweetland, R. C. (Eds.). (1984–2005). *Test critiques* (Vols. 1–11). Austin, TX: PRO-ED.

Kline, P. (1993). *The handbook of psychological testing*. London: Routledge Kegan Paul. 234

Lewin, K. (1951). *Field theory in social science: Selected theoretical papers*. New York: Harper & Row.

Lincoln, Y., & Guba, E. (1985). *Naturalistic inquiry*. Newburg Park, CA: Sage.

Lonner, W. (1990). An overview of cross-cultural testing and assessment. In R. Brislin (Ed.), *Applied cross-cultural psychology* (pp. 56–76). Newbury Park, CA: Sage.

Lorge, I. (1936). Criteria for guidance. *Occupations, 14*, 958–962.

Lucyshyn, J., Dunlap, G., & Albin, E. (2002). *Families and positive behavior support: Addressing problem behaviors in family contexts*. Baltimore: Brookes.

Mabe, P., & West, S. (1982). Validity of self-evaluation ability: A review and meta-analysis. *Journal of Applied Psychology, 67*, 280–296.

Maddox, T. (2008). *Tests: A comprehensive reference for assessments in psychology, education, and business* (6th ed.). Austin, TX: PRO-ED.

Martin, T. (2003). Counseling women with disabilities. In M. Kopala & M. Keitel (Eds.), *Handbook of counseling women* (pp. 74–85). Thousand Oaks, CA: Sage.

Mayall, D. (Ed.). (1994). *The worker traits data book*. Indianapolis, IN: JIST.

McMahon, M., & Patton, W. (2002). Using qualitative assessment in career counseling. *International Journal for Educational and Vocational Guidance, 2*(1), 51–66.

McMahon, M., Patton, W., & Watson, M. (2003). Developing qualitative career assessment processes. *The Career Development Quarterly, 51*, 194–202.

Meehl, P. (1954). *Clinical versus statistical prediction*. Minneapolis: University of Minnesota Press.

Meehl, P. (1986). Causes and effects of my disturbing little book. *Journal of Personality Assessment, 50*, 370–375.

Menchetti, B. M., & Rusch, F. R. (1988). Vocational evaluation and eligibility for rehabilitation services. In P. Wehman & M. S. Moon (Eds.), *Vocational rehabilitation and supported employment* (pp. 79–90). Baltimore: Brookes.

Merriam, S. (1998). *Qualitative research and case study applications in education*. San Francisco: Jossey-Bass.

Miller, M., & Brown, S. (2005). Counseling for career choice: Implications for improving interventions and working with diverse populations. In S. Brown & R. Lent (Eds.), *Career development and counseling: Putting theory and research to work* (pp. 441–465). Hoboken, NJ: Wiley.

Moon, M. S., Goodall, P., Barcus, M., & Brookes, V. (1986). *The supported work model for citizens with severe handicaps: A guide for job trainers* (Rev. ed.). Richmond: Virginia Commonwealth University, Rehabilitation Research and Training Center.

235   Moore, E. (1986). Family socialization and the IQ test performance of tradition-ally and transracially adopted Black children. *Developmental Psychology, 22*, 317–322.

Mount, B., & Zwernick, K. (1988). *It's never too early, it's never too late: A booklet about personal futures planning*. Minneapolis, MN: Metropolitan Council.

Omvig, J. (2002). *Freedom for the blind: The secret is empowerment*. Fayetteville, AR: Region VI Rehabilitation Continuing Education Program.

Orelove, F. P., & Sobsey, D. (1987). *Educating children with multiple disabilities: A transdisciplinary approach*. Baltimore: Brookes.

Pancsofar, E. L. (1986). Assessing work behavior. In F. R. Rusch (Ed.), *Competitive employment issues and strategies* (pp. 93–102). Baltimore: Brookes.

Palladino-Schultheiss, D. E. (2005). Qualitative relational career assessment: A constructivist paradigm. *Journal of Career Assessment, 13*, 381–394.

Parker, R. (2008). Aptitude testing. In B. Bolton & R. Parker (Eds.), *Handbook of measurement and evaluation in rehabilitation* (4th ed., pp. 121–150). Austin, TX: PRO-ED.

Parker, R., & Schaller, J. (1994). Relationships among self-rated and psychometri-cally determined vocational aptitudes and interests. *Educational and Psychological Measurement, 54*, 155–159.

Parker, R., Szymanski, E., & Hanley-Maxwell, C. (1989). Ecological assessment in supported employment. *Journal of Applied Rehabilitation Counseling, 20*(3), 26–33.

Patton, M. (2002). *Qualitatve research and evaluation methods* (3rd ed.). Thousand Oaks, CA: Sage.

Patton, W., & McMahon, M. (2006). The systems theory of career development and counseling: Connection theory and practice. *International Journal for the Advancement of Counselling, 28*(2), 153–166.

Peterson, G.W. (1998). Using a vocational card sort as an assessment of occupational knowledge. *Journal of Career Assessment, 6*, 49–67.

Piuma, C., & Udvari-Solner, A. (1993). *Materials and process manual: Developing low cost vocational adaptations for individuals with severe disabilities*. Madison: University of Wisconsin–Madison, Madison Metropolitan School District.

Pope, M. (1995). Career interventions for gay and lesbian clients: A synopsis of practice knowledge and research. *Career Development Quarterly, 44*, 191–203.

Pope, M., Barret, B., Szymanski, D., Chung, Y., Singaravelu, H., McLean, R., et al. (2004). Culturally appropriate career counseling with gay and lesbian clients. *Career Development Quarterly, 53*, 157–177.

Power, P. (2006). *A guide to vocational assessment* (4th ed.). Austin, TX: PRO-ED.

Rehabilitation Act Amendments of 1992, 29 U.S.C.A. § 722.1599.

Renzaglia, A., & Hutchins, M. (1988). A community-referenced approach to preparing persons with disabilities for employment. In P. Wehman & M. S. Moon (Eds.), *Vocational rehabilitation and supported employment* (pp. 91–110). Baltimore: Brookes.

Schilling, J. (2006). On the pragmatics of qualitative assessment: Designing the process for content analysis. *European Journal of Psychological Assessment, 22*, 28–37.

Scotti, J., & Meyer, L. (Eds.). (1999). *Behavioral intervention: Principles, models, and practices*. Baltimore: Brookes.

Sigafoos, J., Arthur, M., & O'Reilly, M. (2003). *Challenging behavior and developmental disability*. London: Whurr.

Slaney, R., Moran, W., & Wade, J. (1994). Vocational card sorts. In J. Kapes, M. Mastie, & E. Whitfield (Eds.), *A counselor's guide to career assessment instruments* (3rd ed., pp. 347–360). Alexandria, VA: National Career Development Association.

Smart, J., & Smart, D. (1992). Curriculum changes in multicultural rehabilitation. *Rehabilitation Education, 6*, 105–122.

Smart, J., & Smart, D. (1993). Acculturation, biculturalism, and the rehabilitation of Mexican Americans. *Journal of Applied Rehabilitation Counseling, 24*(2), 46–51.

Smith, E. (1983). Issues in racial minorities' career behavior. In W. Walsh & S. Osipow (Eds.), *Handbook of vocational psychology: Foundations* (Vol. 1, pp. 161–222). Hillsdale, NJ: Erlbaum.

Smith, M., Belcher, R., & Juhrs, P. (1995). *A guide to successful employment for individuals with autism*. London: Brookes.

Spies, R., Plake, B., Geisinger, K., & Carlson, J. (Eds.). (2007). *The seventeenth mental measurements yearbook*. Lincoln, NE: University of Nebraska–Lincoln, Buros Institute of Mental Measurements.

Subich, L. (1996). Addressing diversity in the process of career assessment. In M. Savickas & W. Walsh (Eds.), *Handbook of career counseling theory and practice* (pp. 277–289). Palo Alto, CA: Davies-Black.

Sue, D. W., & Sue, D. (2003). *Counseling the culturally diverse: Theory and practice* (4th ed.). Hoboken, NJ: Wiley.

Szymanski, E., & Hershenson, D. (2005). An ecological approach to vocational behavior and career development of people with disabilities. In R. Parker, E. Szymanski, & J. Patterson (Eds.), *Rehabilitation counseling: Basics and beyond* (4th ed., pp. 225–280). Austin, TX: PRO-ED.

Szymanski, E., Parker, R., & Butler, A. (1990). Sensitivity of client outcome measures in relating state vocational rehabilitation agency counselor performance to level of counselor education. *Rehabilitation Education, 4*, 93-107.

Terman, L. M. (1916). *The measurement of intelligence*. Boston: Houghton Mifflin.

237   Thorndike, E. L., Bregman, E., Lorge, I., Metcalfe, Z., Robinson, E., & Woodward, E. (1934). *Prediction of vocational success*. New York: Commonwealth Fund.

Walsh, W. B., & Betz, N. (2000). *Tests and assessment* (4th ed.). Englewood Cliffs, NJ: Prentice Hall.

Wehman, P. (1981). *Competitive employment: New horizons for severely disabled individuals*. Baltimore: Brookes.

Wen, J. H., Boone, K., & Kim, K. (2006), Ecological validity of neuropsychological assessment and perceived employability. *Journal of Clinical and Experimental Neuropsychology, 28*, 1423–1434.

Westbrook, B., Buck, R., & Wynne, D. (1994). Career maturity in adolescence: Reliability and validity of self-ratings of abilities by gender and ethnicity. *Journal of Career Assessment, 2*, 125–161.

Westbrook, B., Sanford, E., Gilleland, K., Fleenor, J., & Mervin, G. (1988). Career maturity in Grade 9: The relationship between accuracy of self-appraisal and ability to appraise the career-relevant capabilities of others. *Journal of Vocational Behavior, 32*, 269–283.

Wnuk, S., & Amundson, N. (2003). Using the intelligent careers card sort with university students. *The Career Development Quarterly, 51*, 274–284.

Worell, J., & Remer, P. (1992). *Feminist perspectives in therapy: An empowerment model for women*. New York: Wiley.

Worthington, R., Flores, L., & Navarro, R. (2005). Career development in context: Research with people of color. In S. Brown & R. Lent (Eds.), *Career development and counseling: Putting theory and research to work* (pp. 225–252). Hoboken, NJ: Wiley.

Yin, R. K. (2002). *Case study research: Design and methods* (3rd ed.). Thousand Oaks, CA: Sage.

附錄 7A

具代表性的職業測驗

性向測驗組合 (3)

區分性向測驗 Differential Aptitude Tests（DAT）

作　者：G. Bennett、H. Seashore 和 A. Wesman

出版年：1991

出版社：The Psychological Corporation, 655 Academic Court, San Antonio, TX 78204

常　模：7 至 12 年級與成人

測量的架構：語言推理、數字推理、抽象推理、知覺速度與正確度、機械推理、空間關係、拼字、語言使用和學術性向

軍人職業性向測驗 Armed Services Vocational Aptitude Battery（ASVAB）

作　者：美國國防部

出版年：1995

出版社：U.S. Military Entrance Processing Command, 2500 Green Bay Road, North Chicago, IL 60064

常　模：10 至 12 年級與大專學生

測量的架構：一般科學、文字知識、閱讀理解、電子資訊、編碼速度、算術推理、數學知識、機械理解、汽車維修資訊和數字操作

通用性向測驗 General Aptitude Test Battery（GATB）

作　者：美國就業服務部

出版年：1982

出版社：無

常　模：9 至 10 年級與成人

測量的架構：一般學習能力、語言性向、數目性向、空間性向、圖形知覺、文書知覺、動作協調、手指靈巧和手部靈巧

239 ## 價值觀問卷 (4)

明尼蘇達重要性問卷 Minnesota Importance Questionnaire（MIQ）

作　　者：D. Weiss、R. Davis 和 L. Lofquist

出版年：1981

出版社：Vocational Psychology Research, University of Minnesota, N620
　　　　Elliot Hall, 75 East River Road, Minneapolis, MN 55455

常　　模：16 歲以上的男女

測量的架構：20 個需求量表（如：能力使用）和 6 個價值觀量表（成就、
　　　　　　利他、自主、舒適、安全和地位）

價值觀量表 Values Scale（VS）

作　　者：D. Super 和 D. Nevill

出版年：1986

出版社：Consulting Psychologists Press, 577 College Ave., Palo Alto, CA
　　　　94306

常　　模：8 年級以上

測量的架構：21 個價值觀量表（如：成就、晉升、權威、聲望）

重要性量表 Salience Inventory（SI）

作　　者：D. Nevill 和 Super

出版年：1986

出版社：Consulting Psychologists Press, 577 College Ave., Palo Alto, CA
　　　　94306

常　　模：6 年級以上

測量的架構：三個量表（參與、承諾、價值預期）測量五個角色價值觀（學
　　　　　　習、工作、社區服務、家庭、休閒活動）

生命價值量表 Life Values Inventory（LVI）

作　　者：R. K. Crace 和 D. Brown

出版年：1996

出版社：Life Values Resources, 620 Bayberry Dr., Chapel Hill, NC 27514

常　　模：9 年級以上

測量的架構：14 個價值觀（如：歸屬、創意、富足、可靠）

興趣問卷 (7)

240

生涯職業偏好系統 Career Occupational Preference System（COPS）

作　　者：R. R. Knapp 和 L. Knapp

出版年：1990

出版社：EDITS, P.O. Box 7234, San Diego, CA 92107

常　　模：國中到大學

測量的架構：八個興趣群組（科學、消費者經濟、戶外、企業、書記、溝
　　　　　　通、藝術和服務）

職業興趣自我探測量表 Self-Directed Search（SDS）

作　　者：J. Holland

出版年：1994

出版社：Psychological Assessment Resources, PO Box 998, Odessa, FL
　　　　　33556

常　　模：國中至成人

測量的架構：實用型、研究型、藝術型、社會型、企業型、傳統型

生涯抉擇系統 Career Decision-Making System（CDM）

作　　者：T. Harrington 和 A. O'Shea

出版年：2000

出版社：AGS, Publishers Building, Circle Pines, MN 55014

常　　模：國中至成人

測量的架構：工藝、科學、藝術、商業、文書、社會工作

史氏興趣量表 Strong Interest Inventory（SII）

作　　者：E. K. Strong, Jr.、J. C. Hansen 和 D. Campbell

出版年：2005

出版社：Consulting Psychologists Press, 577 College Ave., Palo Alto, CA 94306

常　　模：青少年後期至成人

測量的架構：23 個基本興趣量表、6 項普遍職業類型（實用型、研究型、藝術型、社會型、企業型、傳統型）、207 個職業興趣量表

庫德職業興趣量表 Kuder Occupational Survey Form DD（KOIS）

作　　者：G. F. Kuder

出版年：1991

出版社：National Career Assessment Services, Inc., 601 Visions Parkway, PO Box 277, Adel, IA 50003; www.kuder.com

241　常　　模：10 年級至成人

測量的架構：104 個職業量表、39 個大學主修量表、10 個職業興趣推估、8 個經驗量表

非語文式職業興趣量表第二版 Reading-Free Vocational Interest Inventory: 2-Revised（RFVII: 2）

作　　者：R. L. Becker

出版年：2000

出版社：Elbern Publications, PO Box 09497, Columbus, OH 43209

常　　模：13 至 60 歲的智能障礙者和學習障礙者

測量的架構：汽車工業、建築業、文書、動物照顧、餐飲服務、病人護理、園藝、家務整理、個人服務、洗衣服務、材料處理

美國勞工部職業興趣量表 USES Interest Inventory（II）

作　　者：美國就業服務部

出版年：1982

出版社：United States Employment Services, 200 Constitution Ave., NW Washington, DC 20210

常　　模：9 年級至成人

測量的架構：藝術、科學、動植物、保全、機械、工業生產、企業事務、
　　　　　　銷售、個人服務、社會福利、領導與體能表演

人格測驗 (2)

邁爾斯—布利基性格類型指標 Myers-Briggs Type Indicator（MBTI）

作　者：I. Briggs Myers 和 K. Briggs

出版年：1998

出版社：Consulting Psychologists Press, 577 College Ave., Palo Alto, CA
　　　　94306

常　模：高中至成人

測量的架構：外向性與內向性、感覺與直覺、思考與感受、判斷與感知

個人化生涯發展量表 Sixteen P. F. Personal Career Development Profile（16PFQ）

作　者：V. Waller

出版年：1994

出版社：IPAT, PO Box 1188, Champaign, IL 61824-1188; www.ipat.com

常　模：高中至成人

測量的架構：16 個人格因素量表、與 Holland 類型論相似的人格基本類
　　　　　　型

242

診斷問卷 (4)

生涯抉擇量表 Career Decision Scale（CDS）

作　者：S. Osipow

出版年：1987

出版社：Psychological Assessment Resources, PO Box 998, Odessa, FL
　　　　33566

常　模：高中至成人

測量的架構：肯定與優柔寡斷

我的職業現況 My Vocational Situation

作　者：J. L. Holland、D. C. Daiger 和 P. G. Power

出版年：1987

出版社：Psychological Assessment Resources, PO Box 998, Odessa, FL 33566

常　模：高中至成人

測量的架構：職業特性、職業資訊、阻礙

生涯發展量表 Career Development Inventory（CDI）

作　者：D. Super、A. S. Thompson、R. H. Lindeman、J. P. Jordaan 和 R. A. Myers

出版年：1981

出版社：Consulting Psychologists Press, 3803 East Bayshore Road, Palo Alto, CA 94303

常　模：9 年級至大學

測量的架構：生涯規劃、生涯探索、抉擇、工作資訊、偏好職業類型的知識、生涯發展－態度、生涯發展－技能的知識、完整的生涯取向

生涯信念量表 Career Beliefs Inventory

作　者：J. D. Krumboltz

出版年：1991

出版社：Consulting Psychologists Press, 3803 East Bayshore Road, Palo Alto, CA 94303

常　模：高中至成人

測量的架構：5 項主題（目前的生涯狀況、為了快樂必須擁有的、影響我做決定的因素、我將進行的改變、我將開始努力的）下的 25 個量表

綜合型問卷 (3)

職業性向與興趣量表第三版 Occupational Aptitude Survey and Interest Schedule-3rd ed.（OASIS-3）

作　者：R. M. Parker

出版年：2002

出版社：PRO-ED, 8700 Shoal Creek Blvd., Austin, TX 78757-6897

常　模：8 至 12 年級與成人

測量的架構：6 項性向項目（一般學習能力、語言性向、數目性向、空間性向、知覺性向、手部靈巧）與 12 項興趣項目（藝術、科學、自然、保全、機械、工業生產、企業事務、銷售、個人服務、社會福利、領導與體能表演）

麥卡倫戴爾評估系統 McCarron-Dial System（MDS）

作　者：I. T. McCarron 和 J. G. Dial

出版年：1986

出版社：McCarron-Dial System, PO Box 45628, Dallas, TX 75245

常　模：學習障礙者、情緒困擾者、智能障礙者、腦性麻痺者、頭部損傷者、社會弱勢者

測量的架構：語言－空間－認知、感覺、動作、情緒、統整－因應

生涯曲線 CareerScope

作　者：J. Harris

出版年：2000

出版社：Vocational Research Institute, 1528 Walnut St., Suite 1502, Philadelphia, PA 19102

常　模：9 年級至成人

測量的架構：性向：一般學習能力、語言性向、數目性向、空間性向、圖形知覺、文書知覺；興趣：藝術、科學、動植物、保全、機械、工業生產、企業事務、銷售、個人服務、社會福利、領導與體能表演

使用職業與勞動市場
資訊於職業諮詢

Jeanne Boland Patterson　著

黃宜君　譯

職業諮商是復健諮商師一項基本的功能，在眾多重要的技能中，兩項與復健諮商師職業諮商技能相關的是獲得最新職業與勞動市場資訊的能力，以及有效使用這些資訊以諮商個案作生涯抉擇。如三十多年前 Hoppock（1976）所主張，生涯選擇可影響一個人所有層面的生活，任何一個工作都可影響到非常廣泛的範圍，從工作取得、薪資賺取、到自我概念以及生涯的變動。

　　本章將針對可協助諮商師從事職業諮詢之各種類型、資源，以及職業與勞動市場資訊分類提供一個概述。在做職業選擇時，每個人需要對自己以及對工作市場有基本的了解。本章將提供可供諮商師協助個案作職業探索之資源，同時協助諮商師學習並跟隨市場脈動前進。本章也會提供工作分析的介紹，此介紹有助於了解特定工作的基本與邊緣能力，辨別身障者職務再設計與輔助科技的需求，且在進行選擇性安置時（無論是支持性就業或個別化就業）協助個案與工作的媒合。以下將包括的主題有：(1) 職業資訊在生涯諮商與工作開拓的角色；(2) 職業與勞動市場資訊之資源與評估；(3) 國家分類系統與資源；(4) 州與地區資源；(5) 電腦輔助資源；(6) 可轉移技巧評估與工作分析，包括它們與 1990 年美國身心障礙者法案及相關倫理議題的關係。

職業與勞動市場資訊的重要性

　　失業與低就業率是身心障礙者面臨的重大問題，身障者的就業率（36%）約是非身障者的一半（74%）（Smith & Clark, 2007），此外，很多身障者從事逐漸沒落或不需要大學學歷的低薪資工作（National

Organization on Disability, 2007），這也造成許多正職工作年齡的身障者屬於低收入的狀態。Smith 與 Clark 發現工作年齡的身障者屬於低收入戶的比率是 25.3%，而其他非身障者的比率是 9.2%。

職業資訊對於個案與諮商師皆是重要的，職業資訊不足通常會造成年輕人與那些嚮往擁有令人滿意職業者的困擾，但受限於障礙的影響，許多身障者需要改變自己的職業方向。一個人在 20 歲時想從事的職業，不一定與他在 40 歲時相同，各職業的要求與條件也會隨時間改變。對有些人而言（例如是先天身障者），由於障礙的因素，他們可能具備較少的職業探索機會（例如因為要去看醫生），會導致他們對於工作市場的缺乏了解（Curnow, 1989; Geary, Griffin, & Hammis, 2007）。

復健諮商師需要對於熱門成長的行業以及新興剛出現的職種有所認識，以處理身障者失業或低就業率的問題。但有些諮商師對於現實就業市場未有充足了解，或僅專注在某些少數的職種。因此，當諮商師想對身障個案作職業探索選擇或協助辨識生涯目標時，他們一定要提供職業與勞動市場資訊，且將隨時獲得、更新自己的職業資訊與未來市場趨勢視為終生學習的議題。

對於身心障礙者作職業諮商與工作安置的最終目標是獲得與維持一份滿意的工作。諮商師在增進個案選擇生涯目標作出決定時，即可協助其將職業與勞動市場資訊轉為擬定生涯計畫時可用的資訊（Corpey, 2007-08; Drier, 1980），此任務的重點在生涯，而非僅是一份工作的獲得。根據 Sharf（1993），工作意指有由雇主付費的事務完成，職業是指一個人所從事的工作類型，而生涯包涵對於一份職業或一系列相關職業付出的承諾，是個人一生中很美好的部分（p. 2）。

諮商師與個案開始職業諮商關係時，各自擁有不同的價值觀、經驗、特性、人格特質、就業市場知識、自我知識與技能。然而，諮商師開始進行職業諮商時需對職業、職業資源、勞動市場有一定的了解，以幫助缺乏對就業市場了解的個案作生涯選擇之參考。經由職業諮商的過程，個案判斷出自己知識與職業知識的強、弱項，獲得可解決知識不足方法之資訊，並學習、應用作決定的技巧來達成職業目標。Szymanski 與 Hershenson（2005）形容生涯計畫就像是一個需要「個案在每個階段皆參與之活動過程」（P. 266）。

職業與勞動市場資訊之資源與評估

經由對各類職業與勞動市場資訊的認識，與了解資訊評量時的關鍵點，諮商師可以有效地符合個案的需求。雖然很多資源可讓個案與諮商師共用〔例如《職業展望手冊》（*Occupational Outlook Handbook*, OOH）〕，其他資源基本上對諮商師比較有用，例如《美國勞動力報導月刊》（*Monthly Labor Review*）與《職業展望季刊》（*Occupational Outlook Quarterly*, OOQ）都有包含許多勞動市場趨勢的文章。職業資訊不限於網路或刊印的文章，也包含影片。在決定一個最有效率且實用的傳遞媒介時，諮商師需考慮個案的特質以及將用來溝通的職業資訊（Pryor & Pincham, 1986）。

全國雇主委員會（National Employer Leadership Council, 1996）發現許多活動可供個案提升生涯覺察、探索與準備。這些活動包括可讓個案與雇主接觸的就業博覽會、職場與工廠導覽、職場見習（個案跟隨正式員工學習一種職業或行業），與實習（時間較職場實習長，且個案的參與程度通常較觀察多）。諮商師建立一份「資源人脈檔」是很有幫助的，檔案包括有意願參與個別訪談或提供職場實習機會者的聯絡方式。透過著重工作者角色（而非工作任務）的職場見習之接觸互動可帶來許多的好處，例如可探索到較廣泛的職業，且可比實際工作耗費較少的時間（Herr & Watts, 1988）。此外，Brown（2007）也認為職場見習後，回應所觀察到的問題頗為重要。

Ellis（1993）提出擔任志工是另一種獲得職業資訊的方式。除了可獲得第一手有關雇主底下工作的訊息之外，擔任志工可提供個人機會來學習或展現某特定的工作行為（例如守時、維持從事某項職務的技能），此有利於其他工作機會的獲得。

復健諮商師需要仔細評估各職業資訊，也要小心不要認為所有的職業資訊是同等重要的。任何資訊應在有效性、全面性、即時性與資訊提供者的誠信度上作考慮（Rosenthal & Pilot, 1988），在量化資訊中，即時性需要特別的注意（例如薪資、工作前景），不然資訊很快就過時了。雖然網路的快速成長可為諮商師與個案提供許多立即性的職業資訊（Patterson, 2000），且協助辨認過時的資訊，諮商者需使用類似的標準來判斷網站

248

資料以及由網路取得的職業資訊，此判斷標準即確實性、應用性、源頭、
誤差、實用性（Schrock, 2000, p. 1）。表 8.1 描述出各類可協助職業資訊
判斷的資訊要求。

249　表 8.1　各類職業資訊要求

要素	使用
工作與工作條件的性質	使用者可比較自己的興趣、能力與工作特質；使用者可決定障礙所造成的限制與可能的調整。
就業	較大的職業種類擁有較多的工作機會；沒有體力完成全職工作者可用兼職工作來幫助；想要自雇者，可比較此工作自雇者在該職業中所占的比例。
訓練、其他條件要求、升遷	訓練類型可協助使用者比較工作性向的要求與某地區訓練的可及性；與該職業的關係或職業內部的遷移性可協助使用者擬定短期與長期的計畫。
工作展望	使用者可判斷影響工作機會的原因；若某領域內只有少數的工作機會，使用者可將此資訊與其他重要的因素相互權衡考量。
薪資	各職業內部薪資的變動性主要是受教育、經驗、流動性、雇主類型等重要因素的影響；使用者可判斷可能的薪資水準。
資訊來源	來源包括紙本資料（書、小冊子）、影片、電影、電腦指引系統、個人接觸。

註：修改自 Rosenthal, N. H., & Pilot, M. (1988). Information needs for initial and ongoing work transition. *Journal of Career Derelpment, 15*(1), 22-25.

248　# 國家分類系統與資源

　　由於大量的職業與多種職業資訊的運用，複合系統的存在可協助職業
資訊的分類。Sharf（1993）提出三點主要的原因，說明諮商師需要了解
各種分類系統的重要性：

　　　第一，職業分類系統提供一種將類似的職業種類整理成幾

種可處理類型的方式，這表示如果你知道一個職業是如何被分
類的，就能發現到一些以前不知道的相近的職業種類。第二，
職業分類系統提供不一樣的職業觀……。第三，職業分類系統
提供一個間接的自我評估方式，可在一個類型內選擇自己的興
趣，可在一組較限縮的生涯內選擇職業，這也暗示此選擇是基
於個人興趣、能力、人格特質，與／或價值觀等因素的結合（P.
2）。

249

　　資訊最常依據職業或行業來分類，依據勞工統計局（Bureau of Labor
Statistics, BLS; 2008a）的定義，職業是「員工被付費以表現的一系列活
動或任務」，員工基本上在相同的職業上從事相同的任務，無論他們是否
在相同的行業內，有些職業被使用在較少的行業內，其他的可在各行中被
廣泛發現。勞工統計局定義行業是「一組生產相似產品或提供相似服務的
機構之集合，例如所有生產汽車的機構會被歸納為相同的行業，某一特定
行業或是某行業內一家特定的機構可能擁有各種不同職業的員工」。

250

　　雖然許多個案首先注意可能的職業，但對於行業的了解可協助判斷當
地可能的機會，並增進其他選項的認識。

標準職業分類系統

　　所有聯邦統計機構使用的分類系統是標準職業分類系統（Standard
Occupational Classification, SOC），它包含所有給薪工作的所有職業（志
工並不包括）。2000 標準職業分類系統使用四層的分類系統，包含 23 個
大類（例如管理職業、社區與社會服務職業），這些大類包含 96 個中類，
449 個小類，與 821 個細類。例如，21-0000 社區與社會服務職業包含二
個中類（21-1000 諮商師、社會工作者，與其他社區與社會服務專業人員；
21-2000 宗教工作者）。在諮商師、社會工作者與其他社區與社會服務職
業中；包含三個小類（21-1010 諮商師，21-1020 社會工作師，以及 21-
1090 各類社區與社會服務專業人員。）在諮商職業類內包含有六個細類：
藥物濫用與行為異常諮商師（21-1011）；教育、職業與學校諮商師（21-
1012）；婚姻與家庭治療師（21-1013）；心理健康諮商師（21-1014）；
復健諮商師（21-1015）；以及諮商師與其他（21-1019）。每一個數字都

有意義：前兩個數字代表大類，第三個中類，第四與第五代表小類，最後一個數字描述細類。

　　根據 Pollack、Simons、Romero 與 Hausser（2002），標準職業分類系統的架構將可「造福雇主、員工、人資管理專家、生涯諮商師、教育者；以及許多依賴一般職業分類資源的掌管群」（p. 304），並可促進：

- 建立生涯路徑。
- 決定各路徑所需的能力。
- 評估員工的能力。
- 提供評估的結果（包括強、弱項）給不同路徑的員工。
- 判斷員工的發展機會，以強化他們的選擇能力。（p. 305）

標準職業分類系統可在網路上查詢：www.bls.gov/SOC/

O*NET 網路資訊

　　O*NET 網路資訊是一個互動的系統，可供每個人作職業探索。每個職業包括一群特別的知識、技能、能力、活動與任務。O*NET 資料庫包括 812 個職業，並做二位數延伸，開始於 .01 以判斷它在 O*NET 系統內的位置。例如，標準職業分類系統 13-2011 包括會計與稽核，O*NET 編碼系統使用 13-2011.01 代表會計，13-2011.02 代表稽核。

　　O*NET 包含六個領域：工作者特質、工作者條件、經驗條件、職業條件、職業特質與職業特別資訊（Brown, 2007）。圖 8.1 描述出這六個領域的關係。

1. 工作者特質包括 52 種能力（例如口語表達、書寫表達、空間定位）、興趣（六個領域是基於 Holland 的人格分類與工作環境分類模式），與 17 個工作價值／風格（例如成就、獨立）。
2. 工作者條件包括教育（例如基本閱讀、寫作、科學能力）；與可轉移的／跨功能的技巧（例如社交技能、技術技能與資源管理技能）。
3. 勞動市場特質包括薪資資料與全國就業預測。
4. 職業條件意指：(1)42 個一般性工作活動（例如組織、計畫與電腦互動），依據重要性與出現頻率排列；(2) 工作內容，包括 46 個與職業特質相關的生理與社會技能、依據所需技能程度與職業重要性呈現

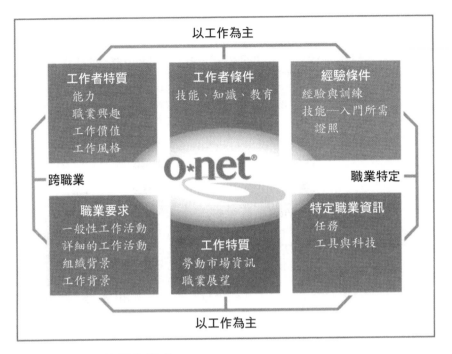

圖 8.1　O*NET 的概念模式

（例如處理外部顧客、為他人健康與安全負責）；與 (3) 組織背景資訊，包括 51 個與處理工作相關的組織特質。

5. 經驗條件指訓練、經驗、證照，依據完成工作所需的經驗、教育、訓練，每項職業被分配到一至五個區。

6. 職業特定訊息有關一個職業所需的特殊的技能、任務與責任，以及可能涉及的機械、器具與設備。（National O*NET Consortium, 2001）

　　O*NET 資料庫會每年更新，在每次更新的 O*NET-SOC 分類法會包括新的剛出現的職業（National Center for O*Net Development, 2006）。現在已有以西班牙文呈現的網頁。

　　O*NET 系統有四個進入的螢幕：發現職業、技能尋找、跨區尋找、工具與科技，每項特質將在下面介紹。

發現職業

　　每個人可輸入關鍵字或 O*NET-SOC 碼來尋找職業，結果會列出許多
職業及其相關指數，由 0 排到 100，相關指數來自於與關鍵字相關的描述、
任務，以及代替的頭銜，例如若輸入復健諮商師為關鍵字，復健諮商師的
相關指數是 100 分，然而同時會列出 115 種職業。下一個列出的職業是精
神技術師，在滿分 100 中只有 47 分相關。每個職業都有 O*NET-SOC 碼，
若可被配對，職業會以最高需求者列出。在點選每個職業時，螢幕會提供
職業的摘要報告，此摘要報告包括職業的簡短描述、一些職業頭銜的範例
（例如人類服務照護專家、個案管理員、復健專家）。也會提供任務、工
具、科技、知識、技能、能力，並有工作活動（例如資訊整理與記錄、資
訊獲得）、工作內容（例如與他人接觸、面對面溝通）、工作範圍（所需
教育程度）、工作類型（例如獨立性、自我控制、對細節之留意度）、興
趣、工作價值、相關職業、薪資，與就業趨勢。使用州選擇鍵可開啟另一
個螢幕，其中包含職業影像檔，州與全國薪資比較，與該職業在全國與該
州發展之趨勢。若想獲得更多的資訊，也可以提供詳盡的任務重要性、工
具、科技、知識、技能、能力、工作活動、工作內容、工作類型之說明。
例如，對復健諮商師而言，兩項最重要的工作任務是監控與記錄個案的進
步程度（重要性 87 分），以及協商個案以公開討論、判斷所需的服務需
求（重要性 82 分），詳細的報告包括工作價值與教育程度要求。此外，
可針對某職業要求一份特製的報告，其中包括各選項 0 到 100 分重要性的
呈現。

　　每個人可瀏覽所有職業，或由 1 到 23 項職業家系中（例如社區與社
會服務、管理、生產）選擇，也可由 1 到 15 項高成長的職業中（例如生
物科技、居家警衛、運輸）作選擇。

技能尋找

　　此領域可讓個人由六個主要技能群組中作選擇，包括十個基本技能
（例如寫作、說話、主動聆聽），一個複雜問題解決能力，四個資源管理
技能（例如人員管理能力），六個社交技能，三個系統技能（判斷、做決
定），與 11 個技巧技能（例如設備維持、制訂計畫）。

　　每個人選擇的技能會與評估後各職業所需之技能排序相比較，如果一個人所選擇的技能在某一項職業中被認為是非常重要的，它就會考慮被配對。最符合個人選擇技能之職業會被列在最前面，接著是那些與個人選擇技能符合程度較低的職業類。它也會提供各職業的工作範圍。

254

跨區尋找

　　跨區是指不同分類系統間的連結，O*NET 系統有與職業分類典（*Dictionary of Occupational Titles*, DOT）、標準職業分類系統、軍用職業分類、教學計畫分類（*Classification of Instructional Programs*, CIP）、註冊之見習資訊系統做連結。

工具與科技

　　此種尋找方式允許使用者判斷在機械、設備、工具，或軟體使用高需求之職務。例如，一個會使用 Microsoft Excel 的人可在空格內打上這幾個字，系統即可提供處理表格程式之高需求職務（例如會計、精算）。

職業分類典

　　職業分類典長期以來是諮商師最常使用的資源，雖然其已漸漸被O*NET 取代，許多復健機構仍繼續使用，故以下提供一個簡短的介紹。職業分類典使用九個數字的職業碼來作職業分類。每個數字都有特別的意義：第一個代表九類廣泛職業分類中的一種（0/1 是專家、技術工、管理；2 是書記與銷售；3 是服務；4 是農、漁、林及相關產業；5 是事務處理；6 是機械與貿易；7 是鉗工工作者；8 是建築；9 是其他各項目），各職業的分類以第二個數字表示，而職業群組以第三個數字表示，例如 07 表示醫療與健康業，而 076 是治療師。中間的三個數字提供各工作職務所需工作者功能的資訊，第四個數字表示工作者功能在資料方面的關係，第五個數字表示工作者功能在人員方面的關係，第六個數字表示工作者功能在器物方面的關係。下頁表格呈現各數值的意義：

　　在檢視這些任務與它所對應的數字時，可明顯知道需要較多責任承擔與判斷的功能一般給予較小的數值，而較不需要複雜功能者給予較大的數值（例如核對較協調簡單），當一個人可表現協調功能時，一般假設他也可以執行核對的工作。

255

資料	人員	器物
0 綜合	0 顧問	0 裝置
1 協調	1 協調	1 精密作業
2 分析	2 指導	2 操作控制
3 彙整	3 督導	3 驅動
4 計算	4 娛樂	4 一般作業
5 抄錄	5 說服	5 看管
6 核對	6 傳述	6 供料
7 服務	7 處理	
	8 事務指導之協助	

255

　　職業分類典的最後三碼在區分不同的職業，許多職業有相同的前六碼，但最後三碼標示出某特別的職業資訊。最後三碼是複合的數字並以4 跳號（例如 010, 014, 018），職業上會照字母順序排列來顯示（例如 045.107-030 是產業中的心理師，接下來 045.107-034 是學校的心理師）。在大多數的例子中，前六碼指某一種職業，而後三碼皆用 010 來表示。然而，沒有任何兩種職業有相同的九碼，例如娛樂助理的職業碼是 195.367-030，而社會服務助理的職業碼是 195.367-034。職業分類典可在網路上找到相關資訊：http://www.oalj.dol.gov/libdot.htm。

　　雖然，O*NET 包含的職業種類較職業分類典少（871 對 12,741），職業分類典擁有較多含糊不清或過時的職業，同時也包括一些很少人從事的職業（Mariani, 1999）。另外一個重要的差異是，O*NET 與職業分類典系統架構的區別是職業分類典以任務為主，而 O*NET 著重在技能。

北美行業分類系統

　　標準職業分類系統與 O*NET 著重在職業，而北美行業分類系統（North American Industrial Classification System, NAICS）是將企業機構作分類。根據美國人口普查局（2007）機構定義為「一個位於單一物理位置生產商品或提供服務的一個商業產業單位」（P. 1），北美行業分類系統是結合墨西哥、加拿大及美國管理與預算局的資料，用來促進：(1)

國際資料比較；(2) 一致性（也就是說類似的生產過程會被劃分在一起）；
(3) 關連性（許多新興的科技產業有被區分出來）；(4) 順應性（北美行業
分類系統資料每五年會重新檢查，以更新當時的資料）。

　　為反應美國、墨西哥、加拿大龐大的服務型經濟，北美行業分類系統
共有 20 個部門，1,170 個產業。20 個部門中的 16 個與服務相關（例如資
訊、專門訓練、科學與科技服務；管理支持—廢棄物管理服務；教育服務；
健康照護與社會協助）。北美行業分類系統利用六個數字的編碼系統，其
中五個數字在三個國家是統一標準。此六個數字碼可呈現各個國家的所有
產業，即使該產業可能不會大到三個國家都有。接下來是北美行業分類系
統六個數字碼的範例說明：

256

部門	56	管理與支持及廢棄物管理與矯正服務
次部門	561	管理與支持服務
產業類別	5616	研究與安全服務
北美行業分類系統之產業	56161	研究、守衛與裝甲車服務
國家	561611	研究服務

　　北美行業分類系統可在網路上查詢：http://www.census.gov/www/naics。

其他國家資源

　　下列的網路資源與書是一些基於前述分類系統所發展出來的資訊資源
之範例。

職業展望手冊

　　利用標準職業分類系統的架構，職業展望手冊提供超過 250 個職種的
說明，這些職種約占美國所有職種的十分之九。這些職種被分類成 11 個
大領域：管理、專門訓練、服務、銷售、行政、畜牧、建築、裝置、生
產、運輸，以及軍事。職業展望手冊包括的資訊有工作的特質、訓練與其
他資格、職業展望、收入、工作條件，以及其他訊息資源。職業展望闡述

各職業超過十年的發展狀況，但不會反應出短期或地區的差別。職業展望
手冊的資訊來自貿易協會、專業協會、教育機構與政府單位。它每兩年
出版一次，且已經成為諮商師直接協助個案有用的資源（Bureau of Labor
Statistics, 2008b）。

職業展望手冊包括尋職技巧，且與州的資訊相連結。它包括以下網站
的連結：

> 最快成長的職業：http://www.bls.gov/emp/emptab21.htm
> 最大宗工作的職業：http://www.bls.gov/emp/emptab3.htm
> 最快成長的產業：http://www.bls.gov/opub/ted/2001/dec/wkl/art04.htm
> 州與地理區域的成長預測：http://www.projectionscentral.com
> 800 個工作的薪資資訊：http://www.bls.gov/oes

職業展望手冊的教師手冊包括快速成長職業的影片：http://www.
careervoyages.gov/careervideos-main.cfm。職業展望手冊可在網路上查詢：
http://stats.bls.gov/oco。

另一個相同系列的刊物，但會每季更新職業展望手冊的資料稱為職業
展望季刊，它提供一些對諮商師及個案有助益且容易閱讀的文章，此職業
展望季刊可在網路上查詢：http://stats.bls.gov/opub/ooq/ooqhome.htm。

產業別生涯指引

產業別生涯指引（*Career Guide to Industries*, CGI）由美國勞工部勞
工統計局出版，是另一個與職業展望手冊相同系列的刊物，它提供訓練與
升遷、薪資、工作前景和工作條件的資訊。在 2008-09 產業別生涯指引中
主要的產業分類包括自然資源、建築與公用事業；製造、貿易、運輸、資
訊、財務活動、專門技術與商業服務、教育與健康服務、休閒與醫院經營、
政府與其附屬單位、中央補助，以及公民組織。此外，產業別生涯指引可
連結到州以提供各州相關的資訊，它在搜索上與職業展望手冊有幾個相似
處：(1) 搜索詞；(2) 主要的產業分類；(3) 以字母次序排列各產業。它的
網站可連結到職業展望手冊，也連結到其他作周全產業介紹的網頁（例
如，各產業的不同處）。

2008-09 年版包括 42 種產業的資訊，並對各產業提供詳細的產業描

述、工作狀況、工作前景、薪資、展望、所包括的職業、供訓練與升遷、與其他相關資源。產業別生涯指引可在網路上查詢：http://stats.bls.gov/oco/cg/。

過渡型的工作分類（第六版）

　　過渡型的工作分類（Transitional Classification of Jobs, TransCOJ）（Field & Field, 2004）設計來協助諮商師評估可轉移的工作技巧，可轉移的工作技巧定義為工作者於一份工作的特質可使用到（意即可轉移到）另一份工作。主要參考網路版的 O*NET，而非職業分類典，過渡型的工作分類提供復健專家許多珍貴的資源，包括依工作領域碼整理的輕度與靜態工作職稱，以及 O*NET 編碼的第一與第二區。除了目前有連結到職業薪資與調查資料，早期出版的版本還包括以職業分類典方式整理的可轉移性，其附錄內包括兩套美國社會安全局的規則、工作特質與職業碼的基本資料、O*NET 的簡介，以及與職業專長相關的可轉移性與可就業性（Field & Field, 2004）。

　　過渡型的工作分類的相關資料可參考：Elliott & Fitzpatrick, Inc., 1135 Cedar Shoals Dr., Athens, GA 30607，其網站資料於：http://www.elliottfitzpatrick.com./pcr.html。

工作領域

　　由於使用工作領域碼來評估可轉移技巧的重要性，Field 與 Field（1993）由修訂的工作分析手冊摘錄工作領域，並另外出版成為一個獨立的參考資料，稱之為工作領域。100 個工作領域群內的每一個皆包含五個工作中重要的項目：方法動詞、機械、工具、設備，與工作輔助器具。工作領域可能比工作者特質（如興趣、性向、生理因素）更適合來評量可轉移技巧，因為一個人若以工作者特質來判斷工作的合適度，可能無法考量此工作者是否有任何使用工作所需機械、工具、設備，與工作輔助器具的經驗。工作領域的相關資料可參考：Elliott & Fitzpatrick, Inc., 1135 Cedar Shoals Dr., Athens, GA 30607，其網站資料於：http://www.elliottfitzpatrick.com/。

州與地方性資源

　　雖然國家有關職業與勞動市場資訊非常豐富且提供完整的一般性資料（例如，某職業的薪資範圍），它們基本上較缺乏地區性的資訊（例如，某州或某區域對某職種每年的職缺數據），因此，國家資訊應再補充州與地方性資料來協助個案。

　　職業展望手冊與產業別生涯指引有建立連結到各州職業的長期職業預測（http://www.projectionscentral.com）與各州的地區勞動資訊（例如州勞動部）。在都市，商會是諮商者主要的諮詢對象，商會通常會列出當地大企業雇主的名單，與各公司／工廠欲聘用的職缺，使用一些像北美行業分類系統的資源，諮商師可看出地區產業在各職種想要聘用的人數。

　　勞動市場調查提供另外一個獲得地方性勞動市場資訊的方法，它通常使用於勞工補償復健，且／或可幫助諮商者與個案發覺現有的工作、最基本聘用條件，及薪資與福利。雖然大多數的勞動市場調查是透過電話進行，面對面跟雇主及／或人資部門的接觸可幫助關係之建立，並有利於諮商者未來的安置活動。

電腦輔助職業指引系統

　　電腦輔助職業指引系統（Computer-assisted career guidance systems, CACGS）已有很長的歷史，且可追溯至 1960 年代（Harris-Bowlsbey & Sampson, 2005）。Gibson 與 Mitchell（2008）指出 SIGI PLUS 與 DISCOVER 是兩套最普遍的電腦輔助職業指引系統，通常包括六個項目：(1) 評估使用者需求；(2) 評估心理與勞動市場架構；(3) 整理出職業、教育、財務協助與就業資訊；(4) 傳遞職業、教育、財務協助與就業資訊；(5) 指導職業、教育與就業決定；(6) 發展生涯選擇的行動計畫（Sampson, 1997）。電腦輔助職業指引系統需要購買，安裝在生涯輔導中心或實驗室的個人電腦內，通常只讓有購買服務者使用（Past, 2000）。網路主要的電腦輔助職業指引系統包括：

DISCOVER	http://www.act.org/discover
SIGI PLUS	http://www.valparint.com/sigi.htm
Choices Planner CT	http://www.bridges.com/us/prodnserv/
	educareerplan_cca.html
Career View	http://www.collegeview.com
FOCUS II	http://www.focuscareer.com

　　各州有生涯資源網路（career resource network, CRN）來提供職業與相關教育、訓練機會的資訊，雖然生涯資源網路會依各州有不同的變化，大部分的系統包括 300 到 500 種職業的描述，通常包括職責資訊、工作狀況、勞動者條件、職業展望、薪資報酬、教育與訓練要求。有些生涯資源網路會包括財務協助資訊、在各州的主要雇主、州就業機構所列出的職缺數、中學後教育機構資訊（例如入學基本條件），很多的電腦輔助職業指引系統已設計成類似生涯資源網路，例如：Choices and Choices CT 已被佛羅里達州、佛蒙特州、愛華州與猶他州使用。生涯資源系統（Career Information System）已被許多州使用，例如奧勒崗（http://oregoncis.uoregon.edu/home）與喬治亞州。有些州（例如密西根、肯塔基）發展出自己州的生涯系統。生涯資源網路基本上提供列印與影片資源，且有電腦資源。可由下述網址連結到各州的生涯資源網路：http://www.acinet.org/acinet/state_intro.asp?id=11&nodeid=11。

　　如之前所陳述，大筆資料庫與線上資源可加速諮商師與個案獲得職業與勞動市場資訊，其他由勞工部贊助的網站包括美國生涯資訊（http://www.acinet.org/acinet），它包括生涯單一窗口網（http://www.careeronestop.org/）與生涯資源資料庫（http://www.acinet.org/acinet/crl/library.aspx）。生涯單一窗口網連結到職業資訊、產業資訊、州資訊、生涯工具、影片、搜索引擎，及線上教授（類似 Word 文件的協助功能）。此外，它連結到其他提供服務處（例如生涯單一窗口中心、服務辦公室、州電話號碼指南）；州資訊；生涯工具；工作資訊、薪資與趨勢；以及財務協助資訊。連結到州的資訊，包括州地圖、人口統計資料、大公司雇主連結、州資源、執照訊息，以及依個案的教育程度，發展辨識快速成長或需求最高的職業之能力。它同時也提供雇主的資料，使用者可依產業、職

261

業、州、關鍵字尋找。例如，一個人可以最先選擇產業別（例如礦業），然後州、地區、城市，接著是產業部門、次部門與產業群。後來會出現一些可能的雇主，使用者可再依公司規模縮小搜尋範圍。以加州的礦業為例，使用者可選擇「採礦，除了油與瓦斯」當作產業次部門，接著選擇「貝克爾斯菲市，加州」後會出現兩位雇主，使用者可自行聯絡每位雇主。

　　生涯資源資料庫主要有四個主題：生涯探索、工作尋找、教育與訓練、商業與就業。表 8.2 列出一些之前已介紹過的網站，與其他可協助諮商者與個案作生涯諮詢、職業與勞動市場資訊提供的網站。

262

表 8.2　生涯諮詢以及職業與勞動市場資訊網站之範例

資源	網站
Career Voyages （生涯之旅）	http://www.careervoyages.gov/
The Riley Guide（萊利指南）	http://www.rileyguide.com/
Career Videos（生涯影片）	http://www.careervideos.com/
Student Career Worksheets（學生生涯地圖）	http://www.khake.com/page95.html
Career Development E-Manual（生涯發展電子手冊）	http://www.cdm.uwaterloo.ca/index2.asp
California Career Zone（美國加州生涯輔導區）	http://www.cacareerzone.org/index.html
Occupational Outlook Handbook Plus（職業展望手冊）	http://www.ocouha.com/
The Princeton Review Online	http://www.princetonreview.com/college/
JobStar Central（工作之星中心）	http://jobstar.org/index.php
Job Search Minute Videos（求職注意事項之影片）	http://www.collegegrad.com/job-search-videos/
New York Career Zone（美國紐約生涯輔導區）	http://www.nycareerzone.org/
Today's Military（現代軍人）	http://www.todaysmilitary.com/app/tm/careers

表 8.2　生涯諮詢以及職業與勞動市場資訊網站之範例（續）

資源	網站
Career Voyages － In Demand Magazine（生涯之旅──需求端雜誌）	http://www.todaysmilitary.com/app/tm/careers
Career Planning（生涯規劃）	http://careerplanning.about.com/od/careerchoicechan/tp/Career-Choice.htm
CareerTV（生涯電視公司）	http://www.careertv.com/
The Career Key（生涯關鍵）	http://www.careerkey.org/
Work Support Resources（工作支持資源）	http://www.worksupport.com/resources/index.cfm
Federal Jobs（聯邦政府的工作）	http://www.usajobs.gov/
Quintessential Careers（典型的生涯）	http://www.quintcareers.com/
Researching Companies Online（線上研究公司）	http://www.learnwebskills.com/company/
Careers.Org（職業網）	http://www.careers.org/01_jobs.html
Career Advice（生涯諮詢）	http://www.career-advice.monster.com/home.aspx

應用職業資訊於可轉移技巧評估與工作分析

261

　　許多先前提到的資源都可作為可轉移技巧評估或為細部工作資料提供方向，藉由分析一個人在一份工作中展現的技能，諮商師與個案可判斷其他使用類似技能的工作。然而，多數的職業資源僅提供一般性的技能，但對某些個案而言，諮商師需要再仔細分析在某雇主底下的工作所需要的基本功能或活動。

可轉移技巧分析

　　當一個人擁有知識、技能從事一份工作，且此知識、技能可同時運用於其他的工作，就稱之為可轉移技巧。有許多方式來評估可轉移技巧，例

如職業診斷與剩餘就業能力評量（*Vocational Diagnosis and Assessment of Residual Employability*, VDARE）就是最早發展出來的專業方法，雖然它也被運用到其他領域（Havranek, Field, & Grimes, 2005）。在使用職業診斷與剩餘就業能力評量時，需將一個人之前從事的主要工作先列出來，接著判斷每份工作的職業分類典或 O*NET 碼，之後可以建立每份工作的工作者特質檔案。此工作者特質檔案包括特殊職業準備、一般教育表現、性向、體力需求、環境狀況與溫度。可運用的工作者特質、資料—人員—器物，GOE，與／或材料、產品、題材及服務碼也包括在內。一個編輯中的職業檔案的初稿可依工作者特質的表現程度來排列，例如某人從事一份同時需要媒體使用與抬重物能力的工作，抬重物能力可被加重強調。接下來評估剩餘功能表現檔案，剩餘功能表現需考量個人因疾病或受傷所造成的能力限制，例如一個工作者之前工作需要斷斷續續抬舉 20 到 50 磅（中等舉重能力）與上下樓梯，現在只能侷限在靜態工作（斷斷續續抬舉十磅）且無法上下樓梯，要找尋相同或類似的工作，諮商師可以：(1) 以職業分類典相同的第一碼來保留相同的職業領域；(2) 保留相同的工作領域；(3) 依剩餘功能表現檔案來判斷工作者特質的要求不能比之前高（Havranek et al., 2005）。經由這些步驟檢核，最後再由地區就業市場發現可能的工作。

　　由於職業災害也可能造成生理能力的改變（即指參與勞工補償計畫者），過渡型的工作分類與工作領域手冊可幫助執行可轉移技巧分析，但在利用可轉移技巧分析作安置時，有兩點限制需特別注意：第一，此方式只適合有工作經驗的個案；第二，可轉移技巧並沒有將輔助科技與職務再設計納入考量，而輔助科技與職務再設計卻有提升個案工作表現的潛能。例如，若視力是個人之前工作表現非常重要的項目，但此工作者的視力卻受損，他的剩餘功能表現檔案的結果會將所有需要視力的工作刪除，但值得特別注意的是，若有適當輔具的協助（如大字列印，閱讀望遠鏡），此工作者仍可執行部分需要視力的工作。

　　網路版 O*NET 提供可轉移技巧的電腦化評估，且呈現出替代性職業供個案選擇。就某種程度而言，O*NET 網路資訊提及職務再設計與輔助科技，並陳述：「如果你的搜尋所判斷出來的技巧或能力，會因健康問題或障礙而有所限制，請考慮職務再設計。職務再設計可包括工作場所環境的改變、工作表現方式的調整，與特別設備的使用。」O*NET 也提供連

結到美國職務再設計諮詢中心（Job Accommodation Network, JAN）與它
的網路資源中心〔（JAN）的網址在：http://janweb.icdi.wvu.edu〕。

工作分析

　　所有之前介紹的職業資源的提供會涉及不同程度對職業與工作的描
述，在有些狀況下，諮商師會需要知道更專門或更詳細的資料（例如當地
公司有關某一個職位的介紹）以更適當地將個案的技巧、興趣、能力與該
工作媒合。或者是，諮商師想知道可提供的職務調整的種類，例如，若原
先認為站立對於某一份工作是非常必要的，但如果沒有對此工作或職位仔
細評量，諮商師就無法知道實際上站立對此工作而言是絕對必要的，或是
可利用其他的調整來降低對站立的要求。同樣地，醫生可能會要求個案在
提舉東西時有重量上的限制，或對個案的活動方式做限制（如彎腰、高
跪），但當這類活動對於某份工作完成是必要時，諮商師會想要展開工作
分析。

　　工作分析被定義為「系統性研究或記錄執行一份工作所必備的任務、
相互影響、方法的行動」（Geary et al., 2007, p. 40）。

　　工作分析可以包括：

- 工作者從事哪些活動或功能。
- 工作是如何被完成的──方法、技術，或所包括的過程，與使用的工
  作器具。
- 工作結果──貨物生產、服務提供、材料使用。
- 工作者特質──完成職務所需的技巧、知識、能力與順應性。
- 工作情境，包括環境與組織因素、工作者謹慎、負責，或可靠的特質。
〔Materials Development Center (MDC), 1982 , p. 5〕

　　這些因素會構成兩類主要的資訊：工作表現（即工作者功能、工作領
域，和材料、產品、題材與服務）以及工作者特質（即一般教育程度、特
殊職業準備、性向、氣質、興趣領域、生理需求與環境狀況）。

　　為符合工作分析的目的，有三個定義需要先說明，以充分認識工作分
析：

1. 工作：一個機構內的某一個職位或一群職位，它們在工作者行動、方
   法論、材料、產品，與／或工作者特質方面，有相似的主要工作活動

與目標，且與其他職位在工作活動項目上有明顯的差異。

265　　2. 任務：有共同目的的一份工作所包含的成分與工作活動的集結，通常與方法論、材料、產品、服務，以及工作行動的方式與結果相關。

　　3. 成分：將工作活動加以細分為最小步驟，用以描述該項工作；是組成一項任務的要素，但比工作者單一的動作要廣泛些。

　　要特別記住的是「成分、任務、工作是相關連的概念，也就是說，一項活動是一個工作的組成成分，也可能是另一份工作的任務，也可能本身就是一份工作」（U.S. Department of Labor, 1991, pp. 1-2）。障礙的本質與功能限制／職務再設計，指出諮商師需要對任務、成分，或工作留意的程度，以及工作分析的明確性。例如，非常具體地判斷任務的每一個步驟，對於重度智能障礙者從事支持性就業是非常重要的；相較之下，一份工作所需的體力狀況對於終生性智能障礙者而言顯得較不重要。在這個個案中，諮商師的工作分析首先需要注意工作的壓力程度、工作者的情緒支持，與工作環境的情緒層面。最後，成分與任務的分析是很重要的，諮商師需要這些資料來與復健工程師合作，以建議適合肢體障礙者（例如脊髓損傷、截肢者）使用的職務再設計。

　　工作分析的執行還有兩個重要的目的：更加了解某份工作以協助未來的個案、為某位有需求的個案作關鍵性的分析。無論是哪種狀況，都需要諮商師展開一系列的步驟，才能將工作執行的所有過程完整記錄下來。

工作分析的步驟

　　工作分析的第一步是對產業與職業作背景調查。一些之前所舉出的職業資訊可加強諮商師對於職業場所所使用的專門術語、材料、設備的了解。

　　第二步是選擇一個企業或產業。有六個因素可影響哪個企業或產業被選擇：「工作調查的目的、產品或服務的類型、員工數、在一個機構內代表性產業的職業數量、機構的位置、機構政策或允許進行各種研究的歷史」（MDC, 1982, p. 20）。例如，諮商師可能選擇一個企業或產業因為

266　它是當地最大的，或選擇一個企業或產業因為它附近有公車經過，因此有助於個案的交通。

　　第三個步驟是實際與機構接觸。雖然有些工作分析是經由人事單位來安排，若直接寫信或打電話給執行者或人力資源管理經理可能會更有效率。

　　第四個步驟是與公司負責人作第一次會議。雖然有些目的可能在剛開始的書信或電話中已經討論過，此時最重要的是要詳述工作分析的目的與計畫分析的範圍、取得他們的同意，與獲得初步資訊（例如工作描述，若可能的話）、合作契約，與其他當初諮商師沒有計畫要調查的資訊。在這第一次會議中，很重要的是強調工作分析的初稿將會交給公司的負責人員作完整、徹底的檢查，且公司機密會協助保密。諮商師可經由這次會議知道自己是否有時間限制或自己穿著上是否需要注意，通常公司方面的基本原則是「安全、保障，及對員工作最少的打擾」，這就包括「從遠處觀察員工、不能進入管制區、任何表格或文件皆需要保密、穿戴安全保護設備，與隨時佩帶識別證」（MDC, 1982, p. 22）。

　　第五個步驟是參觀工廠或設備，這個參觀可安排在第一次會議之後，或在下次會議時。即使諮商師僅在意某一個職位，全面參觀可協助整體運行概況的了解，與建議未來工作分析的方向。

　　第六個步驟是展開工作分析，各種方式的工作分析包括問卷、工作日誌、工作者任務問卷、訪談、觀察，與觀察兼訪談。比較建議後面的方式，因為：(1) 有第一手的觀察資料；(2) 提供訪談資料評估的機會，且可將觀察資料中不重要的移除；(3) 可讓工作者示範操作與描述工作功能（MDC, 1982, p. 26）。

工作分析與復健服務輸送系統

　　在州與聯邦的復健計畫，諮商師參與程度由直接雇主介入（如選擇性就業）到僅一小部分，或完全沒有直接與雇主介入。工作分析通常是選擇性安置的基本要素，但很少使用在以個案為主之安置方式。

267

　　在許多州的員工補償計畫，工作分析是職業復健安置過程中重要的一個部分（Weed, Taylor, & Blackwell, 1991）。Seyler 與 Chauvin（1989）發現 78% 參與補償計畫且復健成功的個案，有做工作分析，而整體樣本的比率是 58%。Weed 等人主張加州接受員工補償計畫的個案，在安置前應該先執行工作分析。此外，另一個之前使用的案例是運用在私立復健部

門在教導個案的醫師「有關個案可能就業的詳細情況與建議正式的方式來
檢查、取得同意，以及做調整」（Weed et al., 1991, p. 154）。當工作分
析是用於這些目的時，提供工作的照片或影像可有效補充有關工作者特質
與工作表現不足部分的文字紀錄。

工作分析與美國身心障礙者法案的關係

1990 年美國身心障礙者法案第一章規定（ADA; P.L. 101-336），擁
有 15 個或以上員工的雇主「不能因障礙而在求職申請程序、僱用、升遷
或解僱、工傷賠償、工作訓練以及其他就業條款、條件和權利等方面歧視
具資格的障礙者」〔Sec. 102 (a)〕。在考量美國身心障礙者法案與工作分
析作為安置的關係，以下幾點定義需要特別注意：

1. 具資格的障礙者。一個人無論他是否使用職務再設計，都可以履行其
   所擔任或希望獲得之職位的基本工作職責。為符合本篇的目的，雇主
   判斷的考量應包括工作的基本職責範圍，若雇主在接受諮詢或應徵前
   能提供文字的描述，這份描述可作為工作的基本職責證明文件〔Sec.
   101 (8)〕。

2. 合理調整。可能包括：(1) 現有設備調整成身心障礙者也易於使用；(2)
   工作調整，兼職或變更工作時間表、重新分配到一個新的職缺、獲得
   或調整設備或器具、適當調整或變更考核方式、訓練工具或政策、提
   供符合資格的報讀者或身障者〔Sec. 101 (9)〕。

3. 過度困難。當考量下述因素後，執行上面臨重大的困難或花費：(1)
   此法規範下的調整性質與花費；(2) 在提供合理化調整時的設備整體
   花費，使用該設備的人數、花費與資源的效益，調整對於整體設備運
   行的效益；(3) 包括範圍實體的全部花費，包括範圍實體占公司的大
   小與員工數比例，設備的數目、類型與擺設位置；(4) 整個包括範圍
   實體的操作類型，包括構成成分、構造、該實體的工作功用、地理上
   的區隔、對於整個包括範圍實體設備的管理、財政關係〔Sec. 101 (10)
   A, B〕。

4. 直接威脅。表示對於他人安全或健康造成重大的危險，但無法以合理
   的調整來消除〔Sec. 101 (3)〕。

　　工作分析是決定基本工作職責（即工作的基本功能）的主要方式，大多數的工作會包括基本功能與邊緣功能。

　　基本功能——表示身心障礙者擔任或希望獲得的職位之基本工作職責。基本功能這個詞並不包括該職位的邊緣功能。基本功能可以考量下述幾項原因，但不侷限於這幾項：

1. 該功能為此職位設置所需表現的功能。
2. 能表現該功能的員工數量是有限的。
3. 功能是非常特定的，以致在該職位的員工須有特定的專長或能力。

　　證明某項功能為基本功能的證據可包括下述幾項，但不侷限於這幾項：

1. 雇主判斷為基本功能。
2. 雇主在接受諮詢或應徵前對工作所提供的文字描述。
3. 執行該功能需花費的時間。
4. 無法僱用到執行此功能者時的後果。
5. 集合式協商達成的協議書。
6. 過去任職於此職位者的工作經驗。
7. 目前任職於類似職位者的工作經驗。（Federal Register, 1991, 29 CFR 1630.2）

　　復健專家有時候需要為雇主執行工作分析，此工作分析可以是非常簡單的（例如，條列出重要的工作職責），也可能是非常複雜的（例如，評量個人的行動能力），全依據「工作分析的目的與該工作重複性的程度」（McQuistion, 1992, p. 77）。雖然雇主（而非復健諮商師）最後會決定哪些工作功能是基本的，復健諮商師重要的是要描述出工作的主要任務，並以：(1) 它們執行的順序；或 (2) 優先順序，由最重要到較不重要的方式表列。對每個工作功能的關鍵性考量需思考兩個問題：「若沒有這項任務，這工作的基本流程會被中止嗎？」以及「若沒有這任務，這工作的重要目的可以達成嗎？」（Blackwell, Conrad, & Weed, 1992, p. 15），若上述任何一個問題的答案是肯定的，工作分析師可以將該工作功能認定是基本的。工作分析師也可以考量工作者執行該任務所需花費的時間比例，而將所有任務的時間加總為 100%（Blackwell et al., 1992）。且儘管工作者執行某一項任務所花費的時間比例是算少的，此任務之執行也可能屬於

基本的功能，例如，飛機駕駛員基本上很少操作緊急程序：花在此項任務的時間比例基本上非常少，但駕駛員操作此項任務的能力是非常基本且重要的。最後，在評定性向、氣質、環境狀況，與生理需求時，分析師需指出：(1) 何種工作功能與其有關連；(2) 該向度是否是重要的（Blackwell et al., 1992）。附錄 8A 包含了三明治製造廠的工作分析範例。

職業資訊與工作分析：倫理應用

使用職業與勞動市場資訊以及執行工作分析的知識與技能，對協助身障者就業或重返職場的復健專家是很重要的，然而在使用職業與勞動市場資訊與執行工作分析時也會與幾項倫理議題相關。第一，復健諮商師應牢記三項倫理準則：慈善（做好事／提供協助）、無害（不造成傷害）、自主（自己做決定）。判斷職業目標與提供訓練在於保障個案就業，且只有非常低的機會或無機會對個案造成傷害，因此職業目標與相關訓練課程需要依據即時且正確的職業與勞動市場資訊。在呈現職業與勞動市場資訊時，諮商師需要記得是個案依據資訊下決定，而非諮商師。

工作分析需要小心執行，以確保不會使個案現有的情況受到危害，要記住：「即使是對工作最單純的假設，也要有客觀、正確的數據來證實……一個懶散的分析方式可能會讓個案遭殃。」Weed 等人（1991, p. 157）舉一個膝下截肢與背部受傷的鐵路工程師為例，他只能抬舉到 25 磅，雖然開始的資料呈現該工程師似乎可以回到原職場，但是後來與他以及一個工作分析師討論後發現，他偶爾需要抬舉到 50 磅重的沙袋並將它放入磨沙機中，結果當火車向上攀升時，這些沙會掉到軌道上。

勞動市場調查也有一些倫理議題用來促進處理個案與保險公司間的案例（Weed & Taylor, 1990）。有時候勞動市場調查僅著重一份工作的生理需求與個案的生理限制，而「特別排除重要的可安置因素，包括興趣與人格因素對工作選擇的判斷，為了降低人為因素的重要性，或稱為主觀因素」（Weed et al., 1991, p. 154）。

除了擁有職業與勞動市場資訊、工作分析與勞動市場調查必要的知識與技能外，復健專家必須「在一個符合倫理的方式下使用知識與技能」（Patterson & Blackwell, 2005, p. 111），因為「每個倫理與專業行為的

細節皆是專業能力表現的基礎，且與知識、技能、經驗之程度相關連」
（Pharis & Hill, 1983, p. 183）。

總結

271

　　獲得職業與勞動市場資訊，且擁有獲取與使用職業與勞動市場資訊的
相關技能，對諮商師在協助身心障礙者做職業探索、生涯決定與工作安置
是非常重要的，知道各類不同的分類系統與主要參考來源（O*NET 、標
準職業分類系統、北美行業分類系統、職業展望手冊、職業展望季刊）可
幫助諮商師（與個案）擴展生涯選擇的範圍。相同地，勞動市場調查與工
作分析是協助諮商師同步掌握當地勞動市場狀況的絕佳工具，也可協助個
案獲得充分資訊做出決定。

　　生涯與職業探索的主要目標是幫助個人在工作市場中發現到適合自己
需求、興趣、價值與性向的工作，為達成此目的，諮商師必須擁最新的、
正確的、合適的職業與勞動市場資訊，使用網路的能力可大大提升諮商師
獲得必要資訊的速度。

參考文獻

Americans with Disabilities Act of 1990, 42 U.S.C. § 12101 et seq.

Blackwell, T., Conrad, A., & Weed, R. (1992). *Job analysis: A step by step guide.* Athens, GA: Elliott and Fitzpatrick.

Brown, D. (2007). *Career information, career counseling, and career development.* Boston: Pearson.

Bureau of Labor Statistics. (2008a). *BLS glossary.* Retrieved from http://www.bls .gov/soc/

Bureau of Labor Statistics. (2008b). *Occupational outlook handbook, 2008–09 edition.* Retrieved from http://www.bls.gov/oco/

Corpey, E. M. (2007-08). Employment matchmakers: Pairing people and work. *Occupational Outlook Quarterly, 51*(4), 20–33.

Curnow, T. C. (1989). Vocational development of persons with disability. *Career Development Quarterly, 37,* 269–278.

Drier, H. N., (1980). Career information for youth in transition: The need, systems, and models. *Vocational Guidance Quarterly, 32,* 277–282.

Ellis, J. R. (1993). Volunteerism as an enhancement to career development. *Journal of Employment Counseling, 30,* 127–132.

Federal Register. (26 July, 1991). 29 CFR Part 1630, 56(144), 35726–35756.

Field, J., & Field, T. (1993). *Work fields.* Athens, GA: Elliott and Fitzpatrick.

Field, J., & Field, T. (2004). *The transitional classification of jobs* (6th ed.). Athens, GA: Elliott and Fitzpatrick.

Geary, T., Griffin, C., & Hammis, D. (2007). Active families. In C. Griffin, D. Hammis, & T. Geary (Eds.), *The job developer's handbook: Practical tactics for customized employment* (pp. 167–180). Baltimore: Brookes.

Gibson, R. L., & Mitchell, M. H. (2008). *Introduction to counseling and guidance* (7th ed). Upper Saddle River, NJ: Prentice Hall.

Grossman, C. R. (2003). *Crosswalks: Linking systems for career and technical education Webliography.* Retrieved from http://www.calpro-online.org/'eric/ webliog.asp?tbl=webliog&ID=24.

Harris-Bowlsbey, J., & Sampson, J. P. (2005). Use of technology in delivering career services worldwide. *The Career Development Quarterly, 54,* 48–56.

Havranek, J., Field, T., & Grimes, J. (2005). *Vocational assessment: Evaluating employment potential* (4th ed). Athens, GA: Elliott and Fitzpatrick.

Herr, E. L., & Watts, A. G. (1988). Work shadowing and work-related learning. *Career Development Quarterly, 37,* 78–86.

Hoppock, R. (1976). *Occupational information* (4th ed.). New York: McGraw-Hill.

Mariani, M. (1999). Replace with a database: O*NET replaces the Dictionary of

Occupational Titles. *Occupational Outlook Quarterly, 43*(1), 3–9.

Materials Development Center. (1982). *Guide to job analysis.* Menomonie: University of Wisconsin, Stout Vocational Rehabilitation Institute.

McQuistion, L. (1992). Job accommodation. In J. K. O'Brien (Ed.), *National short-term training program: Americans with Disabilities Act* (pp. 68–95). Carbondale, IL: Region V Rehabilitation Continuing Education Program.

National Center for O*NET Development. (March, 2006). *New and emerging (N&E) occupations: Methodology development report.* Available online at: http://www.onetcenter.org/dl_files/NewEmerging.pdf

National Employer Leadership Council. (1996). *The employer participation model.* Department of Education, Washington, DC: Author. Available on-line: http://www.eric.ed.gov/ERICDocs/data/ericdocs2sql/content_storage_01/0000019b/80/14/ea/b9.pdf

National O*NET Consortium. (2001). *Career exploration.* Retrieved from http://www.onetcenter.org/usingOnet.html

National Oganization on Disability (2007). *Empowerment for Americans with disabilities: Breaking barriers to careers and full employment.* Washington, DC: Author. Available on-line at: http://www.ncd.gov/newsroom/publications/2007/NCDEmployment_20071001.htm

Past, T. (2000). *The status of computer-assisted resources for career counseling in the 21st century: An Internet-referenced guide.* Retrieved from http://pages.prodigy.net/tpast1/homepage/Computer-assist.htm

Patterson, J. B. (2000). Using the Internet to facilitate the rehabilitation process. *Journal of Rehabilitation, 61*(1), 4–10.

Patterson, J. B., & Blackwell, T. L. (2005). Ethics and ethical decision making in rehabilitation counseling. In R. M. Parker, E. M. Szymanski, & J. B. Patterson (Eds.), *Rehabilitation counseling: Basics and beyond* (4th ed., pp. 89–116). Austin, TX: PRO-ED.

Pharis, M., & Hill, K. (1983). Training for responsible professional behavior in psychology and social work. *Clinical Social Work Journal, 11*, 178–183.

Pollack, L .J., Simons, C., Romero, H., & Hausser, D. (2002). A common language for classifying and describing occupations: The development, structure, and application of the Standard Occupational Classification. *Human Resource Management, 41*, 297–307.

Pryor, R. G., & Pincham, S. (1986, December). Counselors' views of occupational information media. *Journal of Employment Counseling*, pp. 178–187.

Rosenthal, N. H., & Pilot, M. (1988). Information needs for initial and ongoing work transition. *Journal of Career Development, 15*(1), 20–29.

Sampson, J. P. (1997). *Helping clients get the most from computer-assisted career guidance systems.* Retrieved from http://www.career.fsu.edu/techcenter/Councda1.html

273

Schrock, K. (2000). *Kathy Shrock's guide for educators*. Retrieved from http://school.discovery.com/schrockguide/eval.html

Seyler, C., & Chauvin, J. (1989). Placement technique variables and subject variables associated with successful rehabilitation outcome. *Journal of Private Sector Rehabilitation, 4*(1), 3–7.

Sharf, R. D. (1993). *Occupational information overview*. Pacific Grove, CA: Brooks/Cole.

Smith, F. A., & Clark, D. M. (2007). *Disability and occupation*. Boston: Institute for Community Inclusion. Retrieved 12/15/07 from http://www.google.com/search?sourceid=navclient&ie=UTF-8&rlz=1T4GFRC_enUS206US207&q=Data+Note+13

Szymanski, E. M. & Hershenson, D. B. (2005). An ecological approach to vocational behavior and career development of people with disabilities. In R. M. Parker, E. M. Szymanski, & J. B. Patterson (Eds.), *Rehabilitation counseling: Basics and beyond* (pp. 225–280). Austin, TX: PRO-ED.

U.S. Census Bureau. (2007). *Ask Dr. NAICS*. Retrieved from http://www.census.gov/epcd/www/drnaics.htm

U.S. Department of Labor. (1991). *The revised handbook for analyzing jobs*. Washington, DC: Government Printing Office.

Weed, R., & Taylor, C. (1990). Labor market surveys: The backbone of the rehabilitation plan. *Journal of Private Sector Rehabilitation, 5*(4), 27–32.

Weed, R., Taylor, C., & Blackwell, T. (1991). Job analysis for the private sector. *NARPPS Journal and News, 6*, 153–158.

附錄 8A

職場指導者工作分析資料蒐集表格

JOB ANALYSIS Data Collection Form

WORKPLACE MENTOR®

VITAL INFORMATION

JOB INFO

Employer: The Twisted Pretzel	Job Title: Sandwich Builder
Location of Job:	Job Description: Preparing and assembling pocket sandwiches
Contact Person: Cindy K.	

Describe the worksite/industry (check as many as apply)

☐ Small office (<15 ppl)   ☐ Retail   ☐ School   ☐ Medical
☐ Large office (>15 ppl)   ☒ Food Service   ☐ Community   ☐ Other_____
☐ Warehouse   ☐ Industrial   ☐ Outdoors

WORKSITE INFO

Supervisor: Cindy K.

Coworkers:

Amount of *supervised* work time: 40 %	Amount of *independent* work time: 60 %

Are there other disabled employees?   ● Yes   ◯ No   ◯ Unsure
Will coworkers be supportive?   ● Yes   ◯ No   ◯ Unsure
If **yes**, Note individuals that might be helpful:

Absolute DO's and DON'Ts for this worksite: wear specified attire; ask if you are unsure of something

Work schedule: flexible -10am - 10pm	Pay schedule: weekly

Public transportation access:
     ☒ Bus   ☒ Trolley   ☐ Train   ☐ Paratransit   ☐ NONE   ☐ Other

Break schedule/policies: 30 min break for every 4 hours worked

Vacation time policies: must be requested 2 weeks in advance

Range of wages and benefits: $6-8/hour, no benefits

Hazards to avoid:

Supports/accommodations: many accommodations exist (eg. Jigs, templates)

Note. Copyright 2004, Vocational Research Institute, a division of JEVS Human Services. Reprinted with permission.

275

WorkPlace MENTOR®

JOB ANALYSIS Data Collection Form

ECOLOGY

Describe the pace of the worksite.

Very ○ slow	○ Slow	● Moderate	○ Fast	○ Very fast

Describe the social environment of the worksite.

Very ○ social	● Social	○ Moderate	○ Formal	○ Very formal

Describe the diversity of the worksite.

Cultural/Racial			Gender		
Very ● diverse	○ Some diversity	○ Little – no diversity	Mostly ○ Female	● 50/50	○ Mostly Male

ENVIRONMENT

Rate the following environmental conditions on how frequently they occur in this job.

	Rarely	Infrequently	Several times per week	Several times per shift	Repeatedly
Exposure to weather	●	○	○	○	○
Extreme heat	●	○	○	○	○
Extreme cold	●	○	○	○	○
Wetness or humidity	○	○	●	○	○
Work at high altitudes	●	○	○	○	○
Exposure to radiation, chemicals, explosives	●	○	○	○	○
Exposure to fumes	●	○	○	○	○
Proximity to moving parts	○	○	○	●	○
Potential for electric shock	○	○	●	○	○
Intense noise	●	○	○	○	○

(continues)

WORKPLACE MENTOR®

JOB ANALYSIS Data Collection Form

RATINGS & OBSERVATIONS

Task Name: COUNTPOCKETS (up to 15 characters)	This task represents 20 % of the job	Task Sequence(1-10) 1

Task Description:
Count the # of pocket sandwiches that are currently in storage to calculate how many need to be made.

Steps to Follow: 1.Lay out counting template 2.Get bin of pockets from fridge 3.Lay one pocket in each space on template 4.Count # of empty spaces on template 5.Record # of empty spaces and the type of pocket.

Rate this Task

Essential Function
① ❷ ③ ④

Expected Occurrence
① ❷ ③ ④ ⑤

J80-What are the employer's quality & accuracy standards? Pocket count must be correct and properly account for the number of each type of pocket sandwich.

J81-What are the employer's productivity standards? Keep up with demand. Pocket counting should not take more than 10 minutes each hour.

Task Name: MAKEPOCKETS (up to 15 characters)	This task represents 50 % of the job	Task Sequence(1-10) 2

Task Description: Use dough and other ingredients to assemble the pocket sandwiches prior to baking.

Steps to follow: 1.Use jig to cut correct amt. of dough 2.Sprinkle cut dough w/ flour 3.Use rolling pin to roll dough into flat circle 4.Measure dough w/ 2nd jig for correct size 5.Use pizza wheel to trim dough around jig 6.Based on template, lay out correct meat/cheese slices on dough. 7.Fold dough in half. 8. Seal edges by pressing down w/ knuckles. 9.Use pizza wheel to trim dough. 10.Compare to 3rd jig for size.

Rate this Task

Essential Function
❶ ② ③ ④

Expected Occurrence
❶ ② ③ ④ ⑤

J80-What are the employer's quality & accuracy standards? Use proper amounts of ingredients (as indicated by templates/jigs). All pockets should be filled according to templates and sealed securely by hand.

J81-What are the employer's productivity standards? Keeping up with demand.

Essential Function: ① Critical & Essential ② Essential ③ Marginal ④ Minimal **Expected Occurrence**: ① Repeatedly ② Once to several times per shift ③ Once to several times per week ④ Infrequently ⑤ Rarely/Never

277

JOB ANALYSIS Data Collection Form

RATINGS & OBSERVATIONS

Task Name: (up to 15 characters)	This task represents ___% of the job	Task Sequence(1-10)
Task Description:		

Steps to Follow: 1.Check counter area to determine # of pockets that need to be baked 2.Remove appropriate # of pockets from bins 3.Place pockets on racks 4. Place racks in ovens. 5.Set timer for 10 minutes 6.When timer goes off, remove pockets from oven using oven mitts. 7. Carry racks to counter area.

Rate this Task

Essential Function
① ❷ ③ ④

Expected Occurrence
❶ ② ③ ④ ⑤

J80-What are the employer's quality & accuracy standards? Do not bake more pockets than are needed to meet demand. Pockets should be baked for 10 minutes precisely.

J81-What are the employer's productivity standards?

Task Name: (up to 15 characters)	This task represents ___% of the job	Task Sequence(1-10)
Task Description:		

Steps to follow:

Rate this Task

Essential Function
① ② ③ ④

Expected Occurrence
① ② ③ ④ ⑤

J80-What are the employer's quality & accuracy standards?

J81-What are the employer's productivity standards?

Essential Function: ① Critical & Essential ② Essential ③ Marginal ④ Minimal   **Expected Occurrence**: ① Repeatedly ② Once to several times per shift ③ Once to several times per week ④ Infrequently ⑤ Rarely/Never

(continues)

WorkPlace MENTOR®

JOB ANALYSIS Data Collection Form

ITEM	Essential Function	Expected Occurrence	LEGEND
LEARNING & PERFORMING			**Essential Function:**
LEARNING TASKS			① Critical & Essential
J60-How much time do most workers require to learn this job to the employer's performance standards? (Rate how essential to learn in this time period.)	① ❷ ③ ④	① ② ③ ④ ⑤	② Essential ③ Marginal ④ Minimal
PERFORMING TASKS			
J83-What tools, materials, equipment are used on this job? (Enter Observations)	❶ ② ③ ④	❶ ② ③ ④ ⑤	**Expected Occurrence:**
ACADEMIC DEMANDS			① Repeatedly
J61-What are the specific functional reading/writing requirements of this job? (Enter Observations)	① ❷ ③ ④	① ❷ ③ ④ ⑤	② Once to several times per shift
J62- What are the specific functional math requirements of this job? (Enter Observations)	① ❷ ③ ④	① ❷ ③ ④ ⑤	③ Once to several times per week
PHYSICAL DEMANDS			④ Infrequently
J65-Demonstrate stamina	① ② ❸ ④	① ② ❸ ④ ⑤	⑤ Rarely/Never
J66-Stand	① ❷ ③ ④	❶ ② ③ ④ ⑤	
J67-Walk	① ❷ ③ ④	❶ ② ③ ④ ⑤	
J68-Sit	① ❷ ③ ④	① ② ③ ④ ⑤	
J69-Lift/Carry/Push/Pull	① ❷ ③ ④	❶ ② ③ ④ ⑤	
J70-Climb/Balance/Stoop/Kneel/Crouch/Crawl	① ② ③ ④	① ② ③ ④ ⑤	
J71-Reach/Handle/Finger/Feel	❶ ② ③ ④	❶ ② ③ ④ ⑤	
J72-Talk/Hear	① ② ❸ ④	① ❷ ③ ④ ⑤	
J73-Taste/Smell	① ❷ ③ ④	① ❷ ③ ④ ⑤	
J74-Use Vision	① ❷ ③ ④	❶ ② ③ ④ ⑤	

OBSERVATIONS (use other side if necessary)

60- 1 Week

83- Pizza wheel, assorted jigs & templates, flour shaker, oven

61- Record # and types of pockets when counting (but this can be done many different ways)

62- Count # of needed pockets.

66- employee stands for all tasks (but accommodations are possible).

67- walk between fridge, counter, and oven repeatedly throughout the day

69- lifting and carrying pocket bins (less than 5 pounds)

71- handling/fingering dough and fillings; reaching with rolling pin

73- smelling ingredients helps to ensure freshness

74- vision required to use templates (accommodations possible)

279

WORKPLACE
MENTOR®

JOB ANALYSIS Data Collection Form

Item	Essential Function	Expected Occurrence	LEGEND
SELF MANAGEMENT			**Essential Function:**
ORGANIZATION			① Critical &
J1-Carry out two or more actions at the same time	① ② ❸ ④	① ② ❸ ④ ⑤	Essential
J2-Tell time & use time to regulate day	① ❷ ③ ④	① ❷ ③ ④ ⑤	② Essential
J3-Organize work materials	① ❷ ③ ④	❶ ② ③ ④ ⑤	③ Marginal
DECISION MAKING			④ Minimal
J4-Make & carry out routine & non-routine decisions	① ❷ ③ ④	① ❷ ③ ④ ⑤	
J5-Attempt different strategies when faced with obstacles	① ② ❸ ④	① ② ❸ ④ ⑤	**Expected Occurrence:**
ADAPTABILITY			① Repeatedly
J6-Interrupt and switch tasks when situation demands	① ❷ ③ ④	① ❷ ③ ④ ⑤	② Once to several
J7-Maintain performance when distractions are present	❶ ② ③ ④	① ❷ ③ ④ ⑤	times per shift
J8-Work effectively under deadline stress or periods of peak demand	① ② ③ ④	① ② ③ ④ ⑤	③ Once to several times per week
J9-Willingness to take on new tasks when required	① ② ❸ ④	① ② ③ ❹ ⑤	④ Infrequently
J10-Adapt to changes in staffing	① ② ❸ ④	① ② ③ ❹ ⑤	⑤ Rarely/Never
MEMORY			
J11-Significant memory demands in performing learned tasks	① ② ❸ ④	① ② ❸ ④ ⑤	
J12-Significant memory demands to locate work station	① ② ❸ ④	① ② ❸ ④ ⑤	
J13-Significant memory demands to locate tools, materials & equipment	① ② ❸ ④	① ② ❸ ④ ⑤	
SPATIAL			
J14-Describe layout of work area(s)/locations the worker must navigate. (Rate the need to navigate.)	① ❷ ③ ④	❶ ② ③ ④ ⑤	
EMOTIONAL			
J15-Manage emotions under stressful conditions	① ② ❸ ④	① ② ③ ❹ ⑤	

OBSERVATIONS (use other side if necessary)

2-Being able to determine demand for pockets based upon time of day (lunch/dinner rush occurs at same time every day – requires more pockets be prepared 20 minutes prior).

3-place tools/ingredients on counter in order of successive use to increase accuracy and production of pockets.

4-Decide when/how often to check fridge to assess pocket needs

6-employee may need to interrupt current activity to make pockets (especially during rush periods)

7- appliance and general kitchen noise (there are times that several people are working in the kitchen); mall traffic

14-Navigate entire kitchen area (ovens and fridge on opposite sides of kitchen); Enter front counter area to deliver finished pockets.

(continues)

280

JOB ANALYSIS Data Collection Form

Item	Essential Function	Expected Occurrence	LEGEND
CRITICAL WORK BEHAVIORS			**Essential Function:**
Dependability – ATTENDANCE			① Critical & Essential
J20-What are the attendance policies and consequences for irregular attendance/lateness? (Enter Observations)	① ❷ ③ ④	① ② ③ ④ ⑤	② Essential
J21-What are the notification policies if worker will be absent or late? (Enter Observations)	① ❷ ③ ④	① ② ③ ④ ⑤	③ Marginal
Dependability – JOB PERFORMANCE			④ Minimal
J25-Continue to work in the absence of supervision	❶ ② ③ ④	① ❷ ③ ④ ⑤	
INITIATIVE			**Expected Occurrence:**
J32-Seek work when assigned tasks are complete	① ② ③ ④	① ② ③ ④ ⑤	① Repeatedly
J34-Move independently from one activity to another	① ❷ ③ ④	① ❷ ③ ④ ⑤	② Once to several times per shift

OBSERVATIONS (use other side if necessary)
20-2 latenesses (1 absence) w/o prior notification results in official reprimand, 3 reprimands results in termination of employment.
21-call to notify no less than 2 hrs prior to start of shift time.
25-only 1 supervisor is working at a time-usually in front counter area, so worker must be able to work in back unsupervised.

34-Move between 3 tasks w/o being instructed each time.

③ Once to several times per week
④ Infrequently
⑤ Rarely/Never

Item	Essential Function	Expected Occurrence
SOCIAL INTERACTION		
COMMUNICATION		
J43-Express self clearly & efficiently	① ② ❸ ④	① ② ❸ ④ ⑤
J44-Interact with others in a friendly, engaging manner	① ② ❸ ④	① ❷ ③ ④ ⑤
APPEARANCE		
J48-What is the written or implied dress code?	① ② ③ ④	① ② ③ ④ ⑤
SUPERVISORS & COWORKERS		
J50-Cooperate with coworkers when coordination of effort is required	❶ ② ③ ④	① ② ❸ ④ ⑤

OBSERVATIONS (use other side if necessary)

50-Customer service is #1 priority. If one area gets behind, it is critical that everyone pitch in to assist.

障礙與合理調整

Martin Brodwin、Randall M. Parker 與 Denise DeLaGarza　著

吳亭芳　譯

本章之目的是要使讀者熟悉在社會文化理論的廣泛脈絡下主要的障礙類別，並針對每一障礙類別提出具體的調整向度，將復健目標放在促進成功返回職場。我們簡短地回顧障礙的主要類型和其可能導致的功能限制，並且將重點放在功能限制以及合理調整（reasonable accommodation）對個案在與工作環境互動時的潛在影響（見本書第一章）。

我們先回顧各種障礙的概念。接著，以功能的角度討論障礙的概念，包括功能限制的訊息、復健的可能性和社會心理觀點。第三節，我們探討復健專業人員常見的主要醫學障礙類別的發生率（在一段時間內的新個案數）和盛行率（在特定時間點的總個案數）。

第四節描述功能限制的類別，並建立概念架構來思考與這些限制相關的中介因素。第五節討論工作場所的合理調整，描述此概念的各種定義，並說明合理調整的類別，以及提供每種類別相關範例。第六節，描述如何為特定功能限制的個案在工作場所做合理調整。第七節討論職場的電腦使用。

障礙的概念

回顧各種障礙的定義，是企圖從不同的觀點來定義障礙，以發展對障礙和障礙狀況的正確概念。雖然 Hamilton（1950）所提出的定義被認為過時了，但在文獻中還是常被引用。他將障礙定義為「一種損傷的狀況，可能是生理或心理的，並且有客觀的依據」（p. 17）。不同於 Hamilton 的定義則呈現在 1973 年的復健法和 1990 年的美國身心障礙者法案於

281

282

2008 年的修正案。根據這個定義，一個有障礙的人：(1) 有生理或心理的損傷，其損傷持續地限制一項或多項重要生活活動；(2) 其損傷有相關紀錄；(3) 被認定具有該種損傷（Americans with Disabilities Act, 1990, 2008 年修正案）。

　　這個概念獨特之處在於它意識到將個人標記為障礙所伴隨的嚴重後果。誠如在這個定義所呈現的，障礙的標記會帶來社會心理的影響，不論障礙是否實際存在。

　　另一方面，醫學定義通常需要被認定的醫療狀況，以及障礙的診斷標記，才會被認為是障礙。然而，許多醫學教科書引用的定義強調功能的限制是障礙意義的核心。例如，Stolov（1981）提到「障礙就存在於……當一組功能在特定環境中，想要或需要從事活動時，無法獨立表現」（p. 1）。

　　《Taber 醫學百科字典》（*Taber's Cyclopedic Medical Dictionary*, 2005）將障礙定義為：「限制主要活動的任何生理或心理損傷」（p. 608）。《Stedman 醫學字典》（*Stedman's Medical Dictionary*, 2006）將障礙定義為：「(1) 以正常人的方式或能力範圍從事活動的能力受限，或缺乏如正常人般執行活動的能力；(2) 一種以上的器官或身體部位損傷或缺損」（p. 24）。

　　第三種對障礙的醫學定義是《Dorland 醫學字典》（*Dorland's Illustrated Medical Dictionary*, 2007）中提出：「缺乏正常執行功能的能力，不論是生理上或心理上」，簡單來講，就是「失能」（incapacity）（p. 509）。Dorland 提到，聯邦政府定義障礙為「由醫學認定的生理或心理損傷，以致無法參與任何有目的的重要活動，這種情況被預期將持續，或已經持續超過 12 個月」。美國社會安全局使用這定義來決定個體是否符合社會安全障礙保險的資格。

　　復健的教科書傾向於強調障礙的功能限制面向。例如，G. Wright（1980）將障礙定義為：「任何生理、心理或情緒慢性或持續的（非急性或間歇的）狀況，嚴重到足以限制個體的功能，而導致或可能威脅參與生產性活動的障礙」（p. 9）。同樣地，B. Wright（1983）將障礙定義為：「特定器官或身體系統某種程度的損傷造成的功能限制」（p. 11）。

以功能的角度來看待身心障礙的概念

如同我們前面所回顧的，現有的障礙定義普遍關注於功能的限制。雖然醫療專業人員關注於客觀的功能限制，但讀者應謹記美國身心障礙者法案對障礙的定義，其意識到障礙標記的社會心理影響，不論障礙的實存狀況。

功能限制

功能限制是由於生理或情緒的限制（通常被認為是障礙）而無法從事某種或一系列的行動。清楚描繪功能限制能協助諮商師了解個案的實際限制。當醫療狀況或障礙以功能限制來描繪，將能更清楚了解障礙對職業的影響。以下的範例可以協助釐清這個概念。

1. 一位非慣用側上肢手肘下（below-the-elbow）截肢的個案。戴著義肢能執行某種程度的抓握和操作輕的物品。功能上，他的限制在執行上肢兩側協調動作，以及患側粗大動作和精細動作的靈巧度、舉起（lifting）和攜帶（carrying）物品的表現有所限制。
2. 一位頸部和下背部受傷的個案，在舉起和攜帶物品時會出現困難。功能上，這位個案的限制在於，在偶爾情況下最多只能舉起 20 磅的物品，在重複或持續的動作下，僅能舉起或攜帶不超過 10 磅的物品。這位個案也不能維持頭部屈曲（向前彎）的姿勢超過 30 分鐘。
3. 另一位個案患有高血壓，而且最近經歷過心臟病發作。此外，這位個案有輕微到中度的憂鬱和焦慮。以功能來描述，他需要壓力低和有結構的工作環境，以及一位能理解他的上司。工作環境必須杜絕酒精、藥物，及有酒癮或藥癮的工作同仁。
4. 一位診斷為慢性精神分裂症非特定型的個案。以功能來描述，這位特定的個案需要簡單、規律和重複活動，少有人際互動、結構化的工作環境，以及具觀察力且體恤的上司。

以功能來描述醫學狀況能使諮商師更容易了解個案的限制。首先，復健諮商專業人員評估個案的就業（教育、社會、心理……等）史，第二步回顧個案的醫學病歷來確定這些限制是以功能的形式來描述，接著專業人員才能決定個案職業復健的潛能。

復健潛能

　　要發揮個人的復健潛能牽涉到下列四個因素：(1) 增進功能，使生理和情緒成長最大化；(2) 了解個人的醫療狀況並控制良好；(3) 有幸福的感受；和 (4) 促進個人的獨立發展達滿意程度。這些因素都與工作、就業，以及社會情緒的適應有關。其他的因素，如社會心理和文化對障礙的態度也可能影響復健的潛能。

文化與心理社會觀點

　　從古貫今，所有的文化和國家對身心障礙者都持以負向的態度和行為。Livneh 和 Cook（2005）指出，社會認為某一群人是否和別人不同，是透過特定的行為面向，以及連結到此面向的負面標記和定義。

　　對身心障礙者接受或拒絕的程度有世代的差異，並且與障礙的類型有關。相對於心理障礙者，生理障礙者通常較能得到正面的接納。最不嚴重的虛弱（debilitating）和較不明顯的障礙通常較容易被接受。而因個人自身引發的障礙（如：物質濫用）是最不被接受的。人們通常對於非因身心障礙者自身過錯所造成的障礙比較能接受。由於身心障礙者可能發生被社會孤立的現象，其常有社會適應的問題，更不用說與障礙有關的功能限制。雇主對身心障礙者的歧視會妨礙他們進入或重返主流社會，及獲得經濟的獨立。這些社會和功能的因素會迫使他們脫離主流社會，使他們形成自己所屬的「少數族群」（minority group）（Smart, 2008）。

障礙和少數族群的議題

　　從統計學來說，身心障礙者通常被認為是美國人數最多的少數族群（參見 Diversity/Jobs Admin., 2006; Fine & Asch, 1988; Russell, 1998）。少數族群的模式包括 Dworkin 和 Dworkin's（1976）對少數族群的定義，並將其應用至身心障礙者。這個定義的要素包括：認同感、權力不平等、被不平等對待及輕視，以及群體意識（p. viii）。

　　縱貫歷史，身心障礙者一直被視為與一般人不同。除此之外，他們從主流社會被區隔出來，伴隨著加諸於少數族群的負面評價，而被迫處在較低的社會角色（Asch, 2004; Fine & Asch, 1988; B. Wright, 1983）。根據

這個模式，身心障礙者的主要限制並非因其生理、心理或情緒的缺損，而是源於別人對他們的社會心理反應，和社會政治結構（Szymanski, Parker, & Patterson, 2005）。

　　身心障礙者顯著的不利條件是，以群體而言，他們缺乏少數族群的意識（Davis, 1997）。大部分的少數族群已發展一些共有的特性，讓所屬的群體更有力量；此外，身心障礙者身處各地，在地理位置上和社會上被隔離，傳統上也較少主動參與政治。近年來，身心障礙者權力運動於 1980 年代開始，較正式的組織結構已浮現，這增加了社會對障礙的意識，並有助於建立身心障礙者的群體意識（Szymanski et al., 2005）。

　　以社會政策面來看障礙，認為障礙是個體和環境互動造成的結果（Hahn, 1982）。與障礙有關的功能限制被認為是源於環境，而非身心障礙者本身。有障礙的環境（如：建築和態度的障礙）被視為是功能限制的源由。要改變這種環境，人們必須修訂公共政策（Hahn, 1988）。

　　在人際互動關係脈絡和整體社會中要處理障礙的議題，亦即要處理影響少數族群的社會弊端。如果身心障礙者又同時屬於少數族群，就會產生「雙重歧視」（double discrimination），導致更多歧視、貧窮的可能，和取得社會及經濟資源的阻礙（Vargo, 1989）。雙重歧視的議題值得研究者和政策制定者特別注意。人們可以很有把握的假設，若個案同時擁有少數族群和身心障礙者的身分，其所受到的衝擊將加劇。若個案是女性、老年人、新移民、英語能力有限，或是同性戀者，他們將面臨更多的歧視（Harley, 2000）。

286

　　在某種程度上，障礙會導致歧視和社會阻礙。少數族群的身心障礙者是弱勢中的弱勢，他們面臨更多不平等、更多重的阻礙。要檢視少數族群的身心障礙者這項議題，有兩個主要問題必須強調：(1) 在主流社會和少數族群的文化裡，此特定障礙如何被看待？(2) 主流社會如何看待這個少數族群？

　　第一個問題與多元文化看待障礙的方式有關。要強調身心障礙者的歧視議題，個體必須同時考慮主流文化和特定少數族群的文化，而非假設主流社會的社會阻礙或污名化現象的出現在所有的群體都相同（Mellott & Swartz, 1996）。在為少數族群的身心障礙者提供服務時，復健諮商專業人員必須敏銳地察覺個案的需求、價值觀，以及個案和他們的家庭在面對

他們所屬群體和主流社會的感覺（Kimm & Brodwin, 2005）。

　　第二個問題與在主流社會中少數族群所處的狀態有關。儘管法律保障公民權利和平等的機會，對於少數族群態度的阻礙，特別是在教育階段、人際關係，和就業領域，改善卻顯得緩慢。助人服務的專業人員全面了解少數族群個案所面臨的各種阻礙是相當重要的。雇主真誠地願意作僱用少數族群的程度為何？員工們樂於友善地、平等地對待這位個案的程度為何？復健和諮商服務對少數族群而言，可取得的程度為何？特別是英語程度有限、居住在貧民區或種族聚集地（ethnic enclaves）者。機構提供服務時，能否敏察不同的文化？英語能力不佳者是否可獲得雙語和跨文化的服務？

障礙與性別的議題

　　雖然在統計上，女性占總人口的多數（占 51% 的美國人口比率），但就社會文化而言，女性被一些專家視為少數族群（Dworkin & Dworkin, l976; Leal-Idrogo & Gonzalez-Calvo, 1996）。在美國，女性的障礙比率些微高於男性；而原住民女性或非裔女性出現最高的障礙比率（Banks, 2003）。總而言之，在這些文化中的女性享有較少的資源、權力，且處於較低的位階（Livneh & Cook, 2005; Rieker & Janowski, 1995），被視為一個特定族群，也接受負面的對待（Romero, 1997）。性別（gender）這個字通常指以社會結構的特徵和角色來區辨男性和女性。個人的性別被認為含有社會、心理和職業的意涵（Cook, 1993; Mason, 2004）。在性別、種族、障礙狀態和社會階層交互的社會過程中，決定了個人機會、經歷和社會角色的大部分。身心障礙者所經歷的不利和歧視，身為少數族群的女性通常會承受得更多（Danek, 1992; Schur, 2004）。

　　來自少數文化的障礙女性被視為是「多重弱勢」（multiple minorities）。這種多種低下狀態的總和具有交互作用（即多重），其更甚於單純的加總（Hanna & Rogovsky, 1992; Leal-Idrogo & Gonzalez-Calvo, 1996）。相較於單一弱勢族群，多重弱勢族群通常受到更不平等的對待。另外，這樣的歧視可能同時來自主流社會和少數族群（Deegan & Brooks, 1985; Wendell, 1997）。女性經歷主流社會對性別角色的刻板印象和輕視，就如同特定少數族群所受到的歧視和輕蔑（Nabors & Pettee, 2003）。

　　傳統上女性的角色分為兩種：照顧者的角色（傳統賦予女性的職業目標）和性的角色。這種多重輕蔑狀態的結果可能使障礙女性被嚴重地污名化，並被認為「失去角色」（role-less）（Asch & Fine, 1997; Lonsdale, 1990），Fine 和 Asch（1985, 1988）以這個名詞來描述障礙的女性，社會認為他們不適於追求教育或事業成就，且沒有能力擔任傳統賦予女性的養育者角色（即妻子、母親、照顧者）。顯然地，被視為或將自己視為在生命中沒有角色或目的，對個人的自信、自尊和自我效能會有負面的影響。「女性」（womanhood）的社會結構定義，包括擁有符合完美標準的軀體（body）。大眾對體型稍差者的負面社會評價，對多數的女性來說，情緒上是很受傷的，尤其是對身心障礙的女性而言更是如此。（Thomason, 1997; Wendell, 1996）。她們經常被男性視為外表不受歡迎、不性感，也不需要任何與性有關的訊息和資源。對女性性徵的否定是非常不人性的，並嚴重地影響她們看待自己的方式以及她們在社會的地位（Dotson, Stinson, & Christian, 2003）。

　　助人服務的專業人員提供女性身心障礙者服務時，必須檢視他或她自身的涵化（acculturation），以及對女性身心障礙者的態度、價值觀和偏見，以及社會結構（如：機構化、隔離的特殊教育、工作歧視）如何造成反感和疏離（Linton, 2006, p. 118）。相較於男性身心障礙者，女性身心障礙者就業率較低，且通常收入較少（Paul, Hunt, & Brodwin, 2003）。許多關於女性身心障礙者就業的研究關注於生理和感官的缺損，更甚於認知缺損。有關智能障礙女性的研究指出，智能障礙女性就業的阻礙更為明顯（Traustadottir & Johnson, 2000）。覺察復健系統如何影響諮商師的行為、個案的覺知，以及服務成效，也許能協助諮商師提供更公平的服務（Mellott & Swartz, 1996; Robles, 1997）。

　　一些障礙的女性認為她們身為女性對職涯的成功，比身為身心障礙者更為不利（Driedger & Gray, 1992; Mason, 2004），部分是因為社會視女性為商品（Mairs, 2002）。然而，「多重弱勢」的每一種情形在不同的情境脈絡會有不同的影響。影響女性自我觀點和社會地位的因素複雜且微妙。如果要幫助一位個案了解他或她個人的復健潛能，需要促進個案情緒的成長，並增加幸福感，復健諮商專業人員必須考慮性別如何影響這些個人因素。一個人若因障礙和性別而被社會輕視，可能會內化成較低的自尊

288

和對成功的期待較少。物質濫用、家暴、強暴、憂鬱、恐懼、剝削、飲食
失調、育兒的擔憂、人際關係問題、社會孤立和貧窮，這些都是許多女性
身心障礙者生活中的真實寫照。服務障礙女性的諮商師，特別是當個案又
是少數族群時，諮商師應探究性別、障礙、種族所造成的影響，並考慮這
些因素如何限制目標的達成。

主要醫學障礙類別的盛行率

在美國，為了計畫和實施方案來協助身心障礙者，決定身心障礙者人
數是相當重要的。醫學障礙盛行率的估算差異很大，要視人口普查、資源
使用和研究的時期而定。例如，美國身心障礙者法案（1990）指出有 4,130
萬處於工作年齡、非住在機構的美國人有身心障礙。有趣的是，這個數字
是從 1979 年的全國健康訪談調查而來，此調查是基於「估計 4,380 萬人
有視覺、聽覺、骨骼，及其他解剖結構的缺損，而不考慮這些損傷是否導
致他們活動受限」（LaPlante, 1992, p. 2）。然而，美國身心障礙者法案
對障礙的定義只包括「實質上一項或多項生活活動受到限制」。LaPlante
（1992）估計，根據這個對障礙的定義，有 3,380 萬的美國人有身心障礙，
占當時美國總人口 2 億 4,600 萬人的 13.7%。這項資料尚未包含住在機構
的 230 萬人。若包括住在機構的人數，LaPlante 估計，全美共有 3,610 萬
（14.7%）的身心障礙人士。

較近期的估計（Steinmetz, 2006）指出，2002 年全美有 5,120 萬人
伴隨身心障礙，占美國總人口數（包含所有年齡層）的 18.1%。2,600 萬
（11.7%）人在溝通、生理或心理方面有一項障礙。另外有 1,420 萬（6.7%）
人在上述三方面有兩種障礙，而有 440 萬（2%）人在上述三者皆有障礙。
在全美 1 億 8,400 萬 16 至 64 歲的人口當中，有 1,920 萬（10.4%）人指
出在工作上有障礙相關的問題。儘管對障礙人數的估算不同，總結是，在
美國，身心障礙不僅是普遍的現象，同時也顯著地影響個人、社區，以及
整個國家。

另一種評估各種障礙的衝擊是透過對功能限制徹底的分析。這些限
制對復健專業人員非常有用，根據這些限制，他們提出特定身心障礙者
在工作場所可能面臨的阻礙。在表 9.1，我們呈現由 G. Wright（1980）和

表 9.1　功能限制的類別

G. Wright（1980）[a] 所提出的功能限制類別	
1. 行動限制	8. 心理限制
2. 溝通限制	9. 物質依賴
3. 感官限制	10. 疼痛導致的限制
4. 失能行為	11. 意識導致的限制
5. 非典型外表	12. 預後未確定
6. 隱藏的限制	13. 虛弱導致的限制
7. 限制的環境	14. 活動（motility）的限制

Mueller（1990）[b] 所提出的功能限制類別	
1. 訊息理解困難	9. 感覺限制
2. 視覺的限制以及全盲	10. 舉起、伸取，及攜帶困難
3. 聽覺的限制以及全聾	11. 手部與手指動作困難
4. 語言的限制	12. 上肢的限制
5. 容易昏厥、暈眩、癲癇	13. 維持坐姿困難
6. 協調不佳	14. 使用下肢困難
7. 體力的限制	15. 平衡差
8. 頭部動作限制	

功能限制類別的修改和補充表單	
1. 訊息理解困難	11. 無法使用上肢
2. 視覺的限制以及全盲	12. 維持坐姿困難
3. 聽覺的限制以及全聾	13. 使用下肢困難
4. 容易昏厥、暈眩、癲癇	14. 平衡差
5. 協調不佳	15. 認知限制
6. 體力的限制	16. 情緒限制
7. 頭部動作的限制	17. 顏損導致的限制
8. 知覺限制	18. 藥物濫用
9. 舉起、伸取，及攜帶困難	19. 疼痛導致的限制
10. 手部與手指動作困難	

[a] 引用自 *Total Rehabilitation*, by G. Wright, 1980, Boston: Little, Brown.
[b] 引用自 *The Workplace Workbook: An Illustrated Guide to Job Accommodation and Assistive Technology*, by J. Mueller, 1990, Washington, DC: Dole Foundation.

Mueller（1990）所發展的功能限制分類。透過這些分類，我們發展了一份詳列 19 個功能限制類別的表單，其中 14 個引用 Mueller 的類別（除了語言限制這一項），並修改和增加了五個 Wright 所提的功能限制類別。這五個類別包括認知限制（Wright 所提出的心理限制）、情緒限制（Wright 所提出的失能行為）、顏損（disfigurement）導致的限制〔Wright 所提出的非典型外表（atypical appearance）〕、物質濫用（Wright 所提出的物質依賴），和疼痛導致的限制（未修改）。19 個功能限制的每一項將在本章稍後部分討論其與就業的關係，以及相關的合理調整。

工作環境的合理調整

法律定義

　　合理調整（reasonable accommodation）被美國人事管理局（Office of Personnel Management）定義為對職務或工作環境合理的調整，以促使具障礙資格的工作者能表現該職位的工作職責（Berkeley Planning Associates, 1982）。美國身心障礙者法案內關於合理調整的描述是：現有員工所使用的設備必須是身心障礙員工可及且可使用的；工作重組；部分工時或調整工作時間；重新指派至空的職缺；設備和輔具的獲得或調整；調整或改變測驗方式、訓練教材和公司政策；提供合格的報讀者和翻譯者；以及其他類似的調整策略（West, 1991）。簡單來說，合理調整是對職務或工作環境的調整或改變。

　　具資格的身心障礙者（qualified individual with a disability）這個名詞是指「有障礙的個人（有或無合理調整），能表現此人所從事或所想從事職位的主要功能（essential functions）」（West, 1991, p. 35），這個人（有或無合理調整）必須能夠表現該職位的主要功能，並符合該職位所需的資格。主要功能是指該職位的基本或主要的工作責任。

　　假使合理調整會造成企業過度困難，雇主便不須提供。「過度困難」被美國身心障礙者法案定義為，一種行動或調整極度困難或需要龐大的支出。是否為過度困難必須視個別情況而定（West, 1991）。

　　復健諮商專業人員必須謹記「工作調整應是和某位身心障礙個案一起

做，而非為他而做」（Kutsch, 1990, p. 3）。員工、雇主和復健諮商師都必須參與合理調整的過程。在調整的過程中，必須考量下列五個問題。

1. 在整個過程中，員工是否主動參與調整過程？
2. 特殊的設備或輔具是否需要員工特定的能力？
3. 簡單且花費最少的解決策略是否已被評估和利用？
4. 核心問題是否解決了？
5. 員工所要求的調整策略是否真的都是「合理的」？（Kutsch, p. 8）

1973 年復健法的第 503 節和 1990 年美國身心障礙者法案明訂了「合理調整」（ADA, 1990, P.L. 101-336; Bruyère & Brown, 2003）。雇主有義務為生理和心理限制的個案提供合理調整，除非調整會造成雇主過度困難。「過度困難」可依幾個因素來分類，包括：成本、公司的經濟資源、公司規模、雇主的經營，包括職場的組成和結構，以及調整策略的特性和成本。

美國身心障礙者法案闡明，在「合理調整」條款下所作的調整包括：

1. 改變工作環境的動線，讓輪椅使用者或其他損傷導致出入困難者達到物理環境的可及。
2. 職務重組使身心障礙者能從事該職位的主要功能。
3. 部分工時或彈性工時（如：因應需醫療診治或有疲勞問題的身心障礙者的需求）。
4. 重新安排身心障礙者至空缺的職位。
5. 獲得或改造設備或輔具（如：為聽覺損傷者購買電話擴音器）。
6. 調整或改變測驗方式、訓練教材和公司政策（如：為識字困難者申請考試報讀服務、為伴隨導盲犬的雇員改變職場禁止攜帶寵物的規定）。
7. 為視覺或聽覺損傷者提供合格的報讀或翻譯人員。（West, 1991, p. 93）

合理調整的成本

合理調整很少需要龐大的花費。美國職務再設計諮詢中心（2009）在

292

2004 年 1 月到 2006 年 12 月間訪問了 1,182 位雇主，調查合理調整的成本。從雇主的回應中，有 46% 提到合理調整不需額外付出成本。每次合理調整的平均花費約為 500 美元的一次性花費。提供合理調整的雇主報告他們之後得到許多好處，被提及最多的是：(1) 因合理調整使公司留任了一位合格的員工；以及 (2) 合理調整增加了員工的生產力。一些雇主還提到合理調整增加了工作環境的整體安全性。表 9.2 列舉合理調整的一些類型。

Roessler 和 Sumner（1997）發現他們所調查的雇主中，多數認為可接受合理調整的成本介於 500 到 5,000 美元之間。在這個範圍的調整費用被認為兼具效益和接受度，並且有各種不同形式。無疑地，在企業和工廠提供合理調整的實務，對雇主和所僱用的身障員工而言，是積極且具生產力的方法。

大眾對合理調整的覺知是認為它能協助身心障礙者被僱用，或使其能繼續成功留任在職場。而合理調整和升職之間，無論是特定員工獲益，或是限額升職，似乎沒有顯著的關係。具高階技能的員工或專業人員通常得到工作環境的調整或特殊設備，而具較低技能的員工較常獲得職務調整、再訓練、工作重組，和選擇性安置。

大型公司較可能僱用身障者並給予合理調整，其理由如下（Berkeley Planning Associates, 1982）：

1. 在較大型的公司裡，通常有既有的行動機制。
2. 因為僱用的員工數多，較容易遇到身心障礙者。
3. 在較大型的公司，工作類型也較多樣化，使聘任身心障礙者的可能性以及安排工作的彈性提高。

對功能性限制者的合理調整

復健諮商專業人員追求讓個案在就業世界將潛能發揮至極致，其中一種方式是透過提供合理調整以降低個人的功能限制。表 9.1 所列的 19 個功能限制類別也許可以給予諮商師提供調整策略以改善個體與工作環境的互動時參考。這包含新近受傷，或因長期疾病導致永久障礙的就業人員，以及第一次進入勞動市場的身心障礙者。

表 9.2　合理調整的類型　　294

I.　物理可及性的調整
　A. 物理結構的改變或調整
　B. 舉例：可及的／移動問題的解決策略
　　1. 將工作配置於一樓
　　2. 將工作配置在靠近員工停車場
　　3. 將工作配置在靠近盥洗室
II.　資源可及性的調整
　A. 提供協助者，使個案能完成職務
　B. 舉例
　　1. 聽覺損傷者：提供抄錄筆記者，或手語翻譯人員
　　2. 視覺損傷者：提供報讀者或抄錄筆記者
　　3. 發展性障礙（智能障礙）：提供工作教練
III.　提供合適設備的調整
　A. 提供低科技和高科技的輔助科技設備
　B. 舉例
　　1. 有關節炎或腕隧道症候群患者：提供特製的筆／鉛筆握把
　　2. 骨骼相關問題
　　　a. 提供書桌和椅子的調整
　　　b. 提供電話用擴音器和耳機
　　3. 伸手及物困難
　　　a. 在書桌上提供轉盤
　　　b. 提供易於接近的特製書桌
　　4. 頸部問題：在書桌上提供斜板
　　5. 視覺損傷：提供語音計算機或語音電腦
　　6. 聽覺損傷
　　　a. 提供聽筒擴音器
　　　b. 擴音電話
　　7. 四肢癱瘓：提供配有特製鍵盤的電腦和具輔助科技設計的電動輪椅
IV.　職務調整
　A. 維持原有的工作職責，調整職務操作的方式
　B. 舉例
　　1. 體力或行動問題：銷售員可多從事電話銷售，減少現場銷售工作
　　2. 體力的問題：提供部分工時（薪資較低）

表 9.2　合理調整的類型（續）

　　　3. 骨骼相關問題

　　　　　a. 停車場管理員可坐在椅子以取代站立一整天

　　　　　b. 倉儲工作人員可以多次來回運送較輕的重量，以避免舉起和攜帶過重

　　　4. 上班時間：秘書因需要作物理治療，必須提前下班，可以提早上班

295　V.　工作重組

　　　A. 改變部分的工作職責（維持、取消或替代工作職責）

　　　B. 舉例

　　　　1. 行動問題：復健諮商師被安排較多的辦公室工作（初始晤談、勞動市場調查、工作開發），而進行較少的現場工作（現場工作分析、學校參訪、雇主拜訪）

　　　　2. 情緒壓力

　　　　　a. 社工師被安排較多的個案檔案分析和文書工作，較少面訪和田野調查

　　　　　b. 律師做更多的研究、開案準備和較短時程的法律裁決業務，而較少時間進行法庭訴訟

　　　　3. 下肢限制：輸送業者被委以更多的文書工作（打報告、作帳、文書），做較少需抬舉、拿取、站、步行和貨車駕駛的工作

　　1990 年的美國身心障礙者法案（P.L. 101-336）第一章提到公共單位禁止帶有歧視地提供公共服務或就業機會予具有資格的身障者。美國身心障礙者法案將禁止對身障者就業歧視的條文擴大至僱用達 15 人以上的公共部門和私人公司行號。

功能限制者工作職場的調整

　　我們將回顧表 9.1 所列的 19 個功能限制類別。在每個類別中，我們提供與類別相關的障礙訊息、障礙與就業的關係，以及工作職場的合理調整。

訊息理解困難

　　這個限制與閱讀、理解書面訊息、理解語言訊息能力缺損有關。在美國，大約有 100 萬的工作者陳述其有永久性的訊息理解困難。在此類別的障礙包括：中風、學習障礙、創傷性腦傷、智能障礙，和其他類型的神經

疾患。

中風患者可能會有智力損傷、口語和書面溝通困難，以及感官知覺的
問題。失語症（aphasia）牽涉到藉由語言、閱讀、書寫或聽力溝通的能
力喪失或缺損。學習障礙者可能會顯現出社交技能及適當地與他人溝通的
缺陷，除了社交技能的缺陷之外，部分個案有語言相關的學習障礙；接
受性和表達性語言的問題，以及閱讀及書寫的問題也可能發生（Givner,
2002）。創傷性腦傷也可能導致語言能力的不足。構音困難（dysarthria）
指說話相關肌肉較虛弱和緩慢，患此症者發音含糊，有顯著的構音問題
（Falvo, 2005）；此外也可能會有記憶和專注力的問題。而記憶力的問題
則被認為是腦傷者最顯著的困難（Schwartz, 2002）。

智能障礙者可能會有知覺動作技能、溝通技能、推理和判斷能力以及
社會技巧的缺陷。伴隨溝通問題也可能出現情緒行為的異常表現（Halpern
& Furher, 1984）。

腦性麻痺會導致智力、情緒方面的功能限制，以及各種生理缺陷。
「由於認知、情緒、生理、社會和其他狀況影響幸福感，因此，在沒有足
夠的復健和合適的介入下，腦性麻痺者可能無法理解自己所具備的潛能」
（Taylor & Kopriva, 2002, p. 397）。

很多神經疾患也會導致訊息理解的困難，少數會有了解語言指令和說
話的主要問題。接受性失語症（receptive aphasia）是一種理解口語和書
面語言的疾患。接受性失語症患者無法清晰地說話或毫無錯誤地書寫。
此外，表達性失語症（expressive aphasia）有組織語言和表達自我方面的
問題。而患有傳導性失語症（conduction aphasia）者則有回應語言指令
的困難。全失語症（global aphasia）會導致語言理解和表達雙方面的困難
（Falvo, 2005; Goldman, 2002）。

中風、其他神經疾患、創傷性腦傷和學習障礙等狀況，都會導致訊息
理解的限制。諮商師可建議表達性溝通障礙者在職場上多使用書寫材料、
圖形式表徵、替代性媒體（如電子郵件），和其他電腦式的溝通輔具。在
討論學習障礙時，Givner（2002）提到：「伴隨學障的成人只有在體驗到
有效能地利用工具、技巧和策略來解決因學障所引發的日常生活的挑戰
時，才能發展其自我效能」（p. 382）。

專業人員常會遺漏「使用適當社交技巧與人溝通」這個重要領域。被

296

297

解僱常有的原因是與上司和同事不合宜的溝通。諮商師應協助當事人找到並減少其特定問題，並與其上司溝通，解釋問題的本質。「適當的社交能力對所有的工作都是必須的，特別是當職場變成愈來愈具合作性」（Givner, 2002, p. 382）。

中風或創傷性腦傷者也可能會面臨相同的困難。雇主若能理解，並透過復健專業人員的介入，能幫助其身心障礙員工穩定就業。因為腦傷通常沒有外顯的徵兆，雇主和身心障礙員工必須充分合作，共同策劃實用、可行和有效能的調整策略（Schwartz, 2002）。諮商師若能將複雜、詳細的訊息分解成容易理解的小單位提供給智能障礙者，也能同時協助雇主和雇員確保他的生產力和長期的職務表現成就。同時，身心障礙者對額外的責任和挑戰也更有準備，諮商師可以將這種準備度引導成持續的表現。

弱視者與全盲者的限制

法定盲（legal blindness）定義為優眼視力經最佳矯正後，其中央視覺敏銳度（central visual acuity）在 20/200 以下，或殘存視野（field of vision）在 20 度以下者。視覺障礙者包括最佳矯正後中央視力敏銳度優於 20/200，但低於 20/70 者，或視野最大範圍低於 30 度者（RRTC on Blindness and Low Vision, n.d.）。因此他們視覺的問題限制了從事某些基本生活功能的能力。例如，個案可能因為近視的問題，限制了閱讀印刷品的能力，或因為遠視造成看路標或黑板訊息的困難。個案的視力可能有部分的喪失，雖未達到法定盲的標準，但仍限制了移動能力（如視力的缺陷影響了較低處的視野）。個案也可能同時有視力和視野的缺陷而嚴重地限制了功能表現，但是並未達到法定盲的標準。

在美國，大約有 940 萬人患有眼盲或視力缺損（Resnikoff et al., 2004）。視力缺損（被定義為在配戴鏡片矯正後仍有閱讀單字或字母困難）的成年人，大約 55% 有就業，但指的是無法看見單字或字母者，就業率就會掉到 48%（Steinmetz, 2006）。

視覺障礙者的功能限制視其生理缺損（程度和種類）、環境條件（如：光線、對比），和其如何透過剩餘視力來學習的方式而定。國際功能損傷、身心功能障礙與殘障分類（The International Classification of Impairments, Disabilities, and Handicaps）（Colenbrander, 1977）提出以

五個因素來測量視力缺損對日常生活的影響。包括：(1) 生活獨立性；(2) 動作表現；(3) 經濟獨立性；(4) 就業；和 (5) 社會融合。這些因素被視為因視覺障礙導致的功能限制。在考慮因視力缺損所導致的功能限制時，很重要的是要聚焦於個人在特定環境中執行特定任務時的實際表現。透過定向行動（orientation and mobility, O & M）訓練，以及獨立生活技能訓練，包括社交技巧、科技能力和特定職業能力的發展，通常可以增進個案功能（Panek, 2002）。

　　導致視力缺損的疾患包括青光眼、眼球周邊的疾患、白內障、視網膜疾患（如：因高齡導致的黃斑退化、糖尿病、鐮狀細胞視網膜病變、與後天免疫缺乏症候群有關的病毒性視網膜炎、色素沉積視網膜炎）、角膜疾患、視神經和中樞神經系統疾患，以及其他疾患。有一些狀況會導致視力狀況不穩定或是漸進地退化，最終導致失明。個人對其視力狀況的反應是影響功能表現的重要條件。

　　仍有剩餘視力的視覺損傷者，職場的合理調整包括照明設施、顏色和對比、空間和配置，以及設施的尺寸距離的調整（Levack, 1991）。合理調整通常包括低視能輔具，又可分為光學的和非光學的。最常見的光學輔具是放大鏡和望遠鏡，有各種不同的型號和尺寸。典型的非光學低視能輔具包括放大電子影像的閉路式電視、個人電腦和可以放大字體、語音輸出和光學掃描功能的周邊產品（US EEOC, 2005）。

　　對全盲的工作者而言，調整包括使用其他的感官，如以聽覺和觸覺輸入，以及使用記憶及組織技能來適應職場。調整可能包括將檔案或其他訊息以布萊爾點字（Braille）或觸覺標示來呈現，使用點字翻譯軟體和點字印表機，以及將職場環境重整使物品容易尋找和取得。聽覺的調整可能包括使用語音計算機和時鐘，以及與電腦相容的攜帶式語音輸出系統。從錄音帶、CD 或電子語音檔案得到的訊息，可以使用閱讀器立即報讀，或以閱讀器記錄常用的訊息，這些都是輔助全盲者的方法。合併使用掃描器、語音合成器、Kurzweil 閱讀器、Braille 點字印表機，以及一般規格的印表機，能使全盲者在職場上獲得大部分的訊息，並能使其製作一般大眾可閱讀的文件（Cornell University, 2000）。

　　O & M 專家能夠教導全盲者或弱視者在新的工作環境中安全有效率地行動。透過詢問個案需要，觀察職場環境並與 O & M 專家合作，就可

299

以做簡單的環境調整。

　　將工作任務詳細描述，諮商師和消費者就能共同合作發展有效能且不具侵入性的調整策略。先天視力損傷者由於終生經驗視力缺損，調適的會較容易，而中途致殘的視覺障礙者需更多的協助來發展具創意的解決策略。透過個案問題解決，評估職場環境，和評量個案功能性視力，諮商師能大幅提升視障者的就業力（Espinola & Croft, 1992; Panek, 2002）。如同 Panek 所提到的，近年來聽覺和視覺輔具，以及電腦資源的快速發展，視覺障礙者有更多增進技能與能力的選擇和機會。

　　許多社區的組織和資源能夠協助復健諮商師為視覺障礙者發展就業環境。Braille 基金會、獅子會、部分視力者中心、大學的計畫和公立學校的計畫通常可以獲得需要的服務和專業的協助。有一些國家型的組織亦提供關於全盲和視力缺損的資訊，包括：美國盲人基金會、全美視障者聯盟（National Federation for the Blind）、以及美國盲人印刷社（American Printing House for the Blind）。

聽力缺損與全聾的限制

　　在此類別的個案，無論是否使用擴音設備，都有語言理解的困難。在美國的勞動人口中，聽力的限制影響了 42 萬 5 千人。

　　全聾被定義為聽力的缺損，該缺損已妨礙了日常對話能力。雖然有些聽力缺損較少者，但這些缺損仍造成功能限制。聽力缺損可分為：(1) 傳導型（conductive）；(2) 感覺神經型（sensorineural）和 (3) 混合型（mixed）。聽力逐漸損失可能肇因於先天的疾患或病變、老年性失聰（因年紀增長導致的聽力缺損）、創傷、感染、腫瘤、梅尼爾氏症（Ménière's disease），以及耳骨硬化。

300　　功能性的障礙可視聽力辨別聲音頻率的缺損程度和發生的年齡而定。廣泛而言，辨別單字能力的缺損愈嚴重且損傷發生愈早，功能性障礙就愈嚴重。溝通能力的喪失可能在接收和表達兩方面都會顯現（Danek, 1992; Lerner & Eng, 2005）。

　　1973 年復健法的第 504 節提出為聽覺損傷者提供翻譯服務以作為合理調整。美國身心障礙者法案要求電信業者提供聽障者免費 24 小時電話轉接服務。在就業領域方面，職場的調整包括提供合格的翻譯人員、擴音

電話、電信溝通輔具、音響迴路（audioloops）裝置、燈示和警示燈、光線良好的環境和小型震動式呼叫器等。

　　許多雇主，特別是大型的公司，使用電傳打字機（TDD）（即為聽障者設計的電話裝置）。復健專業人員可能希望與尚未裝置電傳打字機的雇主討論其安裝。雇主可能對聽力缺損個案並不了解，也不知道先進的科技設備可以增進聽障者的溝通能力（Falvo, 2005）。因為這些設備有的非常昂貴，諮商師應協助雇主和聽覺損傷者將可能的選擇排定優先順序。聽覺輔具可能會大幅增進工作者的表現。

　　Mueller（1990）描述在辦公座位、儲物空間和工作場所的調整。以辦公座位來說，能轉動的座椅可以更容易面對面的溝通。儲物區域應該有清楚和簡單的標示以減少所需的語言協助。工作站的調整包括：提供適當的光線、安裝擴音電話、減少周圍的噪音和震動、提供清楚的書寫指示來減少必要的語言協助，以及面向工作站，以使面對面的溝通更順暢。

　　由於聽覺損傷者無法有效溝通，自我倡導對他們而言相當困難，諮商師必須以此族群的倡導者自居。如果聽覺損傷者能以他們可以提供的貢獻而受到尊重，而非由於他們的限制而被忽視，雇主就能受益於這群人所擁有的許多不同的技能（Harvey, 2002）。

容易昏厥、暈眩和癲癇

　　這個障礙類別的個案容易引發昏厥、暈眩或癲癇。這個限制影響了美國 720 萬個工作者。

　　這些功能限制可見於癲癇、腦性麻痺、腦傷、偏頭痛／精神性頭痛、暈眩、某些心血管疾患，和多種神經疾患。功能限制會基於症狀的嚴重度和持續性、發作的頻率、部分或完全的意識喪失，以及發作時有無徵兆（Fraser & Miller, 2005）。

　　職場的限制包括禁止未受防護的登高、某些危險狀況、危險性設備、移動的機械裝置，以及駕駛。癲癇的控制，最重要的是要評估可能發生職業災害的程度。諮商師必須意識雇主對於癲癇和其他相關疾病員工的刻板印象。對癲癇控制良好的員工可能僅需要少許協助，或不需任何調整。

　　對於這個限制在職場的一些重要考量包括危險設備的出現、未防護的登高工作、移動的機械裝置和駕駛。在這些情況下，工作調整是必須的。

301

在評估工作的可能性之前必須考慮癲癇、暈眩、昏厥的類型、嚴重程度和發作的頻率。許多有這些限制的人會以藥物或養生療法來控制症狀,復健諮商師應確認個案症狀得到最佳的醫療處理。並確認工作場所中沒有誘發發作的刺激。

Mueller（1990）為伴隨這種醫療狀況的工作者提出下列的職場調整策略。員工必須避免經常且急促地從坐姿站起。儲藏區域調整必須包括提供推車或其他攜帶物料的輔具,使用安全且密閉的推車和其他的設備來裝卸雜亂的/有危險的物料,並提供保護性的設備（如在拿取雜亂的/有危險的物料時）。Mueller 對工作站調整的提議包括提供安全的支持（抓握把手）、避免濕滑的地面、避免隔離的工作環境、避免彎腰舉重,並維持每天固定的活動量。

協調不佳

協調不佳者會經驗到置放物品或四肢動作缺乏控制,或肌肉痙攣（spasticity）。美國有 300 萬的工作者因協調不佳而導致障礙。

這個類別包括痙攣的症狀和缺乏正常的四肢控制能力。導致協調不佳的原因包括腦性麻痺和一些麻痺所引發的不自主動作。這些功能的限制和四肢運用的能力、手—眼—腳協調、手部靈巧度、步行、力量、靈活度、速度、耐力、平衡、知覺和自主性動作等有關（G. Wright, 1980）。

協調不佳者,其手部靈巧、速度、手—腳—眼協調都可能受到影響。亦有可能在步行、舉起和攜帶物品時有所限制。工作調整的策略包括利用輔具增加手指靈巧度,以電腦替代手寫,使用步行輔具,或電動車來移動,和以升降裝置來舉起和攜帶物品。

工作場所的調整需提供必要的輔助措施使個案能順利地操作職務。這些調整包括:提供增加重量的書寫設備、提高桌沿避免物品掉落、支持的抓握手把、防滑手套和有握把的工具。

體力的限制

體力的限制表現在即使輕量的活動下,個案仍有呼吸急促和/或不正常的血壓升高。在美國,大約有 1,030 萬的工作者有體力的限制。

這類限制見於多發性硬化症、肺部疾患、心血管功能失調、神經系統

症狀、後天免疫缺乏症候群、關節炎、中風、鐮刀形細胞疾患、無法控制的高血壓、肌肉萎縮症、內分泌失調、腎臟衰竭和麻痺。疲勞常見於許多疾病使用藥物所產生的副作用，無論其原來的症狀是否會導致疲勞。功能限制可能包括呼吸困難（呼吸短促）、疲勞和虛弱，個案只能從事輕量、坐姿、部分工時的工作，或是發病期間或症狀加劇時可以偶爾請假的工作。環境的條件，諸如污染源、灰塵、極端的溫度和急速的溫度改變對這些障礙都是限制因素，特別是與呼吸系統有關的障礙（Brodwin, Tellez, & Brodwin, 2002）。

　　體力的限制會與特定活動有關，或表現在各種的功能。對體力嚴重限制的個案而言，全時工作也許不可行，但這些人可能可以考慮部分工時的工作。因為多數的雇主未曾考慮這種可能性，諮商師應與工作者先討論減少工時，再與雇主討論，同時對雇主和身障員工彰顯這種可能性的好處。此外 Falvo（2005）提及，當工作者在工作環境可能需要使用輪椅時，工作場所的可及性就需要仔細的評量。電梯、書桌或工作檯的高度、門的寬度、廁所的空間都是重要的考量。

　　如果員工必須輪班，固定的班別可以增加體力，並保留精力來從事工作所需。較需體力的職務替代成較不費力的。工作調整的策略包括改變對職務的體能要求，電動代步車或是電動輪椅能減少員工的步行和職務上需攜帶物品的要求，移動式手推車減少了職務的生理要求；在某些狀況下，間歇地使用輪椅能增加個人的體能，而使其可以從事全時工作。

　　在評估體力限制時，Mueller（1990）提出下列的職場調整：在站立處提供腳凳或臺階來轉移重量，減少工作時間或維持固定的活動量，避免吸菸、灰塵和極端溫度的改變，減少工作壓力，減少彎腰、步行、伸取、抬舉和攜重。

頭部活動限制

　　頭部活動限制者會因為動作能力受限而轉頭往上看、往下看，且／或往兩邊看會有困難。有 760 萬個美國的工作者有此狀況。

　　有此障礙的個案，包括高位頸髓損傷的四肢麻痺者、未造成麻痺的頸部損傷、關節炎、腦性麻痺、肌肉萎縮症、帕金森氏症、脊髓感染、創傷性腦傷、中風、頸部退化性改變、肌肉萎縮性脊髓側索硬化症

（amyotrophic lateral sclerosis）和其他神經性疾患都可能造成頭部動作的功能限制。這些醫療狀況可能是短暫的或永久的，穩定的或進行性的。一些頸部損傷會造成短暫或間歇的疼痛，尤其是當頸部做特定動作時。進行性疾患的身心障礙需要定期的再評估（Brodwin et al., 2002; Zaretsky, Richter, & Eisenberg, 2005）。

　　許多狀況會導致頭部動作的限制。其範圍從頸部肌肉疼痛，到頸部以下完全麻痺。頸部慢性疼痛會限制個人手部抓握的力量和靈巧度，快速的頭部動作，以及抬舉和攜帶。通常，頸部的疼痛會導致疲勞，特別是在長時間的生理活動下。情緒的壓力會誘發疼痛症狀。頸部和肩膀肌肉的麻痺經常會需要副木或矯具來維持頸部和頭部的穩定度。工作場所的電腦可以協助頸部和上背部嚴重限制者。

304

　　Mueller（1990）建議下列原則作為頭部動作限制者的工作場所調整。在坐的方面，他建議提供旋轉式座椅，並搭配調整式後躺的椅背。在倉儲區域，可以嵌入魚眼窗與鏡子來增加工作者的視野，減少向後伸展或向下彎腰的機會，將有助於工作調整。工作站的調整包括面向工作站以達最多的面對面溝通，減少視野以外的伸手取物（往上、往下和往後），以及將工具和材料聚集在視野內。

感覺限制

　　這種限制牽涉到身體各部位神經接收（熱、觸覺、痛覺或壓力覺）的損傷。在美國的勞動人口中，有 320 萬人有此限制。

　　這種限制與神經感覺的損傷有關，包括觸覺、痛覺、壓力覺以及對熱和冷的感知。脊髓損傷、中風、小兒麻痺症和其他的創傷都可能會導致這些限制（Falvo, 2005）。

　　觸覺、痛覺、壓力覺、冷熱感知能力有限制的工作者，會有不同程度的損傷和功能限制。感覺的缺損可能是部分的、間歇的，或完全損傷。有許多的狀況都會導致感覺限制，包括脊髓損傷、神經疾患、腦血管意外、後天性創傷性腦傷、先天異常、燒燙傷、糖尿病，和某些嚴重的撕裂傷。

　　脊髓損傷會引發下肢感覺限制。糖尿病和多發性硬化症會使腳部的感覺退化。有此限制的工作者務必小心腳部受傷。手部有嚴重感覺限制者，對疼痛和其他感覺的感知有所困難，可能會因為立即感知危險的能力降低

而發生職業災害。

　　工作場所的調整包括手或腳穿戴防護性衣物以降低受傷的可能性。臀部感覺能力喪失的工作者，Mueller（1990）建議提供分散壓力的坐墊，以及安排固定休息時段進行姿勢轉換，以避免長時間久坐。

抬舉、伸取與攜帶困難

　　這個限制牽涉到上肢和軀幹的活動度、動作範圍和／或力量的損傷。在美國，有 460 萬個工作者在這部分有永久性的困難。

　　活動度受損、運動範圍受限和上肢／軀幹的限制會造成手腳使用的困難，且會損及手眼協調、手部靈巧度，以及舉起、攜帶物品、推拉所需的力量（Falvo, 2005）。脊髓損傷、先天異常、多發性硬化症、腦性麻痺、部分和完全截肢、關節炎、其他四肢永久性損傷和各種神經疾患都會造成抬舉、伸取和攜帶物品的限制（Zaretsky et al., 2005）。

　　針對此部分的困難可以提供許多工作場所的調整。較重的物件通常能被細分為更容易操縱、更小或更輕的單位。也可以利用一些設備，例如機械式抬舉設備來協助工作者，移動式推車可以減少攜帶物件的距離。如果重量無法減少，可能可以考慮排除特定的抬舉和攜帶的職務，而改以其他的職務替代。原則上，會以更多文書屬性的職務取代需生理活動的職務。

　　如同 Falvo（2005）討論呼吸功能限制時所提到的，如果工作要求的抬舉和拿取物品會使呼吸更短促，其他替代的策略也許能協助工作者耗費較少的生理活動量。類似的情況也適用於心血管患者。後天免疫缺乏症候群患者也會有體力的限制，這種疾患主要呈現的症狀是疲勞（Howard, 2002）。

　　當個案是手腳麻痺者，其在職場的抬舉和拿取物品的能力會受到限制，而需做調整。這些包括四肢癱瘓和下肢麻痺、腦血管意外、後天性創傷性腦傷、腦性麻痺、風濕性疾病和多種神經系統病變。中風患者要看下肢的影響程度，有的患者可能還可以使用單側上肢抬舉和攜帶物品，任何協助患者的工作調整應基於對特定職務詳細的職務分析。

　　Mueller（1990）建議為抬舉、伸取與攜帶物品困難的工作者（動作能力、動作範圍、軀幹或上肢力量缺陷者）提供下列有關座椅、儲物和工作場所的調整。在坐的方面，雇主盡可能將工作者安排在調節控制裝置附

近。關於儲物部分，個案能在伸手可及的範圍內儲藏物件或使用圓轉盤，提供桌面檔案夾／記事本，協助以滑動物品替代抬舉和拿取物品，使用有輪子的推車來運送物品，並減少向上伸取、向後伸展和向下彎腰的需要（提供機械式取物夾）。在職場方面，Mueller 建議使用機械式取物夾、圓轉盤式的工作檯面，以及配置有動力裝置的桌子來從事較粗重的工作。

手部與手指動作困難

306

這些限制與動作表現、動作範圍、靈巧度和／或手部力量缺損有關。在美國有 430 萬個勞動人口有這樣的困難。

與這個功能限制有關的障礙包括永久性手部損傷、四肢麻痺、中風、先天肢體異常、關節炎、腕隧道症候群和某些神經性疾患（Brodwin et al., 2002; Falvo, 2005）。有很多的障礙會引發這方面的功能限制。因為大部分的職務都需要使用手和手指，諮商師必須熟練於為手部靈巧困難者提供工作調整。輔具可以增加許多人的功能，這些輔具對手部嚴重傷害和局部麻痺者特別有用，包括許多義肢（prosthetic）和矯具（orthotic devices）。義肢是一種人造的輔具，用以代替失去的身體部位，而矯具則是一種特製的機械裝置，用以支持輔助虛弱或異常的關節或肢體。

矯具也可能用於緩解疼痛（藉由限制動作或載重），提供固定和防護功能，減少抬舉和拿取的負擔，矯正畸形和增進功能。穿戴於截肢的義肢能做一些抓握（grasp）、捏夾（pinch）和手部靈巧的動作。使用上肢義肢可以增加手部靈巧度、雙手靈巧度和手眼協調，部分上肢義肢能夠回復職務所需的功能（Clawson, 2002）。諮商師必須謹記截肢所造成的心理衝擊，截肢者可能會經歷憤怒、憂鬱、怨恨、害怕和畏縮（p. 310）。然而，人類的心智是有彈性，有調適能力的。多數的個案在為損失感到悲傷之後，最終能體認到仍能從事許多活動，包括工作。透過諮商師詳細的職務分析，與義肢專家或矯具專家諮詢，能讓工作者在輔具和設備的使用下維持目前的就業狀況。

在本章抬舉、伸取與攜帶困難者部分的多項建議在這裡也都適用。諮商師必須評估提供可及性抽屜、儲物區域、檔案夾、櫥櫃和類似工作區域的重要性。腕隧道症候群常為從事大量打字或文字處理工作的秘書或辦公人員所抱怨，其身體的不適可由提供支撐軟墊和減少不必要動作來降低。

目前有許多輔具可供腕隧道症候群患者使用，其中大多數能減少腕關節的動作。

上肢活動困難

307

有此限制者會經驗到完全麻痺、嚴重不協調，或上肢缺損。在美國，有 28 萬名工作者有此限制。

這個類別包括四肢癱瘓、截肢、中風、先天肢體異常、腦性麻痺和關節炎。部分障礙者會失去單側或雙側上肢、麻痺或嚴重地不協調。許多職業災害與手部有關。手指部分或完全截斷會造成不同程度的損傷，視其受傷的程度和受傷處是否為慣用手而定（Falvo, 2005; G. Wright, 1980）。

很多功能限制與上肢的使用有關，因此有許多可能的調整策略存在。書桌和檔案櫃可以以更可及的方式來規劃，透過客製化設計的義肢和矯具，可協助達成特定主要職務功能的表現，詳細的職務分析能使諮商師提供義肢師和矯具師相關建議；需要的是共同合作的諮商師與個案的洞察力和創造力，加上能諒解且願意參與的雇主。

退化性關節炎和四肢癱瘓的個案，其抓握能力、捏夾物體的能力和在一般動作範圍內伸展關節的能力受到損傷，可能需要職務調整。為個案特製的矯具能增加手部的功能。外科人造關節替代手術可以減輕疼痛和增加動作範圍。在關節置換後，可能可以重返職場。如果工作者選擇以手術來增加功能，雇主必須了解工作者的疾患和術後可能的改善。手術必須把目標放在增加特定工作活動的功能，復健諮商師能協助找出可從手術獲益的工作任務。

下列矯具也能增進工作者的上肢功能：腕—手支架（wrist-hand orthosis）、手腕驅動的腕—手支架（wrist-driven wrist-hand orthosis），以及肩—肘支架（shoulder-elbow orthosis）。上肢矯具可以替代喪失的肌力，協助或支持上肢虛弱的部分，或供其他輔具附著（Clawson, 2002）。

維持坐姿困難

維持坐姿困難者缺乏軀幹的力量，其動作範圍受限，控制軀幹彎曲、扭轉或平衡活動有所限制。在美國，約有 800 萬的工作者有維持坐姿的困

308

難。

　　功能性問題包括：背部各種限制，特別是下背部。疼痛造成個人在一處維持坐姿時間的限制，可能每天都不同，也可能在一天之內有所變化。下肢麻痺和四肢癱瘓者無法站立或行走，造成重量轉移、軀幹不穩定，和需要使用輪椅。如同 Crewe 和 Krause（2002）所提，「脊髓損傷後有就業者，一致地陳述對所有生活領域有更多的滿足感」（p. 287）。下背疼痛，特別是伴隨長期慢性疼痛者，其可能需要以坐姿和站姿（或行走）交替的方式來減輕疼痛。

　　特製的椅子也許可以提供因背部疼痛而無法維持坐姿者。職務調整允許工作者交替坐姿和站姿，部分個案可以因而減少下背痛的困擾。Mueller（1990）提出以下的建議予有坐姿限制者：避免向前傾的姿勢、加坐墊或背靠、提供分散壓力的坐墊、安裝輔助的坐墊或提高座椅的高度、加安全帶和完全支撐的背靠來增加穩定度。對不外顯的障礙者，如背痛者，審慎和合適的介入能協助雇主了解其損傷狀況，並允許工作者在需要時交替站姿和坐姿。

下肢活動困難

　　下肢的限制包括：步態遲緩、跪、起立、行走、站立和／或爬樓梯的能力缺損。在美國勞動人口中，有 130 萬人受此狀況影響。

　　步行、拿取物品、在不平坦地面行走、攀登階梯、跪、彎腰，以及步態的速度和協調等活動，會有不同程度的影響。有效使用輪椅的能力會部分決定這個功能性問題的影響。一些障礙的狀況如脊髓損傷、截肢或其他永久性下肢損傷、後小兒麻痺症候群（postpolio syndrome）、關節炎、中風、糖尿病、腦性麻痺、多發性硬化症、肌肉萎縮症、先天肢體異常和各種其他的神經疾患會導致使用下肢的困難。心血管和肺部疾患也會限制個人下肢從事活動的時間和活動（Brodwin et al., 2002）。

　　Mueller（1990）建議有下肢限制（虛弱或麻痺）的工作者使用以下的調整：使用有輪子的推車來攜帶物品，使用肩背的袋子／背包來運送較小的物件，以動力推車或電動代步車來移行，減少向上伸取、向後伸取、向下彎腰和蹲下。提供有輪子的椅子將能協助必須在工作站附近移動的工作者，例如從辦公桌到鄰近的檔案櫃。規劃工作站，使檔案櫃和辦公用品

309

可及是另一種可行的調整。有下肢限制者，腳凳可能是個有用的調整措施。

　　矯具也能協助單腳或雙腳虛弱、麻痺者行走。目前有許多下肢矯具是可供選用，包括腳踝—腳底（ankle-foot）、膝蓋—腳踝—腳底（knee-ankle-foot）和臀部—膝蓋—腳踝—腳底支架（hip-knee-ankle-foot orthoses）。妥善使用這些支架，可以增進功能，增加執行工作活動的潛能（Clark, 1993）。

　　如果障礙員工使用輪椅，辦公桌或工作檯可能必須提高桌面，讓輪椅有足夠的空間靠近桌面。其他的調整包括：靠近廁所、工作設備的可及。對下肢截肢的工作者，特別是雙側截肢或在膝蓋上截肢者，由於站立和行走會顯著地增加精力消耗，因此必須減少步行。

平衡能力差

　　在美國有 450 萬個工作者有維持平衡的困難。

　　平衡差在移動或站立不動時都會顯現出來。如從坐姿起身、站立不動、行走和彎腰，或腰背彎曲的活動都會感到困難。會引起這些限制的狀況包括：中風、梅尼爾氏症、創傷性腦傷、下肢截肢、內耳感染或創傷，以及各種神經性疾患（G. Wright, 1980; Zaretsky et al., 2005）。

　　因醫療狀況導致平衡困難者，幾種建議可提供。復健諮商師必須先考慮個案是否接受足夠的醫療照護，如果個案就診於一般家醫科醫師，將他轉介予專科醫師（如神經科）也許會有助益。諮商師也必須確認工作者是否正確依醫師處方服藥。

　　在工作場所中，危險情境、不安全的工具或設備、未受防護的登高和其他類似情形都必須被排除，以確保個案不會造成個人或他人的危險。如果工作者會無預警失去平衡感，可建議其使用推車或類似輔具來減低攜帶物品滑落的可能性。對於有平衡問題的工作者，採坐姿，不需長時間站立和行走的工作是必要的。電動代步車或電動輪椅可用來代步，並可在車上加裝籃子或收納袋來運送物品。重要的是，要減少身體向前伸取、向後伸取及彎腰的動作，以避免失去平衡。

　　在嘗試工作調整前，諮商師需確定個案是否在最佳醫療狀況下仍造成平衡問題。尋求第二個醫療意見也許能將先前控制不好的症狀緩解，就不

一定需要提供合理調整。

認知限制

　　認知功能限制及學習障礙包含多面向的缺損或特定功能限制，例如語言或數字能力。智能障礙是認知功能的限制，顯現出對特定任務轉化的困難（G. Wright, 1980）。

　　Ficke（1991）針對 477,000 名 15 到 64 歲智能障礙者的研究報告，發現智能障礙造成生理活動、日常生活活動（activities of daily living, ADL）及工具性日常生活活動的限制。日常生活活動指個人獨立功能的基本任務（不需他人協助下的功能），包括：(1) 沐浴；(2) 穿衣；(3) 如廁；(4) 轉位（如上下床或椅子）；(5) 自我節制（continence）及 (6) 進食等活動。另一方面，工具性日常生活活動則指：(1) 處理個人財務；(2) 準備餐點；(3) 購物；(4) 旅遊；(5) 做家事；(6) 打電話；及 (7) 依指示服用藥物（Ficke, 1991, pp. 8-9）。多年來，雇主歧視身心障礙者主要是因為不理解障礙及刻板印象。改變雇主消極態度及期望最有效的方式是鼓勵他們與已進用身心障礙者的雇主討論，並觀察其互動方式（Falvey, Bishop, & Gage, 2002）。

　　雖然此統計報告（477,000 位個案）遠低於智能障礙者總人數，但仍能提供一個對功能性限制的估計概念。這個數字相當有用，因為它建議也許智能障礙者需要協助的是這些領域，而非工作環境。

　　學習障礙會造成社交能力、語言、數學有一種或多種的困難（Falvo, 2005; Givner, 2002）。Ficke（1991）針對 223,000 位 15 歲到 64 歲有學習障礙者的研究，發現學習障礙者會造成生理活動、日常生活活動及工具性日常活活動的限制。除此之外，疾病也會影響認知功能而造成學習障礙，包括後天創傷性腦傷、中風、後天免疫缺乏症候群、愛滋病、長期藥物濫用、情緒障礙及其他疾病。

　　「認知是種透過各種感官來思考、理解、學習並覺察環境的一種能力」（G. Wright, 1980, p. 96）。認知限制會出現智力、記憶、專注力、注意力、思考過程、知覺、組織、概念化、推理、問題解決、定向感及心理動作技巧的障礙（Falvo, 2005; Schwartz, 2002）。常見的錯誤是讓腦傷者太早重返工作崗位，通常治療、重新定向及恢復到最好的功能狀態會比

預期花更長的時間，復健專業人員有職責確認腦傷者已準備好重返職場，並且為雇主對未來不預期事件做充分準備。當雇主願意關心並與諮商師諮詢時，更能促進職業復健的成功及長期的就業維持。腦傷的工作者常合併殘存症狀而無法從事特定工作任務，其他工作任務也可能需要調整或排除。

　　對於嚴重腦傷的個案，一開始必須從最簡單、重複的活動開始，當這些成功後，才逐漸增加活動的細節及複雜度。嚴重腦傷者重返工作會有困難，志工或支持性就業可以增進工作調適及增加生活滿意度。記憶力問題是腦傷者重返工作的最大障礙（Schwartz, 2002）。諮商師必須與雇主及員工持續合作，協助雇主了解身心障礙員工的限制，並且擬定合理調整的計畫來克服困難。

　　腦傷個案中，受傷的員工常有未準備好就快速回到工作崗位的現象。此現象也導致雇主與受傷員工關係變得緊張。Strub 和 Black（1988）建議受傷的個案要逐漸增加工時，直到準備好時再重返工作。許多受傷個案無法再回復到受傷前的能力。然而，復健專業人員仍必須竭力恢復個案的技能至極致，並擬定計畫提升個案能力。

情緒限制

　　情緒障礙者常有不同的限制，限制的範圍從輕微到非常嚴重都有。導致情緒限制的情況包括精神官能症（neuroses）、精神疾患（psychoses）、器質性腦傷症候群（organic brain syndromes）、人格疾患（personality disorders）、創傷後壓力症候群（posttraumatic stress disorder），及藥物濫用導致情緒失調者。根據 Ficke（1991）的資料，年齡 15 到 64 歲者有651,000 位有精神或情緒障礙，造成生理活動、日常生活活動及工具性日常生活活動的限制。但 Steinmetz（2006）依不同的標準，認為人數高達140 萬名。

　　許多障礙個案造成情緒限制，在心理及認知領域常出現不同程度的影響。藥物也許能控制症狀但卻無法治癒疾病，也可能產生副作用；若藥物副作用造成工作相關問題，則需醫師調整劑量或是藥物以減少副作用對工作的干擾；即使獲得良好的藥物治療，許多殘存症狀、缺陷、損傷仍可能會週期性復發（Falvo, 2005）。家庭及工作的情緒壓力也會加劇先前工作

312

者已穩定的症狀。壓力也許會導致個案維持工作的良好行為惡化。諮商師必須與雇主及員工仔細評估壓力對工作的影響。對於嚴重精神障礙的個案，支持性就業也許可以有效協助個案成功重返競爭性職場。

　　支持性就業的主要內容包括開發就業市場、職種開發、工作媒合、工作教練及持續追蹤等服務。透過詳細的主要職務功能分析，諮商師可以在個案的工作限制內為他媒合工作。在支持性就業模式中，就業服務員（job coach）必須提供持續性支持，以協助解決個案工作中發生的問題。相較僱用其他類別的身心障礙，雇主更排斥僱用精神及情緒障礙者。諮商師應該反駁對情緒障礙者的歧視，及倡議個案的工作權。藉由對雇主的教育，提供個案更多的工作機會（Hong, 2002）。

因顏損導致限制

　　對於外觀損傷者，特別是顏面損傷者，社會大眾對他們的負面反應會加劇損傷的影響（Kammerer-Quayle, 2002; G. Wright, 1980）。顏面損傷的發生率或盛行率的統計無法估算，可能由於主觀上無法判定顏面損傷的嚴重程度。

　　顏面損傷的併發症也沒有單一的答案或完美的解決之道。Macgregor（1979）認為復健最主要的目標是預防及減少可能造成的社會及心理的後遺症。整型及重建手術有助於減少實際的損傷傷口，並降低對容貌的毀損；受傷的個案及家屬都需要情感的支持，而雇主則需要被教育屏除迷思及誤解（Kammerer-Quayle, 2002）。

313

　　增進外表的技巧包括梳洗、適當飲食、運動、改變髮型、膚色修飾、指甲保養、服裝、修飾化妝、隱形眼鏡、牙齒矯正及整型手術，「有些復健計畫是特別針對於合併顏面損傷及肢體障礙者」（Kammerer-Quayle, 2002, p. 97）。關於顏損的就業議題包括：在公共場合的因應、塑造正面的形象及建立自信心。提供顏損支持的國際非盈利性組織，包括：鳳凰燒傷燙傷患者協會（Phoenix Society for Burn Survivors）、國際顏面損傷組織（About Face International）及 Let's Face It（顏面損傷網站）。

藥物濫用

　　藥物濫用包括使濫用酒精、迷幻藥、大麻、尼古丁、鴉片、鎮靜劑、

興奮劑、吸入劑及其他藥物等。G. Wright（1980）將藥物濫用分為二類：
濫用（habituation）（心理需求）及成癮（addiction）（生理需求）。在
1990 年時針對 150,000 位年齡介於 15 到 64 歲藥物濫用者的研究報告指
出，藥物濫用常導致生理活動、日常生活活動或工具性日常生活活動的
限制（Ficke, 1991）。較近期的估算，2003 到 2004 年的報告中指出仍
有 1,930 萬人持續濫用藥物，雖然報告並未指出其日常生活活動或工具
性日常生活活動是否受到限制（http://www.oas.samhsa.gov/2k4State/Vars.
htm#Tabl）。

　　除了戒除之外，可行的尚有：強化個案的自制力、增加個案自信及建
立正向支持系統、減少對藥物需求以重返健康的生活（Stude, 2002）。工
作情境可以強化減少藥物使用的行為，這是協助藥物濫用工作者維持工作
最成功的方法。相較於僱用其他類別的身心障礙者，雇主更排斥進用藥物
濫用者。教育雇主關於藥物濫用者的障礙，將協助這類障礙者重新被僱
用。工作環境必須強化沒有藥物濫用的行為。

　　對於藥物濫用者，常見的功能限制包括：復發、焦慮、憂鬱、不信
任、間斷的工作史、無法處理有壓力情況、缺乏應變能力等（Lederman
& Schneider, 2002）。諮商師需要特定技巧來幫助個案在心理上、社會上
因應工作，並促進雇主合理的調整。復健諮商師及雇主必須了解個案藥物
濫用的復發是常見的，工作者也必須了解雇主能否接受復發是復元過程的
一部分（Stude, 2002）。

疼痛導致的限制

314

　　痛覺可以依據疼痛時間的長短、位置、疾病特質、發生原因以及所造
成的限制來分類（G. Wright, 1980）。依據 Pinsky（1993）陳述，疼痛是
一種主觀的、個人的知覺經驗，很難有一個完整的定義。由於疼痛是無所
不在的，導致長期功能限制的情況無法得到精準的統計盛行率。慢性疼痛
會導致各種功能限制，個案如何因應疼痛，將緩解或加劇所伴隨的功能限
制。

　　疼痛的原因眾多，慢性疼痛理想的治療是透過多元模式及科技整合的
治療模式。這個方式包括：物理儀器治療、心理支持、心理生理治療、藥
物管理及復健諮商等。疼痛的早期介入有助於提升個案早日重返職場的動

機（Pinsky, 1993）。雇主參與的治療計畫能讓個案更易於重返職場。要找出誘發疼痛的原因，詳細的工作職務分析或許可以找出誘發因素和所需的工作調整。在部分個案中，由於藥物副作用可能需要在某些工作職責上做調整，而藥物調整也有助於減緩副作用。對於慢性疼痛有所了解的雇主，會更願意考慮合理調整的可能性。

電腦與工作環境

　　一般的輔助科技及電腦，是工作環境中協助恢復功能的有效工具，能為身心障礙者增加生活品質，減少生理及態度的障礙（Brodwin, Swett, Lane, & Star, 2005）。電腦的使用對企業及工業員工而言，幾乎都可以有效增加產能，尤其是身心障礙者。擁有適切電腦科技的身心障礙者，功能就像一般沒有限制的人，可以有效率地工作。科技去除了限制，身為身心障礙者，我們可以做的便是加強本身的能力、訓練及經驗。

　　電腦能在企業及工業產生更大的產能和自我效能。電腦設備包含了輸入和輸出設備（例如：語音輸入、Braille 點字）、替代性輸入設備（例如：頭杖、光筆、眼控滑鼠、觸控螢幕）、人機介面設備、調整性或替代性鍵盤、軌跡球、搖桿、特殊開關及特殊軟體等，都有助於身心障礙者有效接近（access）並使用電腦。外加的調整設備包含：觸控板（touch pads）、舌控開關（tongue switches）、氣壓式開關（air cushion switches）、手臂控制開關（arm slot controls）、錄影機及語音輸入設備。特殊軟體則包含：語音辨識、文字掃描及文字輸出辨識等軟體。免持滑鼠的調整可讓使用者利用頭控點選設備搭配螢幕鍵盤。眼球追蹤科技（eye-tracking technology）讓個案可以藉由眼球移動來啟動和操控電腦。語音辨識科技可以辨認人的語音和形式，目前的辨識度是可信賴且彈性的（Rubin & Roessler, 2008; Scherer, 2005）。

　　可以協助視覺限制及全盲員工的替代性輸出設備包括：語音文字輸出軟體、放大文字輸出、電腦放大鏡。輔助科技的調整包括從低科技到高科技的設備，最好的工作調整是視使用者的功能限制及殘餘能力來提供輔助科技（Rubin & Roessler, 2008）。工作者在動作協調、精細動作、力量或是視覺方面有損傷者，可能需要在電腦鍵盤（使用者介面）作調

整。藉由硬體及軟體的設計協助身心障礙者操作鍵盤，例如：擴大鍵盤（enlarged keyboards）、鍵盤護框（key guards）、迷你鍵盤（miniature keyboards）、分開式鍵盤（split keyboards）、摩斯碼（Morse code）輸入等。

　　對於視覺損傷者，生活的適應包括：閉錄電視放大機（closed-circuit television magnifiers）、即時點字顯示（refreshable Braille displays）、盲人點字列印、螢幕閱讀（screen readers）、語音合成器（speech synthesizers）及螢幕調整方式（例如螢幕放大、防眩過濾及螢幕擺放方式的調整）。Lazzaro（1991）提到「只要個體還有一個自主的功能動作，例如手指、腳、眨眼或吹氣等，就能為他找到一個合適的輔助系統」（p. 249）。電腦科技能減少障礙的影響，增進及改善個案的功能性能力，讓身心障礙者可以在工作上和其他沒有身心障礙者具有同樣的能力（Star, Brodwin, & Cardoso, 2004）。

　　必須考慮的議題是在給予身心障礙者合理調整時，職場所提供的輔助科技是否會繼續被使用。在回顧過去身心障礙者棄用輔助科技相關因素時，Riemer-Reiss 和 Wacker（2000）指出「是否感受到相對的好處」是影響身心障礙者繼續使用或棄用輔助科技的最顯著因素。相對的好處則包含：認為輔助科技是有效率的、可信賴、方便使用、舒適及能增進功能等。在個案主導模式中，個案參與輔具選擇的過程，感受到擁有感及責任感，則較能持續使用輔助科技（Brodwin et al., 2007; Scherer, 2005）。

結論

316

　　本章的重點在協助復健專業人員了解身心障礙者在生理、心理及情緒的限制外，有更深層的社會文化影響。此外，合理調整也是本章的重點，旨在專業人員如何透過合理調整和個案的倡議，促使個案重返有薪酬的職場。

　　社會文化的考量包括雇主的歧視，雇主歧視指雇主只因個案是身心障礙者，完全不考量個案能力是否符合工作要求就加以排斥。雇主的社會及心理反應和社會政治結構造就了「失能的環境」（disabling environment），導致身心障礙者顯著減少工作及生涯的可能性。最近的

立法，例如 1990 年的美國身心障礙者法案，就企圖克服這些差別待遇。現在美國身心障礙者法案對身心障礙者在就業、公共設施、大眾交通系統及電話通信都有正向的影響。雖然本章以身心障礙者就業為主軸，但美國身心障礙者法案的其他向度也會直接或間接影響身心障礙者維持目前就業或是獲得聘用的機會。

有效重返工作意指復健專業人員必須協助身心障礙者重回工作，並提供合理工作調整以維持就業。為了提供合理職務調整，首先必須全面了解身心障礙者的功能限制。具體指明功能上的限制，可以協助諮商師了解實際的工作限制，才能成功地為雇主提供調整的建議。也必須讓所有參與此過程的人視身心障礙者為同時具限制和優勢的個體，而非「失能」者（disabled person）。

在與雇主合作時，復健專業人員必須倡議身心障礙者權益，並消彌社會的刻版印象。社會文化模式（Hahn, 1982, 1988）視身心障礙者相關的功能限制是環境所導致的障礙，而非個案本身。藉由了解功能性限制、提供合乎成本效益的合理調整、使用電腦科技及個案倡議，復健專業人員在就業市場中能將身心障礙者的潛能發揮至極致，並發展更多的工作機會及生涯可能性。

參考文獻

Americans with Disabilities Act of 1990 as amended (2008), 42 U.S.C. § 12101 et seq.

Americans With Disabilities Act (ADA) Amendments Act of 2008, PL 110-325 (S 3406).Asch, A. (2004). Critical race theory, feminism, and disability: Reflections on social justice and personal identity. In B. Smith & B. Hutchison (Eds.), *Gendering disability* (pp. 9–44). New Brunswick, NJ: Rutgers University Press.

Asch, A., & Fine, M. (1997). Nurturance, sexuality, and women with disabilities. In L. Davis (Ed.), *The disability studies reader* (pp. 241–259). New York: Routledge Kegan Paul.

Banks, M. (2003). Preface. In Martha Banks & Ellyn Kaschak (Eds.), *Women with visible and invisible disabilities: Multiple intersections, multiple issues, multiple therapies* (pp. xxi–xxxix). New York: Haworth Press.

Berkeley Planning Associates. (1982). *A study of recommendations provided to handicapped employees by federal contractors* (Contract No. J-9-E-1-009). Berkeley, CA: Author.

Bowe, F. (2000). Preface. In M. J. Scherer (Ed.), *Living in a state of stuck: How assistive technology impacts the lives of people with disabilities* (3rd ed., pp. vii–x). Cambridge, MA: Brookline.

Brodwin, M. G., Star, T., & Cardoso, E. (2007). Users of assistive technology: The human component. In A. E. Dell Orto & P. W. Power (Eds.), *The psychological and social impact of illness and disability* (5th ed., pp. 505–529). New York: Springer.

Brodwin, M. G., Swett, E. A., Lane, F. J., & Star, T. (2005). Technology in rehabilitation counseling. In R. M. Parker, E. M. Szymanski, & J. B. Patterson (Eds.). *Rehabilitation counseling: Basics and beyond* (4th ed., pp. 363–393). Austin, TX: PRO-ED.

Brodwin, M. G., Tellez, F., & Brodwin, S. K. (Eds.). (2002). *Medical, psychosocial and vocational aspects of disability* (2nd ed.). Athens, GA: Elliott & Fitzpatrick.

Bruyère, S. M., & Brown, J. A. (2003). Legislation affecting employment for persons with disabilities. In E. M. Szymanski & R. M. Parker (Eds.). *Work and disability* (2nd ed., pp. 27–52). Austin, TX: PRO-ED.

Clark, D. R. (1993). Othotics and prosthetics. In M. G. Brodwin, F. Tellez, & S. K. Brodwin (Eds.), *Medical, psychosocial and vocational aspects of disability* (pp. 407–420). Athens, GA: Elliot & Fitzpatrick.

Clawson, L. R. (2002). Orthotics, amputation, and prosthetics. In M. G. Brodwin, F. Tellez, & S. K. Brodwin (Eds.), *Medical, psychosocial and vocational aspects of disability* (2nd ed., pp. 305-315). Athens, GA: Elliott & Fitzpatrick.

Colenbrander, A. (1977). Dimensions of visual performance. *Transaction— American Academy of Ophthalmology and Otolaryngology, 83,* 332–337.

318   Cook, E. (1993). *Women, relationships, and power: Implications for counseling.* Alexandria, VA: American Counseling Association.

Cornell University Program on Emplyment and Disability (2000). *Vision impairment: Workplace tools and tips.* Retrieved March 4, 2008, from http://www.ilr.cornell.edu/edi/accessforall/sight.htm

Cottone, L., & Cottone, R. (1992). Women with disabilities: On the paradox of empowerment and the need for a trans-systemic and feminist perspective. *Journal of Applied Rehabilitation Counseling, 23*(4), 20–25.

Crewe, N. M., & Krause, J. S. (2002). Spinal cord injuries. In M. G. Brodwin, F. Tellez, & S. K. Brodwin (Eds.), *Medical, psychosocial and vocational aspects of disability* (2nd ed., pp. 279–291). Athens, GA: Elliott & Fitzpatrick.

Danek, M. (1992). The status of women with disabilities revisited. *Journal of Applied Rehabilitation Counseling, 23*(4), 7–13.

Davis, L. (2001). Identity, politics, disability, and culture. In G. Albrecht, K. Seelman, & M. Bury (Ed.), *The handbook of disability studies* (pp. 535–546). Thousand Oaks, CA: Sage.

Deegan, M., & Brooks, N. (1985). Introduction—Women with disabilities: The double handicap. In M. Deegan & N. Brooks (Eds.), *Women and disability: The double handicap* (pp. 1–5). New Brunswick, NJ: Transaction Books.

Diversity/Jobs Admin. (November 8, 2006). Disabled Americans, the largest American minority group, are often overlooked in hiring because of employers' misconceptions. Retrieved June 12, 2009, from http://network.diversityjobs.com/profiles/blogs/disabled-americans-the-largest

Dorland's illustrated medical dictionary. (2007). Philadelphia: Saunders Elsevier.

Dotson, L. A., Stinson, J., & Christian, L. (2003). "People tell me I can't have sex": Women with disabilities share their personal perspectives on health care, sexuality, and reproductive rights. In M. Banks & E. Kaschak (Eds.), *Women with visible and invisible disabilities: Multiple intersections, multiple issues, multiple therapies* (pp. 195–209). New York: Haworth Press.

Driedger, D., & Gray, S. (1992). *Imprinting our image: An international anthology by women with disabilities.* Charlottetown, Winnipeg, Canada: Gynergy.

Dworkin, A., & Dworkin, R. (Eds.). (1976). *The minority report.* New York: Praeger.

Espinola, O., & Croft, D. (1992). *Solutions: Access technologies for people who are blind.* Boston: National Braille Press.

Falvey, M. A., Bishop, K. D., & Gage, S. T. (2002). Mental retardation. In M. G. Brodwin, F. Tellez, & S. K. Brodwin (Eds.), *Medical, psychosocial and vocational aspects of disability* (2nd ed., pp. 119–127). Athens, GA: Elliott & Fitzpatrick.

Falvo, D. R. (2005). *Medical and psychosocial aspects of chronic illness and disability* (3rd ed.). Sudbury, MA: Bartlett and Jones.

Ficke, R. C. (1991). *Digest of data on persons with disabilities.* Washington, DC: National Institute on Disability and Rehabilitation Research.

Fine, M., & Asch, A. (1985). Disabled women: Sexism without the pedestal. In M. Deegan & N. Brooks (Eds.), *Women and disability: The double handicap* (pp. 6–22). New Brunswick, NJ: Transaction Books.

Fine, M., & Asch, A. (1988). Disability beyond stigma: Social interaction, discrimination, and activism. *Journal of Social Issues, 44*, 3–21.

Fraser, R. T., & Miller, J. W. (2005). Epilepsy. In M. G. Zaretsky, E. F. Richter III, & M. G. Eisenberg (Eds.), *Medical aspects of disability: A handbook for the rehabilitation professional* (3rd ed., pp. 267–288). New York: Springer.

Givner, C. C. (2002). Learning disabilities. In M. G. Brodwin, F. Tellez, & S. K. Brodwin (Eds.), *Medical, psychosocial and vocational aspects of disability* (2nd ed., pp. 375–385). Athens, GA: Elliott & Fitzpatrick.

Goldman, J. (2002). Neurological conditions. In M. G. Brodwin, F. Tellez, & S. K. Brodwin (Eds.), *Medical, psychosocial and vocational aspects of disability* (2nd ed., pp. 317–329). Athens, GA: Elliott & Fitzpatrick.

Hahn, H. (1982). Disability and rehabilitation policy: Is paternalistic neglect really benign? *Public Administration Review, 43*, 385–389.

Hahn, H. (1988). The politics of physical differences: Disability and discrimination. *Journal of Social Issues, 44*, 39–47.

Halpern, A., & Furher, M. J. (1984). *Functional assessment in rehabilitation*. Baltimore: Brookes.

Hamilton, K. W. (1950). Counseling the handicapped in the rehabilitation process. New York: Ronald.

Hanna, W., & Rogovsky, E. (1992). On the situation of African-American women with physical disabilities. *Journal of Applied Rehabilitation Counseling, 23*(4), 39–45.

Harley, D. A. (Ed.). (2000). Cultural diversity [Special issue]. *Journal of Applied Rehabilitation Counseling, 31*(1).

Harvey, E. (2002). Hearing disabilities. In M. G. Brodwin, F. Tellez, & S. K. Brodwin (Eds.), *Medical, psychosocial and vocational aspects of disability* (2nd ed., pp. 143–155). Athens, GA: Elliott & Fitzpatrick.

Hong, G. K. (2002). Psychiatric disabilities. In M. G. Brodwin, F. Tellez, & S. K. Brodwin (Eds.), *Medical, psychosocial and vocational aspects of disability* (2nd ed., pp. 107–118). Athens, GA: Elliott & Fitzpatrick.

Howard, J. (2002). The acquired immunodeficiency syndrome. In M. G. Brodwin, F. Tellez, & S. K. Brodwin (Eds.), *Medical, psychosocial and vocational aspects of disability* (2nd ed., pp. 63–79). Athens, GA: Elliott & Fitzpatrick.

Job Accommodation Network (JAN). (2009). Workplace accommodations: Low cost, high impact: New research findings address the costs and benefits of job accommodations for people with disabilities. JAN's Accommodation Fact Sheet Series, retrieved June 12, 2009, from http://www.jan .wvu.edu/cgi-win/search.cgi?zoom_sort=0&zoom_xml=0&zoom_query =COST+OF+ACCOMODATION&zoom_per_page=10&zoom_and=1&zoom _cat%5B%5D=-1

320

Kammerer-Quayle, B. (2002). Image and behavioral skills training for people with visible facial differences and disability. In M. G. Brodwin, F. Tellez, & S. K. Brodwin (Eds.), *Medical, psychosocial and vocational aspects of disability* (2nd ed., pp. 95–106). Athens, GA: Elliott & Fitzpatrick.

Kimm, C. H., & Brodwin, M. G. (2005). Minority employers' attitudes and employment practices toward people with disabilities: Implications for private sector consultants. *International Association of Rehabilitation Professionals Journal (The Rehabilitation Professional), 13*, 37–42.

Kutsch, J. A., Jr. (1990). The consumer's role in job accommodation. In R. Greenwood (Ed.), *Applying technology in the work environment* (pp. 3–9). Hot Springs: Arkansas Research and Training Center in Vocational Rehabilitation.

LaPlante, M. P. (1992). How many Americans have a disability? *Disability Statistics Abstract, 5*. Washington, DC: U.S. Department of Education, National Institute of Disability and Rehabilitation Research.

Lazzaro, J. (1991). Opening doors for people with disabilities: Adaptive technology lets personal computer users lead more productive lives. *Rehabilitation Education, 5*, 245–252.

Leal-Idrogo, A., & Gonzalez-Calvo, J. (1996). Issues of multicultural women in health, disability, and rehabilitation. In A. Leal-Idrogo, J. Gonzalez-Calvo, & V. Krenz (Eds.), *Multicultural women* (pp. 1–22). Dubuque, IA: Kendall-Hunt.

Lederman, A., & Schneider, M. A. (2002). Alcoholism. In M. G. Brodwin, F. Tellez, & S. K. Brodwin (Eds.), *Medical, psychosocial and vocational aspects of disability* (2nd ed., pp. 41–52). Athens, GA: Elliott & Fitzpatrick.

Lerner, P. K., & Eng, N. (2005). Speech, language, hearing, and swallowing disorders. In H. H. Zaretsky, E. F. Richter III, & M. G. Eisenberg (Eds.), *Medical aspects of disability: A handbook for the rehabilitation professional* (3rd ed., pp. 289–324). New York: Springer.

Levack, N. (1991). *Low vision: A resource guide with adaptations for students with visual impairments*. Austin: Texas School for the Blind and Visually Impaired.

Linton, S. (2006). *My body politic: A memoir*. Ann Arbor: The University of Michigan Press.

Livneh, H., & Cook, D. (2005). Psychosocial impact of disability. In R. M. Parker, E. M. Szymanski, & J. B. Patterson (Eds.), *Rehabilitation counseling: Basics and beyond* (4th ed., pp. 187–224). Austin, TX: PRO-ED.

Lonsdale, S. (1990). Women and disability: The experience of physical disability among women. New York: St. Martin's.

Macgregor, F. C. (1979). *After plastic surgery: Adaptation and adjustment*. New York: Bergin.

Mairs, N. (2002). Sex and death and the crippled body: A meditation. In S. Snyder, B. J. Brueggemann, & R. Garland-Thomson (Eds.) *Disability studies: Enabling the humanities* (pp. 156–170). New York: Modern Language Association of America.

321

Mason, M. G. (2004). *Working against odds: Stories of disabled women's work lives*. Boston: Northeastern University Press.

Mellott, R., & Swartz, J. (1996). Multicultural women with disabilities: Integrating cultural and contextual factors into the rehabilitation process. In A. Leal-Idrogo, J. Gonzalez-Calvo, & V. Krenz (Eds.), *Multicultural women* (pp. 331–366). Dubuque, IA: Kendall-Hunt.

Mueller, J. (1990). *The workplace workbook: An illustrated guide to job accommodation and assistive technology*. Washington, DC: Dole Foundation.

Nabors, N., & Pettee, M. (2003). Womanist therapy with African American women with disabilities. In Martha Banks & Ellyn Kaschak (Eds.), *Women with visible and invisible disabilities: Multiple intersections, multiple issues, multiple therapies* (pp. 331–341). New York: Haworth Press.

Panek, W. C. (2002). Visual disabilities. In M. G. Brodwin, F. Tellez, & S. K. Brodwin (Eds.), *Medical, psychosocial and vocational aspects of disability* (2nd ed., pp. 157–169). Athens, GA: Elliott & Fitzpatrick.

Paul, H., Hunt, R. D., & Brodwin, M. G. (2003). Unemployment and underemployment of people with disabilities. *International Association of Rehabilitation Professionals Journal (The Rehabilitation Professional)*, 11, 56–61.

Pinsky, J. (1993). Chronic pain syndromes and their treatment. In M. G. Brodwin, F. Tellez, & S. K. Brodwin (Eds.), *Medical, psychosocial and vocational aspects of disability* (pp. 170–193). Athens, GA: Elliott & Fitzpatrick.

Rehabilitation Act of 1973, 29 U.S.C. § 701 et seq.

Rehabilitation Research and Training Center on Blindness and Low Vision. (n.d.). *Definitions of blindness and low vision*. Retrieved March 23, 2007, from http://www.blind.msstate.edu/irr/def.html

Resnikoff, S., Pascolini, D., Etya'ale, D., Kocur, I., Pararajasegaram, R., Pokharel, G. P., et al. (2004). Global data on visual impairment in the year 2002. *Bulletin of the World Health Organization, 82*(11), 844–851.

Rieker, P., & Janowski, M. (1995). Sexism and women's psychological status. In C. Willie, P. Rieker, B. Kramer, & B. Brown (Eds.), *Mental health, racism, and sexism* (pp. 27–50). Pittsburgh, PA: University of Pittsburgh Press.

Riemer-Reiss, M. L., & Wacker, R. R. (2000). Factors associated with assistive technology discontinuance among individuals with disabilities. *Journal of Rehabilitation, 66*(3), 44–50.

Robles, B. (1997). An economic profile of women in the United States. In E. Higginbotham & M. Romero (Eds.), *Women and work: Exploring race, ethnicity, and class* (pp. 5–27). Thousand Oaks, CA: Sage.

Roessler, R. T., & Sumner, G. (1997). Employer opinions about accommodating employees with chronic illness. *Journal of Applied Rehabilitation Counseling, 28*(3), 29–34.

Romero, M. (1997). Epilogue. In E. Higginbotham & M. Romero (Eds.), *Women and work: Exploring race, ethnicity, and class* (pp. 235–248). Thousand Oaks, CA: Sage.

322   Rubin, S. E., & Roessler, R. T. (2008). *Foundations of the vocational rehabilitation process* (6th ed.). Austin, TX: PRO-ED.

Russell, M. (1998). *Beyond ramps: Disability at the end of the social contract.* Monroe, MA: Common Courage Press.

Scherer, M. J. (2005). *Living in the state of stuck: How technology impacts the lives of people with disabilities* (4th ed.). Cambridge, MA: Brookline.

Schur, L. (2004). Is there still a "double handicap?" Economic, social, and political disparities experienced by women with disabilities. In B. Smith & B. Hutchison (Eds.), *Gendering disability* (pp. 9–44). New Brunswick, NJ: Rutgers University Press.

Schwartz, S. H. (2002). Traumatic brain injury. In M. G. Brodwin, F. Tellez, & S. K. Brodwin (Eds.), *Medical, psychosocial and vocational aspects of disability* (2nd ed., pp. 375–385). Athens, GA: Elliott & Fitzpatrick.

Smart, J. (2008). *Disability, society, and the individual* (2nd ed.). Austin, TX: PRO-ED.

Star, T., Brodwin, M. G., & Cardoso, E. (2004). Understanding the benefits of human engineering: Matching assistive technology to individual needs. *International Association of Rehabilitation Professionals Journal (The Rehabilitation Professional), 12,* 55–60.

Stedman's medical dictionary (28th ed.). (2006). Philadelphia: Lippincott, Williams, & Wilkins.

Steinmetz, E. (2006). Americans with disabilities: 2002. In *Current Populations Reports* (pp. 70-107). Washington DC: U.S. Census Bureau.

Stolov, W. C. (1981). Comprehensive rehabilitation: Evaluation and treatment. In W. C. Stolov & M. R. Clowers (Eds.), *Handbook of severe disability* (pp. 1–11). Washington, DC: U.S. Department of Education, Rehabilitation Services Administration.

Strub, R. L., & Black, F. W. (1988). *Neurobehavioral disorders: A clinical approach.* Philadelphia: Davis.

Stude, E. W. (2002). Drug abuse. In M. G. Brodwin, F. Tellez, & S. K. Brodwin (Eds.), *Medical, psychosocial and vocational aspects of disability* (2nd ed., pp. 27–39). Athens, GA: Elliott & Fitzpatrick.

Szymanski, E. M., Parker, R. M., & Patterson, J. B. (2005). Beyond the basics: Sociopolitical context of rehabilitation counseling practice. In R. M. Parker, E. M. Szymanski, & J. B. Patterson (Eds.), *Rehabilitation counseling: Basics and beyond* (4th ed., pp. 395–412.). Austin, TX: PRO-ED.

Taber's cyclopedic medical dictionary (20th ed.). (2005). Philadelphia: Davis.

Taylor, J. R., & Kopriva, P. (2002). Cerebral palsy. In M. G. Brodwin, F. Tellez, & S. K. Brodwin (Eds.), *Medical, psychosocial and vocational aspects of disability* (2nd ed., pp. 387–399). Athens, GA: Elliott & Fitzpatrick.

Thomason, R. G. (1997). Feminist theory, the body, and the disabled figure. In L. Davis (Ed.), *The disability studies reader* (pp. 279–292). New York: Routledge Kegan Paul.

Traustadottir, R., & Johnson, K. (2000). Finding a place. In R. Traustadottir & K. Johnson (Eds.), *Women with intellectual disabililties: Finding a place in the world* (pp. 9–23). London: Jessica Kingsley.

U.S. Equal Employment Opportunity Commision. (2005). Questions and answers about blindness and visual impairments in the workplace and the Americans with Disabilities Act. http://www.eeoc.gov/facts/blindness.html

Vargo, J. W. (1989). *In the house of my friend: Dealing with disability* (pp. 281–286). Toronto, Canada: Kluwer Academic.

Wendell, S. (1996). *The rejected body: Feminist philosophical reflections on disability.* New York: Routledge Kegan Paul.

Wendell, S. (1997). Toward a feminist theory of disability. In L. Davis (Ed.), *The disability studies reader* (pp. 260–278). New York: Routledge Kegan Paul.

West, J. (Ed.). (1991). *The Americans with Disabilities Act: From policy to practice.* New York: Milbank Memorial Fund.

Wright, B. (1983). *Physical disability: A psychosocial approach* (2nd ed.). New York: Harper & Row.

Wright, G. (1980). *Total rehabilitation.* Boston: Little, Brown.

Zaretsky, H. H., Richter III, E. F., & Eisenberg, M. G. (Eds.). (2005). *Medical aspects of disability: A handbook for the rehabilitation professional* (3rd ed.). New York: Springer.

就業安置與雇主諮詢：
服務與策略

Dennis Gilbride 與 Robert Stensrud　著

黃宜君　譯

325

八十多年以來，復健專業人員一直致力於協助身心障礙者尋找與維持工作，從一開始，安置就被視為公私立部門之復健諮商人員最重要的職務（Berven, 1979; Collignon, Barker, & Vencill, 1992; Fabian & Waugh, 2001; Gilbride, 1993; Lynch & Martin, 1982; Muthard & Salomone, 1969; Parker & Szymanski, 2005; Rubin et al., 1984; Sink & Porter, 1978）。然而，為協助身心障礙者能夠成功的就業，職業重建專業人員也持續面對許多新的挑戰，個案期待、公共政策、就業市場等方面的持續變化，使職業重建領域處於一個令人興奮但也非常高要求的時代。

本章將針對職業重建機構如何協助個案就業與安置的方式，提出概括的說明。我們將先簡要討論安置服務的歷史與歷年來安置服務方式的改變，這些改變往往是受法律、職重人員知識與技能之發展、個案期待與勞動市場變遷所致，在第一節，我們將先回顧這些因素如何影響安置服務的提供。

第二節，我們將描述與討論當今服務傳遞模式，許多安置服務提供的方式已被發展出來，我們將檢閱幾個主要的模式，並討論每一種模式如何提供安置服務。

第三節，我們將探討基本安置策略。在過去 80 年來，許多協助身心障礙者準備、尋找、獲得、維持職業的策略已被發展出來，我們也將討論利用網際網路尋找職業與安置服務，以幫助各種不同的族群（例如，精神障礙個案）。

326

第四節，我們將探討以雇主為中心的服務。雖然這種方式較不如直接安置服務來的傳統，但為改善個案的就業結果，許多職重人員提供直接的服務給雇主。在這部分，我們將說明當今需求端服務或雇主中心服務的模

式，並討論職業重建機構如何降低他們與勞動市場間的隔閡。

　　第五節，我們將討論最近兩個可能對於復健安置有重大影響的創新計畫，包括 1999 年的工作券與工作誘因促進法（Ticket to Work and Work Incentives Improvement Act, TWWIIA），以及 1998 年的勞動力投資法。我們將描述這些公共政策與它們於安置服務傳遞上之應用。

　　最後，我們將討論為因應這些新的挑戰，調整職業重建機構管理方式的需要性，就如同其他經濟部門已經歷許多重大變革以面對當今時代挑戰，職業重建機構、從業人員、教育者也需持續成長。

安置服務之歷史概述

　　隨著法律、勞動市場、職重服務專業、個案需求與期待之改變，安置服務也逐漸發展演進。在這一段落，我們將討論不同年代的安置服務提供方式。

早期復健服務

　　有關聯邦政府應負職責保護戰爭中受傷士兵之辯論可追溯至獨立戰爭時代。在內戰時期，身心障礙的士兵可接受經濟補助，但復健服務主要是由地方社區或非營利的慈善團體所提供（Obermann, 1967），例如，1776 年 8 月 26 日所簽訂的第一次國家撫恤法提供半數償還金給「任何為國家服務而有肢體損傷或成為身心障礙者的軍官、士兵或水手」（Obermann, 1965, p. 137）。自一次世界大戰開始，為傷兵提供職業重建服務已被視為聯邦政府的職責之一（James, 1987; Obermann, 1967），而為身心障礙民眾提供重建服務則是州政府的責任。因此在一開始，聯邦政府提供了大量資助給身心障礙傷兵，但僅少部分給身心障礙民眾；提供許多職業訓練與支持服務給退伍軍人，但給予一般民眾僅是小規模、有限的計畫。民眾復健服務由家人、地方社區，與非營利慈善團體所負責。

　　從 20 世紀初到 1940 年代，勞動力市場提供工作機會，但升遷機會很低，Galbraith（1998）認為這是維多利亞時代的經濟，它包含了很少數的資方但有大量的勞方，因此嚴重限制無資產者的就業選擇與他們往資方發展的可能。為了讓自己能受僱用，多數民眾從事農業或工業工作。到了

經濟大蕭條時期，許多原有工作的身障者被解僱，勞動力市場花了許多年才改善，安置策略常常無法符合時代的需求。美國國會最終公布了 1945 年的國家僱用身體殘障者週與杜魯門總統於 1947 年成立的殘障者就業委員會（Obermann, 1967）。

在這較早的時期，職業重建諮商員定位是輔助性專業人員，給予較少的自主性。因具備較少的技能，嚴重限制安置服務提供的方式，且在有限的服務提供內，常使用專制的模式，重視職重員與雇主的建議，而限制個案參與以及作決定的機會，在此狀況下，可說是為身心障礙者做了安置，但不了解對此個案後續的影響為何。

1950 至 1973 年間的安置

在這時期，聯邦立法著重在擴展服務範圍至身心障礙民眾，並提供服務給各不同類型的障礙者。安置仍然視為職重服務內重要的一環，但關注焦點已擴展至醫療復原與其他復健議題（Cull & Hardy, 1972）。

這時期的勞力市場也持續變化與擴張，主要受農耕業工作逐漸減少但出現許多新型行業的影響。但儘管如此，身障者的失業率仍比整體失業率高出許多（President's Committee on Employment of the Handicapped, n. d.），職業重建諮商員的角色擴展至向雇主推銷身心障礙者（McGowan & Porter, 1967）。安置服務變得愈來愈精緻，且有愈來愈多的策略，例如雇主開發、尋職技巧、工作分析、工作設計、選擇性安置、顧客中心安置等等（McGowan & Porter, 1967）。

這時期重視將復健諮商朝專業發展，一些協會（例如，國家復健協會）開始遊說政府提高復健專業人員的教育程度，並與聯邦機構形成正式的合作關係，以提供新的服務給顧客，其中也包括向雇主推銷個案時，應保護該個案的隱私（McGowan & Porter, 1967）。雖然此時期個案仍是被動的服務接受者，他們的需求已較被重視。

1973 至 1990 年間的安置

職業重建方案人員與相關醫療人員之專業發展，以及身心障礙公民權利法的演進，對於職業建方案系統有重大的影響（Shapiro, 1994）。也由於許多政策因素考量，復健法（P.L. 93-112）最後在 1973 年作修改，雖

然安置仍然是該法案之核心，但在實際服務上的重要性下降。復健諮商師重視在服務過程中符合法源要求，相對就會失去考量個案就業需求的彈性。這種使用過程監控為手段來執行品質控制的職業重建方案系統，後來演變成重視「可就業性」多於「就業」的職重人員督導重點。

在此同時，勞力市場也經歷幾次重整，許多企業都有第一次大規模裁員發生，且隨著美國為因應國際市場所做的調整措施，例如生活必需品（例如汽油）急劇上漲，而國際競爭使得生產的商品成本下降等情況，藍領工人經歷了一段艱困的時期。雇主處理的方式是尋找更多的白領管理者，並解聘生產線的工人以降低花費（Gharajedaghi, 1999），因此身障者也更需要接受高等教育以保有工作。

329　自 1990 年後的重建

在 1990 年代，顧客更清楚地表達職業重建方案服務的中心目標是就業（Shapiro, 1994）。1990 年代早期的立法，包括 1990 年的美國身心障礙者法案與 1992 年的復健法修正案，也更精心考量以呼應個案的期待。

雖然復健諮商人員比以往更專業也接受更多的訓練，但是他們也被期待要以完全不同的方式提供服務。這種新的策略是想滿足個案與就業相關的期待（Stensrud, 1999）。同時，支持性就業相關的研究也主張，即使是重度的障礙者，若提供合適的支持，也是可以工作的。在這種理念下，安置不僅僅是找到一份工作，也代表了提供必要的支持以保住工作，並在工作薪資與福利下維持獨立。今天的復健諮商師需要處理個案的議題包括交通、托育、住宿、健康照顧、在職訓練、升遷，與持續性的就業後訓練（Saunders, Leahy, McGlynn, & Estrada-Hernandez, 2006）。

前所未見的現象還包括，勞動力市場對於安置選擇扮演重要的角色（Rifkin, 1995）。提供較完善條件的工作大多集中在都會地區，對於想住在鄉下地區或想住接近自己支持系統的個案造成許多不便。此外，雖然失業率在 1990 年代後期達到歷史上新低，許多身障者仍然是失業的。近年的法律如工作卷與工作誘因促進法和勞動力投資法就設計來減少就業阻礙，讓人們不再需要社會安全津貼的補助，並提升安置服務。

由這簡短的歷史回顧可清楚發現，法律、勞動市場、安置專業，與更近期的個案賦權，在身障者安置服務的模式與類型扮演重要的角色。下一

個部分，我們將探討現行的服務傳遞模式。

服務傳遞模式

　　現代所有的安置與工作開拓服務幾乎都選擇下述四種服務模式其中一種：一般復健諮商、就業專家安置、契約服務與支持性就業（Gilbride, Stensrud, & Johnson, 1994）。這四種服務傳遞模式並不會相互牴觸，且大多數的復健諮商機構會合併使用，或不同模式的專家也會使用相似的安置技術（Gilbride, 2000）。因此，這四種模式需要先作詳細的描述，且可由各機構如何分配他們服務安置的方式中反應出該機構對於安置服務的核心理念，因此，詳盡的描述也有助於未來的研究，以深入了解各個模式的效益。

　　所有模式中與各州安置系統最一致的方式是職業復健諮商師提供安置。在這種模式中，安置可視為職業復健諮商師與個案關係建立的最終階段（Vandergoot, 1987; Wright, 1980），且職業復健諮商師會以他們所安置的個案數與接近復健或就業的數目來被評鑑，許多研究也重視復健諮商師安置成功所需的技巧，與完成安置所需的服務種類、技巧與時間（Moore, Feist-Price, & Alston, 2002; Vandergoot, 1987; Zadny & James, 1976, 1977; these techniques will be addressed in detail below）。

　　Gilbride（2000）發現超過半數的安置服務是由復健諮商師提供，且復健諮商管理者期待諮商師可持續提供這種程度的安置服務。雖然該研究建議諮商師將持續致力於安置工作，研究結果也發現不同機構間的服務方式有極大差異存在，有些機構的復健諮商師需要負責所有過程的安置工作，然而其他機構的復健諮商師僅負責少部分的安置任務，州政府各個機關的安置人員編制也有明顯的差異。

　　到目前為止，沒有任何研究探討各單位不同的人員編制是否影響到個案最終的就業結果，然而 Donnell、Lustig 與 Strauser（2004）發現個案與諮商師間的合作關係愈密集，個案的就業率愈高且工作滿意度愈高。因此，除非是個案有嚴重的智能受損，建立一個支持系統來協助發展諮商師與個案的合作關係是很重要的任務。

　　由復健諮商師來提供安置服務的決定，通常是州政府行政人員的特殊

焦點與信念的結果。Gilbride（2000）發現雖然大多數的州立復健諮商機構管理者對於安置服務承擔高度責任，將安置的業務分散將會：(1) 無意中減少復健諮商師對於勞動市場的了解，尤其是在缺乏妥善安排的狀況下；(2) 限制復健諮商師與個案間合作關係的建立。

331

第二種服務模式是使用就業專家，Cohen 與 Pelavin（1992）在一篇有些過時但詳盡的復健諮商人力分析研究中發現，在全國公共體制中，就業專家約占 265 個全職缺，而諮商師約有 6,827 位。Melia（1984）提出就業專家模式是在 1970 年代中期開始出現的，且此模式的出現是受到許多因素的影響，包括 1973 年復健法的焦點轉移到極重度身障者，與服務傳遞模式的改進（例如工作俱樂部的出現）（Azrin, Flores, & Kaplan, 1975; Vandergoot, 1987）。Gilbride（2000）發現約 20% 的安置是由就業專家所提供，且在未來的三至五年將提升至 28%。

有些研究著重在探討如何重整就業專家服務模式以改善個案的結果（McLoughlin, Garner, & Callahan, 1987; Molinaro, 1977）。利用就業專家來提供求職技能訓練、工作俱樂部、雇主開拓，與其他技術性服務已經廣泛被討論，但成本效益如何仍是未知（Vandergoot, 1987）。

第三種服務模式是契約服務，許多公立機構利用非營利組織（或稱為社區復健計畫）來提供安置服務（Hayward, Reisner, & Choisser, 1986; Wehman & Melia, 1985）。Cohen 與 Pelavin（1992）發現私立單位有 3,503 個職務預算是提供安置服務用。

Gilbride（2000）發現目前有 28% 的安置是屬於契約服務，且大致上是結合社區復健計畫，復健諮商主管機關預期在將來的三至五年可提升至 30%。然而，Gilbride 也同樣發現不同單位間存在有極大的差異，有些機構完全不使用契約服務，但也有些契約是占安置服務的 80%。明顯地，契約模式在安置服務傳遞系統中已愈來愈重要，且所占比例也愈來愈高，儘管它的效益還未經實證研究證明。

另外一個與契約服務相似的模式是州政府補助的計畫，稱之為企業合作方案（Projects With Industry, PWI）。在許多州，復健諮商合約會與企業合作方案結合來提供安置服務。在 2007 財政年度，企業合作方案共補助了 17,293,000 美元，雖然此方案是一個相對較小型的方案，但它在地方社區內的可行性極高。

　　企業合作方案的中心理念是將安置功能與雇主相結合，在企業合作方案中，安置專家經由雇主會議方式與企業合作（Baumann, 1986; Kaplan & Hammond, 1982）。如同第二種模式，企業合作方案使用就業專家，但它更強調復健提供者與雇主發展出互助的合作關係。Kaplan 與 Hammond 認為企業合作方案有其必要性，因為許多復健諮商師對於就業安置的訓練還不充分，且不知道如何有效促進身障者進入雇主的就業市場內。企業合作方案需要在補助的期限內記錄每筆資金所達成的安置目的，雖然大多數的企業合作方案已達成當初所設定的目的，但很少研究比較此種模式與其他模式對個案就業安置的相對效益。

　　第四種傳遞模式是支持性就業，在第十三章將有深入的介紹。支持性就業與其他模式相比有顯著的差異，因支持性就業不強調安置前的服務，而重視安置後的訓練、融合與持續支持，支持性就業代表了概念及公共政策上的改變，與以往所有的復健服務有所不同。此模式是設計來提供服務給之前傳統復健系統無法顧及之重度身心障礙者（Bellamy et al., 1984），有關支持性就業已有大量的文獻（Bellamy, Rhodes, Mank, & Albin, 1988; Hanley-Maxwell, Szymanski, Parent, & Schriner, 1990; Shafer, Revell, Kregel, Wehman, & West, 1991; Wehman,1998; Wehman & Moon, 1988），但不在本章討論範圍之內。

　　Gilbride（2000）發現支持性就業約占復健諮商安置活動的 11.5%，且範圍變化在 0.5% 與 50% 之間。他的研究也發現 69% 的復健諮商主管機關預期支持性就業在未來的三至五年有增加的趨勢，大多數的支持性就業是以契約方式進行。

　　Gilbride（2000）發現對於視障者提供的支持性服務會因提供單位與提供部門的不同，而在程度上與形式上有明顯的差異。他的研究結果發現，由一般或合併復健諮商機構所提供的支持性就業服務約占所有安置服務的 14.2%（標準差是 11.4），然而由視障機構所提供的支持性就業約占 5.2%（標準差是 3.5，p<.005）；一般或合併復健諮商機構提供的支持性就業服務有 81.3%（標準差是 34.6）是契約制，而視障機構的支持性就業服務有 59.9%（標準差是 41.9，p<.067）是契約制。此數據可反應不同性質機構間的差異性，且顯示支持性就業對一般或合併復健諮商機構而言是屬重要的安置策略。

基本安置策略

在這部分，我們將討論復健專家常使用的幾種安置服務類型。Gilbride 與 Stensrud（1992）將這些區分為供給面工作開拓策略與需求面工作開拓策略，供給面工作開拓策略包括所有設計來支持與協助個案尋職或求職的服務（也就是說提供應徵者給雇主），這些服務可由復健諮商師、就業專家或合約商來提供。本章節將先考量供給面工作開拓服務，而提供給雇主的需求面工作開拓服務將在後面討論。

多數研究已證實提供身心障礙者安置服務可提升他們的就業成效（Gamble & Moore, 2003; Gilbride et al., 1994; Moore et al., 2002; Vandergoot, 1987），在一篇與安置相關的基礎文獻回顧中，Vandergoot（1987）發現尋職技巧協助、求職俱樂部與面試技巧訓練是成功安置的關鍵。在這部分，我們將討論這幾種服務，網路使用和其他支持服務（例如，交通、托育、心理支持、特殊族群服務）也一併探討。

尋職技巧協助

尋職技巧包括一系列設計來協助身心障礙者發展求職技巧、發掘可能職缺，以及有效與雇主面試的服務。雖然安置這議題應該是在整個復健過程中隨時被考量，尋職技巧訓練通常是在職業目標已經確定、個案準備好去尋找工作的時刻發生。

有多項的訓練活動可能同時進行，其中最基本的就是履歷表撰寫訓練。有許多適合履歷表撰寫的方式，也有許多資源可利用以協助個案或安置人員履歷表的寫作。

沒有任何一種形式的履歷表適合所有的個案，也沒有任何一種形式的履歷表可滿足某個特定個案的所有狀況，個案與安置專家應考慮如何最佳描述個案的個人故事讓雇主知道，履歷表需精確描述個案的特質與尋求該職位的緣由，履歷表需強調個案相關的技能、教育、資格，同時敘述前後連貫的工作史，雇主特別在意工作史中未解釋的間斷期，或是工作史中擁有過多短暫、不相關的職位。

幫助個案誠實且詳盡地描述他們的工作史通常是一件艱辛的任務，對於工作歷史不長或是有許多間斷期的個案，履歷表應著重在相關的技能，

而不是在曾任職職務的記載，會更有效益。且在此狀況下，求職信的提供
應更加留意，求職信對個案而言是另一個表達他們能力以符合雇主需求的
機會。因當今文字編輯與列印之簡易，履歷表應有多種版本，以符合不同
職務、不同條件要求的需求。此外，求職信也需個別化考量，以呈現個案
對於每一個應徵職務所具備的興趣與能力。

　　一旦履歷表完成且個案對自己的條件有充分的了解，應開始辨識與爭
取工作機會，Bolles（2008）發展出許多求職的策略，我們簡要的討論這
十項與復健服務相關的要訣如下：

1. 視求職為全職的工作。這對於已離開勞動市場一段時間或沒有工作經
   驗的個案是重要的議題。求職本身就是一份工作，它需要紀律、精力
   與持續貫徹。求職本身也是一項艱難的工作，它常面臨挫折、害怕與
   恐懼。然而為了要成功，個案即使遭遇許多挫折也要持續堅持。視求
   職為一份工作可幫助個案發展或調整工作行為與軟性技巧。因轉銜至
   工作也是充滿挑戰，在求職過程中以此態度出發可增加安置成功的可
   能性。

2. 尋找支持團體。其中一項最有效率的支持團體就是工作俱樂部，但
   若工作俱樂部不可得，安置專家需幫個案尋找其他替代的支持團體，
   雖然安置專家本身自己提供的支持也很重要，但它通常無法細緻到注
   意個案的日常生活需要。每個人都需要支持力量來達成他們的目標，
   此支持力量對於求職遭遇許多困難的人格外地重要。

3. 增加接觸。許多研究一致發現大多數的職缺是經由熟人介紹，而不是
   正式的徵才管道（Jones & Azrin, 1973; Vandergoot, 1987）。安置專
   家需妥善使用自己的人脈資源，也要幫助個案使用自己的人脈資源。

4. 擴展人脈。許多身障者的社交圈比較狹窄，個案可藉由參加就業博覽
   會、志工、積極參與社區活動或宗教活動來擴展自己的人脈。提升個
   案與社會的連結對於求職是有益的，且可達成社區融合等其他的復健
   目標。

5. 發掘雇主真正的興趣，不僅限於目前的職缺。可鼓勵個案探索勞動市
   場與辨識雇主於每個職缺背後的真正興趣與在意的資格條件。個案可
   面對面或透過電話對雇主進行非正式的訪問。即使這些聯繫最後沒錄
   取到一份工作，這個過程可幫忙發覺一些相關的工作機會，協助個

案獲得寶貴的勞動市場資訊，並提升與雇主互動的技能（Gilbride & Burr, 1993）。

6. 留意小規模公司。此策略通常是建議非身障者求職時使用，相較之下對於身障者此策略的成效似乎較為混淆，尤其是當個案有職務再設計的需求時。

7. 每週至少兩次面對面拜訪雇主。這對於個案開始與雇主接洽是很重要的，然而對很多個案而言，是極具挑戰的任務，故至少在開始階段，安置專家需陪同個案一起拜訪雇主。一項可提增個案與雇主接觸且較不具恐懼的策略是要求個案親自向雇主索取名片，此策略通常可幫助個案提升自信心與對勞動市場資訊的了解，且不會太過恐慌。

8. 當所有策略都失效時，可使用電話遊說。個案需要被鼓勵來使用所有可能的策略求職，幫助他們發展電話溝通技巧也很重要，且有助可能職缺的發掘與後續職位或面試流程的安排。

9. 對工作種類保留彈性。若個案的工作經驗有限，或正嘗試轉換工作領域，他們較需要以入門技能來考量工作，這可能與長期目標或理想較不一致。這基本上是一個敏感的議題，因身心障礙者常常被貶謫到一些較不理想、不利職涯發展的工作。安置專家應謹慎衡量個案需快速進入勞動市場的需求，以及此安置對於個案長期目標達成的衝擊。

10. 不要放棄。Salomone（1971）主張安置人員需有「無可救藥的樂觀」的態度。尋找工作往往是非常困難與令人氣餒的過程，但復健專家也知道成功是可能的，且若方法得當的話，是很有機會的。讓個案保持希望可讓一切變得不一樣。

第三種求職技巧訓練的項目是面試技能，在復健或商業的文獻上有許多面試技能的報導（Bolles, 2008; McLoughlin et al., 1987），復健專家或諮商師對於面試有三點需要特別考量：外貌、態度、行為舉止。

適當的裝扮在面試時非常重要，McLoughlin 等人（1987）認為穿著是利用符號象徵的方式與雇主溝通、聯繫。個案得知道自己的衣著、修飾需要符合雇主的期待且配合工作職場的文化，復健專家與個案皆需要對雇主有正確的了解，且個案需要有意願配合雇主的規範。

個案的態度對面試成功與否有重大的影響，個案需展現出具執行基本

任務能力的自信，但不能太過驕傲，或認為符合雇主要求是自貶身價的態度，個案要傳遞熱誠讓雇主知道，且對雇主的需要與期待表示認同，雇主通常期待僱用有積極工作態度且能與上司、同儕和諧共處的人。復健專家需要幫助個案了解自己在自我表達上可能受到的限制，並提供改進的方法。

除了外表與態度，個案也需要在面試時表現出適當的舉止。已經有許多面試守則教導可以做與不能做的行為，因此這裡僅提出一些較重要的事項。第一，個案在面試時一定要準時，雇主對於基本工作行為（例如守時、言行一致）相當在意，因此面試時遲到會讓雇主嚴重起疑，且對於自己的資格、能力表現造成嚴重的負面影響。其他面試行為上應注意的事項包括不要抽菸或嚼口香糖，不要太早就談論薪水或福利，且不要有批評之前雇主的言論。在正向面上，個案需有聆聽雇主所言的能力，並以清楚、正確的方式回答。復健專家需要幫助個案預測雇主可能提問的問題，並練習作答的方式，以協助個案能有效答覆所提問的問題。

對個案而言，一個最難回答的問題是疾病可能造成就業上的限制與職務再設計的需求。雖然不是每個個案都有職務再設計的需求，對於有需求的個案要教導如何談論此議題的技巧。個案應對自己的基本職務有充分了解且能清楚描述自己將如何完成的方式，復健專家需幫助個案判斷所需的職務再設計項目，且教導他們如何向雇主表示此需求的技巧。如果雇主視個案為麻煩製造者，他僱用的意願會下降，因此很重要的是，要讓雇主認為個案有能力解決自己個人的需求，而不是個案的需求成為他另一個需要擔心的事情，所以復健專家需要協助個案利用各種社區資源來解決自己職務再設計的需求，例如協助視障者獲得所需的電腦科技。

總而言之，面試是一個複雜的過程，且是雇主作決定的關鍵時刻，多方準備個案的面試能力將可大大提升個案的就業率。

工作俱樂部

工作俱樂部定義為一個密集行為諮商的計畫，用來培養人際關係與求職技巧，教導成員使用社會網絡，與動機策略的介紹（Azrin & Philips, 1979）。標準的工作俱樂部包括 4 到 12 位求職中，且每天可聚會 2.5 小時的求職者。每位求職者會被分配到一個夥伴（以提供直接支持），且所

有參與成員可互相支持。專業顧問或教練會在面試準備時以電話方式教導，在各面試階段，他們也會每天安排一些結構性的課程，課程內容包括各類求職技巧的指導（Azrin & Philips, 1979; Jones & Azrin, 1973）。

Azrin 與 Philips（1979）發現工作俱樂部方式可促進身心障礙者的安置，減少個案安置花費的時間，並提高個案開始工作時的薪資。工作俱樂部形式在復健領域已被大量運用，且被很多機構評價為是有效的策略（Gilbride, 2000）。

雖然有許多機構認同工作俱樂部的支持效果，工作俱樂部實際上不容易組成與維持，尤其是一些位於較郊區的復健機構或是機構會員散布廣泛區域者，要維繫住一個工作俱樂部更是困難重重。為了提升效益，工作俱樂部需募集正在求職中的人，以利相互支持與機構資源分配，因此，工作俱樂部實際上在大型機構或是擁有較多可就業的會員的機構較可能運行。

使用網路資源求職

網路使用已造成經濟、文化各層面產生重大的變化，也可有效提升求職與安置的成效（Patterson, 2000）。雖然網路使用的演進發展快速，最主要的改革仍在生涯規劃、尋職與應徵過程。我們在這裡介紹的主要目的並不是提供各網站的詳細介紹，而是針對身心障礙者求職可利用的網路資源加以詳細說明。

網路已成為發現職業資訊最有效的方式（Kirk, 2000），一些網路上可用做職業探索基本的工具包括職業展望手冊（http://stats.bls.gov/ocohome.htm）、O*NET（http://online.onetcenter.org/）與美國勞工部網頁（http://www.dol.gov/）。安置專家與個案可使用這些資源來尋找目前工作與就業的資訊，而且許多網站也設計來培養使用者的求職能力，如之前所介紹的，例如履歷表的撰寫或面試技巧的增進。

此外，有許多雇主也有自己的網站，這些網站內容包括供使用者面試參考的公司資訊，或列出目前的職缺。其他有關職缺的有用資訊包括地方報紙的網站或是雇主相關的網站，如果求職者對於某位雇主感到興趣，可在雇主相關網站上找找看是否有職缺的資訊。

第三種逐漸流行的網路使用方式是上網應徵，許多雇主已發展出供求職者上網應徵與直接網路上繳交履歷表的系統。上網應徵對於復健諮商的

個案有重大的衝擊，個案需要協助以利安全的使用網路與應付可能會較為複雜的應徵程序。有趣的是，雇主通常會期待應徵者有自己的網路帳號與可以使用網路溝通的能力，復健諮商師需自在且精通上網應徵的流程，以訓練或支持他們的個案來駕馭這些系統與流程，且能有效率地操作。這是一個持續發展的趨勢，它提供個案機會也讓個案面臨一些危機。

支持服務

除了上述列出的技術性服務外，許多州復健機構也提供各樣支持服務來減少就業可能遭遇的阻礙。Gilbride（2000）發現兩項最常提供給顧客的服務是交通與協助幼兒托育需求。

交通一直是困擾身障者就業的阻礙（Saunders et al., 2006），雖然在美國身心障礙者法案頒布後有一些改善，許多身障者仍然無法有效使用大眾運輸工具。復健提供者常常倡議當地社區大眾運輸的改善，協助身障者有效使用大眾運輸工具，與在提供安置服務時也同時考量大眾運輸方式的選擇，但在許多地區，交通依然是影響身障者就業最大的阻礙。

對於本身是身障者的父母（尤其是單親的父母）而言，協助找到幼兒托育機構是非常重要的，幸運的是，許多社區已有較廉價或給予補助的托育機構，復健專家的角色在協助個案尋找這類機構，或安排個案的幼托計畫使他們可同時尋找、獲得與維持工作。

特定族群

Gilbride（2000）發現大多數的州復健機構對於身心障礙者或是其他特殊族群有提供特定的安置人員，機構紛紛聘任接受過訓練以提供服務給高中職青年的轉銜專家，大多數也有提供服務給心智障礙者與頭部外傷者的安置人員，大多數的機構對於智能缺損、聾、脊髓損傷與藥物濫用也有特別的服務人員。許多機構管理者計畫聘任特殊安置人員，有一小部分的機構目前沒有特殊安置人員，但計畫在未來的三到五年僱用，尤其在一些處理頭部外傷與藥物濫用的機構。

對於傳統上被忽略的族群也已大量關注其個案的需求。過去 15 年間，多數的復健諮商期刊便有在此議題上作深入的探討，有一些期刊對於處理例如愛滋病（Kohlenberg & Watts, 2003）或創傷性頭部外傷（Gamble &

Moore, 2003）等安置人員有進一步的討論。

精神障礙者也是被安置人員視為極具挑戰的族群（Ackerman & McReynolds, 2005），剛開始對此族群提供安置的模式是使用活泉之家（Fountain House）提出的俱樂部模式（clubhouse model），它是 1948 年在紐約一個自行運作協助心智障礙男女之計畫。它們發展了許多創新的復健策略，包括轉銜就業，此轉銜就業已被 32 州超過 400 個計畫複製利用（Beard, Propst, & Malamud, 1982）。不同於其他的技巧，轉銜就業不是設計來作為最終的就業安置，在此模式中，機構開發出許多工作，因此個案可以嘗試看看這些不同種類的工作，但基本上這些工作是屬於機構所有。此模式的目的不是想安置個案於這些工作中，而是想協助他們獲得工作經驗，這些工作經驗就可運用到其他非轉銜的工作機會中（Bilby, 1992）。該模式已在全國被廣泛利用，雖然沒有很多實證研究轉銜就業的成效，但俱樂部模式讓許多服務精障者的機構認為是有幫助並有效益的（Bond, 1992）。

除了活泉之家的模式，還有其他設計來協助精障者就業的策略，包括社區自信心訓練方案（assertive community treatment program）、個別化安置、支持模式，以及選擇—獲得—維持模式（Choose-Get-Keep model）（Rogers, Anthony, & Farkas, 2006），這些模式皆被認為可有效協助個案度過複雜的轉銜時期，最終穩定地在社區就業。就業是復健項目中重要的一環（Rogers, 1995），為了提升重度精障者的就業潛能，提供一些特別的服務是必要的。

以雇主為中心的服務

在這部分，我們將著重在雇主。前面所說的基本安置能力是屬供給面技巧的範例，而需求面技巧是指將服務提供給雇主，使身障者工作的職場更友善且協助雇主發現人力需求以安插身障者（也就是創造需求）。在這模式內，職業重建人員扮演雇主諮詢者的角色，且著重在了解與協助雇主的人力需求，他們提供的諮詢服務是傳統大企業會購買，但在小企業通常是不常見的。

許多安置研究者會建議應同時將個案與雇主視為職業重建的顧客

（Garvin, 1983; McDonald, 1974; Millington, Asner, Linkowski, Der-Stepanian, 1996; Young, Rosati, & Vandergoot, 1986），但有些批評者（Salomone, 1996）會認為將注意力放在雇主需求，將會轉移職重員服務個案的主要任務，而變成「像推銷產品一樣的推銷身障者」。

　　儘管許多辯論探討是否應對雇主提供直接服務，早在 1970 年，密西根與其他幾個州的職業重建機構已使用直接雇主服務的方式來試圖改善個案的就業結果。Molinaro（1977）描述這種早期的「密西根模式」，包括一個雇主服務部門以提供勞工賠償協助、障礙覺察訓練、維持服務，與困難員工之直接雇主協助。

　　Gilbride（2000）發現在他調查的州政府職業重建機構內有許多以雇主為中心的支持服務，他發現 83% 的管理者表示他們有提供諮詢服務給雇主，而 85% 在接下來的三到五年會提供更多資源以協助雇主發展，沒有管理者希望此部分的資源減少。

　　在探討重建人員需發展哪些專業能力以利有效諮詢雇主之前，我們先檢視由雇主端來的資料。這些資訊能幫助了解雇主在面對身障族群時所需的服務類型有哪些。

雇主需求與考量

342

　　在一篇綜合回顧文獻中，Hernandez、Keys 與 Balcazar（2000）總結雇主對於身心障礙者僱用表達出高度意願，但實際上，只有少數達成此僱用決定。此結論與其他研究的結果一致，因其他研究也發現雇主實際對於身心障礙者僱用的需求與他們表達出願意僱用意願之間是有差距存在。例如，Harris 與同儕（1994）發現身心障礙者屬於失業或低就業的狀況，即使大多數的身障者表達出想就業的意願，仍無法保住一份工作。此明顯的矛盾可解釋為何身障者失業率極高之困境。

　　在 1999 年的一篇研究，Stensrud 以訪談雇主的方式了解他們不想多僱用身心障礙者的原因，他的結果發現雇主不知道如何與公、私立的服務身心障礙者的機構聯繫，許多甚至不知道這些機構的存在，有些不知道如何提出轉介，也有些雇主對這些機構不信任，因有過去安置後機構不再提供服務的負面經驗。後來在 2007 年，Stensrud 發現雇主最主要的擔心之一是應徵者在面試過程中傳達出來的風險程度，如果雇主認為應徵者可能

在法律上的花費、健康照顧花費、同儕觀感，或生產力下降等方面構成威脅，雇主會不願意僱用。如果人們想在雇主前證明自己的實力，他們要表現出自己的僱用價值遠超過這些僱用風險。

第二，許多雇主不知道如何進行徵選，受美國身心障礙者法案的規範，愈小型的公司尤其會擔心如何與應徵者談論他們的障礙，且不知道如何提供職務再設計。在這種狀況下，許多人不願僱用身心障礙者，以避免可能的困擾。

第三，如有僱用身心障礙者或遇到與障礙相關的困難，雇主想確保在僱用後仍有提供問題解決之協助，這些問題包括員工之間的衝突，工作表現狀況，或職務再設計議題，無論如何，若有人可協助雇主解決問題，可讓雇主對僱用感到安心。

這些發現建議復健個案與雇主皆是對的，意即身障者若不是處於適當的時機就不會被僱用，雇主也想嘗試選擇身障者成為可僱用之管道，但問題是身障者服務機構（包括州立復健機構與社區復健計畫）能否有效率地將兩者結合在一起。雇主希望復健諮商相關人員能處理四個重要的議題，包括徵募協助、舒適感提升、早期就業協助，與長期就業協助。若這些皆利用可讓雇主增加自信以及雇主困擾可快速解決的方式來完成，個案在與他們競爭職缺時應可較為順利。

徵募協助

許多雇主無法在目標族群中招募，他們要不是利用一般管道（例如徵才廣告）公布職缺，不然就透過已知道職務需要的特定個人來尋找，因此協助雇主判斷、鎖定目標與挑選出適當人才的安置活動對雇主而言是非常重要的。

Stensrud（2007）發現目前許多的招募被雇主轉包給其他的公司或個人，這些轉包契約徵募者依其轉介穩定就業成功的案件計酬並持續獲得合約。當他們察覺應徵的人選可能帶來太多風險時，可能就不會轉介他們進行面試，否則就會冒能否穩定就業的風險。

舒適感提升

許多較小規模的公司仍不清楚美國身心障礙者法案對於他們徵選過程

的影響，雇主對於該法案相關規範的資訊提供感到重要，尤其在聘用與解僱規定時如何遵循法令，以及處理職務再設計或建築物可及性之議題時。一般而言，許多雇主想知道障礙處理的規矩，因他們通常不知道如何詢問障礙議題，且不知道如何在面對身障者時表現得宜。這些擔憂對於小規模的公司更顯重要，相較之下，大公司（尤其是那些曾有僱用經驗之大公司）就能輕鬆處理此議題。這些大公司的雇主願意幫助其他小公司的雇主，只要向他們詢問即可，這或許是另一個復健諮商可發展之雇主開拓活動，復健諮商可提供小公司雇主的諮詢服務而不需付費。

早期就業協助

　　早期就業協助是指新人開始工作的前 90 天提供必要的協助，在這段時間內，雇主會觀察特定的工作行為以決定該員工是否繼續僱用。有趣的是，通常雇主在此時期對於員工的動機、熱忱、懶散程度、缺席狀況、人際互動，以及對反應的處理能力的在意程度會超過對工作技能的要求。雇主相信工作技能已經在徵選過程中評估過，所以在此時較不擔心這項目。雇主最在意的是在考量員工是否擁有工作動機，且是否能與同事、上司相互配合。此點可應用於復健諮商時職業維持技巧的訓練，個案表現出有與同事或上司增進人際互動關係的意願，將有助自己的工作維持，若一個員工因不情願或其他原因沒表現出想與他人互動的動機，他將容易被認為是不與他人互動的，如 Stensrud（2007）引用一個雇主所說：「我們以工作態度作為僱用標準，而技巧是可以訓練的。」同時在此時期，雇主期待復健諮商人員可提供必要的支持以協助問題解決，如果他們沒有感受到復健諮商人員替他們的需求負責，將來也不會信任他們的推薦。

長期就業協助

　　第四階段是長期就業協助，雇主仍然期待當有問題發生時可獲得必要的協助，此階段可能持續很多年，雇主預期他僱用的員工能擁有適當的工作技巧，與同事、上司溝通的能力，且表現出想升等的動機。他們清楚知道當提供工作給一個人時，基本上是對他許下一個長期的承諾，雇主希望復健諮商人員可以同樣地對待他們，若復健諮商師或契約制的安置人員沒有提供長期追蹤與問題解決協助時，雇主將不再視他們為安置可利用之資源。

基於上述雇主的考量,我們將回頭來討論復健諮商單位可提供雇主哪些類型的服務。我們將開始討論 Gilbride 與 Stensrud(1992, 1999)所提出的需求面模式,接著討論社區如何有效與雇主結合與發展建立,接下來陳述出一些雇主諮詢議題,最後是評量復健諮商服務與雇主需求之間的適當性。

需求面安置專家的基本功能

我們將需求面安置專家的基本功能分成四個面向:與雇主發展諮詢關係、提供雇主諮詢服務、提供復健諮商師勞動市場的諮詢服務、使用網路科技來提升就業結果。表 10.1 將所需之能力做一個詳細的說明,此部分我們將逐一討論四個面向應具備之能力。

345

與雇主發展諮詢關係

此項目之核心目的在發展與維持與雇主的關係,許多研究者已討論到了解雇主需求以及與雇主發展有效關係的重要(Fry, 1997; Millington et al., 1996),組成需求面模式的第一階段就是決定與哪位雇主接洽,以及接下來與他們的公司發展持續的諮詢關係。

346

判斷對的雇主來接洽是這項工作的重要能力,並具有特別的重要性,尤其是當今許多個案都被安置在較不理想的職位。Hagner(2000)推動一個關於身障者進入勞動市場的重要理論,他主張美國的經濟可分為主要與次要勞動市場,主要勞動市場包括較高薪資、附加福利,以及對工作者友善的工作政策;次要勞動市場包括較低薪資、較少福利,且工作自主性較低,他稱這些職位為「食物與汙穢」工作。Hagner 主張要由次要轉到主要勞動市場是很困難的,很多次要勞動市場的工作者常常被困住,需求面安置專家重要的功能是要幫助復健個案進入主要勞動市場而非次要勞動市場。Hagner 認為身心障礙者常常在一開始時被安置在次要勞動市場,結果就失去升遷或生涯發展的機會,因此安置專家需要對哪個雇主可以作為主要目標有通盤的考量。

一旦選定具可能性的雇主後,需求面安置專家需要發展與這些雇主的工作關係。能有效與雇主建立關係的關鍵在於清楚、真實知道雇主用人的需求。雇主機會調查表是一個作為協助了解雇主人員需求與有效建

表 10.1　需求面安置專家的基本功能

345

A. 與雇主發展諮詢關係

辨認可提供最多就業機會雇主的能力

與雇主發展有效諮詢關係的能力

與雇主合作以辨識長、短期人力需求的能力

對於難以獲得、成長，或容易調整的工作，辨認並決定可能的職務調適方案之能力

B. 提供雇主諮詢服務

現場工作分析以決定基本功能

工作描述發展

省錢之可及性計畫

人體工學評估

應用復健工程來辨認與執行職務再設計

協助招募與聘用身障者

提供障礙相關課題的訓練

遵循 ADA 與其他州、聯邦法之技術性協助

障礙管理與職業安全方案

協助雇主支持身心障礙員工之生涯發展

C. 提供復健諮商師勞動市場的諮詢服務

雇主復健服務之協調

發展雇主與機構之夥伴關係以作為訓練與經濟發展

在社區中與其他就業服務單位建立關係

與其他小公司合作發展障礙相關訓練

由地區、州、全國資源接觸與分析勞動市場資料

教導復健諮商師與其他專業人員有關全社區的雇主現況與長期人力需求

協助復健諮商師利用勞動力市場資訊發展提供給特殊身障者之復健計畫

D. 使用網路科技來提升就業結果

利用網路資源解決復健與就業的困難

訓練與協助雇主使用網路資源以增加雇主僱用與調適身心障礙者之能力

立關係有用的工具，雇主機會調查表（Gilbride, Vandergoot, Golden, & Stensrud, 2006）（原先稱為雇主開放度調查表）是一個共有 18 個選項的問卷，評估雇主對於僱用、調整，與留任身心障礙者與開啟互惠關係的開

放態度，復健提供者表示這個調查表可幫助他們更加了解雇主的用人需求，雇主也反應這些問題基本上沒有威脅性。

需求面模式基本上是鼓勵雇主利用身心障礙者來解決他們公司的人員需求，由一個角度說，此模式的基礎是想消除雇主以障礙為理由不僱用條件好的身心障礙者，如之前所說，許多雇主（尤其是小公司的雇主）歡迎這樣的協助，復健專家可與雇主發展有效的關係，也可說服他們說自己對於他們公司是有興趣的，且願意在短期、長期人員需求上提供有用的協助。為了要成功，復健專家必須展現企業觀點（而不只是社會服務的觀點），經得起考驗的安置策略需要復健諮商師理解雇主用人是為了將工作做好，而不是為了做差事的心態來僱用。

提供雇主諮詢服務

復健諮商師需要有協助雇主僱用與調整身心障礙員工的專業，另外一個可與雇主建立關係的有效方式是提供雇主認為有用、有助益的服務。如表 10.1 所示，這些服務包括許多傳統復健能力，例如執行工作分析來判斷基本功能，提供協助來判斷與建置職務再設計，進行工作場所的人體工學評估以減少傷害、提高生產力，與協調勞工補償費用；以及其他服務協助雇主僱用、監督的工作，且讓雇主可由身心障礙員工的工作上獲得利益。

需求面與傳統方式的主要差別在於這些服務大多是提供給雇主，而非只是提供協助給需要安置的個案；第二個差別是需求面安置專家的興趣在協助雇主發掘與招募身心障礙者，而非僅注意機構的安置個案量。

提供復健諮商師和機構勞動市場諮詢服務

當發現具有可及性的勞動市場且將它使用於復健計畫過程時，給予身障者的就業機會品質就會提升。Vandergoot（1987）發現復健專家對就業市場的熟悉以及他們與勞動市場的接觸可提升個案的就業結果，而這組能力其中重要的一項就是安置專家的教育責任。

對於需求面安置專家一項新的挑戰是如何在機構內以及與廣泛的障礙社群發展有效的諮商關係。真正的選擇發生在當個案擁有正確、有用的勞動市場資訊時，這些訊息需要讓復健專家與個案在所有過程皆可以獲得，

如果雇主獲得支持讓工作場所是可接近的（採用較廣泛的定義，而不是這個字狹義的解釋），且如果個案了解勞動市場趨勢與如何成功的技巧，安置的品質是可以提升的。

一旦復健專家被雇主視為是資源，他們處於能告知復健機構目前與長期安置機會的有利位置，需求面安置專家因此可作為復健諮商師的諮詢者，提供正確且即時的勞動市場資訊給在改善個案復健計畫的諮詢者。對那些自行付費受訓但只學到個案準備好卻沒有那種工作機會的機構，這樣做可以為他們省下一大筆錢。此外，經由當前的、有根據的勞動市場資訊提供，可讓個案自己作生涯目標的決定，以實踐權益倡導。

與社區中其他機構發展關係也是此模式重要的面向。如上述所說，一旦與雇主建立關係，雇主會尋求復健專家在人員招募與支持方面作持續的協助，如果雇主因一個工作職缺與復健專家聯繫，但復健專家的機構內目前沒有合適的應徵者，他可以伸展到社區內其他的機構來尋找可能的人選。需求面工作開拓的主要目的是讓雇主視障礙族群為人才招募時穩定性的資源。

Luecking、Cuozzo 與 Buchanan（2006）利用需求面模式來發展客製化就業機會給他們的個案，他們發現在使用這個模式時，雇主對於客製化就業選擇較能接受，而且需求面策略可獲致較多的工作機會與安置給予個案。

對於復健機構擴展服務給雇主，或進行或維持持續性雇主開發，所面臨的最大困難是足夠的時間與資源。許多的復健機構報告對於目前提供中的服務他們已經人手不足，一個可解決的方法是增加機構間以雇主發展為主的合作計畫，促進就業成功聯盟（Consortium for Employment Success, CES）模式（Gilbride, Mitus, Coughlin, & Scott, 2007）讓特定服務傳遞領域的安置提供者，以有意義的操作方式互相合作，促進就業成功聯盟夥伴同意分享雇主資訊且共同合作，因此：(1) 雇主可由所有參與的機構接近可能的工作者；(2) 個案可以由促進就業成功聯盟內的所有雇主獲得工作機會。藉由結合大家的時間與資源，促進就業成功聯盟成員可有效地發展與維持雇主關係，因此增加他們個案的就業機會。

349 ## 使用網路科技來提升就業結果

　　如之前所介紹，網路對經濟而言是一項創新、重要的工具。如同協助個案一般，網路資源可協助雇主更立即地僱用與調整身心障礙員工，有一些方式可讓復健專家協助雇主利用這項工具，網路可用來增加雇主與復健機構的溝通，協助雇主發現、使用職務再設計資訊，與幫助雇主學習到更多障礙相關知識。

　　由復健機構發展出的周全網站可以協助傳遞供雇主參考的機構資源，尤其是當他們面臨與障礙議題相關的困難時，電子郵件、工作布告欄，與履歷表資料庫可立即、簡單連結個案與有職缺的雇主，上述所說的促進就業成功聯盟模式利用分享的網路資料讓所有參與機構知道雇主資訊與工作線索。

　　周全地科技使用也可連結雇主與現在網上已建立且數量龐大的障礙資訊，協助雇主知道一些資源，例如美國職務再設計諮詢中心、美國身心障礙者法案技術指導中心，或其他公、私立機構，都可減少雇主僱用身心障礙者的擔憂，雇主連結這些網站是復健專家所扮演教育角色中重要的一環。

水平擴展復健諮商師的角色

　　Jenkins 與 Strauser（1999）探討復健諮商師需要「水平擴展」他們目前的角色，已包含直接提供給雇主的服務，除了已探討的需求面能力，他們主張復健專家需要擴展他們的能力來協助雇主做員工發展與工作設計。

　　如 Jenkins 與 Strauser（1999）所說，此焦點調整將會對復健諮商執行有重大的影響，復健諮商師需要提升他們的能力來提供雇主諮詢服務，此外他們需要獲得額外有關雇主與就業市場的資訊（Martin & Vieceli, 1988），並學習協調個案與雇主的需求。

　　此一方式與傳統安置策略的差別在於它提供勞動市場一個系統性的介入，它應該增加對多元雇主的開放程度，減少花費在一次「推銷」一個個案的時間，此方式的目的在有利益的、有競爭性的、令人滿意的就業選擇，藉此可讓市場媒介（復健專家）媒合個案的生涯，提供成長性、有潛

能的多樣職種。此水平擴展不是設計來取代傳統的模式，而是提供一個新　350
的面向以彌補現在的服務傳遞系統。

　　提供雇主諮詢服務為復健專家開啟一個新的領域，這方面的研究顯示
大多數有效率的復健諮商師不僅擁有強大的諮商、個案管理能力，且熟練
於如 Chubon（1992）所說的系統方式的調停者。學習協商各類公、私立
系統的需求將會愈來愈重要，且安置也會變得愈來愈多元、複雜。

職業重建安置服務與雇主間的適切配合

　　雖然很多議題都適用於協助身心障礙者就業的提供者，我們的討論僅
專注在職業重建。許多州的機構都表示他們願意提供服務給雇主，這些服
務將可提升目前身障員工的生產力，協助督導這些員工，留任現有員工的
工作，與提升雇主僱用與調適新員工的能力。這種持續性的支持直接考量
雇主長期的需求，隨著時間發展，雇主會面臨許多與障礙相關的議題，這
些議題可能與之前職業重建服務的個案或是某位最近成為身障者的員工有
關。雇主希望擁有一個專業的、會提供回應的資源以獲得在障礙相關議題
上的協助，在許多州，職業重建希望成為這種資源，而面臨的困難是如何
讓這兩個系統緊密配合。

　　目前職業重建服務系統的架構經常使其很難回應雇主的需求，在職業
重建可以提供服務之前，個案需要先建檔成為合法接受服務者的過程，會
讓雇主感到體制的官僚化。此外，與雇主建立與維持關係需花費很多資
源，且如選擇、分配資源給需要協助者也是個問題。雖然很明顯的，很多
職業重建管理者希望提供服務給雇主（Gilbride, 2000），且雇主也歡迎
持續性的協助，但這中間的連結仍有障礙存在。

　　這些課題對於復健機構之計畫擬定有重大的意義，雇主視安置為長期
的過程，他們希望在每個階段中皆獲得協助，當他們知道有長期追蹤服務
會提供時，他們較願意與安置機關單位接觸，但如果他們對於復健人員的
後續是否會出現感到懷疑時，他們較不願意利用他們來作徵募與安置。　　351

　　總結地說，與雇主合作是復健領域一個重要的挑戰，這些研究提供運
用於復健執行、教育、證照，復健專家需要擴展他們的視野來增加新的以
雇主為主的能力，服務提供前與服務提供中的教育課程需要重新檢視課程
架構，以協助從業人員發展這些技能，此外 CRCC 與 CORE 執照應考量

融入這些領域，公共政策的改變也是非常重要的，將會在下一部分介紹。

創新法案

　　最近兩個重要影響身心障礙者安置的法案是工作卷與工作誘因促進法（P.L. 106-170）與勞動力投資法（P.L. 105-220），工作券關連到領有社會安全障礙保險以及安全生活補助者，對於這些申請人，社會安全局提供一項措施以降低會抑制就業誘因的影響，會抑制就業誘因最主要的是是有關工作所得會減少醫療補助費用的影響。對於想工作者，此法案可讓個案有新的選擇，即他們可以從一系列獲得同意的就業網路中選擇提供者以獲得想要的訓練與安置協助。他們的「票券」，或稱提貨單，可以用來付費給提供者，也就是法條上定義的復健服務。

　　工作券法案在協助個案轉銜到工作有一定的助益，然而到目前為止，它還沒達到原先支持者預期的目標，就業網路的補償以及要讓領有社會安全局補助者放棄健康照護的保障，是阻撓這項法案效益的兩項主因，這些阻撓後來在 2008 年的新規定作調整，此新規定中提供了較優良的就業網路與較好的工作動機諮商給受領者。

　　第二項法案勞動力投資法已有重大的影響，因它規範單一服務窗口的服務傳遞提供模式，此單一服務窗口模式的重點是結合所有工作開發方案於一個主要服務單位，因此提供不會跑錯地方、無接縫的就業傳遞系統。勞動力投資法結合多數由聯邦補助，在各地方自行執行的就業計畫，它致力於發展一致的績效標準，且將一些小額補助款結合運用，以獲得更大的效益。雖然職業重建服務與補助沒有完全併入單一服務窗口的經費細項內，職業重建是一個指定的工作夥伴，且在單一服務窗口上從事管理的任務，這造成了許多州與聯邦層級職業重建與其他就業服務合併或相互配合之結果。

　　Gilbride（2000）發現 19.6%（標準差是 27）的職業重建辦公室也會設置在其他就業發展機構，42.9%（標準差是 41.8）的就業發展機構有職業重建人員規律地在他們的辦公室執行職務。他發現 40 位職業重建管理者（78%）預期在未來的三到五年，有辦公室設置或人員分配的趨勢會增加，沒有任何一個參與調查的職業重建管理者預期會減少。

　　由此可清楚地知道，單一服務窗口模式對於復健諮商服務提供，以及與之前所說促進就業成功聯盟模式的互相合作已有重大影響，且此趨勢可能會持續發展，此趨勢對於服務傳遞的影響將是近年來應注意的議題，職業重建機構努力與其他機構合作，尋找方式來編列或協調補助，且（至少有一家已經開始）將安置服務簽約給單一服務窗口。

　　單一服務窗口模式對於雇主與身心障礙者有幾項可能的優、缺點，在前兩個就業階段，徵募與僱用，單一服務窗口有可能提供許多好處給雇主與想應徵的身障者，雇主只需要一通電話（或一次接觸）就可知道許多可能的應徵者名單，且身障者也會包括在這名單內。若雇主成功地由單一服務窗口徵募與僱用到員工，該機構將成為雇主人力發展重要的部分，這也可以增加身障者的就業。若單一服務窗口成為就業網路，它可獲得社會安全補助來擴展服務範圍與諮商服務。

　　此模式對於身心障礙者一項主要的挑戰是如何保障他們的獨特需求，雖然促進工作誘因法案已具體陳述必須對於較少被服務的族群（例如身心障礙族群）特別考量，績效標準並沒有反映出服務於這類族群者的困難，因此許多單一服務窗口面臨是要選擇擴展服務給身心障礙者，或選擇符合他們的績效標準以獲得補助的難題。

353

　　除此之外，州人力開發單位通常著重在低技巧、高人員流動的工作（次級勞動市場工作），而職業重建著重在經由訓練來提升技巧（因此人們可能獲得主要勞動市場的工作），但單一服務窗口的人員有接受過生涯諮商或身心障礙議題處理規範的訓練嗎？單一服務窗口機構會移除程序的障礙與發展能力，將自己視為服務傳遞系統，而不只是一個物理位置嗎？這些新的機構會如法案的理想，成為提供所有工作選擇的就業機構嗎？

　　第三與第四雇主議題是有關安置後的協助對單一服務窗口而言也充滿不確定性，大多數的人力發展系統沒有對工作安置者提供長期追蹤的傳統或機制，職業重建是唯一對此服務有計畫性設置的單位，如之前所說，當障礙相關議題出現在職場時，雇主希望也預期擁有持續的服務，但對於一個二、三年前安置的個案，單一服務窗口要如何回應雇主請求的協助？

組織議題

　　復健提供者因全球化、勞動市場與科技改變、社會系統逐漸複雜而面

臨許多挑戰，我們藉由探討在面對此新的環境需求，組織應如何管理安置的方式，來將此部分做個總結。我們將描述州與聯邦合作關係以管理復健諮商師達成就業結果時所遭遇的困難，我們也會討論一些如果組織想重整以獎賞或支持復健諮商師從事安置服務時，可能需要解決的議題。我們將由管理理論的簡單介紹開始。

組織發展管理系統是用來保證當他們利用認為理想的方式執行時可獲得預定的目標（Drucker, 1995），這些管理系統設計來處理各類監督者（而讓這些監督者滿意對組織是很重要的）的需求與預期（Gharajedaghi, 1999），對於州與聯邦的合作，自 1990 年代起這些監督者是相同的——主要是身障者、立法者、雇主、合作的機構，與投票的大眾，雖然各類人士的重要性依時間會改變，他們的滿意持續提供支持以維持州與聯邦合作關係的運行。

354

Gilbride 等人（1994）定義傳統的安置服務是屬那些管理與諮商活動，以符合 1970 與 1980 年代的期待。在那個時期，管理技巧經常被使用，管理者強調有效的個案管理，正確的個案報告，記錄個案參與，以符合流程的管控，管理系統定義復健諮商師的角色是負責與系統中的所有人一同工作。

如本章節之前介紹的以雇主為重心、共同合作的安置能力明顯地需要一個不同的管理系統，隨著復健諮商師發現自己需要與個案、雇主、合作的機構共同工作，愈來愈多諮商師的工作是協調這些合夥者。在此狀況下，1970 年代發展的管理系統已經過時且難以執行（Gharajedaghi, 1999），Gilbride 與 Stensrud（1999）檢視現行的管理系統如何妨礙新的安置模式，發現了與其他許多研究類似的結果（Ackoff, 1974; Ackoff & Emery, 1972; Gharajedaghi, 1999），他們表示管理系統較著重在指導與控制復健諮商師的行為，而較不是積極地增加就業結果，雖然這些系統可讓復健諮商的表現與聯邦法律規範是一致的，它也侷限了復健諮商師的彈性，因此無法提供最好的服務給個案。

復健相關文獻僅包含少部分有關各復健機構（公立、營利、非營利的）成功處理此議題的資訊，Gilbride 與 Stensurd（1999）發現地區的監督者傾向使用職權來「緩衝」諮商師，讓他們可以更有彈性來提供個案與雇主安置服務。然而當復健諮商師擁有愈多的自主，他們愈容易成為「自

由的仲介者」，提供就業給合作的機構或企業，最有技巧的復健諮商擁有最多的生涯自主，而他們的滿意成為重要的管理目標。

　　藉由詳盡報告要求與個案結果作嚴格管控行為方式的管理系統在1973 年復健法頒布時是有效的，但不適合使用於需要符合促進工作誘因法案的機構、解決全球化勞動市場改變，與回應重度障礙者的不同需求。自 1990 年起，受聯邦立法影響的困境是如果復健諮商師的安置表現要更有效益，管理系統需有重大的改變，復健諮商師會被預期如自主性仲介的操作以解決個案多元的需求，如果州與聯邦的合作關係不能發展出一套管理機制來支持，復健諮商師將發現很難達成他人對自己的期待，這對其他復健機構也是相同的情況，這些機構可以設計出更有效率的架構來協助復健諮商師的效益與刺激職場安置結果。我們接下來列出在面臨新的時代變化時，復健專業人員需要處理的重點以總結本章節。

355

總結

　　本章節描述復健諮商師所提供的安置服務隨時代演變的過程，雖然安置持續是復健過程的基礎，個案的期待、法源、勞動市場的改變對於安置的提供有重大的影響。在全球化與資訊科技的時代，安置需要一系列新的能力，且因持續服務身心障礙者，復健諮商師會被預期需要展現這些能力，我們建議管理者、實務工作者、教育者與復健諮商研究生應知道下列事項：

1. **安置是一個系統化議題。** 為了解決個案的安置需求，復健諮商師需要考量身心障礙者要協商的系統，以及他們在選擇目標的追求上會遇到的阻礙，思考以及設法與這些系統合作對復健諮商師是很重要的。
2. **安置會發生在現場。** 復健諮商師將逐漸被期待是遠離辦公室的工作，督導者與管理者需要了解這一點的重要性，且提供的督導與支持類型是可以讓復健諮商師功能更自主的。
3. **合作式領導是必要的。** 為了使社區可一同合作來提供身心障礙者有品質的就業機會，需要有人執行合作式的領導，這是一個復健諮商師會被預期來履行的角色。
4. **個案選擇就是讓他表達。** 許多政府機構發現放棄官僚體制與視服務受

領者為消費者是有困難的，復健諮商師與他們服務的機構被期待需要找到比較好的方法來確保個案作決定的權利，隨著機構增加他們對個案的回應，機構的服務類型與諮商師所扮演的角色將會跟著改變。

5. 復健諮商師將會進行諮詢多於諮商。在公立機構、非營利機構與企業，需要有關障礙課題的諮詢者，復健諮商師擁有專業能力來擔當這個角色，並將專業帶入這些組織中，然而這角色需要藉由訓練課程與實際職場的支持來教導。

6. 最後，復健諮商師需要體認他們是專業的一部分。因此，他們的身分可由與同儕的聯盟來取得，許多機構或公司嘗試定義復健諮商師的專業是什麼或應具備什麼，復健諮商師的專業認同需要由專業成員共同決定，包括教育者，或剛進入研究所的學生。我們的認證與證明方式需要回應教育層面與實務面有關服務傳遞與支持的晉升。

簡言之，安置仍是復健專業的核心。在過去 80 年來，我們已經發展許多有效的策略來協助身心障礙者實現他們的職業潛能與夢想，然而這個領域需要持續擴大、發展和堅持，直到所有發展與執行的策略能有效幫助每位個案發現、維持和茁壯於有意義的、有價值的就業中。

參考文獻

Ackerman, G., & McReynolds, C. (2005). Strategies to promote successful employment of people with psychiatric disabilities. *Journal of Applied Rehabilitation Counseling*, 36(4), 35–40.

Ackoff, R. (1974). *Redesigning the future*. New York: Wiley.

Ackoff, R., & Emery, F. (1972). *On purposeful systems*. Chicago: Aldine-Atherton.

Americans with Disabilities Act of 1990, 42 U.S.C. § 12101 *et seq.*

Azrin, N., Flores, T., & Kaplan, S. (1975). Job finding club: A group-assisted program of obtaining employment. *Behavioral Research and Therapy*, 13, 17–27.

Azrin, N., & Philips, R. (1979). Job club method for the job handicapped: A comparative outcome study. *Rehabilitation Counseling Bulletin*, 3(2), 144–155.

Baumann, N. (1986). Keeping business advisory councils active and involved: The aging in America model. *Journal of Job Placement*, 2(2), 16–17.

Beard, J., Propst, R., & Malamud, T. (1982). The Fountain House model of psychiatric rehabilitation. *Psychosocial Rehabilitation Journal*, 5(1), 47–53.

Bellamy, G., Rhodes, L., Wilcox, B., Albin, J., Mank, D., Boles, S., et al. (1984). Quality and equality in employment services for adults with severe disabilities. *Journal of the Association for Persons with Severe Handicaps*, 9, 270–277.

Bellamy, G. T., Rhodes, L., Mank, D., & Albin, J. (Eds.). (1988). *Supported employment*. Baltimore: Brookes.

Berven, N. (1979). The roles and functions of the rehabilitation counselor revisited. *Rehabilitation Counseling Bulletin*, 23, 84–88.

Bilby, R. (1992). A response to the criticism of transitional employment. *Psychosocial Rehabilitation Journal*, 16(2), 69–82.

Bolles, R. (2008). *What color is your parachute?* Berkeley, CA: Ten Speed Press.

Bond, G. (1992). Vocational rehabilitation. In R. Liberman (Ed.), *Handbook of psychiatric rehabilitation* (pp. 244–275). New York: Macmillan.

Chubon, R. (1992). Defining rehabilitation from a systems perspective: Critical implications. *Journal of Applied Rehabilitation Counseling*, 23(1), 27–32.

Cohen, J., & Pelavin, D. (1992). *1992 survey of personnel shortages and training needs in vocational rehabilitation*. Washington, DC: Pelavin Associates.

Collignon, F., Barker, L., & Vencill, M. (1992). The growth and structure of the proprietary rehabilitation sector. *American Rehabilitation*, 18(4), 7–10, 43.

Cull, J., & Hardy, R. (1972). *Vocational rehabilitation: Profession and process*. Springfield, IL: Thomas.

Donnell, C., Lustig, D., & Strauser, D. (2004). The working alliance: Rehabilitation outcomes for persons with severe mental illness. *Journal of Rehabilitation*, 70(2), 12–18.

Drucker, P. (1995). *Managing in times of great change*. New York: Dutton.

Fabian, E., & Waugh, C. 2001). A job development efficacy scale for rehabilitation professionals. *Journal of Rehabilitation, 67*(2), 41–47.

Fry, R. (Ed.). (1997). *Developing effective partnerships with employers as a service delivery mechanism.* Menomonie, WI: Stout Vocational Rehabilitation Institute.

Galbraith, J. (1998). *Created unequal: The crisis in American pay.* New York: Free Press.

Gamble, D., & Moore, C. (2003). The relation between VR services and employment outcomes of individuals with traumatic brain injury. *Journal of Rehabilitation, 69*(3), 31–46.

Garvin, R. (1983). Industrial relations: A service-oriented approach to job development. *Journal of Applied Rehabilitation Counseling, 14,* 44–50.

Gharajedaghi, J. (1999). *Systems thinking: Managing chaos and complexity.* Boston: Butterworth-Heinemann.

Gilbride, D. (1993). Rehabilitation education in the private sector. In L. Perlman & C. Hansen (Eds.), *Private sector rehabilitation insurance: Trends and issues for the 21st century* (pp. 22–26). Alexandria, VA: National Rehabilitation Association.

Gilbride, D. (2000). Going to work: Placement trends in public rehabilitation. *Journal of Vocational Rehabilitation, 14,* 89–94.

Gilbride, D., & Burr, F. (1993). Self-directed labor market survey: An empowering approach. *Journal of Job Placement, 9*(2), 13–17.

Gilbride, D., Mitus, J., Coughlin, J., & Scott, V. (2007). The Consortium for Employment Success: Collaboration as a strategy to optimize employment outcomes for people with disabilities. *Journal of Rehabilitation, 73*(3), 45–55.

Gilbride, D., & Stensrud, R. (1992). Demand-side job development: A model for the 1990s. *Journal of Rehabilitation, 58*(4), 34–39.

Gilbride, D., & Stensrud, R. (1993). Challenges and opportunities for rehabilitation counselors in the Americans with Disabilities Act era. *NARPPS Journal, 8,* 67–74.

Gilbride, D., & Stensrud, R. (1999). Demand-side job development and system change. *Rehabilitation Counseling Bulletin, 42,* 329–342.

Gilbride, D., Stensrud, R., & Johnson, M. (1994). Current models of job placement and employer development: Research, competencies and educational considerations. *Rehabilitation Education, 7,* 215–239.

Gilbride, D., Vandergoot, D., Golden, K., & Stensrud, R. (2006). Development and validation of the Employer Openness Survey. *Rehabilitation Counseling Bulletin, 49,* 81–89.

Hagner, D. (2000). Primary and secondary labor markets: Implications for vocational rehabilitation. *Rehabilitation Counseling Bulletin, 44*(1), 22–29.

Hanley-Maxwell, C., Szymanski, E., Parent, W., & Schriner, K. (1990). Supported

358

employment: Revolution, passing fad, or a remake of an old song? *Rehabilitation Education, 4*(4), 233–246.

Harris, L., & Associates. (1994). *N.O.D./Harris survey of Americans with disabilities*. New York: Author.

Hayward, B., Reisner, E., & Choisser, S. (1986). Evaluation of projects with industry: Findings and recommendations. *American Rehabilitation, 12*(3), 22–26.

Hernandez, B., Keys, C., & Balcazar, F. (2000). Employer attitudes toward workers with disabilities and their ADA employment rights: A literature review. *Journal of Rehabilitation, 66*(4), 4–16.

James, D. (1987, September). Seventy years of US veterans' vocational rehabilitation (1917–1987): History and commentary. *VR&C Professional Review*, pp. 4–9.

Jenkins, W., & Strauser, D. (1999). Horizontal expansion of the role of the rehabiliation counselor. *Journal of Rehabilitation, 65*(1), 4–9.

Jones, R., & Azrin, N. (1973). An experimental application of a social reinforcement approach to the problem of job-finding. *Journal of Applied Behavioral Analysis, 6*, 345–353.

Kaplan, I., & Hammond, N. (1982). Projects with industry: The concept and the realization. *American Rehabilitation, 8*(2), 3–7.

Kirk, J. (2000). Web-assisted career counseling. *Journal of Employment Counseling, 37*, 146–159.

Kohlenberg, B., & Watts, M. (2003). Considering work for people living with HIV/AIDS: Evaluation of a group employment counseling program. *Journal of Rehabilitation, 69*(1), 22–29.

Luecking, R., Cuozzo, L., & Buchanan, L. (2006). Demand-side workforce needs and the potential for job customization. *Journal of Applied Rehabilitation Counseling, 37*(4), 5–13.

Lynch, R., & Martin, T. (1982). Rehabilitation counseling: A training needs survey. *Journal of Rehabilitation, 48*, 51–52, 73.

Martin, T., & Vieceli, L. (1988). The business of rehabilitation placement. *Journal of Rehabilitation, 54*(4), 49–55.

McDonald, D. (1974). The rehabilitation counselor: A resource person to industry; a revitalized approach to selective placement. *Journal of Applied Rehabilitation Counseling, 5*(1), 3–7.

McGowan, J., & Porter, T. (1967). *An introduction to the vocational rehabilitation process*. Washington, DC: U.S. Department of Health, Education, and Welfare.

McLoughlin, C., Garner, J., & Callahan, M. (1987). *Getting employed, staying employed*. Baltimore: Brookes.

Melia, R. (1984). Job development and placement research. *American Rehabilitation, 10*(1), 23–26.

Millington, M., Asner, K., Linkowski, D., & Der-Stepanian, J. (1996). Employers and job development: The business perspective. In R. Parker & E. Szymanski (Eds.), *Rehabilitation counseling: Basics and beyond* (pp. 277–308). Austin, TX: PRO-ED.

Molinaro, D. (1977). A placement system develops and settles: The Michigan model. *Rehabilitation Counseling Bulletin, 21*(2), 121–130.

Moore, C., Feist-Price, S., & Alston, R. (2002). Competitive employment and mental retardation: Interplay among gender, race, secondary psychiatric disability, and rehabilitation services. *Journal of Rehabilitation, 68*(1), 14–19.

Muthard, J., & Salomone, P. (1969). Roles and functions of the rehabilitation counselor. *Rehabilitation Counseling Bulletin, 13* (I–SP).

Obermann, C. (1967). *A history of VR in America.* Minneapolis, MN: Denison.

Parker, R., & Szymanski, E. (2005). *Rehabilitation counseling: Basics and beyond* (4th ed.). Austin, TX: PRO-ED.

Patterson, J. B. (2000). Using the Internet to facilitate the rehabilitation process. *Journal of Rehabilitation, 66*(1), 4–10.

President's Committee on Employment of the Handicapped. (n.d.). *Louis P. Ortale memorial lectures on placement: The first 10 years 1970–1980.* Washington, DC: Author.

Rehabilitation Act of 1973, 29 U.S.C. § 701 et seq.

Rehabilitation Act Amendments of 1992, 29 U.S.C. § 701 et seq.

Rifkin, J. (1995). *The end of work: The decline of the global labor force and the dawn of the post-market era.* New York: Tarcher/Putnam.

Rogers, E. S., Anthony, W., & Farkas, M. (2006). The Choose-Get-Keep model of psychiatric rehabilitation: A synopsis of recent studies. *Rehabilitation Psychology, 51,* 247–256.

Rogers, J. (1995). Work is key to recovery. *Psychosocial Rehabilitation Journal, 18*(4), 5–11.

Rubin, S., Matkin, R., Ashley, J., Beardsley, M., May, V., Ontott, K., et al. (1984). Roles and functions of certified rehabilitation counselors. *Rehabilitation Counseling Bulletin, 27,* 199–224, 238–245.

Salomone, P. (1971). A client centered approach to job placement. *Vocational Guidance Quarterly, 14,* 266–270.

Salomone, P. (1996). Career counseling and job placement: Theory and practice. In E. Szymanski & R. Parker (Eds.), *Work and disability* (pp. 365–420). Austin, TX: PRO-ED.

Saunders, J., Leahy, M., McGlynn, J., & Estrada-Hernandez, N. (2006). Predictors of employment outcomes for persons with disabilities: An integrative review of potential evidence-based factors. *Journal of Applied Rehabilitation Counseling, 37*(2), 3–20.

Shafer, M., Revell, R., Kregel, J., Wehman, P., & West, M. (1991). Systems change efforts and supported employment: National strategies and outcomes. *Journal*

360

of Disability Policy Studies, 2(1), 75–95.

Shapiro, J. (1994). *No pity: People with disabilities forging a new civil rights movement.* New York: Times Books.

Sink, J., & Porter, T. (1978). Convergence and divergence in rehabilitation counseling and vocational evaluation. *Rehabilitation Counseling Bulletin, 9,* 5–20.

Stensrud, R. (1999, June). *Consumer and employer expectations for employment services.* Paper presented at the annual meeting of the Iowa Association of Community Providers, Des Moines, IA.

Stensrud, R. (2007). Employer development is all about risk: Disability and an economy in motion. *Rehabilitation Counseling Bulletin, 50,* 226–237.

Ticket to Work and Work Incentives Improvement Act of 1999, 42 U.S.C. § 1320 et seq.

Vandergoot, D. (1987). Review of placement research literature: Implications for research and practice. *Rehabilitation Counseling Bulletin, 31,* 243–272.

Wehman, P. (1988). Supported employment: Toward equal employment opportunity for persons with severe disabilities. *Mental Retardation, 26,* 357–361.

Wehman, P., & Melia, R. (1985). The job coach: Function in transitional and supported employment. *American Rehabilitation, 11*(2), 4–7.

Wehman, P., & Moon, M. (Eds.). (1988). *Vocational rehabilitation and supported employment.* Baltimore: Brookes.

Workforce Investment Act of 1998, 29 U.S.C. § 2801 et seq.

Wright, G. (1980). *Total rehabilitation.* Boston: Little, Brown.

Young, J., Rosati, R., & Vandergoot, D. (1986). Initiating a marketing strategy by assessing employer needs for rehabilitation services. *Journal of Rehabilitation, 52*(2), 37–41.

Zadny, J., & James, L. (1976). *Another view on placement: State of the art 1976.* Portland, OR: Regional Rehabilitation Institute.

Zadny, J., & James, L. (1977). Time spent on placement. *Rehabilitation Counseling Bulletin, 21*(1), 31–38.

361

開發就業機會與求職支持

David Hagner 與 Dawn Breault　著

賴陳秀慧　譯

復健諮商服務幫助身障者找到自己在世界中的位置，追求自己的興趣和
工作，並邁向實踐有價值的人生目標。對於大多數成年人來說，就
業是無所取代來強化個人自尊、社交、收入、參與活動與生活滿意度的機
會（Eklund, Hansson, & Ahlquist, 2004; Hergenrather, Rhodes, McDaniel,
& Brown, 2003），也是去履行有價值人生的一個重要因素。

協助個案處理他們的障礙，降低功能損傷的影響，並發展新的適應技
能是復健過程的主要功能。然而，Carr（2007）在討論特殊興趣與社會行
為之自閉症的相關就業協助文章中，主張復健諮商是個案「問題」的解
答，不是去改變個案，或許更貼切的說，可以和常人一樣，努力為個案提
升其功能、尋求社會的支持來符合個案現階段的需求。此外，在一情境裡
被視為有問題，可能在另一情境裡就無問題的存在。如同 Carr 指出：

> 任何一人不管有無自閉，當被放置在一個與個人優勢、興
> 趣背離的職位，就可能會產生「問題」，我們就得重新去選擇
> 不同的職位做回應。這就是為什麼那麼多人改變工作、配偶及
> 居住地（p. 111）。

開發就業機會和求職支持的目標是幫助求職者尋找適當的就業機
會，也就是幫助他們找到「合適的職務」，這種努力是依據人類是在複
雜的人與社會情境互動作用中運作的基本假定（Lewis, Lewis, Daniels, &
D'Andrea, 2003）。

Roberts 和 Pratt（2007）強調，雖然就業準備很重要，但求職者的主

觀準備度遠較個案既有的技能或特質更為重要。愈是複雜的職業媒合過程,愈需要復健專業方面高層次的技能、經驗和創造力。我們需要持續採用具實證基礎的方法(Carlson & Rapp, 2007),計畫不周全或隨意出手的方法,例如協助個案回應分類廣告或上網瀏覽獲得面試機會就是惡名昭彰的無效方法,Carlson 和 Rapp 稱之為「最低限者」(minimalist)(p. 123)。

在此章中,我們將檢視身心障礙者的開發就業機會及求職支持的主要論點,包括一些已行之有年和最近新的研究和技術所發展的新論點,特別是愈來愈多人使用網路進行開發就業機會。首先,我們將討論提供支持幫助個案自行尋求工作,隨後,我們將探討復健專業人員透過三階段的雇主夥伴關係開發就業機會。

個案工作尋找與求職支持

各式各樣的工具、選項和方法可以幫助個案獲得就業。兩種選擇最基本的區別是直接引導他或她自己尋找工作或開發就業機會者主動與雇者接觸和談判。由歷史觀點來看,這種區別被稱為「個案中心」取向與「選擇性安置」取向(見 Salomone, 1996)。然而,這個議題不應該被視為黑白分明的情形,也不是採取一種意識型態的立場,任何的復健諮商服務,不管何種類型和何種程度的支持與職務再設計,都必須讓每位個案得到一個的滿意結果。

Granger(2000)強調個案得到他們所要求的支持與輔導後,個案應盡可能自己尋找工作。支持應包含發展個案的決策技巧,並依不同個案的需求訓練或協助個案具體求職技術。例如:可以協助閱讀能力不佳者填寫申請表單,協助社交技能障礙者如何面試,或者當個案不知道如何向他人描述自己的障別以及職務再設計的需求,復健諮商可以協助個案探討此議題。

Luecking、Fabian 與 Tilson(2004)確認求職支持的三個主要層次:(1) 自行求職,不論是否有幕後的支持;(2) 半獨立方式,有持續的求職支持;(3) 團體支持方式,需要絕大部分的協助。這三種類型提供求職支持的一個有用架構。

自行求職

　　求職往往是一個複雜、耗時且令人沮喪的過程。復健諮商師認為缺乏求職技能是個案最常見的就業障礙（Hergenrather, Rhodes, McDaniel, & Brown, 2003）。求職技能訓練協助在學個案準備履歷、求職信、面試和後續追蹤。研究顯示，不管是個別接受求職訓練或完整的生涯準備訓練都有較高的安置就業率（如 Ingraham, Rahimi, Tsang, Chan, & Oulvey, 2001; Norton & Field, 1998）。

　　求職過程中除了一些技能外，還有一些重要的心理因素（Strauser & Berven, 2006）。Strauser 和 Berven 發展求職自我效能量表來評估個案求職能力的信心。

　　除了求職技巧訓練外，持續性支持也可提供求職者的需要。例如，復健諮商師或就業服務員協助個案準備履歷表和求職信、感謝卡的準備與寄送、面試前後的陪伴與說明、提供面談或拜訪公司的交通工具，或其他求職過程中的任何事物（Hagner, McGahie, & Cloutier, 2001）。個案可能還需要如下兩種議題上的具體協助：線上申請與揭露障礙。

線上申請

　　網際網路已經成為重要的求職工具，愈來愈多的雇主透過網路進行員工招募，因為網路徵才大大減少公司的人事費用支出（Lin & Stasinskaya, 2002）。除此之外，個案在家上網與雇主進行初步的接觸，也可以排除交通、可及性與其他身心障礙求職者可能面臨的障礙（Clawson & Skinner, 2002）。然而，線上申請也產生一些問題，許多招募員工的求職網站未針對視障者設計，造成視障者閱讀困難（Clawson & Skinner, 2002），求職者也可能因缺乏個人關注與雇主回饋而變得沮喪（Lin & Stasinskaya, 2002），或當線上求職包含人格測驗時，這些測驗可能需要重新設計處理，才能符合身心障礙者的使用（Gibson, Haeberli, Glover, & Witter, 2005）。

　　使用由雇主設定關鍵字的軟體來篩選網路申請和履歷表，是節省成本的方法之一（Lin & Stasinskaya, 2002）。因此，求職者應熟悉特定職位雇主會用的關鍵字和關鍵詞，例如求職者想找救生員的職位，則「心肺復

366

甦術證照」就是一個重要的關鍵詞。

揭露

Hoff、Gandolfo、Gold 與 Jordan（2000）強調自我揭露不是諮商師或開發就業機會者的角色能決定的，其角色是幫助個案仔細了解自我揭露後的利弊，達到自己做決定的過程。

個案關於何時和揭露內容、向誰以及如何自我揭露有許多不同的選擇，專業人員可以與個案進行深入討論這些選擇是非常有用的（Gowdy, Carlson, & Rapp, 2003）。從一項精神障礙者就業差異性研究發現，工作人員與個案公開、充分的討論選項，有較成功的就業服務；而工作人員沒有與個案討論或者只是簡易指示個案作「是」、「否」的決定，則有較不成功的就業服務。

由於自我揭露影響個人形象，因此個案不願意自我透露是可以理解的（Baldridge & Veiga, 2001）。然而，如果個案沒有透過自我揭露，雇主無法安排符合個案需要的職務再設計（Baldridge & Veiga, 2001）。Hoff 等人（2000）建議事先和個案排練自我揭露，請記住，雇主關心的是個案能力是否符合職務要求以及是否對公司產生價值，並非個案的障礙。開發就業機會可以包含協助個案撰寫合適的自我說明書，不要贅述也不要太醫療口吻撰寫，內容要有效傳達求職者的能力、技能訊息，以及能符合個案的立場。

半獨立的求職

求職支持僅提供基本的需求是不夠的，復健專業人員要扮演一個更積極的角色，例如，求職者可能需要有人幫忙與雇主對話。Gervey 和 Kowal（2005）比較精神障礙求職者參與面試時，是否有開發就業機會者陪同，有陪同的求職者比沒有者可得到工作的機會多出四倍。研究人員相信開發就業機會者能增進求職者在面試時的表現，開發就業機會者同時也是一位推薦者，感覺雇主更容易接受且信任此作法。不過，批評這種作法的學者（如 Escovitz, Donegan, & Granger, 2005）指出開發就業機會者的存在不僅主動向雇主揭露求職者是位障礙者，還可能造成個案依賴外在支持，可能出現長期負面後果，這兩者意見各有一定的道理，因為這個議題

不是「要」或「不要」開發就業機會者。很顯然地，求職者能夠自行求職成功就業時，就應該支持這樣做，當個案需要外在支持時，就應該接受外在支持來穩定其就業。

團隊支持的工作尋找

有複雜性障礙的求職者無法有效地對雇主呈現自我表達，就需要密集式的支持（Mast, Sweeney, & West, 2001）。團隊支持（team wrap-around）一詞引人注目的是（Luecking et al., 2004, p. 161），提供援助不是由一人而是由工作團隊透過人際網絡提供正式和非正式的支持。

個案的非正式人際網絡，例如家庭、朋友，可以發揮積極的角色，與開發就業機會者、其他復健專業人員協調去聯絡雇主（Carey, Potts, Bryan, & Shanker, 2004; Eisenman, 2007）。更常見的是，直接與雇主接觸是開發就業機會者的責任，代表復健機構協助個案工作媒合與提供所需的支持。在此之下，復健專業人員的角色從求職支持轉成開發就業機會。

作為復健機構的代表，公立職業復健機構或社區復健單位的開發就業機會者就要聯繫企業，尋求潛在的雇主，並建立有效的溝通和工作關係（Kennedy & Harris, 2003）。Buys 與 Rennie（2001）檢視復健機構與雇主建立夥伴關係的過程。從雇主和復健機構的半結構式訪談中，研究者確定成為成功夥伴的幾個相關因素。最重要的是，他們發現成功的夥伴關係有三個發展階段，即開發就業機會努力轉換為夥伴關係、從建立階段進展到發展階段，和最後的維持階段。以下各節將探討開發就業機會三個階段的夥伴關係發展。

與雇主建立夥伴關係

開發就業機會的第一階段是以系統性和全面性跟雇主溝通潛在的彼此的利益。「建立階段」的目標即開始發展正向關係並確定社區雇主的人力需求。雇主的主要興趣是以最低成本招聘最符合資格的應徵者（Buys & Rennie, 2001; Stensrud, 2006）。因此，有效的開發就業機會應從這角度開始。

Stensrud（2006）從一系列與各行各業人力資源人員、老闆及督導

的焦點團體討論中，發現雇主是以降低風險看待員工的招募，也就是儘量降低不成功的僱用，如果僱用的員工無法成功，將會造成企業高額的損失。這些費用包括重新招募人才的成本、離職造成生產力的損失、額外的訓練費用、士氣的低落，或者員工不適任造成的衝突等（Curtis & Wright, 2001; Hinkin & Tracy, 2000; Waldman & Kelly, 2004）。如果雇主知道申請者的障礙類別，雇主還可能會考量其他風險，包含職務再設計的費用，該名員工被認為有特權可能引起其他員工的憤怒，以及法律訴訟（Stensrud, 2006）。

369

考量雇主的需求與觀點，開發就業機會應強調身障求職者的優勢或減少雇主對身障者的恐懼。但許多開發就業機會者使用過去傳統方法導致雇主的恐懼加深。檢驗這些不佳的實務工作可以設計另一積極的取向，Riehle 和 Daston（2006）提到許多傳統的開發就業機會作法有如「缺失行銷」（deficit marketing; p. 69），就是以負面的描述「銷售」一位潛在員工。

例如，以明白或隱含的方式描繪求職者的障礙或不足之處，就是一個明顯的缺失行銷的例子。通常，這些訊息都包含在組織的名稱或標識上，（例如「希望中心」），在組織文學上，（如「幫助個人挑戰並克服障礙」），或者在員工職稱名片上，（如「社區方案協調員」），這些都意味著該組織服務的對象有不足的地方。其他缺失行銷的技巧是向潛在雇主解釋求職者正在尋找一個簡易、非技術性的工作，或者可能無法操作所有職責中的某特定工作，所有的訊息都在提示潛在雇主僱用此員工的可能性風險。

即使正面的聲明和支持承諾也可能隱藏某些負面訊息，從雇主的觀點來看僱用的情況顯出復健機構不足的地方，例如：「我們是非營利組織」、「我們是一個政府方案」以及「我們不收取任何服務費用」這些訊息都顯示出開發就業機會者行銷缺失的明顯例子，雖然這些聲明和訊息的意圖正向，但在營利的企業世界裡，大多數雇主對此訊息是感到迷惘和具警告性的。

如果在「建立階段」期間，開發就業機會者提出兩個保證，也可能帶來事與願違的高風險。第一是如果企業僱用身障者將能獲得獎勵，如稅收抵免或工資補助；第二是該機構將派一位工作人員如職場教練員以協助員

工完成工作。這些聲明傳達身障者生產效率低或雇主將付出高額費用。有關這些服務術語如使用「工作改造」（job carving）或「工作教練」（job coaching），皆傳達了額外的風險恐懼。

這並非說復健服務沒有任何價值。Riehle 與 Daston（2006）指出一般企業界新員工都得接受公司的指導和培訓，如果一位身障員工的需求超出雇主所能提供，復健機構提供培訓會受到歡迎，但工作教練這名詞將招來立即與不必要對求職者不足之處與特殊需求的注意。同樣地，雖然許多員工的職責會做個別的修改以滿足他們的需要和工作場所的需求，但工作改造這名詞令人聯想有些事是奇怪有問題的。在開發就業機會的「建立階段」，實際工作媒合之前介紹這些服務是錯誤的時間點。

不同於缺失導向的訊息，成功的開發就業機會者傳達附加價值和降低風險的訊息，將雇主視為潛在消費者（Buys & Rennie, 2001）在互利互惠的基礎上接觸雇主。從兩個相互連接的來源可以提升正向的雇主訊息，首先是網絡，其次是勞動市場的復健服務中介因素。

網絡

企業管理和職業復健學領域一致性贊同網絡是成功與雇主接觸的來源。在全面檢視招募員工的研究，Zottoli 與 Wanous（2000）得到結論是熟人和現職員工推薦是最有效的招募工具，而分類廣告是最差的工具，由現職員工推薦的新員工離職率較低且表現較佳。

同樣地，復健研究人員也發現，在既有關係基礎上與雇主接觸，有時稱為「溫暖接觸」，對身障者就業有較高的成功率（Roy, Dimigen, & Taylor, 1998），以及較短的安置時間（Fesko & Temelini, 1997）和較高薪資（Hagner et al., 2001）。人際關係的「社會資本」，讓雇主對於求職者信息的可靠性更具信心，社會網絡中重疊的特性，讓求職的訊息透過非正式的管道傳送給大批人士（Hoff et al., 2000; Potts, 2005）。非正式支持運用被深植於團隊式求職的取向中（Luecking et al., 2004）。

網絡可能特別有利於重度障礙者，網路策略已經成功地被使用。例如，開發就業機會給使用輔助性和替代性溝通的求職者（Carey et al., 2004）。公司內部網絡聯繫也可以作為介紹新進員工的來源，並建立一個在職支持的舞臺（Eisenman, 2007）。

Eisenman（2007）指出，重度障礙個案可能需要協助他們進入直屬家庭之外的朋友和其他社區的連結。Potts（2005）建議復健從業人員使用「社會資本清單」（social capital inventory）取向來幫助個案勾勒他們的社會網絡和架構他們的社會接觸。例如，個案和其家庭可能需要提示或鼓勵他們更廣泛地接觸熟人和關係建立。Cloutier、Malloy、Hagner 與 Cotton（2006）指出，人本中心規劃是一個理想的機制，同時評估社會聯繫和社會接觸，以協助確認和接觸未來的雇主。Hagner（2002）發展一個網絡成員的模型，其分為六大類：家庭和親戚、鄰居、現任和前任同學和同事、個人認識的商人和專業人士、與個人有關的團體和組織成員，以及其他朋友和熟人。

Potts（2005）也強調復健從業人員需協助個案建立和保持適當的社會網絡。他提出警告反對創造「人造／假」的人際關係，建議鼓勵個案從參與社會活動、團體、俱樂部和志工活動來開發自然人際關係。生涯探索活動建立潛在人際網絡的連結，例如信息採訪、工作見習和實習，都應該被鼓勵（Hagner, 2002; Potts, 2005）。

復健服務的勞動市場仲介

建立商業聯繫的第二個策略，復健機構自我定位為值得信賴的勞動市場仲介，熟稔如何促進求職者和雇主之間的連結。當代勞動市場已經變得更加複雜和動盪，雇主期待各種勞動力市場中介機構，來幫助降低招聘成本和管理風險（Benner, 2003）。這些中介機構包括臨時勞工公司、顧問經紀公司、就業網站、商業學會、專業／貿易學會和工會、州立就業機構、就業安置服務、教育機構以及職業訓練機構。

復健專業善於評估求職者的優劣勢，熟悉社區企業的勞動力需求，推薦合適的職業配對並提供就業支持，可以作為有效的勞動中介機構代表，成為一個重要的勞動力資源。在雇主夥伴關係建立階段，企業對企業聯繫盡可能透過「溫暖」的人脈網絡聯繫，必要時再透過電話行銷的方式，復健機構可示範成為一個互惠互利可靠的中介機構。

企業對企業的聯繫

一項區分精神障礙者高成功與低成功就業實務的研究（Gowdy,

Carlson & Rapp, 2003）發現，愈是成功的就業方案，愈直接與雇主接觸。接觸可以包括以消費者為焦點的直接接觸，以及沒有特定消費者的「間接」接觸，例如對企業組群做簡介。

　　Bruyère、Erickson 與 VanLooy（2006）建議，適當的企業對企業聯繫重點取決於公司的大小。對於大型公司（超過 500 名員工），人力資源管理者是合適的聯繫點，而規模較小的企業，找公司總裁、執行長或其他重要管理者可能較適合。

　　Luecking 等人（2004）建議在初步接觸前應先了解該公司背景，藉由參加本地商業協會和主辦商業諮詢理事會，得到有關商業發展趨勢和有關特定公司的需求。初步接觸雇主的重點應了解公司的基本需求和勞動就業預測，並由背景研究中找出要詢問的特定問題，開始建立一個有效能的關係（Luecking et al., 2004）。

聚焦於互利

　　在雇主夥伴關係建立階段，與雇主溝通的重點放在我們的組織是以專業和企業作法來提供給雇主有價值服務。Luecking 等人（2004）建議復健機構實行「形象調查」（image audit）（p. 149）以確保機構名稱、員工職稱、行銷材料，以及其他組織的各個面向都能反映出都以企業為導向，這將避免無意「缺失行銷」的訊息（Riehle & Daston, 2006）。開發就業機會者能以企業觀點回應常見問題和企業所關注僱用身心障礙員工的相關議題（Lengnick-Hall, 2007）。

　　有效的行銷材料包括商業信件或其他滿意雇主之推薦信，以及以數據為基礎的實況資料或檔案材料（Hoff et al., 2000）。一個簡短、內容豐富的行銷介紹是一個有效的工具，尤其是對規模較大的公司（Luecking et al., 2004）。

373

　　復健提供企業的服務主要是建議合適的職業媒合。職業媒合需要深度評估個案和工作環境（Carlson & Rapp, 2007）。因此，工作分析是開發就業機會一個關鍵點（Griffin, Hammis, & Geary, 2007; Kennedy & Harris, 2003）。工作分析需要系統性地把工作分解為任務和方法，包括相關的品質標準、工具使用，以及工作環境和工作社會脈絡（Griffin et al., 2007; Hagner, Noll, & Enein-Donovan, 2002）。因為「工作」（job）一詞可為「職

位」或「職業」，分析個人工作職位的細節，而不是整體職業之描述。個人可以媒合一個職位，而不是一種職業。

　　為了確保合適的職業媒合，Fillary 與 Pernice（2006）建議工作場所文化的評估。較強的組織文化與成功僱用身心障礙者有關（Kirsh, 2000）。Fillary 與 Pernice 定義工作場所文化的五種組成因素：(1) 員工導向、在職訓練以及表現檢視；(2) 工作場所政策；(3) 工作設計；(4) 慣例和實務；(5)社交機會。Gilbride、Vandergoot、Golden 與 Stensrud（2006）發展一個類似衡量公司僱用身心障礙者的「開放」程度之工具。

　　媒合工具諸如「工作能力網」（work ability web）（Graham, 2007），是指一個圖示模型用來比較某一特定的求職者的特徵能否符合工作職位的具體要求，是有用的工具。一個健全的職業媒合過程是要與雇主專業化的溝通，並且強化復健機構成為一個可靠的經紀人服務，來滿足求職者與雇主雙方的需求。

　　復健機構經常發現，僅管他們看見與雇主形成夥伴關係的價值，但他們僅能以非常有限的資源投入來建立夥伴關係。Gilbride、Coughlin、Mitus 與 Scott（2007）試行一個聯合概念，即一個集團機構同意在同一地區大家彼此合作和共享信息，並相互引導。例如一個聯合集團可以發展共享雇主的信息，例如申請過程流程、工作場所文化和物理環境的可近性。各機構間合作可以更全面進入企業界，比起一間機構僅能維持單一接觸一位雇主來得好。

374

發展雇主夥伴關係

　　開發就業機會第二階段過程是透過提供有效的服務與企業發展合夥關係。在此階段兩個核心服務，是向雇主建議準員工來滿足雇主勞動需求，和協調各項支持來發揮最大的就業成功機會。

工作媒合計畫

　　在個案和工作場所評估的基礎上，開發就業機會專業人員提出合適的候選人給予雇主，在最低限度上，一個職缺的工作至少推薦一位個案。然而，也可不針對已開缺的工作，而採用客製化的就業選擇，將在本節後面

討論。

　　工作面試通常要與求職者一起安排，必要時提供支持或協助。然而，有些個案需要密集的協助可能會造成求職面試失敗，儘管他們能勝任此工作。文件資料檔案是呈現求職候選人給雇主一種有用的替代方式，無論帶著一起面試或代替面試都可以。美國腦性麻痺協會運用此一文件資料檔案方式，Mast 等人（2001）指出求職候選人把和同事工作互動照片、陳述個人能力、興趣和推薦信等所組成的文件資料檔案，雇主都給予正向積極的回應。

　　工作試作也是另一個有用的方式，允許求職者去驗證自己可以勝任工作，此方式可以替代傳統的面試。工作試作至少持續幾天到數星期。Hoff 等人（2000）提供以下工作試作的準則：

- 從一開始就明確訂出工作試作期限以及決定僱用的要點。
- 求職者對工作試作的目的和利益應清楚明確。
- 應在試用期間密切注意評估個人與工作場所文化、主管和同事間是否契合。
- 雇主應清楚試作的目的不是要個人去完全掌握工作，而是要確認此人是否有潛在學習和執行工作的能力。

375

　　無薪工作在美國嚴格要求下雖是合法，但求職者在試作期間應被支付相對的工資（Hagner & Lounsbury, 2007）。當試作的目的是當作面試的一種而非工作經驗時，雖此試作對個案有利，但無薪工作常傳遞錯誤訊息。Griffin 等人（2007）指出，缺少薪資表示個體只對志工服務有興趣，或他或她的工作被預期不會有多大價值。Martin、Mithaug、Oliphant、Husch 與 Frazier（2002）建議復健方案有能力去支付工作試作期間的工資和保險責任。

客製化就業選擇

　　重度身心障礙個案為使工作要求和員工表現之間能達到最大盡可能的媒合，可能需要彈性的工作職位設計（Kennedy & Harris, 2003），但不應該被視為單純的障礙問題，開發就業機會者可向雇主提出對全體員工的客製化計畫，進行所有員工們的工作職務改造，以符合每個人的偏好與優

勢。Wrzesniewski 與 Dutton（2001）指出，所有的工作通常比傳統工作職稱和說明書更具有變動性，在那份文獻中，他們探索當今職場員工如何逐步形塑工作範圍的過程。

　　工作可以用各式各樣的方式制定，例如彈性工時和在家工作即是客製化的策略。創造就業機會、資源擁有者、工作分擔以及自行創業等建議，近年來在職業復健已備受注目。

創造就業機會

376

　　創造就業機會有時也被稱為「企業型的開發就業機會」（entre-preneurial job development）（Randall & Buys, 2006），即在一家公司裡創立一個新職位來滿足一位勞工需求。根據與雇主討論和現場觀察（Randall & Buys, 2006），開發就業機會者建議雇主僱用一個具有特別特質的求職者來改善企業。創造出來的工作是集合一組任務可以滿足求職者的職涯目標，目前在公司裡尚未完成，或未適當的完成，或者可以提高產能和顧客滿意度（Griffin et al., 2007）。創造一個新職位往往能提高公司的銷售額或營業額，藉由解除員工的不相關職務，讓他們專注在其核心職務（Griffin et al. 2007; Randall & Buys, 2006）。

　　創造就業機會是「工作改造」（job carving）的一個延展過程（Nietupski & Hamre-Nietupski, 2000）。兩者間不同的是，工作改造重新分配工作職務、保留相同數量的職位，因此是一種工作結構調整形式，而創造就業機會是增加額外職位。然而，Griffin 等人（2007）指出，兩種客製化技術都是基於同樣的概念。Nietupski 和 Hamre-Nietupski 提供一個逐步的過程可用於改造或創造客製化的工作。不同於「缺失行銷」（Riehle & Daston, 2006），在開發就業機會第二階段，對企業提議創造就業機會（job creation）和工作改造：(1) 是在一個特定的職業媒合下形成；(2) 提議時不能暗示求職候選人有部分工作無法做；以及 (3) 避免使用復健的專業術語。

　　創造就業機會另一個不應被忽視的資源即所謂「機會主義僱用」（opportunistic hiring）（Levesque, 2005）。Levesque 的一項研究發現，62.5% 的雇主報告說，他們「機會地」聘請了一個或多個員工，在他們工作之前並未存在的職位。機會主義僱用動機是使適合公司以及雇主尋找符

合資格的員工進入組織，即使某項工作的位置可能界定不明確。求職者呈現的興趣、積極資格和技能能通過面試，而隨著工作時間逐步定義工作的特性，一個文件資料檔或工作試作有時可導致機會僱用。

資源擁有者

Cary Griffin 和他的同事（Griffin et al., 2007）開創了這個方法，即開發就業機會時，針對該特定工作搭配購買必要的工具或設備，雇主為了拓展企業僱用個人以及他們所帶來的工具或設備，例如麵包店的客人想要一杯咖啡與糕點，但店內無法提供咖啡機；雇主僱用渴望在咖啡店工作的身心障礙者為咖啡師，而她購買咖啡機並用於店內，雇主僱用身障者以及她所帶來的咖啡機（Griffin et al., 2007）。卡車司機和她的拖車被運輸公司僱用與上述是相同的原則，壽司師傅和他自己的壽司刀具受雇於一家餐廳，或者一位大學畢業生花了六萬美元完成學位而找到工作或獲得更多知識來源。

Griffin 等人（2007）指出，資源擁有者在小型企業最成功，一方面是因為公司為擴展企業但工具和設備不足；另一方面因為他們能夠在創新計畫上作決策而不需層層上報的批准。工具及設備資金來源包括特殊教育經費、州政府發展障礙或心智健康日托服務方案經費、職業復健個案服務經費、PASS 計畫和其他社會保險、工作補助、個案與家庭資源，或者這些資源的結合。

工作分擔

這種工作分擔的客製化選擇又被稱為「有薪同事支持」（paid coworker support）（Hood, Test, Spooner, & Steele, 1996），涉及單一職務但有兩位員工：一位被支持的身心障礙員工在支持之下，可以勝任部分工作；另一位非障礙之員工完成其餘的工作，同時能提供身心障礙同事的支持需求。

不同於其他類型的工作分擔，在此模式中，兩位員工在同一時間上工（Hildebrand, Rusch, Tarnai, Cimera, & Martin, 2007）。就業服務機構運用經費，與雇主簽約時補上僱用一位員工的薪資與僱用兩位員工之間的差額。Hagner 和 Cooney（2005）報告一個使用上述模式的例子，一位有自

閉症的員工藉由工作分擔的協助，提供資料輸入服務給書商。工作分擔者
放置好書籍在資料輸入工作站，然後在資料輸入完成後再歸位。在職場
是由同事支援協助，以往使用外來「工作教練」（job coach）協助的污
名（Chadsey, Linneman, Rusch, & Cimera, 1997）就漸漸減少（Hagner &
Cooney, 2005）。

自行就業

378

　　自行就業的個案直接生產及銷售商品或服務，而不是被他人所僱
用。這個選項在下列的情況是有用的，包括：(1) 個人的產能或工作有效
性低或不穩定；(2) 個人偏好高層次的自主性或難以履行老闆的需求；
或 (3) 個人對某類工作有強烈興趣，但現有的傳統勞動市場並無適當的機
會（Callahan, Shumpert, & Mast, 2002; Palmer, Schriner, Getch, & Main,
2000）。

　　嚴格來說，援助自行就業是企業開拓，不是開發就業機會。實際上，
開發就業機會者從與個案合作開始，並經過探索機會和客製化選擇過程，
自行創業是最可行的選擇。在這點上，建議進一步介入或轉介資源去協助
其企業發展（Callahan et al., 2002）。

支持性計畫

　　在發展階段中開發就業機會者提供第二個企業服務，是確定被要求的
支持有助於就業成功，這些支持都是可預見的，以及管理這些支持過程同
時積極追蹤，以確保有效良好的協調。並非所有支持應由復健機構提供，
有效的支持也可以由同事提供，例如使用「冠軍線」（McAlpine, 2002）
或「夥伴系統」（Mullich, 2004）。

　　職務再設計藉由輔助性科技也是一個促進就業成功有效的工具。常
見輔助性科技類型有：(1) 電腦無障礙，如鍵盤改裝和語音識別軟體；(2)
環境無障礙，如坡道和電動門；(3) 工具調整，如通訊器材和握把裝置；
以及 (4) 座位和位置調整，如訂製椅或桌子角度（Butterfield & Ramseur,
2004）。一項實務研究比較精神障礙者成功就業與否（Gowdy, Carlson,
& Rapp, 2003）發現，較成功的方案，是開發就業機會者具備更多職務再
設計的相關知識。

　　工作支持需求的種類和來源應該仔細小心的思考。雇主所要求的職務再設計或雇主同意的支持都應被列入提案中，除非這些工作支持真的無法預知，否則以後才提起他們，就可能被視為不夠專業，甚至會被認為是誘餌推銷（bait and switch）。在這個過程中，如果針對某一特殊需求所要的訓練時間或專門技術，超過雇主可以合理提供的，就可以向雇主提到工作教練或就業服務員可以協助訓練。

　　Hildebrand 等人（2007）建議，訂定書面安置同意書時，應明確訂定每一方的責任，並提供範例。如果有例外的情況，也必須明確陳述在何種情況下需要最少的工作支持和協調。Martin、Mithaug、Oliphant、Husch 和 Frazier（2002）建議事先和雇主討論下列議題以確保每一方的期望和角色是清楚的：

- 提供訓練的就業服務員或工作教練的角色，將花費在工作現場的時間。
- 訓練所需的時間、方式和指導。
- 給予員工的督導回饋頻率。
- 開發就業機會者的跟隨程序和出現問題時的回應程序。

　　Riffer（2000）建議，由於新進員工無法在一開始習得全部技巧，所以需與雇主協商，在初期訓練期逐步增加新任務。

　　Martin 等人（2002）指出全面規劃的重要性去支持個人獲得和執行有關的工作。除了支持外，現場可提供如下：(1) 取得初次就業手續的證件；(2) 合適的工作服；(3) 鬧鐘或相關準時上工的器具；(4) 可信賴準備午餐的系統或餐費；(5) 往返的交通工具。另一個需要考慮的重要領域是諮詢公共利益收入，如政府醫療補助（Hergenrather, Rhodes, McDaniel, & Brown, 2003）。

維持與雇主夥伴關係

　　第三階段是維持企業與復健的夥伴關係（Buys & Rennie, 2001）。此階段主要服務是提供追蹤服務和持續與雇主接觸、透過提供補助服務深化彼此關係，同時幫助個案規劃在公司中的內部晉升。

追蹤及持續聯繫

　　復健機構發展社區企業高服務品質的聲望，是透過與雇主和員工保持聯繫並努力解決大小問題。記住服務雇主的焦點是管理及減少風險，有效率的開發就業機會者運用追蹤服務，向雇主證明與復健機構建立夥伴關係，將減少僱用的風險。提供長期服務是建立信任與穩固夥伴關係的重點（Buys & Rennie, 2001）。

　　追蹤聯繫的焦點在於協助個案的培訓，詢問雇主個案的工作表現，並解決任何困難（Gowdy, Carlson, & Rapp, 2003）。與雇主聯繫應著重在分析僱用員工之後與工作的媒合情況，並一起討論職務調整與介入策略。雇主們清楚地知道，並非工作的每一個細節皆可準確的預測，也非每位新進員工都能勝任職務。處理這些議題時，維持夥伴關係比解決任何特定問題更形重要（Buys & Rennie, 2001）。此外，當雇主有問題前來諮詢時，應該快速有效地回應（Buys & Rennie, 2001）。

　　對於重度障礙的個案，復健機構另一個支持的重點是針對非職務上的議題影響工作時扮演協調者角色。例如，個案可能需要適當的休息時間，或者適應新地點可能引起執行工作的困難。如果出現這類問題時，雇主樂意有及時溝通與有效的支持（Hagner & Cooney, 2005）。

　　在需要跟隨的主動安置服務之外，機構可以與雇主隨時保持聯繫（Buys & Rennie, 2001）。例如，機構可以掌握公司計畫與定期的就業和培訓需求。機構裡的個案有機會參加面試、工作見習、短期工作經驗，或協助個案模擬面試以及接受求職技巧培訓。

381　　Luecking 等人（2004）建議復健機構可以制定一個正式的程序向雇主徵求回饋，Kennedy 和 Harris（2003）指出，使用雇主回饋去改善開發就業機會服務的重要性，徵求雇主回饋也是一種維持持續夥伴關係的方法。蒐集回饋的適當工具包含以下（Luecking et al., 2004）：
・郵寄或網路問卷調查。
・焦點團體。
・雇主在機構網站上的回饋。
・非正式對話回饋。

　　舉辦企業諮詢委員會是長期增進與雇主互惠關係的另一種方法

（Griffin et al., 2007; Luecking et al., 2004）。一個運作良好的企業諮詢委員會有幾項方式包括：(1) 協助開發就業機會；(2) 為不斷提高就業服務品質做建議；(3) 雇主教育活動規劃；以及 (4) 擔任社區勞力投資委員會的聯絡人（Griffin et al., 2007）。

雇主協助服務

提供額外的企業服務可深化與雇主的夥伴關係。常見的輔助服務是提供障礙覺察訓練（Brostrand, 2006; Perry, 2002）。Brostrand 指出，既有的障礙覺察課程已被廣泛使用。雖缺乏實驗數據支持其成效，但雇主們回報很滿意這種培訓課程，並覺得此課程很有幫助。Stensrud（2006）建議做適當的課程修正以符合雇主的特定需求。

復健機構發現自己有足夠的資源和專門知識可以提供個別化的諮詢，對雇主是有價值的。諮詢領域包括職務再設計經費與來源（Bruyère et al., 2006），協助員工返回工作崗位（Perry, 2002），以及工作場所安全和工傷預防（Holzberg, 2002）。擴展互惠的範圍可以提升信任和互重，並強化企業與復健機構的夥伴關係（Buys & Rennie, 2001）。

生涯進路

382

除了安排成功的工作媒合，雇主也對員工目前工作與未來展望感興趣，個案未來的可能機會需配合雇主的企業規劃（Randall & Buys, 2006）。開發就業機會者可以協助個案訂定長期目標與生涯進路（Luecking et al., 2004）。可能包括安排進階的在職訓練、更新履歷，或組成就業維持和生涯發展的支持小組。

結論

職業復健承諾身心障礙者透過開發就業機會與求職支持去實現達成滿意的就業。我們已回顧各式各樣的工具和方法，適用個別化來滿足每個個案的需求。包括效力大的工具（例如客製化就業），讓重度障礙個案也能追求有意義的職涯。

很清楚地，開發就業機會任務不能被分配到復健機構一個或兩個職位

或職員，開發就業機會需要整個組織共同努力。高成功就業率的組織，整個機構的員工都要熱心推動工作的價值，並對達成成功的就業結果做出貢獻（Gowdy et al., 2003）。開發就業機會者發揮協調功能，招募求職者自然社會網絡的成員來幫助個案邁向工作和支持性就業。最重要的，開發就業機會過程中與雇主是積極地且有價值的夥伴關係。

　　清楚有系統地運用開發就業機會與搜尋工作方法，需要高層次技能和有經驗的開發就業機會者、諮商師與其他復健專業提供協助。如果提供服務之前沒有足夠訓練和／或服務中沒有在職繼續教育，專業人員不可能在執行有實證基礎的實務工作上發展足夠的專業知識，就很可能做了沒有結果的事，如同 Carlson 和 Rapp（2007）所稱的「最低限度」取向（p. 123）。除了培訓，Carlson 和 Rapp 建議由有經驗和成功開發就業機會者指導新的開發就業機會人員，以維持高階技能和專業性。

　　在公立職業重建系統，只有少數個案（約 22%）直接接受復健諮商師的開發就業機會服務（Kluesner, Bordieri, & Taylor, 2005）。開發就業機會服務主要為社區復健方案所承攬。愈來愈多學校人員也進入開發就業機會的領域，為身心障礙學生做轉銜服務（Hagner & Lounsbury, 2007; Hildebrand et al., 2007）。在此背景之下，復健諮商師的角色如同服務契約者或各專業間的催化者，最主要是確保個案接受到高品質的開發就業機會和求職支持。諮商師必須熟悉有效率的開發就業機會實務，才能夠管理服務提供者或指導轉銜團隊朝向適宜的職業結果。這可能包括安排開發就業機會者需要接受適當培訓或經過設計的指導方案（Luecking et al., 2004），讓他們成為有效能的勞動市場中介。復健諮商師甚至必須鼓勵在服務不足或現有方案停留在傳統的「缺失行銷」（Riehle & Daston, 2006）的社區，建立新的復健方案。我們已經看到這些過時的開發就業機會方法不僅效率低，而且還有反效果。有選擇服務提供者的機會、完全了解其開發就業的方法，與社區企業工作夥伴的記錄證明，可以提升消費者的選擇權，允許身心障礙者有完全參與的機會，並且在工作場所中作為一個有價值的貢獻者。

參考文獻

Baldridge, D., & Veiga, J. (2001). Toward a greater understanding of the willingness to request an accommodation: Can requesters' beliefs disable the Americans with Disabilities Act? *Academy of Management Review. 26*, 85–99.

Benner, C. (2003). Labor flexibility and regional development: The role of labor market intermediaries. *Regional Studies, 37*, 621–633.

Brostrand, H. (2006). Tilting at windmills: Changing attitudes toward people with disabilities. *Journal of Rehabilitation, 72*(1), 4–9.

Bruyère, S., Erickson, W., & VanLooy, S. (2006). The impact of business size on employer ADA response. *Rehabilitation Counseling Bulletin, 49*, 194–206.

Butterfield, T., & Ramseur, J. (2004). Research and case study findings in the area of workplace accommodations including provision for assistive technology: A literature review. *Technology and Disability, 16*, 201–210.

Buys, N., & Rennie, J. (2001). Developing relationships between vocational rehabilitation agencies and employers. *Rehabilitation Counseling Bulletin, 44*, 95–103.

Callahan, M., Shumpert, M., & Mast, M. (2002). Self-employment, choice and self-determination. *Journal of Vocational Rehabilitation, 17*(2), 75–85.

Carey, A., Potts, B., Bryan, D., & Shanker, J. (2004). Networking towards employment: Experiences of people who use augmentative and alternative communication. *Research and Practice for Persons with Severe Disabilities, 29*, 40–52.

Carlson, L., & Rapp, C. (2007). Consumer preference and individualized job search. *American Journal of Psychiatric Rehabilitation, 10*, 123–130.

Carr, E. (2007). Social skills that are not always social and problems that are not always problems. *Research and Practice for Persons with Severe Disabilities, 32*, 110–111.

Chadsey, J., Linneman, D., Rusch, F., & Cimera, R. (1997). The impact of social integration interventions and job coaches in work settings. *Education and Training in Mental Retardation and Developmental Disabilities, 32*, 281–292.

Clawson, P., & Skinner, A. (2002). Accessibility of the ten most frequently used Internet career sites. *Journal of Applied Rehabilitation Counseling. 33*, 3–5.

Cloutier, H., Malloy, J., Hagner, D., & Cotton, P. (2006). Choice and control over resources: New Hampshire's individual career account demonstration project. *Journal of Rehabilitation, 72*(2), 4–11.

Curtis, S., & Wright, D. (2001). Retaining employees: The fast track to commitment. *Management Research, 24*(8), 59–64.

Eisenman, L. (2007). Social networks and careers of young adults with intellectual disabilities. *Intellectual and Developmental Disabilities, 45*, 199–208.

Eklund, M., Hansson, L. ,& Ahlquist, C. (2004). The importance of work as compared to other forms of daily occupations for wellbeing and functioning among

384

persons with long-term mental illness. *Community Mental Health Journal, 40*, 465–478.

Escovitz, K., Donegan, K., & Granger, B. (2005). Staff presence in job interviews is still suspect. *Psychiatric Rehabilitation Journal, 30*, 9–9.

Fesko, S., & Temelini, S. (1997). What consumers and staff tell us about effective job search strategies. In W. Kiernan & W. Schalock (Eds.), *Integrated employment* (pp. 67–81). Washington, DC: American Association on Mental Retardation.

Fillary, R., & Pernice, R. (2006). Social inclusion in workplaces where people with intellectual disabilities are employed: Implications for supported employment professionals. *International Journal of Rehabilitation Research, 79*, 31–36.

Gervey, R., & Kowal, H. (2005). The job developer's presence in the job interview: Is it helpful or harmful to persons with psychiatric disabilities seeking employment? *Psychiatric Rehabilitation Journal, 29*, 128–131.

Gibson, D., Haeberli, F., Glover, T., & Witter, E. (2005). Use of recommended and provided testing accommodations. *Assessment for Effective Intervention, 31*, 19–36.

Gilbride, D., Coughlin, J., Mitus, J., & Scott, V. (2007). The Consortium for Employment Success: Collaboration as a strategy to optimize employment outcomes for people with disabilities. *Journal of Rehabilitation, 73(3)*, 45–55.

Gilbride, D., Vandergoot, D., Golden, K, & Stensrud, R. (2006). Development and validation of the Employer Openness Survey. *Rehabilitation Counseling Bulletin, 49(2)*, 81–89.

Gowdy, E., Carlson, L., & Rapp, C. (2003). Practices differentiating high-performing from low-performing supported employment programs. *Psychiatric Rehabilitation Journal, 26*, 232–239.

Graham, M. (2007). The work ability web: A tool for job matching. *Work, 29*, 37–45.

Granger, B. (2000). The role of psychiatric rehabilitation practitioners in assisting people in understanding how to best assert their ADA rights and arrange job accommodations. *Psychosocial Rehabilitation Journal. 23*, 215–233.

Griffin, C., Hammis, D., & Geary, T. (2007). *The job developer's handbook: Practical tactics for customized employment.* Baltimore, MD: Brookes.

Hagner, D. (2002). *Career advancement strategies and tools.* Syracuse, NY: Program Development Associates.

Hagner, D., & Cooney, B. (2005). "I do that for everybody": Supervising employees with autism. *Focus on Autism and Other Developmental Disabilities, 20*, 91–97.

Hagner, D., & Lounsbury, D. (2007). Work-based learning: Developing school sponsored work experiences for transitioning students. In F. Rusch (Ed.), *Beyond high school: Preparing adolescents for tomorrow's challenges* (pp. 200–223). Belmont, CA: Wadsworth.

Hagner, D., McGahie, K., & Cloutier, H. (2001). A model career assistance process for individuals with severe disabilities. *Journal of Employment Counseling, 38*, 197–206.

Hagner, D., Noll, A., & Enein-Donovan, L. (2002). Identifying community employment program staff competencies: A critical incident approach. *Journal of Rehabilitation, 68*(1), 45–51.

Hergenrather, K., Rhodes, S., McDaniel, R., & Brown, C. (2003). Job placement: The development of theory-based measures. *Journal of Rehabilitation, 69*(4), 27–34.

Hildebrand, K., Rusch, F., Tarnai, B., Cimera, R., & Martin, J. (2007). Job placement and job redesign. In F. Rusch (Ed.), *Beyond high school: Preparing adolescents for tomorrow's challenges (pp. 224– 248)*. Belmont, CA: Wadsworth.

Hinkin, T., & Tracy, J. (2000). The cost of turnover: Putting a price on the learning curve. *Cornell Hotel and Restaurant Administration Quarterly, 41*(3), 14–22.

Hoff, D., Gandolfo, C., Gold, M., & Jordan, M. (2000). *Demystifying job development: Field-based approaches to job development for people with disabilities*. St. Augustine, FL: TRN Press.

Holzberg, E. (2002). The best method for improving safety on the job for supported employees. *Work, 19*, 81–86.

Hood, E., Test, D., Spooner, F., & Steele, R. (1996). Paid coworker support for individuals with severe and multiple disabilities. *Education and Training in Mental Retardation and Developmental Disabilities, 31*, 251–265.

Ingraham, K., Rahimi, M., Tsang, H., Chan, F., & Oulvey, E. (2001). Work support groups in state vocational rehabilitation agency settings: A case study. *Psychiatric Rehabilitation Skills, 5*, 6–21.

Kennedy, B., & Harris, N. (2003). Employing people with severe disabilities: The challenge remains. *Journal of Employment Counseling, 40*, 80–86.

Kirsh, B. (2000). Factors associated with employment for mental health consumers. *Psychiatric Rehabilitation Journal, 24*(1), 13–21.

Kluesner, B., Bordieri, J., & Taylor, D. (2005). An investigation of the job tasks and functions of providers of job placement activities. *Journal of Rehabilitation, 71*(3), 26–35.

Lengnick-Hall, M. (2007). *Hidden talent: How leading companies hire, retain, and benefit from people with disabilities*. Westport, CT: Praeger.

Levesque, L. (2005). Opportunistic hiring and employee fit. *Human Resource Management, 44*, 301–317.

Lewis, J., Lewis, M., Daniels, J., & D'Andrea, M. (2003). *Community counseling: Empowerment strategies for a diverse society*. Pacific Grove, CA: Brookes/ Cole.

Lin, B., & Stasinskaya, V. (2002). Data warehousing management issues in online recruiting. *Human Systems Management. 21*, 1–8.

386

Luecking, R., Fabian, E., & Tilson, G. (2004) *Working relationships: Creating career opportunities for job seekers with disabilities through employer partnerships.* Baltimore: Brookes.

Martin, J., Mithaug, D., Oliphant, J., Husch, J. ,& Frazier, E. (2002). *Self-directed employment: A handbook for transition teachers and employment specialists.* Baltimore: Brookes.

Mast, M., Sweeney, J., & West, M. (2001). Using presentation portfolios for effective job representation of individuals with disabilities. *Journal of Vocational Rehabilitation, 16,* 135–140.

McAlpine, B. (2002). Recruiting employees with disabilities. *HRProfessional, 16,* 29–30.

Mullich, J. (2004). Hiring without limits. *Workforce Management, 83*(6), 53–60.

Nietupski, J., & Hamre-Nietupski, S. (2000). A systematic process for carving supported employment positions for people with severe disabilities. *Journal of Developmental and Physical Disabilities, 12,* 103–119.

Norton, S., & Field, K. (1998). Career placement project: A career readiness program for community college students with disabilities. *Journal of Employment Counseling, 35,* 40–44.

Palmer, C., Schriner, K., Getch, Y., & Main, D. (2000). Working for yourself: How people with disabilities choose self-employment. *Journal of Applied Rehabilitation Counseling, 31*(3), 30–37.

Perry, C. (2002). Dispelling myths with disability awareness training. *HRProfessional, 16,* 19–21.

Potts, B. (2005). Disability and employment: Considering the importance of social capital. *Journal of Rehabilitation, 71*(3), 20–25.

Randall, C., & Buys, N. (2006). Entrepreneurial job development: A case study with a person with schizophrenia. *Journal of Vocational Rehabilitation, 24,* 11–22.

Riehle, J., & Daston, M. (2006). Deficit marketing: Good intentions, bad results. *Journal of Vocational Rehabilitation, 25,* 69–70.

Riffer, N. (2000). Working responsibly with employees with a psychiatric disability. *Psychiatric Rehabilitation Journal, 23*(3), 281–284.

Roberts, M., & Pratt, M. (2007). Putative evidence of employment readiness. *Psychiatric Rehabilitation Journal, 30*(3), 175–181.

Roy, A., Dimigen, G., & Taylor, M. (1998). The relationship between social networks and the employment of visually impaired college graduates. *Journal of Visual Impairment and Blindness, 92,* 423–432.

Salomone, P. (1996). Career counseling and job placement: Theory and practice. In E. Szymansky & R. Parker (Eds.), *Work and disability: Issues and strategies in career development and job placement* (pp. 365–414). Austin, TX: PRO-ED.

Stensrud, R. (2006). Developing relationships with employers means considering the competitive business environment and the risks it produces. *Rehabilitation Counseling Bulletin, 50*, 226–237.

Strauser, D., & Berven, N. (2006). Construction and field testing of the Job Seeking Self-efficacy Scale. *Rehabilitation Counseling Bulletin, 49*, 207–218.

Waldman, J., & Kelly, F. (2004). The shocking costs of turnover in health care. *Health Care Management Review, 29*(1), 2–8.

Wrzesniewski, A., & Dutton, J. (2001). Crafting a job: Revisioning employees as active crafters of their work. *Academy of Management Review, 26*, 179–201.

Zottoli, M., & Wanous, J. (2000). Recruitment source research: Current status and future directions. *Human Resource Management Review. 10*, 353–382.

企業提供的職業復健：動機、管理和行銷

Michael J. Millington 與 Nicholas Buys　著

王敏行　譯

在第 32 期出版的復健議題論壇（Institute on Rehabilitation Issues, IRI; Anderson et al., 2006），職業重建領域的主流領導者已意識到企業為職業重建的主要服務對象。多年來，職業重建／雇主的關係無論從學理（Thomas & Berven, 1990）或實務上（Gilhride & Stensrud, 1992; Vandergoot, 1987; Wright, 1980）關係都相當密切，然而從未如此明白的闡述，將職業重建／雇主的關係作為規劃職業重建未來遠景與計畫的基礎。建構以企業為中心的職業重建服務提供了職業重建發展的絕佳機會。在社區中建構的企業領導網絡可以積極招募身心障礙員工、建立社區資源的網絡和行銷產品給身心障礙顧客群。如能在行銷市場中站立了適當的位置，職業重建將可在企業的策略計畫裡扮演重要的角色。

要能如此，職業重建所面臨的挑戰將是在企業脈絡中能確認新的自我定位。倘若職業重建有心將服務的觸角延伸到企業，在行銷上就必須有自己的定位。倘若職業重建冀望提供企業具實證基礎及附加價值的服務，那麼就必須擁有企業相關之價值、結構和運作等知識（Stensrud, 2007）。倘若職業重建想要在附加價值上提供服務，就必須能讓自己有行銷的利基，以建立及維持長久的互利關係。倘若職業重建規劃要在企業脈絡下有所轉型，那麼某個程度上開始將自己視為是一個企業是有必要的。

本章提供職業重建在企業脈絡下發展所需的簡要關鍵原則。為達到這個目的，我們將討論有關何謂市場以及市場運作的幾個議題：(1) 利潤動機是如何地驅動商業行為；(2) 管理功能如何運用資源達到獲利目的；(3) 行銷的概念是如何影響及改變企業管理模式。

市場中的商業動機

390

　　市場經濟中利潤最大化與成本最小化是驅動企業發展的基礎（Drucker, 1982）。藉由用最低的成本購買原料、設備和勞力，企業創造最大的利潤（McConnell, 1981）；將這些原料、設備和勞力以盡可能最有效率的方法生產產品或提供服務，並且將成品以市場上最高的價格賣出。

　　複雜且變動的經濟因素都讓每筆交易存在不確定和風險。無論購買生產商品所需的原物料和產品售價都是依據市場需求、供應和競爭程度而定。需求程度取決於特定群體或區域市場對產品之購買動機與購買力而定，相當容易受買者經濟財富與個人（或機構）優先購買順序的影響。供給程度與產品相對的豐富或稀有程度有關，容易受到經濟財富和賣方銷售技巧所影響。所有的商業行為都是依循買低、賣高的機會主義交易行為。市場的利潤良好必然吸引更多競爭者。當競爭激烈時價格就會下跌，利潤幅度縮小。天災、國會和全球貿易持續地彼此影響，企業基本上奉行所謂經濟達爾文主義（economic Darwinism）：犧牲競爭對手獲取最大利潤的企業，才會在競爭環境中存活下來。

　　雖然企業價值根植於利潤動機，卻也受當地社區價值觀所影響。企業的特性和管理方式表現樣貌，都在當地法律規範和風俗可接受的範圍內。企業和當地社區共同協商出可被接受的企業運行方式和共同利益（即該如何是所謂彼此的「最大利益」）。企業透過提供產品與服務、工作機會、繳稅、領導和有價值的慈善捐贈回饋大眾。社區則以提供勞動力、土地、顧客和資金誘因來增進與企業的關係。企業價值因此擺盪於企業和顧客、企業和社區之間。在企業脈絡下職業重建的價值和意義：(1) 來自對利潤追求和／或降低成本的期待；(2) 會受社區所影響；(3) 會透過企業結構和運作過程表現出來；(4) 會根據累積的經驗而改變。

　　企業與職業重建合作的動機強度，取決於企業對這項投資之可能收益的看法。有兩種可能方式可讓職業重建在企業／障礙市場占有一席之地，最重要且顯而易見的（從企業觀點）是在成本控制方面。基於企業對協助改善生產力和拓展新財源收入方面的期待，職業重建亦可開展與企業建立

391

夥伴關係的機會。職業重建專業的挑戰是透過上述兩個具價值創造的角色，在企業脈絡中進行自我創新。

職業重建作為成本控制的工具

　　成本控制會直接影響獲利是企業關注的焦點。成本控制的目的是盡可能減少浪費和創造最有效率的系統。基於此觀念，工作造成身心疾病或障礙因而導致工作間斷，意謂生產力降低與成本增加（Thomason, Burton, & Hyatt, 1998）。全美由於職場上的損傷和疾病，直接和間接的成本估計為 1,555 億美元，大約占每年美國貨物和服務總市值的 3%（Leigh, Markowitz, Fahs, & Landrigan, 2000），轉嫁到每位員工健康和生產力成本則為 9,992 美元（Sarkis, 2000），其中以肌肉—骨骼損傷占工作傷害最大百分比。下背痛比其他工作傷害所支付的成本平均約高出 38%（Baldwin & Johnson, 1998）。近三十年工作有關的壓力和憂鬱的賠償申請案件逐漸的上升中（Druss, Rosenheck, & Sledge, 2000）。雇主每年支付治療費用 800 億美元的一半以上是作為治療憂鬱症用（Sipkoff, 2006），並自行吸收了與逐漸增加之意外事故有關之生產力喪失、缺勤和其他的額外成本上，估計約 515 億美元（Lerner et al., 2004）。

障礙管理和職業重建

　　為能因應工作場所傷害和疾病造成成本高漲情況，以雇主需求為中心考量的障礙管理（disability management, DM）強調建立一個協調的服務系統，且聚焦於預防和管理策略（Akabas, Gates, & Galvin, 1992）。障礙管理的概念與傳統的工作者賠償模式大相逕庭，並不認同工作相關傷害的問題僅重視殘餘的功能喪失。障礙管理認為工作相關傷害即是「工作中斷」，需要整個組織的反應（Millington & Strauser, 1998）。根據障礙管理，工作場所即是選擇的治療環境，復健服務會及早積極介入，且重返工作策略和步驟都會很清楚（Shrey, 2006）。障礙管理可顯著地節省工作場所的障礙成本（Harder & Scott, 2005）。

　　若依據障礙管理方法，職業重建專業人員可以在個人和環境層次中扮演重要的角色，如成為企業內部（人力資源）和外部專家組成的跨領域團隊中的一員，提供預防性的介入策略。由於職業重建專業人員對個案管理、諮商、工作分析、職場調整和工作安置等技術的嫻熟，在障礙管理團隊中顯得有價值。如此更因為在障礙管理計畫中扮演重要角色，更有機會

392

提高雇主聘用身心障礙者的意願（Habeck & Hunt, 1999）。

職業重建是美國身心障礙者法案的諮詢對象

工作場所中造成的身心障礙總是喚起企業對訴訟的懼怕。然而或許讓人訝異的是1992到1997年間的資料顯示，在美國身心障礙者法案（1990）規範下，身心障礙者對雇主提出訴訟的 595 件案例中，只有 2.7% 的雇主被裁定具有歧視之情由，48% 沒有找到歧視事實，其餘案件則庭外和解。這項資料對於了解歧視議題本身較不清楚，但對於了解誰使用了這項法規（大多數提出訴訟的人是身心障礙在職員工或中年中途致障者）以及這項法規如何被使用比較有幫助。雖然如此，在這些案件中，雇主總賠償金大約為 1 億 5,050 萬美元（扣除訴訟費用），單件最高賠償金為 1,659,000 美元（Aronson, 2000）。身心障礙相關訴訟的幽靈確是令人恐懼的。

不管是不是令人害怕的幽靈，企業極願意配合法規要求（Schair, 2000），並避免上法庭。雇主開始對職務調整的資訊感興趣，對小型企業而言尤其需要美國身心障礙者法案的訓練（Bruyère, Erickson, & VanLooy, 2006）。對於這類訓練需求和技術協助，職業重建專業人員是最理想的人選。

職業重建作為利潤中心

利潤繫於工作者之生產力，這種狀況在製造業更為明顯，尤其這幾十年來資源愈來愈稀少，維持市場占有率更形掙扎。傳統勞動力品質已經降低，入門工作也由非技術性轉換到技術性，需求也增加（Eisen, Jasinowski, & Kleinert, 2005）。技術性工作人力短缺創造出賣方市場，導致薪資暴漲（Manpower, 2006），讓原本已為獲利掙扎的企業經營上更加困難。為能彌補人力缺口，雇主已開始積極從非傳統人力市場處招募勞工（例如身心障礙工作者）。

企業尋求非傳統人力資源還有其他與主動因應有關的想法，就是發現到招募多元勞動力的諸多優點，例如增進競爭優勢（Bassett-Jones, 2005）、可以提供服務給更多元的市場（Kleiman, 2005）、可利用更多元的能力，獲得多元觀點與技術創新（Bagshaw, 2004）、改善顧客服務，增進營運策略上的洞察（Kurlander, Fargo, & Kurlander, 2004）和解決技

術不足（Teicher, 2003）。為了能讓多元勞動力彼此融合，多元管理成為系統化與科學化的管理策略。一份來自對全球前 500 大企業（Fortune 500）中 100 家企業所做的研究調查指出，有 42% 的企業在其多元僱用政策上已明白提到要僱用身心障礙者，47% 的企業從其描述多元僱用的內容看來，身心障礙者是可被接受的（Ball, Monaco, Scmeling, Schartz, & Blanck, 2005）。

　　企業對新勞動力市場的需求日增，對職業重建而言是行銷服務的好機會。為了能與其他勞動力競爭這塊市場，便必須讓身心障礙人力透過適當的職務調整，達到和一般非障礙競爭者同樣的生產力。職業重建專業人員明白必須如此做，但這樣仍然不足以吸引企業成為顧客。當職業重建在行銷服務時，在產品該如何被買或被賣時，存在一個錯誤的認知應該被修正為：職業重建推銷的不僅是身心障礙人力，而是整個對生產力的增進。評估職業重建在提供具生產力勞動力上的能力，並非在個別安置的成效，而在職業重建的各種資源對企業經營上整體的益處。例如，我們可以指出一位接受「職業重建服務支持」工作者在生產力的提升對企業的直接益處，但同時我們也必須看到這位員工對其他員工的影響所造成之潛在的附加價值。例如，支持性就業介入是否增進同事間的凝聚力？接受安置的員工是否對工作士氣造成正向的影響？訓練技術（系統性教導；Callahan & Garner, 1997）能否應用在企業其他情境中？職業重建對生產力的潛在影響應該加以系統性地考量，且服務的提供應以較寬廣視野來設計。

職業重建作為顧客來源之新通路

　　身心障礙者族群的市場利基估計約有 220 億美元價值，值得許多企業的關注（Jones, 2000）。儘管有環境障礙之議題，身心障礙者每年花在旅遊上的支出約 1,360 萬美元（Open Door Organization, 2005）。專為身心障礙者旅遊所需提供的各項調整服務已成為行銷策略，而非不得不配合的事項，諸如 ATM（Ammenheuser, 2000）、影印機（Polk, 2000）、網路網站（Zielinski, 2000）、特殊需求計程車（Malkine, 2008），以及帆船到滑雪等的無障礙運動設施，都以身心障礙者為特定標的客群。

　　職業重建的附加價值在於同時擁有社會和企業的網絡，在企業和此漸被渴望進入的市場之間，再也沒有比職業重建更適合擔任橋樑的角色。職

業重建專業人員可以介紹對障礙友善的企業給身心障礙社群；職業重建專
業人員能成為改善企業形象與無障礙的諮詢對象；以及結合此二個社群合
辦各項公眾活動。這可說是一種小型倡議——雖不是一般常見職業重建相
關的角色功能，然而對企業而言卻是重要價值的來源。

市場上的管理

　　管理提供企業追求獲利活動的結構和過程。職業重建與企業的接觸
必然是透過管理機制，因此每項管理的功能都會對職業重建與企業接觸
時有潛在的影響。人力資源管理是職業重建與企業接觸最主要的介面
（Pransky, 2000），因此茲將人力資源管理的人員僱用、規劃、組織、控
制和指導等方面分述於下，可藉此了解管理的功能（Drucker, 1982）。

員工僱用

　　員工僱用是人力資源管理特有的內容，員工僱用指的是經由選擇、訓
練、發展和支持的過程，將員工聘進公司內或在公司間進行調整職位的管
理（R. Smith, 1983），此角色功能是最接近企業組織中所謂「雇主」角色。
雇主並非專指某一個特定的人，而是指在僱用員工過程中具權力和責任代
表企業作僱用決定的人，因此，雇主可以是企業的執行長、擁有者或經營
者、部門主管、主管或甚至是領班，完全視當下僱用目的所需。職業重建
專業人員可能與上述的任何一種「雇主」接觸，面對這些人各有不同的人
力資源管理觀點。

員工遴選

　　員工遴選包括徵才、篩選和僱用的一連串步驟，達到有效地為職缺尋
獲最好的員工。徵才的目的是要吸引夠多有才能的應徵者作為選擇的人才
庫。有各式的徵才策略包括公司內部張貼告示、外部廣告、公眾活動、委
託專業性徵才單位和非正式口頭上的傳播，端視工作性質和特定人力目標
而定（Arthur, 1991）。好的徵才策略：(1) 徵人訊息要能到達目標人力市
場；也要 (2) 能提供足夠的工作相關資訊供求職者決定是否應徵（Wanous,
1980）。篩選（screening）的目標是盡可能使用最有效率的方法，除去

資料庫中不合適的應徵者。雇主過濾應徵者時，具某些特質的應徵者，容易被雇主注意且亦因此被刪除（Barron & Bishop, 1985; Granovetter, 1984），例如經歷或資格不足、經常更換工作、出缺勤紀錄不良、工作拖拖拉拉、就業史交代不清、離去前職原因和過去的薪資（Bills, 1990）。僱用的目標在於找出職位最適配的人選，可藉由不同權重的指標協助評選。是否僱用最終取決於雇主與獲選者雙方間的協定。

在過濾和僱用過程中，使用面試（Rohertson, Gratton, & Rout, 1990）、自傳資料審閱（Rothstein, Schmidt, Erwin, Owens, & Sparks, 1990）、考試、性格評量（Day & Silverman, 1989）和工作樣本（Hattrup & Schmitt, 1990）等方式蒐集求職者資料，作為僱用決策的參考。僱用選才過程所用的評估工具，必須是合乎法規且具預測效度才有效用。在組織專業領域的研究上，僱用選才評估已經發展出所謂「點對點」（point-to-point）效度理論（Asher & Sciarrino, 1974），作為各式選才評估方法效標的整合架構。這領域之研究文獻顯示，如果經過適當施用與設計，所有的選才評估方法用在選才過程皆具備預測效度（M. Smith & George, 1994）。

然而，研究者常會面對學術研究結果和實務上使用狀況不一致的困擾（Dakin & Armstrong, 1989）。未受訓練的雇主通常根據一次偶然的、非結構化的面試而決定僱用。人格測驗和工作樣本常被購買使用，但看不出與要僱用的職位本身有何關連性。這樣的偽科學選才作法雖然廣泛被使用，實際上不僅缺乏真正的效用，且同時是浪費、易有爭議性的（Raju, Burke, & Normand, 1990）。

新員工定向訓練及發展

管理要負責新進員工正式認識其他員工，並增進與開發其在新工作之生產力及才能。為新進人員所辦的定向訓練有助於新人進入新的工作環境，可降低不必要的費用支出（新手上工、人員離職率、督導量）和減低員工焦慮和迷惑，讓新人就業轉銜平順（Bedian, 1989）。正式的新進員工定向訓練方案，在大型機構中更為普遍，但無論正式與否，定向訓練讓新員工認識公司經營理念、歷史、文化、運作流程和人事。

定向訓練協助發展每位員工的知識、技術和能力，以增進員工現今

和未來工作表現為目標（Bedian, 1989）。定向訓練可改善生產力、增進品質、減少浪費和讓意外發生降到最低。基本技能訓練補足語言、數學和問題解決能力的不足，作為特定進階技能的基礎（Szabo, 1990）。特定技能的教導則是透過在職訓練、工作輪替、示範教導（Knippen & Green, 1990）、諮詢指導和學徒制指導（Hanley-Maxwell & Millington, 1992）。由於職場上要求的技能與新員工學校所學的差異漸增，管理部門在訓練方面的投資已經增加（Haas, 1993）。

員工發展方案可與其生涯發展相關連，藉由企業內部員工才能的確認、培訓和利用等方法，將員工發展成未來需要的人力資源（Sartain & Baker, 1978）。員工可使用的自我評估工具可由機構內部舉辦或提供的生涯規劃工作坊、工作手冊或工具軟體取得，幫助有意願之員工自我選擇與發展。員工也可以從公司簽約的生涯諮商師處獲得幫助，或開始與人力資源管理人員討論生涯議題。管理部門也可與評估中心合作從企業內部進行人才徵選，並且維持內部人力情報交換和交流媒合，常使用的方法包括職位出缺公告、技術項目列冊、接替與繼位規劃等方式（Gutteridge, 1986）。

員工支持

壓力、要求和衝突以及來自職場外的問題都會影響員工生產力（Davis, 1991）。對許多雇主而言，重新進行員工遴選、訓練和發展的費用很高，若有員工耗損（離職或表現不佳）都是值得關注的重要經濟議題。支持服務可以用來預防或去除影響員工最佳生產力的障礙。

傳統上處理酒精濫用議題的就業協助方案（employment assistance programs, EAPs），目前已經用在因藥物使用引起行為—醫療問題造成工作中斷的議題，包括精神病症狀、家庭和藥物依賴等（Roman, 1988）。員工協助方案的目標包括降低缺勤、離職率及相關支出（包括士氣低落造成的成本增加），還有增加生產力、免除管理部門介入諮商問題，及提供有問題的員工法律申訴。服務內容通常會先進行機構內部協調，必要時轉介給社區中適當的專業人士。

身心健康方案（wellness programs）是為了控制醫療費用而成立（Blanchard & Tager, 1985），且已在其他較缺乏整合之健康促進計畫失

敗處獲得成功。身心健康方案經由對員工和家庭成員的健康風險評估，增
進其對有關健康問題的覺察。藉由使用諮商、機構內部服務和教育性資料
等方法，讓員工知道可能的健康風險以及如何避免。客製化的方案內容包
括體適能、營養諮詢、壓力管理、戒菸、減肥、心血管的保健、血壓檢查、
孕期照護和傷害預防等主題。

職業重建和員工僱用

員工僱用過程具有為雇主守門的功能，這段概述揭露許多企業防守的
門。徵才、過濾和僱用的過程，可說是求職階段雇主守的門，新進員工定
向和訓練則是維持工作（job-keeping）階段的門，發展則是生涯發展階段
的門。身心障礙員工在每道門都可能遇到障礙（O'Hara, 2004; Roessler,
Neath, McMahon, & Rumrill, 2007）。

職業重建服務必須確定求職者可獲得徵才資訊，可讓其注意到工作開
缺，能被選入人才資料庫中。因為若經適當調整便可以移除身心障礙者在
工作上可能面對的限制，雇主過濾求職者資料時，需要能對障礙保持敏
感，避免因為應徵者的障礙造成所謂「假性事實」（false positives），而
將其剔除在選擇名單外。可經調整移除限制之求職者其價值在僱用過程該
被充分說明，才能獲得雇主公正的僱用評比。

新人定向活動對雇主而言，不僅讓新員工與所屬工作團隊彼此認識，
而且能夠提升同事對障礙的覺知，並可引導其新的體驗。我們若忽視未
來同事的想法可能危及新進員工，因為他們對於誰該被選出擔任此職缺
也很有想法（Schein, 1992）。訓練中融合身心障礙員工是長期穩定工作
的先備條件，但是對身心障礙者而言，若只是感覺身體融入仍可能是不
足的（B. Smith, Povall, & Floyd, 1991）。如果既有的訓練方法無法增益
身心障礙員工的表現，有必要發展一些替代方法。由於障礙議題造成工作
場所中獨特的挑戰，對這類工作者生涯的發展管理者可能需要有前瞻性的
作法。採取可能的步驟確使身心障礙員工知道晉升機會且鼓勵他們參與競
爭。守門並非是毫無目標的，管理正是為了尋求附加價值。如果身心障礙
員工未在企業中受到合理的僱用對待，有可能是管理者缺乏眼光看到他們
的價值，或是缺乏技能駕御他們的才能。這些都是組織裡的障礙議題，職
業重建專業必須去協助調整。

對職業重建實務者而言，管理功能中員工僱用是最關鍵的：人力資源管理是職業重建服務和企業間的界面，員工僱用則是服務介入的主要關鍵點。

規劃

談到管理功能，必須先區分「規劃」（planning）和「計畫」（the plan）兩者的差異。規劃早於所有有目的企業活動，其中包括了其他的管理功能（Bedian, 1989）。任何企圖採取改進過程或是改善企業架構的措施，皆涉及某種層級的正式規劃，這包括明確評估行動替代方案、從多個方案中選擇其中一個來執行，以及與組織中涉及的當事者正式溝通決定為何（Emery, 1969, p. 108）。

規劃是從上階層到下階層，當要落實規劃的目標至各個階層時，要能將目標操作成為特定與具體可行的階層式次目標。高階層的規劃預期的成果傾向全面性的、較長期的和策略性的（Child, 1972; Mintzberg, 1988）。這些全面性的成果來自下一管理階層之次目標的總合，次目標則傾向更為特定的、戰術上的和時程較短的。這些次目標接著更進一步地再細分成愈來愈具體的目標，直到整個規劃過程之目標到達製造產品的員工和購買產品的消費者。

企業可以多種方式來完成規劃，取決於誰有權力訂定計畫（Vroom & Yetton, 1973）、資訊如何被使用（Koopman & Pool, 1994）和規劃過程的正式和完整程度（Hickson, Butler, Cray, Mallory, & Wilson, 1986）。規劃可以因規劃者權力集中的程度、搜集使用之資訊的數量與類型，以及形式化程度而有不同。上述各種特性之組合，可以用來描繪組織的規劃過程，從高度權力集中、高度蒐集資訊、高度科層體制的規劃過程至規劃過程大混亂等都有可能（Koopman & Pool, 1994）。也有可能在不同的階層有不同的規劃方法。

計畫是規劃過程的結果。正式計畫的目的是經由工具性行為，達成一個或更多的預期結果。每一組次目標都需要計畫來實現，因此，組織的任何計畫都必須描述採取的行動、對結果的量化期望，並允許與企業的整體策略網絡進行溝通和協調。持續執行的計畫規範了機構內每天的活動，並形成工作單位的政策、規範和守則。由於這些計畫，讓管理可以較不

費力的只需處理例行性或大量的活動之行為。單一用途計畫（single-use plans）是在特定情境或是當資訊不充足以致不能制定持續執行計畫情況之下所做的權宜之策。計畫有時會有特定的指導步驟，因應員工狀況改變的空間不大，但有些計畫則只設定要達到的目標，至於如何達到這些目標就讓員工自行設想。

職業重建和規劃

計畫的階層特性為職業重建帶來可以為各個階層提供處遇的機會，從執行面的遠景建構到執行中的計畫都有可能。不過從基層的接觸中，職業重建較難有機會可以接觸到企業組織中較高的管理階層。現今，職業重建在地區性企業中，針對持續執行的計畫障礙議題可以扮妥適當角色。在美國身心障礙者法案（Bruyère et al., 2006）、職業安全暨健康管理局（Haynes, Black, & Shackelford, 2007）和工作者補償法的專業，職業重建可以成為企業為配合法規政策所需的諮詢資源。

組織

管理者組織並協調企業的資源以加快計畫的執行。管理者根據企業的策略計畫（Chandler, 1981），將員工有目的的組織起來，賦予特定的責任和權力，建立團體和個人間正式的溝通管道（Sartain & Baker, 1978）。組織以何種形式存在，常是為了能配合組織所要持續發揮的功能（Hrebiniak & Joyce, 1985），高生產效率是企業追求的目標，只是如何達成的方法不同。

我們首先以單位的層級（unit level）來想像組織，可以有三種方法。首先，階層組織方法（hierarchical approach）可以基於相似性程度，將大的任務分解成更小的組成；工作流程組織方法（work flow approach）考量單位適合擺在生產流程中哪個適當位置，而不是工作任務本身的相似程度；第三種方法為自治工作組（autonomous work groups），則是單位間完成一項大任務彼此依存的程度為考量原則。每種方法有其不同的邏輯模式，形成完全不同的組織架構。當依序考量階層組織方法、工作流程組織方法、自治工作組這三種方法時，可以發現階層控制程度愈來愈弱，內在動機程度則愈來愈強。

399

　　企業的價值也反映在組織上。強調「人際關聯」（human relations）的企業，將創造出可以建立工作者間凝聚力和士氣的組織架構。當機構的成長最為關鍵時，企業將採具彈性的組織架構以強調創新及掌握新契機。生產力是企業的一項基本價值，透過規劃和目標設立使之融入公司的組織架構裡。重視可預測性和穩定性的企業則傾向強調資訊管理和溝通上（Bedian, 1994），這些方法雖然各自成為可獨立的主題但卻不會互斥，因為好的組織經常需要許多種價值的彼此調和。

　　從組織內部的工作設計最容易看到組織之特性。工作設計有三種基本的方法：專門化（specialization）、時間與動作、職務豐富化（job enrichment）。專門化方法即把大而複雜的工作任務，拆解成愈來愈小的組成部分，創造出更簡單、高重複率的工作。對於時間與動作的研究可以增進執行任務過程的效率，建立評估工作表現的客觀標準。整體而言，這兩個方法讓管理部門透過集中的權力，進行規劃和功能控制，增進生產效率和盈餘，進而創造出更公平的方法讓生產力高者可以獲得更多的所得（Taylor, 1911）。這些「科學化的」管理方法儘管有其問題，但已大大地受到企業歡迎。這些方法傾向於罔顧生產力中「人」的要素，造成在社會（例如，工作者疏離）、心理（例如，工作者的不滿）和生理（例如，重複的動作導致的傷害）上的非預期成本，長期終將威脅企業的盈利。工作上過度專門化和喪失自主權，已經讓工作成為單調且可由工作本身獲得的內在回饋（intrinsic reward）所剩無幾。時間與動作研究非僅不能消除，反而會造成員工與管理部門的疏離情況，擴大工作職責和工作輪換有時被認為是個替代性考量，但這方法對解決專門化的基本問題幫助並不大。工作豐富化則反轉工作上專門化及時間—動作研究的趨勢，藉由擴大工作職責內容考慮工作自然的週期循環，增加工作者對工作流程的控制感，並在雇主和員工、員工和消費者之間提供新的溝通管道（即回饋）（Hackman & Oldham, 1976）。所有的工作設計之目的在於生產時的經濟效率上（Jelinek et al., 1981），企業面對的挑戰是如何在組織化過程中取得科學和人兩者之間的平衡。

職業重建和組織化過程

　　職務再設計是職業重建服務對管理之組織化功能的直接應用，最普遍

用來說服雇主認同職務再設計價值的策略，是去強調職務再設計的低成本，以及這項投資後續在身心障礙員工生產力上尚未被注意到的效應。將注意力集中在障礙上，會遮蔽雇主常能因應勞動力市場而進行職務調整的事實。職業重建在工作分析和工作設計的專業，讓所有的工作有更高度的彈性、安全性和生產力，同時也可創造出更多可接受未來的個案的就業場所。

控制

　　管理部門藉由兩項控制功能達成計畫的目標：(1) 依據生產過程和產品標準，評估員工行為是否符合既定要求（Sartain & Baker, 1978）；和 (2) 在團體或個人層次對滿意與不滿意的行為提供獎勵與糾正的方法。在計畫裡所設定的單位目標為各層級單位提供了評量的基礎。原先設定之單個或多個表現指標與單位實際的表現與進行比較，決定單位是否達成目標。企業透過工作上的考核對個別員工進行控制。員工之工作表現考核一般是由其上級督導進行，用來決定此雇員的薪水、升遷、訓練、重新分派、留任、解聘、裁員、處分等（Donaldson & Scannell, 1987）。

　　有五類客觀方法用來考核員工的表現（Fisher, Schoenfeldt, & Shaw, 1999）。產量評估法乃是直接比較員工的產出量，這方法最適用於生產過程為重複性、平均產量可以被算出、外在的因素不會妨礙產出時。銷售額的評估法則非常適用於銷售業務上，但必須能考慮地區特性進行調整（例如，鄉村與都會區）。員工人事資科（例如，曠職、懲戒、意外事故）也可以作為考核的依據，只要人事資料和工作效能之間的關連可以被確認。工作表現測驗則使用在工作流程被嚴格規定的工作（例如，戰鬥機駕駛員、電話行銷代表）。管理者的績效可以用單位的表現指標進行考核，例如股東權益報酬率（return on equity）、淨利率（profit margin）和市占率（market share）。當評比管理者的表現時，應該將外在經濟因素考慮進去。

　　與僱用員工過程的規定相同，考核員工表現也一樣不得歧視員工。一個好且安全的作法是應用工作分析的原則進行表現考核的設計，並能證明內容是工作相關、完整的以及免於外在因素的干擾。所定的標準盡可能地客觀和簡明，給分和評比過程必須標準化，能夠普遍地適用且是直接觀察

401

的結果。

職業重建和控制

　　考核工作上之表現是雇主的控制機制。因為僱用上的相關決定常以考核結果作為依據，因此有必要讓身心障礙員工能夠接受定期的考核，同時確保考核評量之使用與結果解釋對這些員工是有效的。透過對員工工作表現的考核，職業重建服務的品質也能被評價。使用方案評估的方法可以提升職業重建對雇主之服務品質與責信，可用來建立與雇主的工作夥伴關係。

指導

　　若員工並沒有從事生產的動機，即使擁有工作技能也是不足夠的。低成就感的員工對企業是一種隱藏性成本，相較於曠職者對企業而言更具傷害性（Harnett, 2000）。因為缺乏對工作生產的承諾會對個人和團隊表現產生負面的影響。如何誘發動機來改變或指導員工工作行為是管理上的大挑戰。

　　企業喜歡用提供獎勵金的方式激勵員工的工作動機。企業了解自身勞動人力狀況乃藉由其人力資源部門所管理的人事制度，這人事制度依工作能力進行員工獎勵升遷。因此，勞動力中的個人可獲得的報酬與其等級有關，而此等級的決定依據工作考核結果。提供獎勵金的方法對於增加員工工作動機有一定的成效，但可能會有其他因素影響獎勵金的效力，如個別差異（並非全部工作者都視錢為工作動機），機構的特殊文化特質（例如，工作場所的文化常規、獎勵服從重於創新的政策），員工看待獎勵金發放的原則（公平性），人力資源部門執行獎勵金制度的精熟程度。

　　影響工作動機有許多原因，例如個人的價值觀、興趣和認知選擇上的差異等都是（Deci & Ryan, 1980），遠超過管理部門可直接影響的。因此雇主傾向於處理員工工作行為「最接近的」（proximal）相關因素（Kanfer, 1994），即雇主正向回應員工對公平與平等對待的期待，包括讓員工參與決策，以及知會員工政策決定背後的原因（Greenberg, 1982; Kanfer, Sawyer, Earley, & Lind, 1987）。設定契合現實的目標可有助於提高生產力（Ross, 1985）。若挑戰的目標具體適當（Campbell & Ilgen, l976），

會引導員工的注意、主動及堅持承擔任務的行為，並促使其工作上策略的研發（Locke, Shaw, Saari, & Latham, 1981）。當這些努力獲得正向回饋時，這些回饋可以支持工作動機、增加生產力和減少缺勤，這就是所謂的自我管理（Latham & Frayne, 1989）。

　　領導是管理職責中最短暫的。雖然上司對於員工表現與滿意程度有深遠的影響眾所皆知，然而卻仍沒有一致性的領導理論可以解釋這顯然是非常複雜的動態狀況，退而求其次是藉由結合各項理論，從這些不同理論的觀點拼綴出領導的各種面向（Fiedler & House, 1994）。

　　歸因理論（attribution theory）闡述員工對於上司的評價如何受標籤的影響（Foti, Fraser, & Lord, 1982）。認知資源理論（cognitive resource theory）（Fiedler, 1986）認為最聰明的領導者並不一定是最好的領導者。偶然模式（contingency model）（Fiedler & Garcia, 1987）則認為上司與團隊動機類別（任務動機 vs. 關係動機）的適配性很重要。魅力轉換理論（charismatic and transformational theories）認為領導者傳達給下屬的願景與任務感能正向影響員工表現與滿意度。路徑—目標理論（path-goal theory）認為有效的領導者可以讓生產的目標成為員工個人的目標與連結（House, 1971）。人格理論認為社會公權力的追求為健康的需求，有益生產力，但若是追求個人權力以符合個人需求，則對生產有反效果。上述這些想法隨著時間都已經獲得某種程度的效度與應用性，但是整體而言，領導被視為一門科學同時也是藝術。

職業重建和指導

　　領導與個人風格有關，最好的領導者要能在工作場所裡助長員工對身心障礙員工的接受度，不同層級的領導可以有不同的方式達到這個目標。基層主管為產量而領導，需建立可達到的目標及有助達成目標的環境，透過公平對待每位成員和重視團隊進行領導。高層管理可領導企業將僱用身心障礙者成為策略計畫和企業價值的一部分，並以此領導者成為企業界的典範。在實施大量身心障礙員工僱用計畫後，企業可與他人分享成功經驗與價值，包括合作的協力廠商，進一步也能讓其他企業仿效。

市場導向的管理

　　我們已經討論了企業情境的市場脈絡和管理架構。在這節裡我們將討論結合市場和企業的行銷過程。廣義來說，行銷可以定義為個人或機構在經濟市場所採取的任何行動，為能與他人或其他機構發展交易的關係（Holloway & Hancock, 1968）。買賣的目的是盈利，行銷讓買賣方的關係成形，設定最大盈利的目標。

　　行銷的概念起因於市場逐漸變得多元充滿競爭，直到 1950 年代行銷還是產品導向，以現有產品來刺激消費者的需求是當時行銷的主要功能。當時的行銷強調廣告和銷售，使用促銷活動作為行銷計畫相當受到歡迎，企業的目標是增加銷售量。此時行銷的概念在廣度上相當侷限，和企業的其他功能也分離。

　　當戰後市場和嬰兒人數大為成長，行銷的概念出現新的意義，企業開始將行銷的焦點從產品轉移到消費者。行銷涵蓋的重點變得更寬廣，還包括了研究與開發、工程（engineering）和生產。透過行銷可讓企業盈收獲利。行銷不再只是行銷本身，而成為企業功能中資源安排的一種策略，行銷不再只是銷售的附屬品，已成為企業經營的理念（Webster, 1994），行銷和創新因此成為企業策略計畫的一部分（Drucker, 1982）。透過行銷（Sandhusen, 1987），管理可以：(1) 蒐集、分析和傳播現今產品在市場上之狀況和趨勢，以及配合市場趨勢達成獲利目標之內部的優劣勢能力；(2) 辨認拓展市占率的機會，以及穩定市占率的威脅；(3) 藉由目標市場、產品和組織的改變，制定策略性的主動因應計畫，以開發市場機會及抵抗市場穩定的威脅；(4) 實行控管系統來評估並且報告市場行銷努力在目標達成上的結果，並依此結果作為策略調整的依據。

創新的角色

　　作為企業策略計畫的一部分，行銷就是變動管理（change management）。行銷需要創新以回應顧客的回饋。創新是企業為了至少能維持市占率或甚至理想上能拓展市場所做的任何改變。創新可能意謂在目標市場上的改變。企業要能擴增市占率，可以增加對現有目標市場之滲透力，增加新的目標市場，或轉移行銷到其他的目標市場。

　　行銷的創新能改變企業對目標市場「提供的內容」，包括四個部分（Sandhusen, 1987）：產品、產品價格、產品位置及產品促銷。管理能操控這四個部分的品質以增進市場需求。產品創新即新產品的生產及現有產品的改善，價格創新則是透過調整價格或新的付費方式改變購買特性。產品位置創新為改變鋪貨地點、時間和遞送給消費者的方式。間接和直接的商品促銷創新改變溝通策略以吸引消費者。間接的促銷是針對目標市場，大體上利用公眾活動與多數利用廣告來進行。直接的促銷則是將目標設定在特定的消費者上，包括銷售時的上市、折扣價、截止等方式的改變。直接的促銷也與維持顧客滿意度有關。企業成長的策略就是目標市場及提供內容這兩方面的創新（Webster, 1994）。

　　行銷會激勵管理在結構上的創新。企業行銷哲學有此認為：架構跟隨策略改變（Webster, 1994）：當市場和產品隨著消費者價值而變化時，企業也該持續進行內部架構、作業流程和資源上的改善（Walton, 1988）。行銷改變企業決策方式，驅使企業在計畫和組織上的改變。管理上的決策有三種類型：操作性的決策（operational decisions）支配組織內的資源分配；行政性的決策（administrative decisions）支配組織的運作流程和物理性的結構；策略性的決策（strategic decisions）聚焦在企業和市場之間的關係（即銷售哪些產品和進入哪些市場）。企業面對獲利問題若欠缺堅實行銷基礎，傳統上便會操作性地進行組織內部資源重新分配。如果問題仍無法解決，便會透過改變企業行政運作流程和組織架構的方式來回應。企業最後的方法則是諮詢消費者以發展未來的策略。市場導向的管理反轉此種決策順序，任何決策與計畫取決於消費者調查結果，行政上與操作性的決定會跟著調整。生產的結構和流程會因應消費者需求而做調整。

　　Deming（1982）是市場導向管理的首要倡議者。Deming 引進「小樣本統計法」進行品管，藉由此科學性的管理方式，發展出內部策略創新的方法。這個讓品質能持續改善的方法是消費者導向，以及員工和管理部門彼此雙向承諾所促成。Deming 的方式是將企業架構與市場創新連結，這項新的市場導向管理的想法已經進入復健領域（見 Finitzo & Grosse, 2003），且已經發展出許多新的模式，這些模式皆視系統性改變為組織應有的功能（見 George & Weimerskirch, 1994）。

405

行銷對職業重建的啟示

　　行銷概念已經影響職業重建實務多年（Corthell & Boone, 1982; Fabian, Luecking, & Tilson, 1994），但在職業重建領域仍未能統整進管理的架構中。這個專業術語在傳統復健文獻中的同義字是「廣告」或「銷售」，少有人覺察到此概念與管理有很深的相關或在策略上的意義。以此有限方式去理解行銷的詞義，並不能產生有意義的改變，然而若能將行銷與管理結合，行銷將會有所轉變，當職業重建進入企業的情境脈絡中，行銷概念也要有所轉變。

406

　　這樣的轉變如果發生的話，將來自消費者的要求。最近來自微軟公司、IBM、麥當勞、迪士尼、Walmart 和摩根大通銀行（J.P. Morgan Chase）與其他相關公司的領導者，和教育部門〔美國職業重建服務管理局、特殊教育暨復健服務司（Office of Special Education and Rehabilitative Services, OSER）〕、勞工部門〔身心障礙就業政策司（Office of Disability Employment Policy, ODEP）〕和輔助性科技產業協會合作，共同規劃出改善身心障礙者就業的策略藍圖（Assistive Technology Industry Association & U.S. Business Leadership Network, 2007）。這些公司清楚表達他們的需求，這樣的動作也顯露出企業需要職業重建可以針對這些需求以商業的角度回應。企業希望看到身心障礙者具備進入就業市場潛力的證明。這些企業並且請職業重建機構能了解商業的動機、語言和實況，作為後續行動的參考。企業渴望擁有功能性網絡，讓其可以連接到身心障礙社群，以及可幫助其接觸及利用複雜的聯邦方案之領航者。企業需要資源提供可靠的資訊，以使其能符合法律規範並在實務操作上具實證基礎。企業也需要管道徵詢專家的意見，以協助形成策略計畫與決策。他們並且需要有用的數據證明職業重建投資的報酬情形。上述這些來自需求端市場（demand-side market）的力量將形塑未來職業重建服務的樣貌。

　　為了能回應來自企業的要求，職業重建有必要考量將行銷置於人力資源介面之上。要能擁抱企業這個重要顧客，職業重建專業必須擴大企業服務的範疇，從地方級的合作策略，如就業促進（如 Easterly & McCallion, 2007; Krupa, Lagarde, & Carmichael, 2003）與安置服務（Gilbride, Mitus,

Coughlin, & Scott, 2007）上的合作，延伸拓展到區域級的和國家級的策略考量上。第32期出版的職業重建議題論壇主題「職業重建—企業網絡：許你一個前景」（The VR-Business Network: Charting Your Course）（Anderson et al., 2006），致力鼓吹認同成立單一的職業重建聯盟公司。這個計畫打算將80個州立職業重建機構（state VR agencies）組織成一家實質的公司，即一家「職業重建—企業網絡」公司，並在州、區域和國家層級皆有單一接觸的點（或代表人）。在這個計畫中所描述的架構中採用了商業用語、顧客和市場導向、對結果承諾的領導、可驅使服務內容與結構發展的行銷策略、持續性的品質改善和以結果為導向的流程管理。與企業建立多層級的合作可以為直接服務、計畫性及政策性的處遇，提供一個創新和實證實務發展的情境。全國各層級機構間的合作連結，讓區域性機構可以有全國性的指標供學習（見 Ceniceros, 2004），也有方案發展尋求技術協助時所需的網絡。全國性網絡的建立可以提供現今職業重建專業所欠缺之全國性和跨國合作之對話平台。

結論

　　行銷所意涵的理念已侵入職業重建服務和管理的領域。我們開始了解到職業重建專業不僅不能與商業領域分離，事實上還要全面地參與。職業重建有一個關鍵的目標，那就是身心障礙者就業的結果。身心障礙者長久以來處於低就業情形（Rehabilitation Research and Training Center on Disability Demographics and Statistics, 2007），職業重建若僅能達到些許提高就業這種極微小的成功（minimal success）（Berkowitz, 1988; D. L. Smith, 2007），已不足以支撐聯邦政府投注經費的合理性；大眾要求更具生產力的職業重建模式以及擴大的身心障礙者勞動市場。

　　本章略述兩個應用商業經營原則的路線供思考。第一條路線導向專為企業設計的新產品。在行銷理念下，「乞求—安置—祈禱」的就業安置方式不應存在（Fabian et al., 1994）。在行銷的理念下，創新不僅起於與人力資源管理建立工作關係的最初接觸，同時會與管理的每個功能連結，最後在勞動和消費市場造成影響。第二條路線則為此專業帶來新的結構。市場導向管理揭示了企業為職業重建服務的對象，要求職業重建在思維和行

為上也要如同企業一般。職業重建能從現代企業管理中學習很多，但內部創新的樣貌仍尚未得見。最後必須提的，因為職業重建基本的任務將永遠是身心障礙者充分的與社區融合，而不是追求最大的利潤，職業重建需在企業情境中變身，但其核心價值則必須保持不變，而這也可能是職業重建專業最終帶給企業夥伴們最大的價值所在。

參考文獻

Akabas S. H., Gates, L. B., & Galvin, D. E. (1992). *Disability management: A complete system to reduce costs, increase productivity, meet employee needs and ensure legal compliance.* New York: AMACOM.

Americans with Disabilities Act of 1990, 42 U.S.C. § 12101 et seq.

Ammenheuser, M. (2000). Bank sued by advice groups for the blind. *Bank Systems and Technology, 37*(8), 12.

Anderson, P., Bradshaw, H., Colvin, C., Dickerson, D., Evans, J., Johnson, G., et al. (2006). *The VR-business network: Charting your course* (Institute on Rehabilitation Issues Monograph No. 32). Hot Springs, AR: Center for the Utilization of Rehabilitation Resources for Education, Networking, Training and Service.

Aronson, P. (2000). Disability settlement sets record. *National Law Journal, 23*(1), B1, B4.

Arthur, D. (1991). *Recruiting, interviewing, selecting, and orienting new employees* (2nd ed.). New York: AMACOM.

Asher, J. J., & Sciarrino, J. A. (1974). Realistic work samples: A review. *Personnel Psychology, 27*, 519–534.

Assistive Technology Industry Association, & U.S. Business Leadership Network. (2007, November). *Roadmaps for enhancing employment of persons with disabilities through accessible technology.* Retrieved February 22, 2008, from http://www.usbln.org/news/PDFs/Roadmap%20%20Final%20%20Ehancing %20Employment%20of%20PWD%20_Full%20Report_%20_D0164980_.pdf

Bagshaw, M. (2004). Is diversity divisive? A positive training approach. *Industrial and Commercial Training, 36*(4), 153.

Baldwin, M., & Johnson, W. (1998). Dispelling the myths about work disability. In T. Thomason & D. E. Hyatt (Eds.), *New approaches to disability in the workplace* (pp. 39–61). Ithaca, NY: ILR Press.

Ball, P., Monaco, G., Scmeling, J., Schartz, H., & Blanck, P. (2005). Disability as diversity in Fortune 100 companies. *Behavioral Sciences and the Law, 23*(1), 97.

Barron, J., & Bishop, J. (1985). Extensive search, intensive search, hiring costs: New evidence on employer hiring activity. *Economic Inquiry, 23*, 363–382.

Basset-Jones, N. (2005). The paradox of diversity management, creativity and innovation. *Creativity and Innovation Management, 14*(2), 169–175.

Bedian, A. G. (1989). *Management* (2nd ed.). New York: Dryden.

Bedian, A. G. (1994). Organization theory: Current controversies, issues, and directions. In C. L. Cooper & I. T. Robertson (Eds.), *Key reviews in managerial psychology: Concepts and research for practice* (pp. 321–353). New York: Wiley.

Berkowitz, E. (1988). The cost-benefit tradition in vocational rehabilitation. In M. Berkowitz (Ed.), *Measuring the efficiency of public programs: Costs and*

408

benefits in vocational rehabilitation (pp. 10–28). Philadelphia: Temple University Press.

Bills, D. (1990). Employers' use of job history data for making hiring decisions: A fuller specification of job assignment and status attainment. *Sociological Quarterly, 31*, 23–35.

Blanchard, M., & Tager, M. J. (1985). *Working well: Managing for health and high performance*. New York: Simon & Schuster.

409   Bruyère, S., Erickson, W., & VanLooy, S. (2006). The impact of business size on employer ADA response. *Rehabilitation Counseling Bulletin, 49*(4), 194–206.

Callahan, M., & Garner, J. (1997). *Keys to the workplace: Skills and supports for people with disabilities*. Baltimore: Brookes.

Campbell, D., & Ilgen, D. (1976). Additive effects of task difficulty and goal setting on subsequent task performance. Journal of Applied Psychology, *61*, 319–324.

Ceniceros, R. (2004). Productivity tool improves employer's labor relations. *Business Insurance, 38*(33), 17.

Chandler A. D., Jr. (1981). Strategy and structure. In M. Jelinek, J. A. Litterer, & R. E. Miles (Eds.), *Organization by design: Theory and practice* (pp. 23–46). Plano, TX: Business Publications.

Child, J. (1972). Organizational structure, environment, and performance: The role of strategic choice. *Sociology, 6*, 1–22.

Corthell, D., & Boone, L. (1982). *Marketing: An approach to placement*. Menomonie, WI: Research and Training Center, Stout Vocational Rehabilitation Institute.

Dakin, S., & Armstrong, J. S. (1989). Predicting job performance: A comparison of expert opinion and research findings. *International Journal of Forecasting, 5*, 187–194.

Davis, T. (1991). Using psychotherapy to deal with mental health problems in organizations. *Business Horizons, 34*, 56–67.

Day, D. V., & Silverman, S. B. (1989). Personality and job performance: Evidence of incremental validity. *Personnel Psychology, 42*, 25–36.

Deci, E. L., & Ryan, R. M. (1980). The empirical exploration of intrinsic motivational processes. In L. Berkowitz (Ed.), *Advances in experimental social psychology* (pp. 39–80). New York: Academic Press.

Deming, W. (1982). *Out of crisis*. Cambridge, MA: MIT Press.

Donaldson, L., & Scannell, E. (1987). *Human resource development: The new trainer's guide* (2nd ed.). Reading, MA: Addison-Wesley.

Drucker, P. (1982). *The practice of management*. New York: Harper & Row.

Druss, B. G., Rosenheck, R. A., & Sledge, W. H. (2000). Health and disability costs of depressive illness in a major U.S. corporation. *American Journal of Psychiatry, 157*, 1274–1278.

Easterly, L., & McCallion, P. (2007). Affirmative business: Examining the relevance of small business research. *Journal of Rehabilitation, 73*(1), 13–21.

Eisen, P., Jasinowski, J., & Kleinert, R. (2005). *2005 skills gap report—a survey of the American manufacturing workforce.* Retrieved February 11, 2008, from http://www.nam.org/s_nam/bin.asp?CID=89&DID=235731&DOC=FILE.PDF

Emery, J. C. (1969). *Organizational planning and control systems: Theory and technology.* London: Collier-Macmillan.

Fabian, E., Luecking, R., & Tilson, G. (1994). *A working relationship: The job development specialist's guide to successful partnerships with business.* Baltimore: Brookes.

410

Fiedler, F. (1986). The contribution of cognitive resources and behavior to organizational performance. *Journal of Applied Social Psychology, 16,* 532–548.

Fiedler, F., & Garcia, J. E. (1987). *New approaches to effective leadership: Cognitive resources and organizational performance.* New York: Wiley.

Fiedler, F., & House, R. J. (1994). Leadership theory and research: A report of progress. In C. L. Cooper & I. T. Robertson (Eds.), *Key reviews in managerial psychology: Concepts and research for practice* (pp. 97–116). New York: Wiley.

Finitzo, T., & Grosse, S. (2003). Quality monitoring for early hearing detection and intervention programs to optimize performance. *Mental Retardation and Developmental Disabilities, 9,* 73-78.

Fisher, C. D., Schoenfeldt, L. F., & Shaw, J. B. (1999). *Human resource management* (4th ed.). New York: Houghton Mifflin.

Foti, R. J., Fraser, S. L., & Lord, R. G. (1982). Effects of leadership labels and prototypes on perceptions of political leaders. *Journal of Applied Psychology, 67,* 326–333.

George, S., & Weimerskirch, A. (1994). *Total quality management: Strategies and techniques proven at today's most successful companies.* New York: Wiley.

Gilbride, D., Mitus, J., Coughlin, J., & Scott, V. (2007). The consortium for employment success: Collaboration as a strategy to optimize employment outcomes for people with disabilities. *Journal of Rehabilitation, 73*(3), 45–55.

Gilbride, D., & Stensrud, R. (1992). Demand-side job development: A model for the 1990s. *Journal of Rehabilitation, 51,* 34–39.

Granovetter, M. (1984). Placement as brokerage: Information problems in the labor market for rehabilitation workers. In D. Vandergoot & J. Worral (Eds.), *Placement in rehabilitation* (pp. 83–101). Austin, TX: PRO-ED.

Greenberg, J. (1982). Approaching equity and avoiding inequity in groups and organizations. In J. Greenberg & R. L. Cohen (Eds.), *Equity and justice in social behavior* (pp. 389–436). New York: Academic Press.

Gutteridge, T. (1986). Organizational career development systems: The state of the practice. In D. T. Hall (Ed.), *Career development in organizations* (pp. 50–94). San Francisco: Jossey-Bass.

Haas, R. (1993). The corporation without boundaries. In M. Ray & A. Rinzler (Eds.), *The new paradigm in business: Emerging strategies for leadership and organizational change* (pp. 101–106). New York: Putnam.

Habeck, R. V., & Hunt, H. A. (1999). Disability management perspectives. *American Rehabilitation, 25,* 18–25.

Hackman, J. R., & Oldham, G. (1976). Motivation through the design of work: Test of a theory. *Organizational Behavior and Human Performance, 16,* 250–279.

Hanley-Maxwell, C., & Millington, M. (1992). Enhancing independence in supported employment. *Journal of Vocational Rehabilitation, 2*(4), 51–58.

Harder, H. G., & Scott, L. R. (2005). *Comprehensive disability management.* London: Elsevier.

Harnett, C. A. (2000). Disability: Learning from the other guy's mistakes. *Business and Health, 18*(9), 25–27.

Hattrup, K., & Schmitt, N. (1990). Prediction of trades apprentices' performance on job sample criteria. *Personnel Psychology, 43,* 453–466.

Haynes, S., Black, B., & Shackelford, S. (2007). Safety regulations and the employment of people with disabilities in automated manufacturing environments. *Journal of Rehabilitation, 73*(1), 38-46.

Hickson, D. J., Butler, R. J., Cray, D., Mallory, G. R., & Wilson, D. C. (1986). *Top decisions: Strategic decision-making in organizations.* Oxford, United Kingdom: Basil Blackwell.

Holloway, R. J., & Hancock, R. S. (1968). *Marketing in a changing environment.* New York: Wiley.

House, R. J. (1971). Path-goal theory of leader effectiveness. *Administrative Science Quarterly, 16,* 321–338.

Hrebiniak, L. G., & Joyce, W. F. (1985). Organizational adaptation: Strategic choice and environmental determinism. *Administrative Science Quarterly, 30,* 336–349.

Jelinek, M., Litterer, A., & Miles, R. E. (1981). Designing jobs and organizational units. In M. Jelinek, J. A. Litterer, & R. E. Miles (Eds.), *Organization by design: Theory and practice* (pp. 325–331). Plano, TX: Business Publications.

Jones, J. (2000). Users with disabilities push high-tech limits. *InfoWorld, 22*(36), 37.

Kanfer, R. (1994). Work motivation: New directions in theory and research. In C. L. Cooper & I. T. Robertson (Eds.), *Key reviews in managerial psychology: Concepts and research for practice* (pp. 1–53). New York: Wiley.

Kanfer, R., Sawyer, J., Earley, P. C., & Lind, E. A. (1987). Fairness and participation in evaluation procedures: Effects on task attitudes and performances. *Social Justice Research, 1,* 235–249.

Kleiman, C. (2005, January 9). So, is talk of diversity just that: Talk? *Knight Ridder Tribune News,* p. 1.

411

Knippen, J., & Green, T. (1990). Coaching. *Management Accounting, 71*, 36–38.

Koopman, P. L., & Pool, J. (1994). Decision making in organizations. In C. L. Cooper & I. T. Robertson (Eds.), *Key reviews in managerial psychology: Concepts and research for practice* (pp. 189–236. New York: Wiley.

Krupa, T., Lagarde, M., & Carmichael, K. (2003). Transforming sheltered workshops into affirmative business: An outcome evaluation. *Psychiatric Rehabilitation Journal, 26*(4), 359–367.

Kurlander, P., Fargo, W., & Kurlander, K. (2004). Disabilities in the workplace: Creating competitive advantages. *Workspan, 47*(8), 42–46.

Latham, G. P., & Frayne, C. A. (1989). Self-management for increasing job attendance: A follow-up and replication. *Journal of Applied Psychology, 74*, 411–416.

Leigh, J., Markowitz, S., Fahs, M., & Landrigan, P. (2000). *Costs of occupational injuries and illnesses.* University of Michigan Press: Ann Arbor.

Lerner, D., Adler, D., Chang, H., Lapitsky, L., Hood, M., Perissinotto, C., et al. (2004). Unemployment, job retention, and productivity loss among employees with depression. *Psychiatric Services, 55*,1371–1378.

Locke, E. A., Shaw, K. N., Saari, L. M., & Latham, G. P. (1981). Goal setting and task performance: 1969–1980. *Psychological Bulletin, 90*, 125–152.

Malkine, G. (2008). *Sweet chariot.* Retrieved February 23, 2008, from http://www.standardtaxi.com/documents/sweetchariot.pdf

Manpower, Inc. (2006). *Talent shortage and wage inflation survey global results.* Retrieved February 11, 2008, from http://files.shareholder.com/downloads/MAN/237477049x0x131919/158e0ecf-0ed6-4202-8ef929aa7cb35587/Talent_Wages_SurveyResults_2006_FINAL.pdf

McClelland, D., & Burnham, D. (1976). Power is the great motivator. *Harvard Business Review, 54*(2), pp. 100-110.

McConnell, C. (1981). *Economics: Principles, problems, and policies* (8th ed.). New York: McGraw-Hill.

Millington, M. J., & Strauser, D. R. (1998). Planning strategies in disability management. *Work, 10*, 261–270.

Mintzberg, H. (1988). Opening up the definition of strategy. In J. B. Quinn, H. Mintzberg, & R. M. James (Eds.), *The strategy process: Concepts, contexts, and cases* (pp. 13–20). London: Prentice Hall.

O'Hara, B. (2004). Employment discrimination against women with disabilities. *Journal of Disability Policy Studies, 15*, 27–34.

Open Door Organization. (2005). Disability travel on the rise despite barriers to access. Retrieved February 20, 2008, from http://opendoorsnfp.org/_wsn/httpage3.html

Polk, C. (2000). Office machines everyone can use. *Government Executive, 32*(9), 85–86.

Pransky, G. (2000). Disability: From research to reality. *Human Resource Professional, 13*(4), 21–23.

Raju, N. S., Burke, M. J., & Normand, J. (1990). A new approach for utility analysis. *Journal of Applied Psychology, 75*, 3–12.

Rehabilitation Research and Training Center on Disability Demographics and Statistics. (2007). *2006 Disability Status Report*. Ithaca, NY: Cornell University.

413   Robertson, I. T., Gratton, L., & Rout, U. (1990). The validity of situational interviews for administrative jobs. *Journal of Organisational Behavior, 11*, 69–76.

Roessler, R., Neath, J., McMahon, B., & Rumrill, P. (2007). The relationship of selected supply- and demand-side factors to forms of perceived discrimination among adults with multiple sclerosis. *Rehabilitation Counseling Bulletin, 50*, 203–215.

Roman, R. (1988). From employer alcoholism to employee assistance. In F. Dickman, B. Challenger, W. Emener, & W. Hutchinson (Eds.), *Employee assistance programs: A basic text* (pp. 54–84). Springfield, IL: Thomas.

Ross, C. (1985). Supervision theory: A prescription for practice. In T. Riggar & J. Lorenz (Eds.), *Readings in rehabilitation administration* (pp. 78–88). Albany: State University of New York Press.

Rothstein, H. R., Schmidt, F. L., Erwin, F. W., Owens, W. A., & Sparks, C. P. (1990). Biographical data in employment selection: Can validities be generalizable? *Journal of Applied Psychology, 75*, 175–184.

Sandhusen, R. (1987). *Marketing* (2nd ed.). Hauppauge, NY: Barrons's Educational Series.

Sarkis, K. (2000). Survey figures total health productivity costs per employees. *Occupational Hazards, 62*(6), 26.

Sartain, A., & Baker, A. (1978). *The supervisor and the job* (3rd ed.). New York: McGraw-Hill.

Schair, S. (2000). Navigating the ADA and disability maze. *HR Focus, 77*(7), 10–11.

Schein, E. (1992). *Organizational culture and leadership*. San Francisco: Jossey-Bass.

Shrey, D. (2006). Disability management and return-to-work coordination. *The Rehabilitation Professional, 14*(4), 28–29.

Sipkoff, M. (2006). Depression is prevalent and pernicious, costing employers billions each year [Electronic version]. *Depression in the Workplace, 1*(1), 4–8.

Smith, B., Povall, M., & Floyd, M. (1991). *Managing disability at work: Improving practice in organizations*. London: Jessica Kingsley.

Smith, D. L. (2007). The relationship of type of disability and employment status in the United States from the Behavior Risk Factor Surveillance System. *Journal of Rehabilitation, 73*(2), 32–40.

Smith, M., & George, D. (1994). Selection methods. In C. L. Cooper & I. T. Robertson (Eds.), *Key reviews in managerial psychology: Concepts and research for practice* (pp. 54–96). New York: Wiley.

Smith, R. (1983). The development of human resources: HRD as a growing field. *Caps Capsule, 4*, 2–5.

Stensrud, R. (2007). Developing relationships with employers means considering the competitive business environment and the risks it produces. *Rehabilitation Counseling Bulletin, 50*, 226–237.

Szabo, J. (1990). Learning at work. *Nation's Business, 78*, 27–38.

Taylor, F. W. (1911). *The principles of scientific management.* New York: Harper.

Teicher, S. A. (2003, September 29). Ready, willing, and working: Some employers are not only accommodating, but actively recruiting disabled employees. *Christian Science Monitor*, p. 13.

Thomas, R. R., Jr. (1991). *Beyond race and gender: Unleashing the power of your total work force by managing diversity.* New York: Amacom.

Thomas, K., & Berven, N. (1990) Providing career counseling for individuals with handicapping conditions. In N. Gysbers & Associates (Eds.), *Designing careers* (pp. 403–432). San Francisco, CA: Jossey-Bass.

Thomason, T., Burton, J. F., & Hyatt, D. E. (1998). Disability in the workplace. In T. Thomason & D. E. Hyatt (Eds.), *New approaches to disability in the workplace* (pp. 1–37). Ithaca, NY: ILR Press.

Vandergoot, D. (1987). Review of placement research literature: Implications for research and practice. *Rehabilitation Counseling Bulletin, 21*, 243–272.

Vroom, V. H., & Yetton, P. W. (1973). *Leadership and decision-making.* Pittsburgh: University of Pittsburgh Press.

Walton, M. (1988). *The Deming method.* New York: Putnam.

Wanous, J. P. (1980). *Organizational entry: Recruitment, selection, and socialization of newcomers.* Reading, MA: Addison-Wesley.

Webster, F. E., Jr. (1994). *Market-driven management: Using the new marketing concept to create a customer-oriented company.* New York: Wiley.

Wright, G. (1980). *Total rehabilitation.* Boston: Little, Brown.

Zielinski, D. (2000). The age of access: How technology is opening the stage to people with disabilities. *Presentations, 14*(9), 40–51.

414

支持性就業

Cheryl Hanley-Maxwell、Kristin Maxwell、

Ellen Fabian 與 Laura Owens　著

陳靜江　譯

支持性就業始於 1970 年代後期（Rusch & Braddock, 2004），且在 1980 年代蓬勃發展。現今我們知道它是一個促使重度身心障礙者在他們居住的社區獲得與維持就業的有效且符合成本效益的方式（Johnson, 2004；Revell, Kregel, Wehman, & Bond, 2000; Wehman, Revell, & Brooke, 2003）。

在初始，支持性就業的發展重點是在改善中度、重度，或極重度智能障礙者就業有關之成果。它企圖回答重度身心障礙者是否能在庇護性工作環境以外的真實工作中就業相關問題（Brooke, Wehman, Inge, & Parent, 1997）。支持性就業係基於競爭性就業允許所有的工作者得以賺取薪資與獲得津貼，從而促進更多獨立性與進入社區的信念。

支持性就業假設所有人不管是何種身心障礙類型或嚴重程度都是可在一般職場真正的工作中就業的。此外，支持性就業者（supported employees）有資格和那些與他從事同樣或類似職務的同事一樣得到等量的薪資與津貼。

為了盡可能擴大工作者成功的機會，支持性就業提供者重視他或她的長處與能力，以取代其身心障礙，且提供所需之支持以達到就業目標。這些支持必須以支持性就業者的喜好與需求為基礎，且能提高員工對工作選擇和所獲得之支持的類型與程度的控制（Revell et al., 2000; Wehman, 2003）。

在社區從事有意義且具有生產性的工作能促進一個人的自尊與尊嚴。支持性就業倡導者相信從事真實的工作，能讓身心障礙者建立進入社區與取得社會機會所需的社會與經濟資產。就業促進了新的友誼與社群支持的發展。與社區的網絡連結而成為被社區所接納與重視的一員，對所有

人而言都是非常重要的,也是持續自我成長所必需的(Revell et al., 2000; Wehman, 2003)。

社區也能從支持性就業獲益。藉由參與有酬勞的社區就業,個體能以繳稅、購買東西與服務的方式來貢獻社區。有酬勞的就業也增進一個人的能力而減少依賴或不再依賴政府的補助金(Revell et al., 2000; Wehman, 2003)。此外,在工作及社區所發展的關係有助於社區人士對身心障礙者的接納與尊敬(Revell et al., 2000; Wehman, 2003),因而減少污名化。

支持性就業的創始與精緻化受到許多支持性法案的影響。早期在1950年代給智能障礙學生的工作方案即為支持性就業背後的想法奠下根基。1970年代與1980年代早期的立法則紮下理念與實務的根基,使支持性就業能成為一種復健方案(Rusch & Hughes, 1990)。這些立法包括1973年復健法(Rehabilitation Act of 1973)的503與504節,1975年的全體身心障礙兒童教育法案(Education for All Handicapped Children Act of 1975)、1978年的特定職業減免稅額條例(Target Jobs Tax Credit of 1978)、1973年綜合性就業訓練法(Comprehensive Employment Training Act of 1973),以及1983年工作訓練夥伴法案(Job Training Partnership Act of 1983)。奠基於這些基本的法規,支持性就業成為聯邦法規1984年發展性障礙協助與人權法案(Developmental Disabilities Assistance and Bill of Rights Act of 1984)的一部分(Rusch & Hughes, 1990; Wehman, 1996)。透過1986年的復健法修正案,它第一次得到公有的經費(Wehman, Revell, & Kregel, 1998),並成為聯邦—州政府職業復健方案的一部分(Rusch & Braddock, 2004; Unger, Parent, Gibson, Kane-Johnston, & Kregel, 1998);接續在人權〔1990年美國身心障礙者法案(Americans with Disabilities Act (ADA) of 1990)〕、教育〔身心障礙者教育法案(Individuals with Disabilities Education Act (IDEA) of 1990)IDEA Amendnents of 1997〕、勞工〔1998年勞動力投資法(Workforce Investment Act of 1998)〕;1999年工作券與工作誘因促進法(Ticket to Work and Work Incentives Improvement Act (TWWIIA) of 1999)〕,與復健〔1992與1998年復健法修訂案(Rehabilitation Act Amendments of 1992, 1998)〕領域的立法,使得支持性就業方案與實務更細緻了。在2001年,美國職業重建服務管理局修訂了法規中規範州職

業復健方案的「就業成果」定義。這個修訂導致只有「在融合性的地方就業」才是合適的就業成果（州職業復健服務方案最終規定，引自 Wehman et al., 2003）。

　　在初始的十年，支持性就業快速成長到有 3,600 個機構（Kregel, 1997），提供支持性就業服務給 14 萬個有各種身心障礙狀況的就業者（Wehman et al., 1998）。這些工作者每年大約共收入 7 億 6,800 萬。一個縱貫性復健服務方案的研究結果的統計資料顯示「有 31.9% 智能障礙消費者、12.8% 的創傷性腦傷消費者，與 10.7% 的精神疾病消費者」（p. 6）接受支持性就業服務（Hayward & Schmidt，引自 Schaller & Yang, 2005）。雖然在過去十年支持性就業的成長緩慢，但它的服務方案與服務人數仍持續成長（Rusch & Braddock, 2004），且已成為全世界提供給身心障礙成人的服務選項（Wehman & Bricout, 2001）。因此，支持性就業是任何工作與身心障礙的討論中重要的一部分。本章的目的在透過定義支持性就業與其核心特色，描述支持性就業的常見模式以及其服務，將支持性就業介紹給讀者。

支持性就業的定義與核心特徵

　　目前支持性就業的定義是依據勞動力投資法所包含的 1998 復健法修訂案（公法 105-220，第四章，第六節，第 35 與 36 部分）。支持性就業係指：

> 　　個體在融合的工作場所從事競爭性工作，或是在融合的工作場所朝競爭性的工作邁進，且該工作與個人的長處、資源、優先次序、關切、才幹、潛力、興趣，以及被告知後的選擇是一致的，對有最顯著身心障礙者——(i)(I) 在傳統上未曾有過競爭性就業；或 (II) 因其顯著的身心障礙導致競爭性就業被中斷或時斷時續；以及 (ii) 因障礙的本質與嚴重度，需要在 (36)(C) 段所描述之期間與任何擴展期獲得深度的支持性就業服務，與在 (13)(C) 所敘述之轉銜後展期服務以便能執行其工作……「支持性就業服務」一詞意指對於一位接受支持性就業的最顯著身

417

418

心障礙者，提供持續性支持服務及其他能支持與維持其就業所需的服務，這些——(A) 是個別或組合且是有組織的以可行的方式來協助一位符合資格者達成競爭性就業；(B) 是以根據一位符合資格者的需求所擬訂的個別化就業計畫（individualized plan for employment）為依據；以及 (C) 由指定的州單位提供一段時間但不超過 18 個月的服務，除非在特殊狀況下，為了達成個別化就業計畫之目標，經由符合資格者與復健諮商師或協調者共同同意才得以延展服務期程。

雖然轉銜性就業是另一種型態的就業模式，但公法 105-220 第四章第六節的第 35 部分有關支持性就業的定義仍然有涵蓋給精神疾病者的轉銜性就業。然而，很重要的是要注意這種給精神疾病者的轉銜性就業與支持性就業在其所支撐的理念與實務兩方面都是非常不一樣的（Bond et al., 2001）。

多年來，支持性就業在各種方式及在幾種模式的脈絡下運作；然而，所有這些做法不一的支持性就業方式仍必須遵守四個核心特徵。如 1987 年 8 月 14 日聯邦公報（Hanley-Maxwell, Szymanski, & Owens-Johnson, 1998）與 2001 年 1 月 17 日之聯邦公報所描述，支持性就業有四個核心特徵：(1) 競爭性就業；(2) 融合的情境；(3) 重度身心障礙工作者；(4) 持續性支持。1992 與 1998 年的定義也強調「長處、資源、優先次序、關切、才幹、潛力、興趣，與個人被告知後的選擇」（公法 105-220，第四章，第六節，第 35 部分，p. 175）。本節說明這四種伴隨消費者掌控概念的核心特徵。

競爭性就業

競爭性就業意指在當地社區職場工作。當潛在的員工需彼此競爭以取得空缺的工作稱之為競爭性的工作，員工在這些工作上所得之薪資是和那些在該社區從事同樣類型工作的人是一樣的，他們也得到任何相關的福利（Wehman & Kregal, 1992; Wehman et al., 2003）。除此，競爭性員工是被僱用他們的公司直接聘用、督導與給薪（Wehman et al., 2003）。

419

融合的情境

　　支持性就業的第二個核心特徵是融合，根據 1986 年復健法修正案之規定，當身心障礙員工與非障礙員工在一起工作就是融合。這意指身體的融合（physical integration）。融合在支持性就業必須還包含社會性的觀點，因此，員工不僅是生理上出現在工作地點，且還和非障礙者有接觸與關係，這些非障礙者並不是付錢請來的照顧者（意指：社會的融合；Wehman, 2003）。融合使得身心障礙工作者能與非障礙者建立關係，增進他們在較大的社群裡被接納與參與，繼而提升其生活素質（Wehman et al., 2003）。如前所述，美國職業重建服務管理局認為只有在融合的情境下就業才是一種滿意的工作成果（Wehman et al., 2003）。

重度身心障礙工作者

　　重度身心障礙工作者來自許多障礙類別（Wehman & Bricout, 2001），包括但不侷限於：智能障礙（Rusch & Braddock, 2004）、聾與聽力損傷（Danek, Seay, & Collier, 1989）、盲與視覺損傷（Hanley-Maxwell, Griffin, Szymanski, & Godley, 1990）、慢性精神疾病（Bond et al., 2001）、創傷性腦傷（Wehman, Targett, West, & Kregel, 2005; Wehman, Targett, Yasuda, McManus, & Briel, 2007）、自閉症（Garcia-Villamisar & Hughes, 2007; Schaller & Yang, 2005）、脊髓損傷（Targett, 2004）與腦性麻痺（Wehman & Bricout, 2001）。這些身心障礙標籤大部分是不相關的。這個特徵的主要觀點是，對於重度身心障礙者若沒有支持性的服務是無法獲得與維持競爭性就業的。再者，1998 年復健法修正案要求支持性就業服務之對象必須考慮那些極重度的身心障礙者。知道每位潛在消費者主要障礙類型與次要障礙，還有他或她的功能性能力、工作史與就業上的障礙，對於找出誰最適合支持性就業是重要的（Wehman et al., 2003）。

　　遺憾的是，雖然聯邦法規要求支持性就業必須服務最重度的身心障礙者，但是最近的資料顯示在實施上卻集中在其他對象（Wehman et al., 2003）。例如，有一份研究檢視研究對象背景資料顯示，輕度智能障礙消費者接受支持性就業服務可能性多於庇護性就業，而重度智能障礙消費者接受支持性就業服務的可能性反而少於庇護性就業（Kregel & Dean,

420

2002）。除此，Revell 等人（2000）指出州職業重建方案傾向不提供資源給最顯著障礙者。在一個美國職業重建服務管理局之資料開採研究（RSA-911 data-mining study）的樣本中，發現只有 86% 的個案是有重度身心障礙（Rosenthal, Chan, Wong, Kundu, & Dutta, 2005），顯示職業重建諮商師准許那些未符合聯邦定義之「最重度」者接受服務。取而代之的是，這些方案較傾向提供資源給那些較可能早點結案的人。

消費者掌控

授權賦能（empowerment），或消費者掌控，在職業重建已日趨重要（Wehmeyer, 2003），它是勞動力投資法和工作券與工作誘因促進法（Wehman et al., 2003）中不可或缺的一部分。正如其他職業重建服務，支持性就業提供者被要求在找工作與維持工作的服務過程的每一面向都要盡可能地達到消費者掌控。消費者在：(1) 選擇自己的工作；(2) 取得支持與服務的類型；以及 (3) 工作教練與服務提供者選擇上的掌控，可以使消費者對工作達到最大的滿意度（Parent, Kregel, & Johnson, 1996; Revell, 2005; Wehman et al., 2003）。即使已取得工作並習得工作技能後，在過程中消費者掌控仍應繼續進行。提供者需持續評量消費者對於工作與所提供之支持服務的滿意情形，進而根據滿意情形、消費者是否要繼續目前工作，以及消費者繼續目前工作的可能性來考慮對於工作或服務要做的調整（Wehman et al., 2003）。

促進消費者掌控始於由消費者確認其生涯目標與途徑（Sowers, McLean, & Owens, 2002）。要發展與實施所需的行動以達到生涯目標，需要讓消費者有取得所需之服務與經費（Revell, 2005），以及掌管其經費的機會（Sowers et al., 2002）。此外，消費者掌控要求必須提供支持性員工做選擇時所需的資訊、在多種工作或職業中做選擇的機會（例如，不要侷限於特定的生涯型態），以及選擇支持的方式與內容。做決定時能得到輔導與支持的機會，將使消費者能作出必要的選擇（Sowers et al., 2002）。

持續性支持

由於支持性就業是「有支持的就業」（Wehman et al., 2003, p. 169），

持續性支持的特徵使得支持性就業不同於其他復健服務。在支持性就業，基於支持性工作者身心障礙的本質與嚴重性，持續性支持並沒有時間限制。即在支持他或她工作的環境裡要提供給一個人與幾個人持續性的支持服務（如：督導，或工作夥伴）。 這些服務企圖透過協助個體與其同事和督導或工作環境順利的互動，以增加留任該工作的可能性，且這些服務包括了工作上與工作外的支持（Wehman et al., 2003）。州復健方案以外的資金來源必須用來支付超出復健法修正案所允許的最大時限的服務。

支持性就業模式

　　支持性就業模式基本上分為團體或個別模式（Wehman & Bricout, 2001）。在這些模式中，支持是由扮演工作教練的就業專員（employment specialist）直接提供，且是在就業場所或在社區既有的支持系統上。最常被使用的模式是個別安置模式（Wehman et al., 1998）。然而，由於個人、就業情境與社區之差異，當要符合支持性員工的需求時，應該考慮其他模式與支持資源（Hanley-Maxwell et al., 1997; Wehman et al., 2003）。任何被選擇的模式必須讓支持性就業者（消費者掌控）能有最大的掌控與增進他或她的獨立性（Hanley-Maxwell, Owens-Johnson, & Fabian, 2004; Wehman et al., 2003）。

　　本節描述支持性就業的團體與個別模式以及在每一種模式中最常見的支持架構。由於給精神疾病患者的支持性就業有略微不同的特性，因此我們以討論精神疾病患者之就業模式來結束本節。

422

團體模式

　　在支持性就業團體模式，一位工作教練或就業專員支持在同一工作點的一組工作者。在這種模式中，聯邦規範所謂「團體」是不超過八位身心障礙者（Hanley-Maxwell et al., 1997）。至於團體的配置會因支持性就業者所做的工作類型、操作工作的場所、融合的可及性與型態、所得的薪資與利益，而有所變化（Wolfe, 1992）。

　　基本上，團體模式會用於當個體因工作產能低、獨立技巧差，以及／或是呈現干擾行為，以至於不適用個別安置時。這些模式反映了他們對服

務對象以及對這些服務對象的獨立潛能持較低的期待，這種較低的期待被反映在這些模式倚賴工作教練持續在現場，無法逐漸褪除，以應付工作者強烈、每天的支持需求（Johnson & Rusch, 1990）。

團體模式比個別安置模式有更多限制，在此模式支持性工作者與非身心障礙員工只有有限的融合（Hanley-Maxwell et al., 1997）。由於融合的可能性有限，支持性就業提供者必須尋求其他方法來確保融合，例如，利用工作休息時間與午餐時間來幫助支持性就業員工與非障礙員工從事社會互動，以及透過在工作時間設計情境促使一般員工與支持性就業員工能有工作有關之互動（Hanley-Maxwell et al., 1997）。由於這些既有的融合限制使得團體模式成為嚴重批評的標靶。他們被指責凸顯支持性就業工作者的區別和障礙，而不是聚焦於工作者的長處與他們對工作場所的貢獻。除此，相較於個別模式，團體因每週提供較少的工時及低酬勞，似乎侷限了工作的益處（Hanley-Maxwell et al., 1997），因此，團體安置並不被認為是最好的支持性就業模式，且較少支持性工作者接受此模式之服務，雖然他們仍繼續服務全國 22.6% 的支持性工作者（Wehman et al., 1998）。接著討論兩種常見的團體安置模式：群組模式與機動性工作隊。

群組模式

群組模式（enclave）是一組人在特定就業場所集體完成一組工作任務。一個群組通常有五至八人在一個社區內的企業一起工作（Hanley-Maxwell et al., 1997; U.S. Department of Labor, 2007）。雖然雇主付群組就業員工薪水，但這些薪水是依支持性就業員工的產能而定（如：可能低於最低薪資），且這些員工基本上是由一位全職的工作教練來協助與督導（Brooke et al., 1997）。群組模式被認為比其他支持性就業員工更適合那些較重度及較具行為挑戰者（如：擾亂行為、刻板的行為）（Hanley-Maxwell et al., 2004; Mank, Rhodes, & Bellamy, 1986; Moon & Griffin,1988; Rhodes & Valenta, 1985）。

群組模式有兩種型態：聚集的與分散的。在聚集群組模式，所有身心障礙員工在同一地點工作。當群組模式是分散時，支持性就業員工是在同一建築物或就業場所但是是分散在不同的工作地點（Brooke et al., 1997; U.S. Department of Labor, 2007）。群組模式的就業員工給薪方式有兩種，

第一種是他們可以由支持性就業服務提供者給薪,當支持性就業機構是雇主,工作是與企業簽約,且群組就業員工是由支持性機構給付薪資與相關福利。第二種是群組模式就業員工可以由雇主給薪,在這個狀況下,工作不是由支持性機構簽約。取而代之的是,支持性就業員工去補既有的工作缺,且所補的工作缺數目是由支持性就業提供者與雇主協商而來的,再依這些員工職缺的工作內容分派給幾位身心障礙員工(如:一個或兩個職務可能被打散成幾部分,且由一個或更多位身心障礙員工來分擔這一部分或幾個部分)(Brookes et al., 1997; Hanley-Maxwell et al., 2004; President's Commission on Employment for People with Disabilities, 1987; Szymanski et al., 1987)。在所有的狀況下,都由一位工作教練在現場提供支持,所有工作都是在該企業營業場所內完成。要和非障礙員工融合是有限的;大多數環繞在群組模式就業員工身邊的都是身心障礙工作者。因此,支持性就業提供者被鼓勵要將群組模式員工放在雇主的各個工作場所,將他們與非障礙員工混在一起工作(Hanley-Maxwell et al., 1997)。

機動性工作隊

424

機動性工作隊(mobile crew)是流動於不同企業間來執行簽約性的服務(如:清潔服務,草地維護)。每一個工作隊包括一位工作教練提供所需的訓練與持續的支持性服務,且常持續取得另外的合約(Brookes et al., 1997; Department of Labor, 2007)。機動性工作隊是最多限制的支持性就業模式,在此模式中能給予和非障礙員工融合的機會是最少的(Kregel, Wehman, & Banks, as cited in Wolfe, 1992);因此,想辦法增進融合便很重要。有一個方法是僱用非身心障礙員工在同一工作隊,這些非障礙的員工不需要督導但卻必須和身心障礙員工一起工作。另一個增進融合的方法是將機動性工作的工作時間表安排在一般工作時間內(上午八點到下午五點),這樣便能促進與非障礙員工接觸的可能性(Hanley-Maxwell et al., 1997)。

個別模式

支持性就業個別安置模式更緊密的遵守支持性就業的基本價值,因為它在融合的工作中支持工作者(Hanley-Maxwell et al., 1997)。它被認

為是最少限制的模式，且是最普遍被使用的支持性就業模式（Wehman & Bricout, 2001）。

支持性就業個別模式特別論及支持性就業員工與特定工作場所間的關係。在個別安置模式，雖然可能有一個以上的支持性員工被雇主僱用，但每一個支持性就業員工都是被個別僱用，而非一個群組的一部分；他們所擔任的工作可能是既有的職務或客製化職務。一個最近才有的個別模式，是支持性的自我就業（supported self-employment）（Inge, Targett, & Griffin, 2007）。

客製化工作是為無法符合目前有出缺的工作之所有條件的消費者而發展出來的。客製化工作要求服務提供者用他們對消費者與潛在工作市場的知識，並根據每位消費者的個別長處與技能來商議「個別化」的工作職責。如此，每個工作都經過客製化而最能符合每位支持性就業員工的資質與技能，同時又能符合雇主的需求（Inge, 2005）。資源擁有權（resource ownership）被認為是客製化就業的做法之一，它意指當雇主付薪水給某人一份工作時，便可擁有其在完成該工作必備的設備與資產。假如這個人換了工作，那些資源便可跟著這個人到新的工作（Inge et al., 2007）。

支持性自我就業是指由重度障礙者自己經營小事業，且接受必要的支持性服務，以落實他們事業的功能。這被認為是另一種客製化就業（Inge et al., 2007）。「整個自我就業就是客製化的支持，其基本條件就是要有一個事業計畫、一個紮實的行銷計畫、管理技巧與資本」（Inge et al., 2007, p. 2）。自我就業包括：獨立控管的事業，以及在企業中的事業（Inge et al., 2007）。在企業中的事業是指個人在另一個企業體工作場所中的事業（例如：在足球場中賣運動衫，在特定的商場中賣手工糖果）。這個人在別人的企業中運作自己的事業，並不是由「母企業」給付其薪水（Inge et al., 2007）。

在個別模式中，就業專員致力於在各個不同的工作地點及工作外的支持，以協助支持性就業員工得到及保有工作。工作場所的支持形式是一個介於從完全由工作教練支持到完全是自然支持（意指那些支持是在該就業場所中自然可及的）的連續線。在此範圍內，工作教練將扮演不同的角色（從最少到最侵入性的）。工作教練可以提供給支持性就業者直接的指導，或只運用自然支持而不直接提供額外的支持。工作教練也可以提

出不同形式的支持給職場的同事使用，作為補充或取代工作教練的支持。在這些情況下，工作教練需要安排由同事提供支持（包括：教同事如何提供指導）以及視需要補充職場同事所提供之指導（Ohtake & Chadsey, 2003）。

　　雖然提供主要服務的責任可能由一位復健諮商師或個案管理員分擔，基本上提供主要服務的人還是就業專員（即工作教練）。在主要服務供應者的角色中，就業專員要確定有完成一個完整的評量，以及所有進一步的行動都是根據此評量與任何持續評量的結果。評量包括找出個別支持性就業者的興趣、目標、長處等，及找出與／或客製化潛在的工作。主要服務提供者也協助支持性工作者找工作與得到工作，確認並取得工作上的調整與輔助配備，以及訓練這支持性工作者與任何有關的同事與督導。當訓練完成時，就業專員遞減在就業場所的支持，但只要在服務計畫上有必要或取得協議的，就業專員仍應繼續提供所需之支持（Rogan, Banks, & Howard, 2000），換言之，就業專員主要負責所有評量工作發展、安置、訓練與持續的支持（Unger et al., 1998）。

　　當工作教練是主要的支持提供者時，就要確認支持性就業者在肢體上的融合。如前所述，肢體上的融合只是融合於工作場所的一部分，就業專員還必須採取步驟來保證社會的融合（Wehman, 2003）。其一就是運用基本上也適合於其他員工的支持與服務，或在該工作、家庭與社區中創造可運用的其他資源來提供支持與服務（如：同事）。藉由找出與運用職場實際可得的支持可促進社會性融合（Rogan et al., 2000）。有研究建議，由於工作教練的出現對社會融合有負面影響，工作教練可能增加了支持性就業者與眾不同的觀感，或被看成是支持性就業者的一個仲介者（Chadsey, Linneman, Rusch, & Cimera, and Lee, Storey, Anderson, Goetz, & Zivolich, as cited in Mautz, Storey, & Certo, 2003），因此促進自然的融合特別重要。

　　85% 的支持性就業機構在訓練使用自然支持，但很少用於評量、工作發展或安置（West, Kregel, Hernandez, & Hock, 1997）。雖然自然支持是在 1992 年的復健法修正案被首次且特別的確認為一種擴充式的服務選項（Mank, Cioffi, & Yovanoff, 2000），但是在支持性就業者的文獻中，其明確之定義因作者不同而有各種不同之定義（Wehman, 2003）。Wehman

426

辯稱自然支持的定義是不重要的，他建議要跨越支持這用語，反過來專注於找出與運用所有可能的支持及修改這些支持，使其符合支持性就業者與雇主的需求，並達到就業場所的生產力。支持性專員在運用此做法時，必須考慮他們的角色是直接服務提供者、催化者與顧問（Butterworth, Whitney-Thomas, & Shaw, as cited in Unger et al., 1998）。在這些擴充的角色中，就業專員擔任找出與安排可能性支持的催化者，以及和雇主及同事分享資訊與資源的顧問（Hanley-Maxwell et al., 1997）。因此，扮演所有這些角色的就業專員必須通曉各種支持方式，能發展與取得支持，以及和所有其他人協同合作。

精神疾病者之就業模式

有嚴重精神疾病的消費者在就業上所面臨的挑戰，有部分是由於其身心障礙的本質，而有部分是來自雇主與大眾眼中對精神障礙的污名化（Blitz & Mechanic, 2006; Gilbride, 2000）。就身心障礙而言，嚴重精神疾病呈現一系列複雜的正向與負向症狀，這些症狀會明顯地干擾其就業有關行為（Wewiorski & Fabian, 2004）。在光譜的正向症狀會顯現幻聽與幻覺，而負面症狀可能是冷漠的情感及缺乏動機。在這種症狀多變化的本質，及有限或不適切的溝通與社交技巧的可能性，明顯地影響這群人找工作與保有工作的能力（Rosenthal, Dalton, & Gervey, 2007）。不管許多重度精神疾病消費者表示渴望工作的事實（Uttaro & Mechanic, 1994; Van Dongen, 1996），許多研究發現重度精神疾病消費者是最不可能在競爭性職場被僱用（Cook, 2006），且是最可能接受公眾應得權利之利益，如來自社會保險局的安全生活補助（Social Security Administration, 2005）。根據估計，有670萬的成人符合重度精神疾病指標，有關低就業率與高公共協助率有關資料，描繪了提供精神障礙消費者有效的就業服務之迫切需要性。

污名化與常提供給精神障礙者不好的服務品質也構成阻礙，而惡化了就業的努力。此外，許多精神疾病患者在工作場所面臨歧視，事實指出精神疾病就業者幾乎占了平等就業機會委員會在2004年根據美國身心障礙者法案而來的總申訴案量的五分之一（Allbright, 2004）。再者，調查雇主與大眾對精神疾病患者的態度，已一致發現他們是身心障礙團體中最

被高度污名化的一群（Cook, 2006; Diksa & Rogers, 1996; Gilbride, 2000; Wahl, 1999）。

　　服務上的阻礙（如：不足或不當的服務）也顯現在給精神障礙者的就業機會有限。例如，研究顯示重度精神疾病消費者在社區得到的心理健康照顧服務是較不足的，還有增加了他們對機構的認同（Wang, Demler, & Kessler, 2002），與／或被監禁的風險（Markowitz, 2006）。許多研究也顯示目前給精神障礙者的職業重建服務與服務輸送系統都是不足的。例如，一個州─聯邦職業重建服務方案的縱貫性研究指出精神障礙者是最不可能達到成功的復健成果與競爭性就業的一群（Hayward & Schmidt-Davis, 2005）。例如一項州─聯邦職業重建服務方案的縱貫性研究指出：精神障礙消費者是最不可能達到成功復健成果與競爭性就業的一群，可能是因為就業安置服務有限或不存在。在廣泛引述的文獻與研究中，預測競爭性就業最重要的因素是就業安置（Bolton, Bellini, & Brookings, 2000; Rosenthal, Chan, Wong, Kundu, & Dutta, 2005; Rosenthal, Dalton, & Gervey, 2007）。有一個方式能傳達精神障礙者所面臨的這些挑戰就是支持性就業。

　　與支持性就業在其他團體的發展同步，精神障礙消費者的支持性就業從 1980 年代後期持續增加成長到 1990 年代。1986 年復健法修正案第一次定義支持性就業，且將定義擴大包含給精神障礙者的轉銜式就業。在轉銜式就業，工作是由服務提供者或機構，而非雇主掌控，且該工作是暫時的，如此該方案或機構才能安排不同的消費者來輪流擔任該工作。這些工作是被用來作為訓練或評量的機會，然後消費者才會被安置到較「永久」的工作。然而在 1990 年代，有關就業與精神障礙者的研究顯示，藉著這些「訓練後安置」的模式所提供的職業與／或臨床服務來裝備這些人進入競爭性就業，對於促進精神障礙者能長期依附在人力市場是無效的（Drake, McHugo, Becker, Anthony, & Clark, 1996）。Corrigan 與 McCraken（2005）指出這種仰賴暫時安置的轉銜式就業服務，要求這些人「切斷他們與一個團體的緊密聯繫，而由與另一不同環境連結來取代」（p. 32），這對於有困難處理相關改變所帶來的壓力之精神障礙者，是個特別麻煩的課題。

　　有鑑於這種「訓練後安置」模式的困難，「安置後訓練」就業模式

428

的開創以跨專業的臨床與復健團隊為特色，來促進快速進入工作及長期
的追蹤支持。這種支持性就業的個別安置與支持（Individual Placement
and Support, IPS）模式是目前廣被認為是一種具實證基礎的方式，各
429　種實驗研究證明它在以下幾方面是有效的：(1) 協助精神障礙者獲得較
佳薪水的工作（Bond et al., 2001）；以及 (2) 減少住院率（Drake et al.,
1996）。雖然就業是一個有效的措施，但有些研究仍發現即使經由支持
性就業服務，精神障礙者能保住工作的期間仍傾向相當短期（Fabian,
1992; Lehman et al., 2002），可能是導因於缺乏工作誘因與得到在職場合
理的職務再設計等問題（Fabian, Waterworth, & Ripke, 1993; MacDonald-
Wilson, Rogers, Massaro, Lyass, & Crean, 2002）。這模式有許多重要特
徵，包括：專業團隊整合心理衛生與職業服務，快速找工作與安置，及在
職場或職場外的持續支持（Bond et al., 2001）。這些主要特徵在本章後
面將再介紹。

服務輸送

　　支持性就業包括五個重疊的階段：評量、工作開發與行銷、工作取
得（選擇與安置）、訓練，與持續支持（Parker, Szymanski, & Hanley-
Maxwell, 1989）。服務提供者可以用不同方式組合這些階段以創造個別
化的服務模式。在所有階段有一個重要的警告要提醒：支持性就業者在工
作的取得、訓練與支持愈像一般員工，對他或她的成果也愈好（薪水、融
合與福利）（Mank, Cioffi, & Yovanoff, 2000）。接下來這節將依循服務
提供順序，先介紹評量與工作開發。最後討論對重度精神疾病患者最有效
的支持性就業元素。

評量

　　所有支持性就業階段都會有評量。為了讓評量最有效益，它必須是生
態式的，意指評量應該包括對工作、支持性就業者，與個人可用的支持系
統之評量（Parent, Unger, & Inge, 1997; Szymanski, 1994）。

工作的評量

　　工作評量，通常是指工作分析，是傳統復健服務的一部分。工作分析可作為較大的工作開發過程的一部分；然而，當他們被應用在消費者導向的過程時，通常是在工作開發階段縮小到為該消費者找到的可能工作範圍下執行。在此情況下，工作分析是被用來找出主要的工作功能與職務，以及可能的工作支持、工作重組，與工作輔助需求。它也被作為發展訓練方案的基礎。當消費者的工作選擇已獨立完成，支持性就業的工作分析便是媒合個人與工作、發展訓練計畫、確認可能的問題領域以提供額外的訓練或問題的遏止，以及媒合或發展支持服務以符合個別支持性就業的需求。問題的遏止包括：輔助措施、工作重組，與運用輔助設備與科技（Flippo, Gibson, & Brooke, 1997; Inge, 1997; Inge & Targett, 2005）。工作分析的形式與內容視消費者的特質與需要，以及特定工作的複雜性而定（Flippo et al., 1997），深入或很詳盡的工作分析並非絕對必要。

　　為了凸顯工作、工作地點與支持性就業者的獨特性（Hanley-Maxwell, 1986），支持性就業服務提供者會在工作分析的內容與應用加入個人的觀點。支持性就業服務者會將分析內容擴大至檢視社會技巧、工作有關技巧，與可能的支持。他們以擴展既有的方法，從傳統的資訊來源（如：有系統的觀察同事操作同一工作或非常相似的工作）轉移到包含從預期的員工、同事與督導那兒蒐集資訊，以確認其初步的結論與印象。支持性就業的工作分析能找出與該職務直接有關的（如：工作描述）與非直接有關的（如：穿乾淨的制服）職責，它也找出該工作所需具備的能力、技巧（意指工作規範），與任何其他相關技巧（如：搭公車，與同事對話）。工作分析還檢視與描述物理環境（如：光線、溫度）及心理社會環境（如：對工作要求的控制量、和公眾互動、督導的風格）。最後，工作分析能在訓練、工作完成及處理工作有關問題的領域中找出現有或有發展可能的支持（Unger et al., 1998）。

　　可用的支持型態與發展支持的過程要視工作場所的文化與氣氛而定（Rogan et al., 2000），同時也要考慮雇主，包括員工訓練、員工福利、生涯促進，及工作文化（Unger, 1999）。在企業中常見的其他支持一般可分為三類：環境的、程序的與自然的（Targett & Inge, 2004）。標誌、

430

431 視覺警示，與自動門是環境支持常見的例子；程序的支持，是和事件或行動有關，包括工作時間表的變動（如：彈性工時）、訓練方案、同儕指導、督導、始業定向方案，以及電子溝通（telecommuting）；而自然支持是指所有員工可以發展或取得的非正式支持。自然支持的例子包括共乘、非正式師徒指導，與透過個別連結的情緒支持。支持也應該包括那些為某一特定員工設計的支持，例如製作一張固定要做的工作職責表或安排同事提醒（Targett & Inge, 2004）。

客製化就業與支持性的自雇就業，工作分析帶有不同的功能。雖然所有上述工作分析的元素也會用在客製化就業，但還是有一些變化。在客製化就業，工作分析也被用來找出在各種工作所需的工作要素與相關技能，以便客製化的職位能經配置後，符合特定的支持性就業者的技能與資質。在此狀況下，對個人的評量要先於工作分析，因為以個人評量結果為基礎，才能確認哪些工作元素是可以符合這位潛在就業者的興趣與技能（Inge, 2005）。

支持性自雇就業的工作分析涉及來自其他各種工作分析形式的不同元素。工作分析包括找出該企業創辦者喜愛的事業類型、事業的結構與組織計畫、與事業的地點、與社區的連結程度、事業開始時的花費與經濟支持來源，還有經濟上的可行性也要列入考慮（Hagner & Davies, 2002）。必要的組織支持（包括外在支持，如法律援助；內在支持，如記帳人員；和結構性的支持，如合夥關係與合作企業）也都要列入分析（Hagner & Davies, 2002; Rizzo, 2002）。

支持的評量

Unger 等人（1998）提出一個模式來找出與組織一個支持性就業者在就業過程中所需的支持。這個模式包括下列幾步驟：

1. 決定個人的需求與喜好。
2. 腦力激盪可能的選擇。
3. 評量工作與社區支持。
4. 確認個人的選擇。
5. 發展策略以取得支持。
432　　6. 評鑑支持的成效。

7. 安排提供持續的師徒指導。（Unger et al., 1998, p. 28）

　　被選用的支持應該要能促進身心障礙者在肢體上與社會的融合，而且也必須是雇主與同事們能接受、是支持性就業者能掌控的，且盡可能融入工作場所。支持必須不會對支持性就業者的薪資、福利、工作表現或獨立性有負面影響。不管是哪些支持被選用，支持性就業者必須被教導如何使用他們的支持，而且這些支持的成效，以及支持性就業者的滿意情形必須被評量。最後，必須持續評量以決定是否最初提供的支持之型態與強度有持續的必要，還有何時可以褪除支持（Targett & Inge, 2004; Wehman et al., 2003）。

　　Wehman 與 Bricout（2001）提供一個組織性架構，以便從中考量可能的支持範圍，包括四個主要類別：機構中介的（mediated）、企業中介的、政府中介的，及家庭／社區中介的，這些支持幫助消費者在工作與工作外和工作有關的需求，由機構中介的支持包括工作教練、輔助科技、社會服務（心理衛生諮商，酒精及其他藥物成癮戒治、就醫、交通、職業重建、個人照顧看護）；工作物理環境、社會情境、工作職務，與時間表的調整；重組的工作；工作、社會與相關技能訓練與支持；以及補償策略。企業中介的支持是由雇主與同事提供的支持，例如由雇主提供的定向方案、訓練方案、員工協助方案，與同事提供的支持。家庭／社區支持包括由家人、同事、督導、同儕、朋友，與鄰居所提供的個人支持和指導。政府政策與實務支持包括使用社會安全工作誘因（Social Security Work Incentives）、自我支持達成計畫（Plan for Achieving Self-Support）、工作經驗相關損傷（Impairment Related Work Experience）、免稅額（Tax Credits）、去除交通與建築物障礙減稅（Tax Deduction to Remove Transportation and Architectural Barriers），以及醫療免費（Medicaid Waiver），以協助支付費用與作為雇主的誘因。當就業專員在評量的過程找出可能的支持時，就必須考慮到消費者在學習工作、工作完成，及成功地協調工作有關的問題時所需的支持（Unger et al., 1998）。

　　不管採用什麼樣的支持──是在環境中自然可得的支持或由就業專員提供的支持──最重要的是所有的支持必須是有效與成功的。當論及支持的成效時，將提供支持視為是一種消費者服務可能是有用的。依此觀點，支持的成效與成功有賴因人因地而異的個別化服務輸送（Inge & Tilson,

1997）。因此，除了評量支持本身外，服務的效能與彈性可能是一個重要的考量。

個人的評量

　　個人的評量不是用來決定一個人是否符合資格或已準備就緒（Parent et al., 1997）。Pancsofar、Steere 與 Wood（1993）認為「評量的藝術比較像是提供某人一個羅盤，以便從中去規劃他們自己的行動方向，而不是去勾畫出詳細的地圖使他們不敢偏離」（p. 1）。將此放在心中，就很清楚所有支持性就業的個人評量應該是個人中心的，用來探索一個人的能力與技巧、過去的學習歷史、未來的目標與渴望、興趣與喜惡。除此，它應該找出現有與可能的支持系統。雖然評量應該了解一個人的限制，但不應著重在缺點（Hanley-Maxwell et al., 1997; Parent et al., 1997）。

　　有效評量一個人意指評量者必須花足夠的時間在個別的支持性就業者，了解支持性就業者，對於找出與規劃生涯發展路徑，建構成功的支持系統，以及使支持性就業者能達成她或他的就業目標是重要的一步。它也是在發展個人的檔案，以利就業專員協助支持性就業者在她或他找工作時的第一步（Parent et al., 1997）。

　　在為支持性就業者發展一份檔案時，資料的蒐集來自許多不同來源，包括：從學校紀錄與身心障礙者教育法案要求的轉銜計畫文件等學校有關資料、心理測驗、工作樣本、行為觀察、歷史背景資料與職業評量。這個檔案藉由花時間與找工作者一起觀察她或他在各種社區情境、晤談個人及她或他的支持系統的人、實施情境評量以協助個人找到與選擇可能的工作和生涯發展路徑，以及觀察支持性就業者在特定工作的表現等來蒐集訊息，補充檔案資料。一般而言，評量的目的在對個人的技能、支持需求、興趣與喜好形成一份功能性的描述（Parent et al., 1997）。就像其他形式的評量，個人評量應該是一個持續的過程，它應該使支持性就業者在整個支持性就業過程得到最大的掌控（Hanley-Maxwell et al., 1997）。

工作開發與行銷

　　工作開發與行銷是在支持性就業所有階段都會發生的過程，這些過程在找出潛在的工作，並細緻化或客製化可能的工作方式（Inge, 2005），

以及擴增給支持性就業者的工作數與型態（Hanley-Maxwell et al., 1997; Owens-Johnson & Hanley-Maxwell, 1999）。其結果是能提供機會使支持性就業者有工作流動性（job mobility）、發展其經驗史與增加較好工作的取得（Parent et al., 1997; Wehman et al., 2003）。工作開發能打開工作點、開創新的客製化工作與特定的工作。作為工作開發的一部分，行銷容許支持性就業提供者去為開發工作建立一個較寬廣的基礎。

　　在支持性就業，工作開發是找出潛在工作或變化這些工作來符合支持性就業者的過程。一個無所不包的就業專員或特定的工作開發員包辦所有工作開發業務，這個人通常採用以人為優先的方法來開發工作，以支持性就業者的技能與興趣來主導工作的尋找。工作開發者偶爾會採用以工作為優先的模式，也就是他或她會開發一堆工作，然後招募支持性就業者來填滿這些工作缺（Rogan et al., 2000）。不管是哪種方式，工作開發方式不外乎兩種模式：傳統的與企業—回應（business-responsive）。在所有模式中，都鼓勵工作開發員積極將求職者加入來尋找其自身的工作（Rogan et al., 2000）。Unger 等人（1998）發現雖然大多數支持性就業者認為他們需要協助來找工作（通常是從就業專員那裡），但在這過程中他們視他們自己是積極的參與者。

以支持性就業者為中心的模式

　　支持性就業的工作開發之原始模式是以支持性就業者為中心的：身心障礙原本就是唯一的顧客，且雇主應該僱用他或她的基本理由是要符合支持性就業者的需求（Owens-Johnson & Hanley-Maxwell, 1999）。在這個模式中，工作開發員有三項功能：(1) 借用其能力給身心障礙員工直到這員工學會其工作；(2) 負責促進工作機會；以及 (3) 挑出那些身心障礙者可能沒有知能或門路取得的工作（Owens-Johnson & Hanley-Maxwell, 1999, p. 114）。因此，工作開發員藉由懇求雇主的善心與慈悲來取得工作給支持性就業者（McLaughlin et al., 1987）。

　　在這個模式，工作開發涉及幾個步驟。第一步是根據支持性就業者的評量資料來找出潛在的工作。工作開發員特別注意這些對象的興趣與目標。除此之外，工作開發也考慮到針對該支持性就業者將會採用的持續支持模式（意指：團體模式 vs. 個別安置模式），因為這模式會影響開發一

435

個工作時要考慮的事項（Hanley-Maxwell et al., 1997）。例如，當支持是透過團體模式時（意指：機動工作隊、群組模式），工作開發就要著重於找到工作場所可以容下一小組的員工。除此，這些工作場所必須能接受當一小組身心障礙者在同一職場工作時帶來的結構性與觀念性的改變（如：將工作分攤）（Szymanski et al., 1987）。

在為一位支持性就業者開發工作時，有必要記住目前這個工作只是這支持性就業者生涯的一步，而不是他唯一的工作（Hanley-Maxwell et al., 1997; Parent et al., 1997; Wehman et al., 2003）。因此，要著眼於那些可以有晉升機會的工作（Cimera, 2000; Wehman et al., 2003），或是有必要保證每一個工作是建立在前一個工作上。研究發現大多數支持性就業者表示他們不期待永遠留在現在的工作，而是希望離開到另一個較喜歡的工作（Kregel, 1997）。

企業—回應模式

最近的工作開發與行銷技術反映這樣的信念，即支持性就業提供者必須不是仰賴或期待雇主表現得像合作的好公民來僱用身心障礙者。反而支持性就業提供者必須要從社會服務的觀點轉移到一個企業的觀點來回應雇主的需求（Armstrong, Green, & Flippo, 1997; Cimera, 2000）。

支持性就業提供者表現得愈傾向企業而較不傾向社會服務，就能較有效地協助支持性就業者。這些提供者可以較成功地獲得選擇範圍較大的潛在工作給支持性就業者，因而增進良好的就業者—工作媒合機會（Owens-Johnson & Hanley-Maxwell, 1999）。接下來這樣的媒合就有助於減少支持性就業者的工作汰換與相關花費（Cimera, 2000）。

支持性就業的工作開發必須反映支持性就業專員實際上是在兩個系統工作的事實：企業與人群服務。因此工作開發活動必須包括開創一個能帶來相互了解工作開發如何配搭企業社群的復健—企業間的關係（Owens-Johnson & Hanley-Maxwell, 1999; Wehman et al., 2003）。

企業—回應模式建立在傳統的工作開發活動，且繼續聚焦於個別的求職者。他們也擴大這個焦點到企業（例如：可靠的員工）與整個社群（如：納稅公民的需要與渴望；Owens-Johnson & Hanley-Maxwell, 1999; Targett & Inge, 2005; Wehman et al., 2003）。注意到這些觀點是必要的。不僅

是支持性就業者需要好工作，雇主也需要使僱用的人力多樣化。為此目的，支持性就業提供者被賦予機會來開創新的雇主—提供者關係（Mank, 1996）。

　　企業—回應模式將企業行銷及販售技巧與傳統的工作開發合併。行銷是工作開發的一個重要但有時會被遺忘的一部分。支持性就業的行銷如同在較大的企業界的行銷，它促銷企業以及企圖保證其顧客（雇主）使用支持性就業機構的服務，還有支持性就業者的貢獻（Wehman et al., 2003）。雖然行銷涉及銷售機構及其服務給期盼中的雇主，但銷售只是所有努力的一部分，其他部分包括分析雇主與社區的需求、設計服務來符合其需求，以及確定這些服務被使用（Armstrong, Green, & Flippo, 1997）。既然這樣，行銷也涉及重新考慮有關企業或支持性就業機構的每件事，從機構的名稱到企業—回應模式如何處理與雇主的接觸之後續行動。

　　支持性就業提供者協助雇主認清僱用支持性就業者能製造好的企業形象，而且，支持性就業提供者擁有技巧與知識來協助雇主符合美國身心障礙者法案之要求。雖然行銷是打開工作市場重要的一部分，但是行銷支持性就業只是為身心障礙者開發工作的一個步驟，它並不能取代個別化的工作開發（Hanley-Maxwell et al., 2004）。

獲得工作：選擇與安置

　　工作選擇與安置的目標是要獲得最理想的職務給一個人，這職務與他或她現有的能力、興趣、個人目標與生涯規劃一致。不過，特定的工作或職務只是支持性就業者職業生涯（career life）的一步（Hanley-Maxwell et al., 2004; Inge, 2005; Wehman et al., 2003），而不是他或她的一生生涯（life career）。

　　評估個人與潛在的工作後，負責安置的人員會協助支持性就業者決定個人與工作是否適配（Wehman et al., 2003）。這樣相配的目的是要確認潛在的工作是適合求職者的需要、渴望、才能與生涯發展路徑（Revell, 2005; Sowers et al., 2002; Wehman et al., 2003）。成功的安置與媒合時能留意細節有高度相關（Parent et al., 1996; Revell, 2005; Wehman et al., 2003）。

　　支持性就業選擇或安置是一個相當快速的過程，因為它不會因為需要安置前訓練或技能要求而耽擱。這樣快速進入工作似乎特別符合重度精神疾病者的需要，因為他們發現冗長的職前準備和工作的維持成負相關（Bond et al., 2001）。

　　支持性就業服務引發一些在安置過程獨特的問題。由於提供給支持性就業者、同事與雇主持續的支持，有些不心甘情願的雇主可能被鼓勵冒險去僱用那些不被看好可以就業的人。儘管許多障礙已藉著就業專員的支持得以克服，但是負面的態度與行為可能還持續。儘管就業專員一直在現場提供持續支持，支持性員工的能力可能總是被討論。此外，就業專員有可能成為雇主與支持性員工間的一個仲裁者，因此可以減少雇主對員工必須承擔的義務。有趣的是，就業專員持續出現在工作現場，有時會因為空間問題與衛生法條規定等而造成現場輔助的困難（Hanley-Maxwell et al., 2004; Mautz et al., 2003），因此有必要盡可能發展與運用自然支持來克服單純靠不自然的支持所帶來的問題。

訓練

　　訓練意指藉由取得、維持與類化必要的技能來協助支持性就業者學習做工；它通常需要確認所支持的員工已經達到穩定和一致的工作表現（Hanley-Maxwell et al., 2004）。訓練可以透過雇主現有的資源或就業專員來培訓新員工，其資金來自各種來源，但職業復健往往是主要的來源（Wehman et al., 1998）。州與聯邦職業復健資金提供最初的經費不超過18個月，除非在特殊情況下，保證延長時間能達成個別化復健計畫書（Individualized Written Rehabilitatoin Plan, IWAP）上的復健目標，當事人與復健諮商師雙方都必須要同意這樣的延長（Rehabilitation Act Amendnents, 1998）。

　　其他經費的來源會根據潛在的支持性就業者的年齡，他或她的社會保險津貼的資格，以及身心障礙類型而有不同。對仍在特殊教育體系的學生，州—聯邦身心障礙者教育法案的經費有時會支付其在畢業前或離開學校時的職業訓練（Wehman et al., 1998），直到22歲。對成年身心障礙者，經費來源包括心理衛生方案、智能障礙／發展性障礙方案、發展性障礙規劃政務會、家庭與社區為基礎的醫療豁免（Wehman et al., 1998），以及

透過 1999 年工作券與工作誘因促進法所獲得的訓練券（King & Collins, 2000）。

　　訓練被規劃為一種個別化的服務，其訓練內容是根據個人和工作評估所獲得的信息綜合與比較的結果。訓練計畫包括考慮到發展與實施任何調適措施，以因應無法透過訓練獲得彌補的技能缺陷。調適措施應包括輔助設備和技術，從簡單到複雜（Wehman et al., 1998）。在訓練一開始就能考慮調適措施可以產生更有效的訓練，並強化被支持的員工之獨立性（Hanley-Maxwell et al., 2004）。

　　訓練方法應該考慮到支持性員工短期與長期的需要。不管就業專員是否是唯一的或者補充的訓練資源，他或她通常會使用預先規劃的系統化訓練方法。這些方法包括（但不限於）根據行為目標工作、使用個別化的後果（例如：增強、自然的結果）、使用協助和校正錯誤程序的層次，以及專注於技能的維持與類化（Hanley-Maxwell et al., 1997; McLaughlin et al., 1987）。此外，只要有可能，所有的訓練都應考慮和提升個人的自我管理。此外，當支持性就業員工愈能緊密地遵循特定員工的訓練和支持流程，愈有好的人際融合、薪資與福利成果（Mank et al., 1997）。由同事和主管作為主要訓練與支持來源，以及由雇主提供的訓練機會，是較為典型的過程。運用他們在支持性就業已不是新的，且仍然是一個重要的考慮因素（Unger et al., 1998）。

　　雇主可以透過同事或督導提供訓練，或使用他們所有員工都可用的訓練與維持方案來幫助支持性員工學會做他們的工作。美國勞工部在 1995 年調查雇主所提供的訓練，以確認雇主所提供的非正式和正式訓練的類型、數量和形式。其中正式訓練包括研討會、講座、演示、工作坊，與課堂形式的訓練。非正式的訓練，非結構與計畫外的，包括同事和督導的訓練和指導。訓練的類型包括始業定位（orientation）、溝通、團隊合作、時間管理、基本技能（例如：閱讀、語言表達能力、算術、解決問題）、安全、衛生與健康、在不同地點工作、政策意識和定向，以及特定的工作技能（Frazis, Gittleman, Horrigan, & Joyce, 1998）。

　　如上文所述，商業與工業界定期提供訓練和指導（Frazis et al., 1998）。在一般情況下，經理、督導或同事就是教練。在這個角色，他或她提供在職訓練。督導、經理或同事透過解釋職務、模仿或示範技能、

439

要求員工練習新技能，以及提供定期的回饋等來教導（Hanley-Maxwell et al., 1996）。除了一般訓練外，又給予師徒式的指導是可能存在的。在師徒式指導，會由一位資深員工搭配一位新任或經驗不足的員工提供非正式和／或正規的訓練（Frazis et al., 1998）。

持續性支持

持續的支持是支持性就業服務最獨特的一面，它提供任何需要的服務來支持和維護一個人的工作。1998 年復健法修訂案定義持續性支持服務包括：

> (A) 提供給身心障礙最顯著的人；(B) 至少每月提供兩次—— (i) 進行一次評量，是有關每位支持性就業者在職場或在特殊情況下的就業狀況，或者特別應個案的請求，對其在職場外之狀況做一次評估；及 (ii) 根據評量來準備協調或提供在職場或職場外有助於維持就業穩定性的特定密集式服務；和 (C) 是由下列內容組成—— (i) 一個詳細說明的評量，用以補充 (2)(B) 段所述的全面性評量；(ii) 提供熟練的工作教練在職場陪同該員工加強就業技能訓練；(iii) 工作開發、工作保留和安置服務；(iv) 社會技能訓練；(v) 定期觀察或督導該員工；(vi) 追蹤服務，如經常與雇主、支持性就業員工、員工們的代表，以及其他適當的人員接觸，以加強和穩定其就業安置；(vii) 促進在職場的自然支持；(viii) 任何在第 103 條中列舉的其他服務……（P.L. 105-220, Title IV, Section 6, part 27）。

雖然持續支持的要求適用於所有支持性就業員工，但他們應用在有精神疾患的支持性就業者有稍作修改，在此並未指定支持性服務訪視的最少次數。重要的是要記住無論支持服務的時間表如何安排，就業專員都應盡可能的使用自然支持。

持續不斷的支持服務是用來協助支持性就業員工維持其整體的就業狀況和工作相關的技能、滿足不斷改變的技能需求，以及提高支持性就業

員工在突發事件或需要時的靈活性。持續不斷的支持也在一個連續的基礎上重新評估人與工作之間匹配的合適性。為了確保支持員工實現這些目標，服務提供者要與支持性就業員工、同事和雇主合作，藉由實施額外的支持和介入，或協調他人來支持或介入，以確認潛在的問題並提供早期介入。此外，支持性就業服務提供者使用連續重新評估，與支持性就業員工協力合作，以確定他或她對目前的工作滿意度及其職責、評估他或她對於找一份新工作或在當前就業工作上晉升的興趣，並處理支持就業員工在與工作相關的技能和問題上，不斷變化的需求（如：員工因搬家而想找到離她住所較近的就業機會，或需要學習搭乘不同的公車路線）。支持服務提供給很多人（如：透過自我管理的支持性就業者本身、雇主、同事、住宿服務提供者、父母或監護人、朋友）。不管是誰提供的支持，我們的目標是幫助員工在他或她的工作獲致成功，並走在她或他渴望的生涯發展路徑上（Hanley-Maxwell et al., 2004; Inge & Tilson, 1997; Wehman et al., 2003）。不幸的是，大多數研究人員在檢視就業與嚴重的精神疾病消費者有關資料後，持續報導發現這些人在維持工作任期上有困難（Bond et al., 2001）。這是一個問題，許多人認為可以透過在工作與工作外的場所提供無限的支持來解決。

在終止職業復健經費前，聯邦法律要求提供持續不斷支持的經費來源必須到位。給付支持的長期資金因各州而異，但通常是由其他服務機構（如：智能障礙或發展性障礙機構、心理衛生機構；Hanley-Maxwell et al., 1997）、各項社會安全保障經費（Social Security funding options）〔如：實現自給自足計畫 Plan to Achieve Self-Sufficiency, PASS；Brookes-Lane & Revell, August 2006; West, Johnson, Cone, Hernandez, & Revell, 1998〕，或工作券與工作誘因促進法所提供（King & Collins, 2000; Wehman & Revell, 2005）。

不幸的是，給持續支持的資金往往是有限的。其結果是，許多人都在等待名單中，且必須找到其他替代的資金。經常被用來替代的是實現自給自足計畫，這是一種社會安全保障的工作激勵方案。這個方案允許那些領安全生活補助的人可以預留收入或資源來支付他們自己的支持服務。實現自給自足計畫必須是個別化的、書面的，並有指定的工作目標和時間表。在一般的情況下，是 18 個月的時間；然而，可以延長時間長達四年。這

種替代資金的一個主要好處是，由支持性就業員工掌控由誰提供支持及他或她要接受什麼類型的支持（Hanley-Maxwell et al., 1997; West et al., 1998）。

更近的一個方案，工作卷與工作誘因促進法，自 2001 年 1 月開始，為期四年。根據該方案，領社會安全障礙保險或安全生活補助的人是有資格獲得憑證或工作券以便接受職業復健、就業服務，和其他獲得與維持就業所需的支持（King & Collins, 2000; Wehman & Revell, 2005）。這些支持包括透過設計一份含如何獲得和維持工作的個別化就業計畫，來幫助持券者達到就業目標。此外，工作卷與工作誘因促進法的服務提供者會與符合資格的人合作來找出適當的工作誘因，包括得到與保留醫療保險。事實上，身心障礙者在工作試做期結束後，其醫療保險仍可以保留更長的時間及有更多的收入（Hanley-Maxwell et al., 2004）。工作卷與工作誘因促進法方案針對支持性就業者的效益仍在調查中。至目前為止，研究已經注意到這項計畫對於改善就業成果的正向影響，但也指出了一些在適當服務「難以服務的人」之限制（Wehman & Revell, 2005, p. 99）。

對重度精神疾病患者最有效元素

442

支持性就業比其他職業復健方法更能有效地協助嚴重精神疾病患者取得與維持競爭性的工作，即使嚴重精神疾病患者的就業成果持續落後於其他身心障礙群組（Cook, 2006），研究已經清楚地確定下列這些以實證為本位的策略與元素是可以獲致成功的：

1. 取得整個機構對有價值與意義的工作之背書：這意味著工作被納入該機構的使命，且消費者能及早並經常接觸到就業機會（Pratt, Gill, Barrett, & Roberts, 1999）。專注於工作的重要性和意義有利於為消費者營造一個希望灌注的氣氛（Fabian, 1999）。

2. 整合職業與臨床服務：整合職業與心理健康服務還沒有在原來授權支持性就業服務的立法中敘明（Bond, 1998），然而，在後來由藥物濫用和心理健康服務管理局（Substance Abuse and Mental Health Services Administration, SAMHSA）經費支助的個別安置與支持模式的研究中，該研究透過一個多點、多年的方案，證明了在協助精神疾病患者獲得和維持工作上，整合臨床和職業服務的重要性（Bond et

al., 2001）。整合服務需要心理健康和職業有關人員在工作場所找出消費者的需求和支持消費者。

3. 強調快速的求職與安置：對精神病患者而言，能快速進入或重新進入工作在其最終的職業成就上尤其是一個關鍵因素（Bond et al., 1995）。此特色可直接與先訓練後安置的模式比較，在該模式消費者可能花幾個月、甚至幾年在治療及職前訓練方案，以為他們最後能進入競爭性就業做準備。當消費者經由協助獲得競爭性的工作，然後在職場提供訓練和支持，其就業成功的機會是高於其他做法的。

4. 提供無限制的工作支持：此特色在所有支持就業方案都是一致的，對於精神疾病患者是特別重要的議題。對這個群體不同的可能就是要由跨專業團隊提供在職場或職場外的支持，從而給消費者選擇是否要向雇主和／或同事公開自己的病情。揭露病情這議題是重要的但也有些爭議。一方面，這是要獲得美國身心障礙者法案保護的一個條件，但另一方面，揭露病情可能在同事眼中成為恥辱，甚至導致雇主的歧視（Goldberg, Killeen, & O'Day, 2005; MacDonald-Wilson, 2005）。

443

5. 在復原模式中整合就業方案：最近在精神障礙者復健的一項運動就是「復原」（recovery）的概念，雖然精神異常並不一定是「可醫治的」，但個人康復的潛力是可被支持的。復原模式強調足夠的支持和服務可以有效地管理這些疾病，並確保精神疾病患者在社區的生活品質（Corrigan, Mueser, Bond, Drake, & Solomon, 2007）。支持就業方案贊同復原的做法可以積極促進融合和選擇，減少工作人員和消費者之間的差異，並建立更具包容性的治療社群（Sowers, 2007）。

6. 消費者自我決定與選擇：有些嚴重精神疾病患者在開始出現疾病症狀之前，可能已經有相當的教育和工作技能，這類的案例都會挑戰支持就業方案必須提供他們接觸廣泛的工作以與其高等背景與技能相稱（Baron & Salzer, 2000）。在尋求就業與對喜愛的工作型態的決定上，強調個人的選擇是復原模型的一個基本元素，且和支持性就業的原則相一致。

摘要與結論

支持性就業是任何涉及工作與身心障礙者的討論中重要的一部分，本章的目的在透過定義支持性就業及其核心特色、描述支持性就業模式，以及相關之服務。

支持性就業的增長經由多項法案及其與新法的結合，陸續形塑其概念、實施，及經費的資助。這項立法是那些致力於倡導支持就業者所抱持的理念之體現，包括競爭性就業的重要特色，這些特色使他們藉由以能力賺取工資及得到向其非身心障礙同伴看齊的好處，而得到更大的獨立性與進入社區的機會。同樣的，支持性就業假定無論其身心障礙的類型與嚴重程度，所有人都可在社區一般企業實際的工作中就業。從事生產性工作的社會意義增強了這些人的自我自尊和尊嚴，且藉著減少財務成本與降低污名而造福社區。

444

支持性就業的四個特徵是：競爭性就業、融合性的場所、接納重度身心障礙員工，以及持續的支持。此外，支持性就業被認為是一種「個別化服務」（Kregel, 1997），特別強調消費者的選擇與個別獨有的自然支持。

支持性就業可分為團體或個別模式，就融合性場所的核心特色而言，團體模式（如：群組模式、機動性工作隊）比個別安置模式有較多的限制，它侷限了支持性就業員工與非身心障礙員工融合的可能性（Hanley-Maxwell et al., 1997）。這些模式已被批評過於凸顯接受支持的員工之身心障礙與差異，而不是著眼於這些員工在他們工作場所的優勢和貢獻。相較於個別模式，團體模式提供每週較少的工作時數和較低的薪酬，因而被批評是和競爭性就業的定義矛盾的。支持性就業的個別安置模式，更密切遵守支持性就業的基本價值，因為它支持員工在融合性環境工作（Hanley-Maxwell et al., 1997）。每一個支持性就業者都是個別被聘用，其工作都是根據個人的長處、性向和喜好匹配的。

這兩種模式均由就業專員擔任工作教練直接提供支持，並／或以在職場或社區的自然支持為基礎。自然的支持對於建立一個與非身心障礙同事類似的經驗（從而提高成功）以及遏止與就業專員有關的潛在問題，如使用工作教練作為員工與雇主之間的中介、物理環境的調整問題，還有甚至支持性員工被視為不稱職員工的可能性，這兩方面都是很重要的。

　　還有另一種模式，也是支持性就業的重要趨勢，就是企業—回應模式的使用。這種模式強調服務提供者必須從社會服務的角度轉變到企業的角度來回應雇主的需求（Armstrong, Green, & Flippo, 1997; Cimera, 2000）。若是支持性就業提供者的行為更像企業而較不像社會服務，就能更有效的幫助支持性就業員工，且比較能成功的在潛在的工作機會中讓被支持的員工獲得更廣泛的選擇，從而促進良好的人—事媒合機會。行銷是這種模式中一直未被充分利用但極為重要的特色。

　　嚴重而持久的精神疾病患者在支持就業面臨的問題略有不同，這些人在就業中遇到的挑戰，部分原因是由於各種各樣的症狀常是間歇性和不可預知的、有限的或不適當的社會技能、不適當的心理健康照顧造成服務上的障礙，以及污名化（及伴隨的歧視），這些都是從雇主和民眾的立場所看到的精神障礙。所有這些原因都導致這些人維持工作的困難（Bond et al., 2001）。轉銜型就業，或「安置後訓練」模式的臨時版本，雖然沒有解決維持工作任期與依附在人力市場的問題，但愈來愈多的研究顯示，個別安置與支持（Individual Placement and Support, IPS）模式已被廣泛認為是一種對精神疾病患者支持性就業的成功模式，這種模式具有跨專業的臨床與復健團隊來促進快速進入工作和長期的後續支持。

　　在最近幾年，研究結果指出職業復健機構違反法規所規定的原則，接受非重度身心障礙者。這些方案更容易提供資源給他們相信能產生快速和成功結案的人，每位職業復健專員案量的增加與因為經費減少帶來的財政壓力可能是造成這種趨勢的原因。除此，研究發現提供就業安置服務會直接影響精神障礙和非精神障礙人口的就業成功率，因此建議對所有職業復健系統服務的對象，安排就業安置應該是必備的服務。

　　最後，充權賦能或消費者掌控在職業復健對所有身心障礙者已愈來愈重要（Wehmeyer, 2003）。消費者掌控能大幅度地提高消費者對工作和支持服務的滿意度。對於消費者來說，進行必要的選擇，他們需要獲得指導和支持，獲得充足的資金和控制這資金，以及能有選擇和保留服務提供者的控制權（Sowers et al., 2002）。Vash（1981）補充強調這一點的原因是：

　　　正如在許多情況下已經指出，資訊就是力量，誰擁有相關

445

資訊就擁有優勢力量來作關鍵決策。就評量的資訊而言這是千
真萬確的，只要專業人員擁有、控制和防衛經由評量程序所得
到的訊息，他們就處在比當事人更有利的位置來決定當事人的
生活。解決的方法很簡單，就是提供資訊給當事人（p. 182）。

　　因此，服務提供者應該致力於擴張每個支持性就業者在支持性就業過
程的控制權（Hanley-Maxwell et al., 1997）。

446　　支持性就業的樣貌與服務輸送將繼續隨著政治、社會與經費的氛圍改
變而有變化，然而其基本價值與原則仍然保持不變。支持性就業是一個為
重度障礙者設計的個別化與個人為中心的服務，用以擴展他們在那些原不
可及的融合性工作場所找到工作且能勝任的潛能。這樣做，這些支持性員
工就有希望成為對社會有貢獻的成員，邁入更有尊嚴與具有權能感的生
活。

參考文獻

Allbright, A. L. (2004). Employment decisions under the ADA Title I: Survey update. *Mental and Physical Disability Law Reporter, 29,* 513–516.

Americans with Disabilities Act of 1990, 42 U.S.C. § 12101 et seq.

Baron, R. C., & Salzer, M. S. (2000). The career patterns of persons with serious mental illness: Generating a new vision of a lifetime for those in recovery. *Psychiatric Rehabilitation Skills, 4*(1), 136–156.

Blitz, C. L., & Mechanic, D. (2006). Facilitators and barriers to employment among individuals with psychiatric disabilities: A job coach perspective. *Work, 26*(4), 407–419.

Bolton, B., Bellini, J., & Brookings, J. (2000). Predicting client employment outcomes from personal history, functional limitations, and rehabilitation services. *Rehabilitation Counseling Bulletin, 44*(1), 10–21.

Bond, G. R. (1998). Principles of individual placement and supported model: Empirical support. *Psychiatric Rehabilitation Journal, 22,* 11–23.

Bond, G. R., Dietzen, L. L., McGrew, J. H., & Miller, L. D. (1995). Accelerating entry into supported employment for persons with severe psychiatric disabilities. *Rehabilitation Psychology, 40*(2), 75–94.

Bond, G. R., Becker, D. R., Drake, R. E., Rapp, C., Meisler, N., Lehman, A. F., Bell, M. D., & Blyler, C. R. (2001). Implementing supported employment as an evidenced-based practice. *Psychiatric Services, 52,* 313–322.

Brooke, V., Wehman, P., Inge, K., & Parent, W. (1997). Supported employment: A customer-driven approach. In V. Brooke, K. J. Inge, A. J. Armstrong, & P. Wehman (Eds.). *Supported employment handbook: A customer-driven approach for persons with significant disabilities* (pp. 1–20). Richmond VA: Virginia Commonwealth University, Rehabilitation Research & Training Center on Supported Employment.

Brookes-Lane, N., & Revell, G., (August 2006). *Q & A on customized employment: Funding community-integrated employment outcomes.* Retrieved October 10, 2007, from http://www.t-tap.org/strategies/factsheet/Funding_of_Community-Integrated_Employment_Outcomes.htm.

Cimera, R. E. (2000). Improving the cost efficiency of supported employment programs. *Journal of Disability Policy Studies, 11,* 145–151.

Comprehensive Employment Training Act of 1973, 29 U.S.C. § 1501 et seq.

Cook, J. A. (2006). Employment barriers for persons with psychiatric disabilities: Update of a report of the President's Commission. *Psychiatric Services, 57,* 1391–1405.

Corrigan, P. W., & McCracken, S. G. (2005). Place first, then train: An alternative to the medical model of psychiatric rehabilitation. *Social Work, 50*(1), 31–39.

Corrigan, P. W., Mueser, K. T., Bond, G. R., Drake, R. E., & Solomon, P. (2008).

447

Principles and practices of psychiatric rehabilitation: An empirical approach. New York: Guilford Press.

Danek, M. M., Seay, P. C., & Collier, M. (1989). Supported employment and deaf people: Current practices and emerging issues. *Journal of Applied Rehabilitation Counseling, 20*(3), 34–43.

Developmental Disabilities Assistance and Bill of Right Act of 1984, 42 U.S.C. § 6000 et seq.

Diksa, E., & Rogers, E. S. (1996). Employer concerns about hiring persons with psychiatric disability: Results of the Employers Attitude Questionnaire. *Rehabilitation Counseling Bulletin, 40,* 31-44.

Drake, R. E., McHugo, G. J., Becker, D. R., Anthony, W. A., & Clark, R. I. (1996). The New Hampshire study of supported employment for people with severe mental illness. *Journal of Consulting and Clinical Psychology, 64,* 391–399.

Education for All Handicapped Children Act of 1975, 20 U.S.C. § 1400 et seq.

Fabian, E. S. (1992). Longitudinal outcomes in supported employment: A survival analysis. *Rehabilitation Psychology, 37,* 23–36.

Fabian, E. S. (1999). Rethinking work: The example of consumers with serious mental health disorders. *Rehabilitation Counseling Bulletin, 42,* 302–316.

Fabian, E. S., Luecking, R. G., & Tilson, G. P. (1994). *A working relationship: The job development guide to successful partnerships with business.* Baltimore: Brookes.

Fabian, E. S., Waterworth, A., & Ripke, B. (1993). Reasonable accommodation for workers with serious mental illness: Type, frequency and associated outcomes. *Psychosocial Rehabilitation Journal, 17*(2), 163–172.

Federal Register. (1987, August 14). *Rehabilitation Act Amendments of 1986: The State Supported Employment Services Program, Final regulations* (34 CFR Part 363), 52(157), 30546–30552.

Federal Register. (2001, January 17). *State Vocational Rehabilitation Services Program, Final Rule* (34 CFR Part 361), 6(11), 4389.

Flippo, K., Gibson, K., & Brooke, V. (1997). Job development: The path to careers. In V. Brooke, K. J. Inge, A. J. Armstrong, & P. Wehman (Eds.). *Supported employment handbook: A customer-driven approach for persons with significant disabilities* (pp. 99–140). Richmond: Virginia Commonwealth University, Rehabilitation Research & Training Center on Supported Employment.

Frazis, H., Gittleman, M., Horrigan, M., & Joyce, M. (1998). Results from the 1995 survey of employer-provided training. *Monthly Labor Review, 121,* 3-13.

Garcia-Villamisar, D., & Hughes, C. (2007). Supported employment improves cognitive performance in adults with Autism. *Journal of Intellectual Disability Research, 51*(2), 142–150.

Gilbride, D. (2000). Employers' attitudes toward hiring persons with disabilities and vocational rehabilitation services. *Journal of Rehabilitation, 66*(4), 17–23.

Goldberg, S. G., Killeen, M. B., & O'Day, B. (2005). The disclosure conundrum: How people with psychiatric disabilities navigate employment. *Psychology Public Police and Law, 11*(3), 463–500.

Hagner, D., & Davies, T. (2002). "Doing my own thing": Supported self-employment for individuals with cognitive disabilities. *Journal of Vocational Rehabilitation, 17,* 65–74.

Hanley-Maxwell, C. (1986). Curriculum development. In F. R. Rusch (Ed.), *Competitive employment: Issues and strategies* (pp. 187–198). Baltimore: Brookes.

Hanley-Maxwell, C., Bordieri, J., & Merz, M. A. (1996). Supporting placement. In E. M. Szymanski & R. M. Parker (Eds.), *Work and disability: Issues in career counseling and job placement* (pp. 341–364). Austin, TX: PRO-ED.

Hanley-Maxwell, C., Griffin, S. L., Szymanski, E. M., & Godley, S. H. (1990, April). Supported and time-limited transitional employment services. *Journal of Visual Impairment and Blindness, 84*(4), 160–166.

Hanley-Maxwell, C., Owens-Johnson, L., & Fabian, E. (2004). Supported employment. In E. M. Szymanski & R. M. Parker (Eds.), *Work and disability: Issues and strategies in career development and job placement* (2nd ed., pp. 273–406). Austin, TX: PRO-ED.

Hanley-Maxwell, C., Szymanski, E. M., & Owens-Johnson, L. (1997). School-to-work transition and supported employment. In R. Parker & E. M. Szymanski (Eds.), *Rehabilitation counseling: Basics and beyond* (2nd ed., pp. 143–179). Austin, TX: PRO-ED.

Hayward, B., & Schmidt-Davis, H. (2005). *The context of VR services: Third final report.* Research Triangle Park, NC: Research Triangle Institute.

Individuals with Disabilities Education Act of 1990, 20 U.S.C. § 1400 et seq.

Individuals with Disabilities Education Act Amendments of 1997, 20 U.S.C. § 1400 et seq.

Inge, K. (1997). Job site training. In V. Brooke, K. J. Inge, A. J. Armstrong, & P. Wehman (Eds.), *Supported employment handbook: A customer-driven approach for persons with significant disabilities* (pp. 161–206). Richmond: Virginia Commonwealth University, Rehabilitation Research & Training Center on Supported Employment.

Inge, K. (2005). *Q & A on customized employment: Demystifying customized employment for individuals with significant disabilities.* Retrieved October 11, 2007, from http://www.t-tap.org/strategies/factsheet/demystifying.htm.

Inge, K., & Targett, P. (2005). *Q & A on customized employment: Assistive technology as a workplace support.* Retrieved October 11, 2007, from http://www.t-tap.org/strategies/factsheet/workplace_support.htm.

Inge, K., Targett, P., & Griffin, C. (2007). *Q & A on customized employment: Self-employment as a customized employment outcome.* Retrieved October 11, 2007, from http://www.t-tap.org/strategies/factsheet/self-employment_as_a

449

_customized_employment_outcome.htm.

Inge, K., & Tilson, G. P. (1997). Ensuring support systems that work: Getting beyond the natural supports versus job coach controversy. *Journal of Vocational Rehabilitation, 9*(2), 133–142.

Job Training Partnership Act of 1983, 29 U.S.C. § 1501 et seq.

Johnson, D. R. (2004). Supported employment trends: implications for transition-age youth. *Research and Practice for Persons with Severe Disabilities, 29*, 243–247.

Johnson, J. R., & Rusch, F. R. (1990). Analysis of hours of direct training provided by employment specialists to supported employees. *American Journal of Mental Retardation, 94*, 674–682.

King, M., & Collins, S. (2000). So you want to go back to work? *Inside MS, 18*(2), 40–41.

Kregel, J. (1997). Supported employment. *Remedial and Special Education, 18*, 194–196.

Kregel, J., & Dean, D. H. (2002). Sheltered vs. supported employment: A direct comparison of long-term earnings outcomes for individuals with cognitive disabilities. In J. Kregel, D. Dean, & P. Wehman (Eds), *Achievements and challenges in employment services for people with disabilities: The longitudinal impact of workplace supports* (pp. 63–84). Richmond: Virginia Commonwealth University, Rehabilitation Research and Training Center on Workplace Supports.

Lehman, A. F., Goldberg, R., Dixon, L. B., McNary, S., Postrado, L., Hackman, A., & McDonnell, K. (2002). Improving outcomes for persons with severe mental illness. *Archives of General Psychiatry, 59*, 165–172.

MacDonald-Wilson, K. L. (2005). Managing disclosure of psychiatric disabilities to employers. *Journal of Applied Rehabilitation Counseling, 36*(4), 11–21.

MacDonald-Wilson, K. L., Rogers, E. S., Massaro, J. M., Lyass, A., & Crean, T. (2002). An investigation of reasonable workplace accommodations for people with psychiatric disabilities: Quantitative findings from a multi-site study. *Community Mental Health Journal, 38*(1), 35–50.

Mank, D. (1996). Evolving roles for employers and support personnel in the employment of people with disabilities. *Journal of Vocational Rehabilitation, 6*, 83–88.

Mank, D., Cioffi, A., & Yovanoff, P. (1997). Analysis of the typicalness of supported jobs, natural supports, wages and integration outcomes. *Mental Retardation, 35*, 185–197.

Mank, D., Cioffi, A., & Yovanoff, P. (2000). Direct supported employment and its relation to job typicalness, coworker involvement, and employment outcomes. *Mental Retardation, 38*, 506–516.

Mank, D. M., Rhodes, L. E., & Bellamy, G. T. (1986). Four supported employment alternatives. In W. E. Kiernan & J. A. Stark (Eds.), *Pathways to employment for*

450

adults with developmental disabilities (pp. 139–154). Baltimore: Brookes.

Markowitz, F. E. (2006). Psychiatric hospital capacity, homelessness, and crime and arrest rates. *Criminology, 44*(1), 45–72.

Mautz, D., Storey, K., & Certo, N. (2003). Increasing integrated workplace social interactions: The effects of job modification, natural supports, adaptive communication instruction, and job coach training. *The Journal of the Association for Persons with Severe Handicaps, 26*, 257–269.

McLoughlin, C. S., Garner, J. B., & Callahan, M. (1987). *Getting employed, staying employed*. Baltimore: Brookes.

Moon, S., & Griffin, S. (1988). Supported employment service delivery models. In P. Wehman & S. Moon (Eds.), *Vocational rehabilitation and supported employment* (pp. 17–30). Baltimore: Brookes.

Ohtake, Y., & Chadsey, J. G. (2003). Facilitation strategies used by job coaches in supported employment settings: A preliminary investigation. *Research and Practice for Persons with Severe Disabilities, 28*, 214–227.

Owens-Johnson, L., & Hanley-Maxwell, C. (1999). Employer views on job development strategies for marketing supported employment. *Vocational Rehabilitation, 12*, 113–123.

Pancsofar, E. L., Steere, D., & Wood, R. (1993). Consumer assessment: Ten important considerations. *The Advance, 4*(3), 1–3.

Parent, W., Kregel, J., & Johnson, A. (1996). Consumer satisfaction: A survey of Individuals with disabilities who receive supported employment services. *Focus on Autism and Other Developmental Disabilities, 11*, 207–221.

Parent, W., Unger, D., & Inge, K. (1997). Customer profile. In V. Brooke, K. J. Inge, A. J. Armstrong, & P. Wehman (Eds.). *Supported employment handbook: A customer-driven approach for persons with significant disabilities* (pp. 47–98). Richmond: Virginia Commonwealth University, Rehabilitation Research & Training Center on Supported Employment.

Pratt, C. W., Gill, K. J., Barrett, N. M., & Roberts, M. M. (1999). *Psychiatric rehabilitation*. New York: Academic Press.

President's Committee on Employment of People with Disabilities (PCEPD). (1987). *Fact sheet on supported employment*. Washington, DC: Author.

Rehabilitation Act of 1973, 29 U.S.C. § 701 et seq.

Rehabilitation Act Amendments of 1986, 29 U.S.C. § 701 et seq.

Rehabilitation Act Amendments of 1992, 29 U.S.C. § 701 et seq.

Rehabilitation Act Amendments of 1998, 29 U.S.C. § 701 et seq.

Revell, G. (2005). *Q & A on customized employment: Funding consumer-directed employment outcomes*. Retrieved October 11, 2007, from http://www.t-tap.org/strategies/factsheet/funding_consumer-driven_employment.htm.

Revell, G., Kregel, J., Wehman,, P., & Bond, G. R. (2000). Cost effectiveness of supported employment programs: What we need to do to improve outcomes.

451

Journal of Vocational Rehabilitation, 14, 173–178.

Rhodes, L. E., & Valenta, L. (1985). Industry-based supported employment: An enclave approach. *Journal of the Association for Persons with Severe Handicaps, 10*, 12–20.

Rizzo, D. C. (2002). With a little help from my friends: Supported self-employment for people with severe disabilities. *Journal of Vocational Rehabilitation, 17*, 97–105.

Rogan, P., Banks, B., & Howard, M. (2000). Workplace supports in practice: As little as possible, as much as necessary. *Focus on Autism and Other Developmental Disabilities, 15*(1), 2–11.

Rosenthal, D., Chan, F., Wong, D., Kundu, M., & Dutta, A. (2005). The effects of consumer characteristics and service patterns on vocational rehabilitation employment outcomes. *Journal of Rehabilitation Administration, 29*(4), 229–244.

Rosenthal, D., Dalton, J., & Gervey, R. (2007). Analyzing vocational outcomes of individuals with psychiatric disabilities who received state vocational rehabilitation services: A data mining approach. *International Journal of Social Psychiatry, 53*(4), 357–368.

Rusch, F. R., & Braddock, D. (2004). Adult day programs versus supported employment (1988–2002): Spending and service practices of mental retardation and developmental disabilities state agencies. *Research & Practice for Persons with Severe Disabilities, 29*, 237–242.

Rusch, F. R., & Hughes, C. A. (1990). Historical overview of supported employment. In F. R. Rusch (Ed.), *Supported employment: Models, methods, and issues* (pp. 5–14). Sycamore, IL: Sycamore.

Schaller, J., & Yang, N. K. (2005). Competitive employment for people with autism: Correlates of successful closure in competitive and supported employment. *Rehabilitation Counseling Bulletin, 49*, 4–16.

Social Security Administration. (2005). Annual Statistical Supplement. Retrieved November 27, 2007 from: http://www.ssa.gov/policy/docs/statcomps/ssi_asr/2005/exp_toc.html

Sowers, J., McLean, D., & Owens, C. (2002). Self-directed employment for people with developmental disabilities: Issues, characteristics, and illustrations. *Journal of Disability Policy Studies, 13*(2), 96–103.

452 Sowers, W., (2007). Recovery: An opportunity to transcend our differences. *Psychiatric Services, 58*, 5.

Szymanski, E. M. (1994). Transition: Life-span, life-space considerations for empowerment. *Exceptional Children, 60*, 402–410.

Szymanski, E. M., Hanley-Maxwell, C., & Parker, R. M. (1987). *Supported employment and time-limited transitional employment service delivery: An introductory guide for rehabilitation professionals.* Austin: University of Texas at Austin, Special Education Department.

Targeted Jobs Tax Credit, 26 U.S.C. § 1201 et seq.

Targett, P. S. (2004). Successful work supports for persons with SCI: Focus on job retention. *Journal of Vocational Rehabilitation, 21*(1), 19–26.

Targett, P., & Inge, K. (2004). *Q & A on customized employment: Workplace supports.* Retrieved October 11, 2007, from http://www.t-tap.org/strategies/factsheet/workplacesupports.html.

Targett, P., & Inge, K. (2005). *Q & A on customized employment: Employment negotiations.* Retrieved October 11, 2007, from http://www.t-tap.org/strategies/factsheet/employnegotiation.htm.

Ticket to Work and Work Incentives Improvement Act of 1999, 42 U.S.C. § 1320 et seq.

Unger, D. D. (1999). Workplace supports: A view from employers who have hired supported employees. *Focus on Autism and Other Developmental Disabilities, 14*(3), 167–179.

Unger, D., Parent, W., Gibson, K., Kane-Johnston, K., & Kregel, J. (1998). An analysis of the activities of employment specialists in a natural support approach to supported employment. *Focus on Autism and Other Developmental Disabilities, 13*(1), 27–38.

U.S. Department of Labor, Office of Disability Employment Policy. (October 15, 2007). *Customized employment Q and A: Supporting community employment as an employment outcome.* Retrieved October 15, 2007, from http://www.dol.gov/odep/tech/question.htm

Uttaro, T., & Mechanic, D. (1994). The NAMI consumers survey analysis of unmet needs. *Hospital and Community Psychiatry, 45,* 372–374.

Van Dongen, C. J. (1996). Quality of life and self-esteem in working and nonworking persons with mental illness. *Community Mental Health Journal, 32,* 535–548.

Wahl, O. (1999). Mental health consumers' experience of stigma. *Schizophrenia Bulletin, 25,* 467–478.

Wang, P. S., Demler, O., & Kessler, R. C. (2002). Adequacy of treatment for serious mental illness in the United States. *American Journal of Public Health, 92,* 92–98.

Wehman, P. (1996). Editorial. *Journal of Vocational Rehabilitation, 5,* 169–171.

Wehman, P. (2003). Workplace inclusion: Persons with disabilities and coworkers working together. *Journal of Vocational Rehabilitation, 18,* 131–141.

Wehman, P., & Bricout, J. (2001). Supported employment: New directions for the new millennium. In P. Wehman (Ed.), *Supported employment in business: Expanding the capacity of workers with disabilities* (pp. 3–22). St. Augustine, FL: TRN Publications.

Wehman, P., & Kregel, J. (1992). Supported employment: Growth and impact. In P. Wehman, P. Sale, & W. Parent (Eds.), *Supported employment: Strategies for in-*

453

tegration of workers with disabilities (pp. 3–28). Stoneham, MA: Butterworth-Heinemann.

Wehman, P., & Revell, W. (2005). Lessons learned from the provision and funding of employment services for the MR/DD population: Implications for assessing the adequacy of the SSA Ticket to Work. *Journal of Disability Policy Studies, 16*, 84–101.

Wehman, P., Revell, W., & Brooke, V. (2003). Competitive employment: Has it become first choice yet? *Journal of Disability Policy Studies, 14*, 163–173.

Wehman, P., Targett, P., West, M., & Kregel, J. (2005) Productive work and employment for persons with traumatic brain injury: What have we learned after 20 years? *Journal of Head Trauma Rehabilitation, 20*, 115–127.

Wehman, P., Targett, P., Yasuda, S., McManus, S., & Briel, L. (2007). Helping persons with traumatic brain injury of minority origin improve career and employment outcomes. *Journal of Head Trauma Rehabilitation. 22*(2), 95–104.

Wehman, P., Revell, G., & Kregel, J. (1998). Supported employment: A decade of rapid growth and impact. *American Rehabilitation, 24*(1), 31–43.

Wehmeyer, M. L. (2003). Self-determination, vocational rehabilitation, and workplace supports. *Journal of Vocational Rehabilitation, 19*, 67–69.

West, M., Johnson, A., Cone, A., Hernandez, A., & Revell, G. (1998). Extended employment support: Analysis of implementation and funding issues. *Education and Training in Mental Retardation and Developmental Disabilities, 33*, 357–366.

West, M. D., Kregel, J., Hernandez, A., & Hock, T. (1997). Everybody's doing it: A national study of the use of natural supports in supported employment. *Focus on Autism and Other Developmental Disabilities, 12*, 175–181,192.

Wewiorski, N. J., & Fabian, E. S. (2004). Association between demographic and diagnostic factors and employment outcomes for people with psychiatric disabilities: A synthesis of recent research. *Mental Health Services Research, 6*(1), 9–22.

Wolfe, P. S. (1992). Supported employment: A review of group models. In P. Wehman, P. Sale, & W. Parent (Eds.), *Supported employment: Strategies for integration of workers with disabilities* (pp. 3–28). Stoneham, MA: Butterworth-Heinemann.

Workforce Investment Act of 1998, 29 U.S.C. § 2801 et seq.

索引

W

國家圖書館出版品預行編目（CIP）資料

工作與身心障礙：促進身心障礙者就業成效的背景因素、
議題與策略／Edna Mora Szymanski，Randall M. Parker 主編；
王華沛等譯.--初版.--臺北市：心理，2013.09
　　面；　　公分.--（障礙教育系列；63121）
　　譯自：Work and disability : contexts, issues, and strategies for
enhancing employment outcomes for people with disabilities
　　ISBN　978-986-191-549-4（平裝）

　　1.身心障礙者　2.就業

548.2　　　　　　　　　　　　　　　　　　　　　　　　102010907

障礙教育系列 63121

工作與身心障礙
促進身心障礙者就業成效的背景因素、議題與策略

主　　　編：Edna Mora Szymanski、Randall M. Parker
總 校 閱：林幸台
譯　　　者：王華沛、王敏行、邱滿艷、賴陳秀慧、鳳華、吳明宜、黃宜君、
　　　　　　吳亭芳、陳靜江
執行編輯：高碧嶸
總 編 輯：林敬堯
發 行 人：洪有義
出 版 者：心理出版社股份有限公司
地　　　址：231026 新北市新店區光明街 288 號 7 樓
電　　　話：(02) 29150566
傳　　　真：(02) 29152928
郵撥帳號：19293172　心理出版社股份有限公司
網　　　址：https://www.psy.com.tw
電子信箱：psychoco@ms15.hinet.net
排 版 者：鄭珮瑩
印 刷 者：翔盛印刷有限公司
初版一刷：2013 年 9 月
初版三刷：2021 年 2 月
I S B N：978-986-191-549-4
定　　　價：新台幣 480 元